전면개정판
중등교원임용

문영은 전공가정

문영은 편저

이론과정

식영역

머리말 PREFACE

몰입[沒入] : Think Harder!

여러분들은 틀린 그림찾기 게임을 해본 적이 있는가? 심심풀이로 하는 게임이니 더 맞추든 덜 맞추든 큰 의미는 없다. 하지만 게임에 보상이나 패널티가 걸리는 순간 여러분들의 몸과 마음은 온통 게임에 집중하게 된다. 그리고 어느 순간 매우 높은 난이도까지 올라가 있는 자신을 발견할 수 있을 것이다. 게임뿐만 아니라 일상생활의 많은 일들이 여러분의 몰입 정도에 따라 그냥 시간 보내기(killing time) 정도로 그칠 수도, 시간과 성과 면에서 효율적이고 효과적인 성과로 돌아오기도 한다.

가정과 임용고시에 준비하는 모든 예비교사가 같은 시간을 보낸다고 같은 성과를 내는 것은 아니다. 예비교사들의 능력, 임용고시 시험문제의 내용 혹은 그 해의 운에 따라 합격의 성패가 좌우되는 것은 아니다. 만약 그렇다면 지금 여러분이 할 수 있는 일은 타고난 능력이 우수하기를, 시험문제가 평이하기를 혹은 반대이기를 그리고 운빨이 좋기를 기대하는 것 외에 할 수 있는 게 없다. 임용고시는 여러분의 노력으로 성과를 내는 전형적인 시험(test)이다.

임용고시라는 관문을 통해 교사가 되기로 결심했다면 자신의 노력을 임용고시로 집중할 필요가 있다. 단순히 시간만을 많이 들이는 것만이 아니라 점점 더 심화되고 구조화되며 확장이 가능한 상태까지 들어갈 수 있어야 한다. 무엇을 공부할지, 어떻게 공부할지 점점 더 고민하고 성찰하라. Think Harder!

심화과정에서 몰입이 중요한 이유는 교재의 내용을 100% 암기하는 것은 불가능하기 때문이다. 자신의 표현으로 전공내용을 재구성하고 다시 표현할 필요가 있다. 이때 비로소 몰입의 성과물을 얻을 수 있다. 그리고 그 성과물이 여러분의 임용고시 여정을 끌고 나가는 진정한 자산이 될 것이다.

전공심화과정의 교재들은 다양한 기출문제와 관련된 다양한 전공서적, 교과서, 법률 및 제도 등을 기준으로 구성되어 있다. 각 전공 영역별 최대치의 전공서는 아니지만 기출과 관련된 필수 전공서들의 내용을 재구성한 것이다. 이 교재를 통해 전공서를 보기가 부담스러운 예비교사들의 경우 필수적으로 살펴봐야 할 전공서의 주요 요지를 파악하는 데 도움을 받을 수 있다. 전공서를 중심으로 시험을 준비하는 예비교사들의 경우 기출의 방향에 맞추어 전공서 내용의 경중을 판단하는 데 도움을 받을 수 있다.

교재에 포함된 20 과 같은 표시는 기출 연도를 표시하는 것이다. 최근의 기출경향이나 자주 기출되는 주제를 파악하는 데 활용할 수 있다. 각 편에 포함된 객관식 기출문제는 임용고시에서 유일하게 답안이 공개된 부분이다. 기출에 대한 방향과 주제의 범위를 살펴보고 자신의 현재 학습 수준을 파악하는 데 활용하도록 한다.

본 교재의 전공 내용도 결코 적은 분량이 아니다. 자신의 현 상황을 객관적으로 확인하고 그에 적합한 전공 심화의 범위와 깊이를 조절할 필요가 있다. 확장과 집중의 큰 줄기로 본 교재가 여러분의 고민을 덜어 줄 수 있기를 바란다.

행복한 가정과 교사를 꿈꾸며 문영은

차 례

PART 01 영양과 건강

CHAPTER 01 영양학 ·········· 10
- 01 한국인의 영양소 섭취기준(2020) ·········· 10
- 02 탄수화물 ·········· 19
- 03 지방 ·········· 43
- 04 단백질 ·········· 61
- 05 에너지의 발생과 소모 ·········· 77
- 06 비타민 ·········· 108
- 07 무기질 ·········· 121
- 08 기타 영양소 및 영양관련 이슈 ·········· 148

CHAPTER 02 질병과 식이요법 ·········· 156
- 01 치료식의 종류 ·········· 156
- 02 질병과 식이요법 ·········· 157

CHAPTER 03 생애주기 영양학 ·········· 177
- 01 임신과 출산, 영아기 ·········· 177
- 02 유아기 및 아동기의 영양 ·········· 186
- 03 청소년기의 영양 ·········· 188
- 04 노년기 영양과 국민 공통 식생활 지침 ·········· 190

PART 02 조리원리

CHAPTER 01 조리의 기초 ················· 194
　01　물 ················· 194
　02　조리 ················· 203

CHAPTER 02 곡류 ················· 211
　01　종류와 특성 ················· 211
　02　곡류의 변화 – 쌀 중심 ················· 213
　03　전분의 변화 – 밀가루 중심 ················· 228
　04　서류의 변화 ················· 236

CHAPTER 03 채소류, 과일류 ················· 239
　01　종류와 특징 ················· 239
　02　조리 및 가공 ················· 247

CHAPTER 04 고기 · 생선 · 달걀 · 콩류 ················· 265
　01　종류와 특징 ················· 265
　02　고기 ················· 270
　03　생선 ················· 280
　04　달걀 ················· 287
　05　콩류 ················· 297

CHAPTER 05 우유 · 유제품류 ················· 308
　01　특성과 조리 ················· 308
　02　가공 ················· 312

CHAPTER 06 유지·당류 ··· 316
- 01 종류와 특성 ··· 316
- 02 유지의 산패와 조리 ··· 323
- 03 당류의 변화 ··· 328

CHAPTER 07 식품 저장 및 가공 ··· 333
- 01 식품저장 ··· 333
- 02 식품가공 ··· 346

PART 03 식생활 관리

CHAPTER 01 식사구성안과 식단 ··· 352
- 01 식사구성안 ··· 352
- 02 식단 ··· 370

CHAPTER 02 식품 마련과 식문화 ··· 374
- 01 식품의 선택 ··· 374
- 02 식문화 ··· 389

CHAPTER 03 식품 안전 ··· 397
- 01 식품위해요소 ··· 397
- 02 식품안전관리 방안 ··· 405

부록

1. 산과 염기 ·· 416
2. 식관련 작용기의 구조 및 명칭 ·· 417
3. 식품첨가물의 용도 ·· 417
4. 트랜스지방과 영양 ·· 419

식영역

Home Economics

PART 01

영양과 건강

CHAPTER 01 영양학
CHAPTER 02 질병과 식이요법
CHAPTER 03 생애주기 영양학

영양학

01 한국인의 영양소 섭취기준(2020)

❶ 영양소 섭취기준(dietary reference intakes, DRIs)

(1) **영양소 섭취기준 분류** 18/07
① 섭취부족 예방 목적 : 평균필요량, 권장섭취량, 충분섭취량
② 과잉섭취 위험 예방 : 상한섭취량
③ 식사와 관련된 만성질환 위험감소를 고려한 기준치 : 에너지적정비율, 만성질환위험감소섭취량

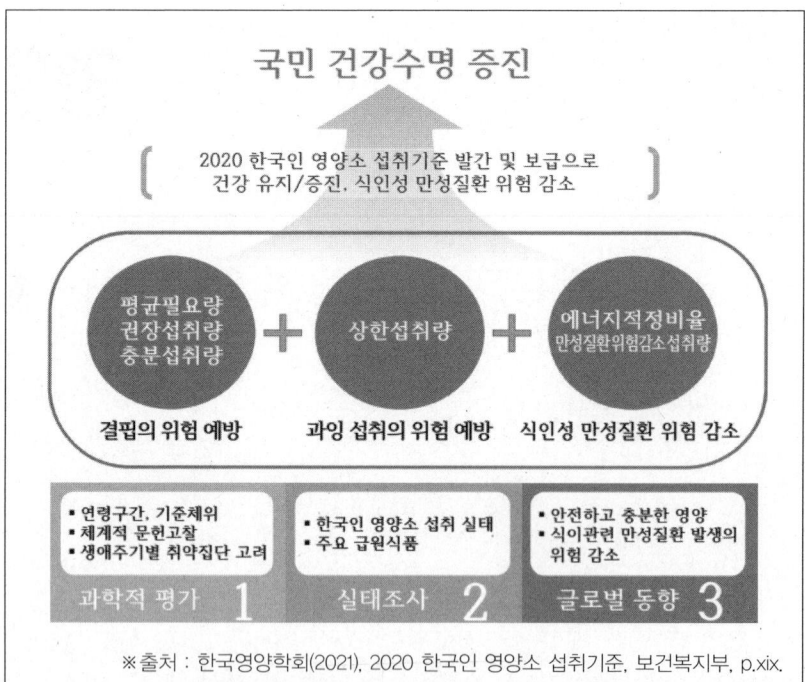

〈한국인 영양소 섭취기준 제·개정 방향〉

(2) 영양소 섭취기준 유형

① **평균필요량**(estimated average requirement, EAR) : 평균필요량은 건강한 사람들의 일일 영양소 필요량의 중앙값으로부터 산출한 수치이다. 영양소 필요량은 섭취량에 민감하게 반응하는 기능적 지표가 있고 영양상태를 판정할 수 있는 평가기준이 있을 때 추정할 수 있다. 에너지 필요량은 에너지 소비량을 통해 추정하고 있다. 따라서 에너지는 평균필요량이라는 용어 대신에 필요추정량(Estimated Energy Requirements, EER)이라는 용어를 사용한다.

② **권장섭취량**(recommended nutrient intake, RNI) : 인구집단의 약 97~98%에 해당하는 사람들의 영양소 필요량을 충족시키는 섭취수준으로, 평균필요량에 표준편차 또는 변이계수의 2배를 더하여 산출한다.

③ **충분섭취량**(adequate intake, AI) : 영양소의 필요량을 추정하기 위한 과학적 근거가 부족할 경우, 대상 인구집단의 건강을 유지하는 데 충분한 양을 설정한 수치이다. 충분섭취량은 실험연구 또는 관찰연구에서 확인된 건강한 사람들의 영양소 섭취량 중앙값을 기준으로 정했다.

④ **상한섭취량**(tolerable upper intake level, UL) : 인체에 유해한 영향이 나타나지 않는 최대 영양소 섭취수준이므로, 과량을 섭취할 때 유해영향이 나타날 수 있다는 과학적 근거가 있을 때 설정할 수 있다. 일반적인 식품을 섭취한 경우에는 거의 도달할 수 없는 양이며 이 값에 근접하여 섭취하지 않도록 권장한다.

⑤ **만성질환위험감소섭취량** : 건강한 인구집단에서 만성질환의 위험을 감소시킬 수 있는 영양소의 최저 수준의 섭취량이다. 이는 그 기준치 이하를 목표로 섭취량을 감소시키라는 의미가 아니라 그 기준치보다 높게 섭취할 경우 전반적으로 섭취량을 줄이면 만성질환에 대한 위험을 감소시킬 수 있다는 근거를 중심으로 도출된 섭취기준을 의미한다. 만성질환 위험감소를 위한 섭취량은 과학적 근거가 충분할 때 설정할 수 있다.

⑥ **에너지적정비율** : 에너지를 공급하는 영양소에 대한 에너지 섭취비율이 건강과 관련성이 있다는 과학적 근거가 있기 때문에, 탄수화물, 지질, 단백질의 에너지적정비율을 설정하였다. 에너지적정비율은 각 영양소를 통해 섭취하는 에너지의 양이 전체 에너지 섭취량에서 차지하는 비율의 적정범위로 제시하였다. 각 다량영양소의 에너지적정범위는 무기질과 비타민 등의 다른 영양소를 충분히 공급하면서 만성질환 및 영양 불균형에 대한 위험을 감소시킬 수 있는 에너지 섭취비율을 근거로 설정했다. 따라서 각 다량 영양소의 에너지 섭취비율이 제시된 범위를 벗어나는 것은 건강문제가 발생할 위험이 높아진다는 것을 의미한다.

에너지적정비율(%) 09

연령		1~2세	3~18세	19세 이상
탄수화물			55~65	
단백질			7~20	
지질	총지방	20~35	15~30	
	포화지방산	-	8 미만	7 미만
	트랜스지방산	-	1 미만	1 미만
	콜레스테롤	-	-	300mg/일 미만

* 콜레스테롤은 만성질환위험감소섭취량으로 권고치이다.

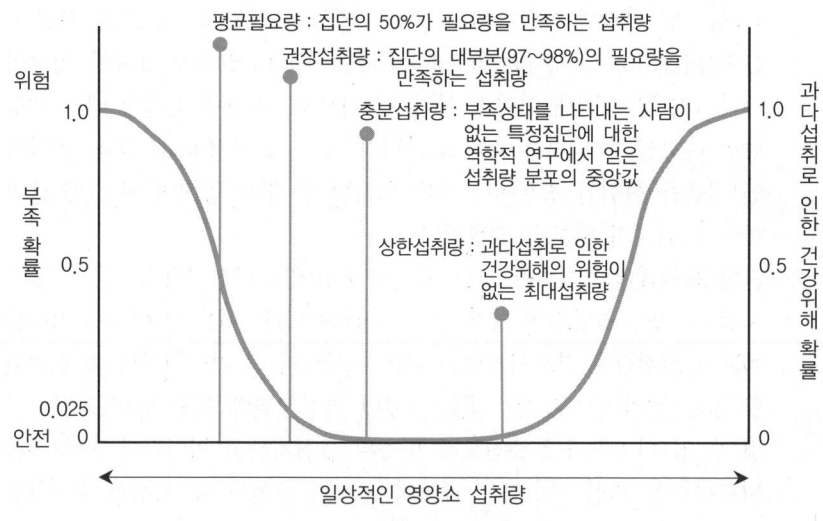

〈이상적인 영양소 섭취량의 범위〉

기출 2018

다음은 19~29세 성인 여성의 영양소 섭취기준을 제시한 표이다. 괄호 안의 ㉠과 ㉡에 해당하는 용어를 순서대로 쓰고, 식이섬유와 칼륨의 권장섭취량이 설정되지 않은 이유를 설명하시오. [4점]

구분	권장섭취량	충분섭취량	(㉠)
단백질(g/일)	55	–	–
비타민 B₆(mg/일)	1.4	–	100
(㉡)(μg DFE/일)	400	–	1,000
철(mg/일)	14	–	45
아연(mg/일)	8	–	35
식이섬유(g/일)	–	20	–
칼륨(mg/일)	–	3,500	–

ANSWER

 기출 2007

다음은 신장 160cm, 몸무게 52kg이고 활동량이 적은 고등학교 1학년인 영희의 1일 영양소 섭취량과 15~19세 여성에 대한 한국인 영양섭취기준이다. [3점]

구분		에너지(kcal)	당질(g)	지방(g)	단백질(g)	섬유소(g)	비타민 A (RE)	니아신(mg)	비타민 C (mg)	철(mg)
영희의 섭취량		1,915	360	35	40	15	572	17	2,000	7
영양섭취기준 (15~19세 여성)	평균필요량 (필요추정량)	2,000			35		500	10	75	12
	권장섭취량				45		700	13	100	16
	(㉠)					24				
	상한섭취량						2,400	30	1,600	45

• ㉠에 들어갈 용어를 쓰시오.
• 위 표를 근거로 영희의 영양 상태를 평가하고 이에 대한 개선 방안을 3가지 쓰시오.

ANSWER

기출 2003

제7차 한국인 영양권장량이 2000년에 개정되었다. 제6차 한국인 영양권장량(1995년 개정)과 비교하여 다음 물음에 답하시오. [총 5점]

1. 13~15세 연령군과 50~64세 연령군의 에너지 권장량의 변화를 성별로 기술하시오. (2점)
   ① 13~15세 연령군(1점) :
   ② 50~64세 연령군(1점) :

2. 13~15세 연령군의 비타민과 무기질 권장량의 변화를 성별로 기술하시오. (3점)
   ① 비타민 C(1점) :
   ② 엽산(1점) :
   ③ 철(1점) :

❷ 영양소별 섭취기준 설정

■ 영양소별 설정 현황

영양소		평균필요량	권장섭취량	충분섭취량	상한섭취량
에너지		○			
다량영양소	탄수화물	○	○		
	당류				◎
	지방			○(0~11개월)	
	리놀레산			○	
	알파-리놀렌산			○	
	EPA+DHA			○	
	콜레스테롤				◎
	단백질	○	○		
	아미노산(9종)	○	○		
	식이섬유			○	
	수분 22			○	
지용성 비타민	A	○	○		○
	D			○	○
	E			○	○
	K			○	

영양소		평균필요량	권장섭취량	충분섭취량	상한섭취량
수용성 비타민	C	○	○		○
	티아민	○	○		
	리보플래빈	○	○		
	니아신	○	○		○
	B₆	○	○		○
	엽산	○	○		○
	B₁₂	○	○		
	판토텐산			○	
	비오틴			○	
다량 무기질	칼슘	○	○		○
	인	○	○		○
	나트륨			○	※
	염소			○	
	칼륨			○	
	마그네슘	○	○		○
미량 무기질	철	○	○		○
	아연	○	○		○
	구리	○	○		○
	불소			○	○
	망간			○	○
	요오드	○	○		○
	셀레늄	○	○		○
	몰리브덴	○	○		○
	크롬			○	

◎ 만성질환위험감소섭취량 중 권고치, ※ 만성질환위험감소섭취량

기출
- 22 수분
- 18 엽산
- 16 총당류, 나트륨
- 15 에너지, 단백질, 지방, 수분, 비타민 C, 칼슘
- 09 에너지, 단백질, 칼슘, 철, 비타민 A
- 07 에너지, 단백질, 섬유소, 비타민 A, 니아신, 비타민 C, 철
- 03 에너지, 비타민 C, 엽산, 철

기출 2012

다음은 16세 여중생 수민이의 1일 평균 영양소 섭취량이다. 2010 개정 한국인 영양섭취기준을 이용하여 수민이의 식사섭취 상태를 평가한 후 식사계획을 제시한 것으로 옳은 것은? [2.5점]

영양소	에너지(kcal)	단백질(g)	지방(g)	수분(mL)	비타민 C (mg)	칼슘(mg)
섭취량	2,000	80	42	1,700	2,100	500

① 단백질은 현재의 섭취량보다 증가시킨다.
② 칼슘은 현재의 섭취량을 그대로 유지한다.
③ 지방은 현재의 섭취량을 그대로 유지한다.
④ 비타민 C는 현재의 섭취량을 그대로 유지한다.
⑤ 수분을 보충하기 위하여 오렌지 주스를 섭취한다.

ANSWER ③

 기출 2009

다음은 청소년 영양에 관한 내용이다. (가)~(라)에 해당하는 내용으로 가장 적절한 것은? [2점]

> (가) 15~19세 시기는 아동기보다 (나) 1일 영양소 필요량이 증가한다. 따라서 이 시기의 (다) 식행동을 파악하여, (라) 영양문제가 발생되지 않도록 규칙적이고 바람직한 식생활을 실천해야 한다.

	(가)	(나)	(다)	(라)
①	신장과 체중의 급성장	에너지 충분섭취량 : 여자 2,000kcal	패스트푸드의 잦은 섭취	과체중 및 비만
②	제지방 질량(LBM) 비율증가	단백질 권장섭취량 : 남자 45g	단식 및 절식	거식증과 폭식증
③	골격량 축적	칼슘의 충분섭취량 : 남자 1,000mg	탄산음료의 과잉섭취	치아우식증
④	생식기능 성숙	철의 권장섭취량 : 남·여 모두 16mg	아침결식	철분결핍성 빈혈
⑤	체형변화	비타민 A 상한섭취량 : 남·여 모두 2,400mg	카페인 다량 섭취	골다공증

ANSWER ④

③ 식사계획에서의 활용

(1) 식사계획

개인의 경우, 식사계획은 권장섭취량 또는 충분섭취량을 기준으로 하며, 상한섭취량을 초과하지 않도록 한다. 집단을 대상으로 식사계획을 하는 경우에는 평균필요량이나 상한섭취량을 기준으로 설정한다. 이때, 영양소 섭취량 분포에서 평균필요량보다 적게 먹는 대상자 비율을 최소화하도록 섭취량 분포를 이동시키고 상한섭취량보다 적은 양의 중앙값을 선정하여 식사를 계획한다. 그러나 이 방법은 영양소마다 섭취량 분포가 달라 현실적으로 적용하기가 쉽지 않다. 원칙적으로 집단의 식사계획 시 권장섭취량을 사용하지 않아야 하나 특정 집단의 성장 및 건강상태를 반영하여 권장섭취량과 충분섭취량을 기준으로 사용할 수도 있다.

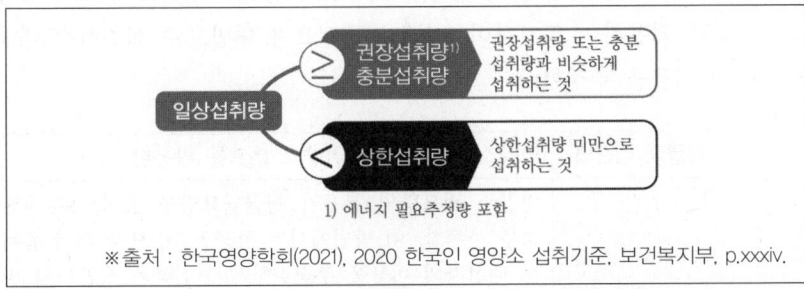

〈개인의 식사계획 시 영양소 섭취기준의 활용〉

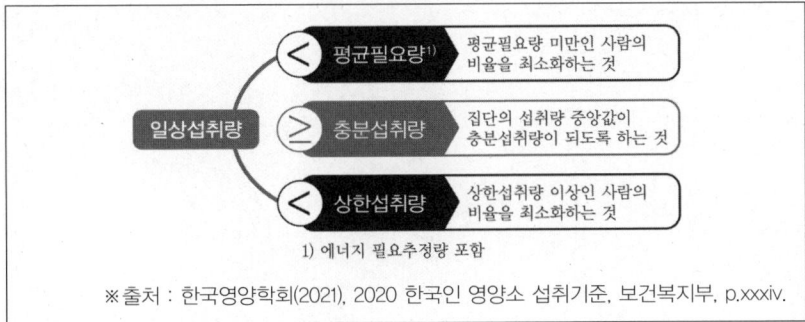

〈집단의 식사계획 시 영양소 섭취기준의 활용〉

(2) **식사평가**
　① 개인 식사평가 : 식사평가를 위해서는 일상생활에서 개인이 섭취하는 영양소의 양을 파악하여 산출하여야 한다. 개인이 평상시 섭취하는 영양소의 양을 정확하게 파악하기는 매우 어렵기 때문에, 식사섭취조사 결과를 영양소 섭취기준에 따라 평가할 때에는 절대적 수치를 근거로 하여 판단하는 대신 식사의 적절/부적절 여부를 평가하는 것이 바람직하다.
　② 집단 식사평가 : 집단 구성원들의 영양소 섭취량을 파악한 후, 그중 영양소 필요량을 충족시키지 못하는 사람들의 비율을 구한다. 집단의 식사평가에서는 각 개인의 영양소 필요량이나 평소 영양소 섭취량을 파악하는 것이 실질적으로 불가능하다. 따라서 확률적 접근법은 영양소 필요량의 분포와 정규성에 대한 확인이 필요하므로 집단의 식사평가에서 활용하는 것이 쉽지 않다. Cut Point 방법은 영양소 필요량의 중앙값을 활용하여 평가하며, 이때 평균필요량 미만으로 섭취하는 대상자의 비율을 추정한다.

확률적 접근법	영양소 필요량과 섭취량의 분포를 활용함
Cut Point 방법	영양소 필요량의 분포가 평균필요량을 중심으로 대칭일 경우 사용함. 이 방법에서는 평균필요량보다 적게 섭취하는 대상자의 비율을 부적절하게 섭취하는 사람들의 비율로 파악함

02 탄수화물

1 특성

(1) 포도당의 합성과 분해
당류, 녹말, 셀룰로오스를 포함하는 매우 풍부하고 광범위한 천연 유기물질이다. 탄수화물의 일반식은 $(CH_2O)n$이나 그 종류가 너무 광범위해 간단한 정의로 이들을 모두 망라하지 못한다.

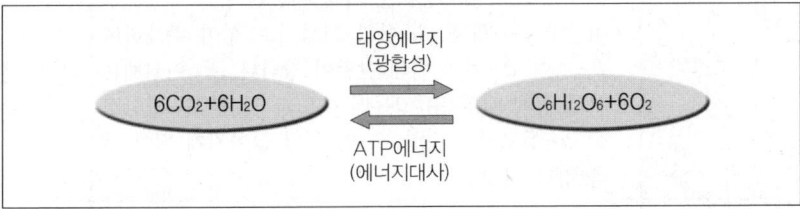

(2) 원소별 에너지 발생
탄수화물은 분자 중 산소가 많아 산화되기 쉽다. 반면 지질은 탄소와 수소의 함량이 많고 산소가 적기 때문에 단위 무게당 에너지 발생량이 당질이나 단백질의 2배 이상이다.

원소%	탄수화물	지방	단백질
C-8.08kcal	40.0	76.5	53.0
H-34.5kcal	6.7	12.0	7.0
O	53.3	11.5	23.0

② 종류

(1) 단당류

가장 기본이 되는 당으로 단맛을 가지고 물에 쉽게 녹는다. 식품으로 많이 이용되는 것은 탄소를 6개 가지고 있는 6탄당이다.

분류	특징	함유식품
포도당	• 탄수화물의 최종분해 산물로 소장에서 흡수된 후 각 세포 내 에너지급원이 된다. • 혈액 중 포도당의 농도를 0.1%로 일정하게 유지한다.	포도
과당	• 과즙과 벌꿀에 주로 함유되어 있는 것으로 체내에서는 (포도당) 대사경로를 거쳐 이용된다. • 이성체 : α-형과 β-형의 이성체로 섞여 존재하며 β-형이 α-형에 비해 단맛이 강하다. 두 이성체는 서로 쉽게 바뀔 수 있는데 온도가 낮아지면 불안정한 α-형보다 안정한 β-형이 더 많아지게 되어 더욱 강한 단맛을 낸다.	과즙, 벌꿀
갈락토오스	• 식품 내에는 젖당의 형태로 존재하며 에너지원보다는 지방과 결합하여 뇌와 신경조직을 구성하는 데 많이 이용된다. • 조제분유에는 갈락토오스를 강화하기도 한다.	유즙

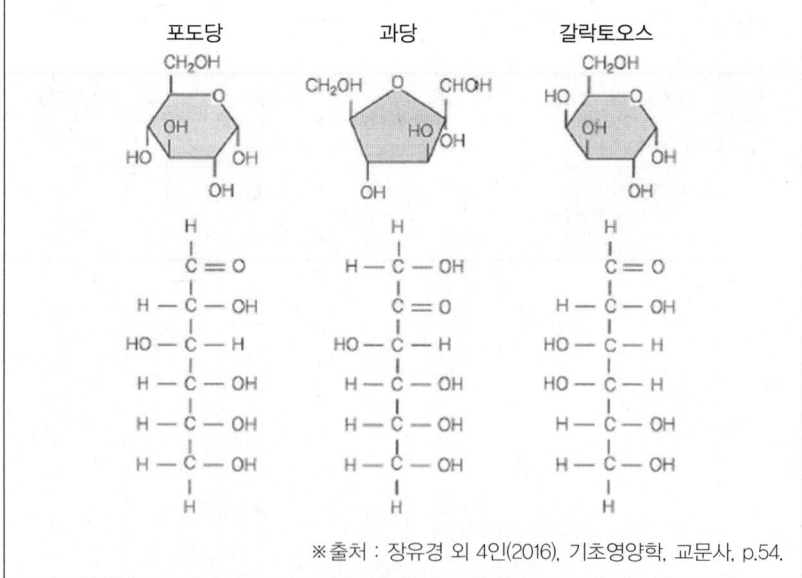

※출처 : 장유경 외 4인(2016), 기초영양학, 교문사, p.54.

〈단당류 구조〉

(2) 이당류

① 분류 : 2분자의 단당류가 결합된 것으로 단맛이 있고 물에 쉽게 녹는다.

종류	결합성분	글리코사이드 결합	특징	함유식품
엿당	포도당 + 포도당	α-1,4	• 곡식의 싹이나 당화한 곡류와 곡류제품 맥주 등에 포함되어 있다.	엿기름
설탕	포도당 + 과당	α-1,2	• 당류의 단맛 기준으로 이용된다. • 설탕을 단맛의 기준(100)으로 삼는다.	사탕무, 사탕수수
젖당	포도당 + 갈락토오스	β-1,4	• 주로 우유와 유제품에 많이 포함되어 있으며 칼슘의 이용과 흡수를 돕는 역할을 한다. • 젖당은 장내 비피더스균의 활동을 왕성하게 하여 정장작용을 돕는다. • 모유의 경우 젖당함량이 우유에 비해 높아 유아의 두뇌발달을 돕는다.	우유와 유제품

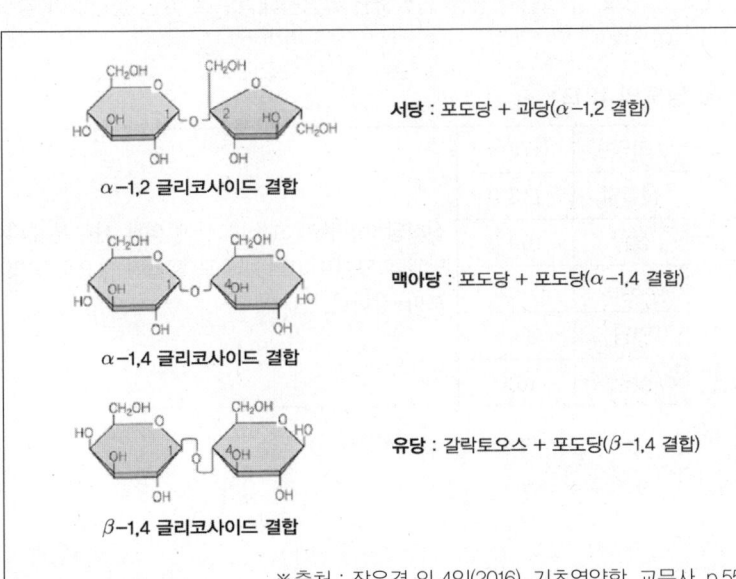

※ 출처 : 장유경 외 4인(2016), 기초영양학, 교문사, p.55.

〈이당류 구조〉

② 유당불내증 [11] : 락타아제가 없는 사람들(아시아인을 포함한 많은 사람들)은 유당이 소화되지 않은 채 결장으로 내려가 미생물(장내 유해 세균)에 의해 발효되면서 소화장애를 일으킨다. 소화장애는 장내 세균이 유당을 먹은 후, 산과 가스를 만들고 저급지방산이 생성된다. 경련, 설사, 복부 팽만은 물론 심각한 증상이 나타나기도 한다.

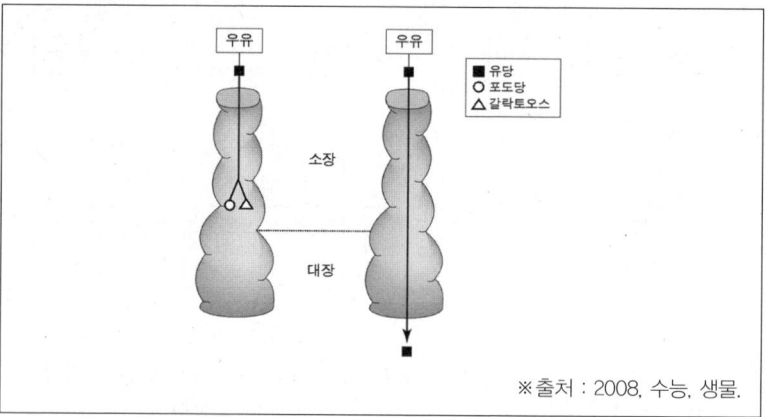

※출처 : 2008. 수능. 생물.

Q 1. 락타아제가 분해하는 글리코사이드 결합은 무엇일까?
2. 무지방 우유를 섭취하면 유당불내증으로 인한 불편함이 감소할까?

③ 당도의 비교

과당	173	
전화당	143.0	전화당 : 설탕이 효소나 산에 의해 가수분해되어 포도당과 과당이 1 : 1의 비율로 혼합된 당으로 단맛이 설탕보다 강하다.
설탕	100	
포도당	74.3	
엿당	32.5	
젖당	16.0	

기출 2011

다음은 현빈이의 소화장애에 대해 설명한 것이다. 소화장애의 원인, 임상적 증상, 식이요법 중 옳은 것만을 〈보기〉에서 모두 고른 것은? [2점]

> "우유를 많이 마셔야 키가 큰다."라는 어머니 말씀대로 현빈이는 우유를 많이 마시고 농구선수처럼 키가 크고 싶다. 그런데 우유를 마시면 가스가 차고 속이 불편하며 설사를 하기 때문에 우유를 마시기가 망설여진다. 장이 덜 불편한 요구르트를 우유 대신 가끔 먹기는 하지만, 시원한 우유를 마음껏 마시는 친구들을 보면 부럽다.

보기
ㄱ. 가스 발생은 장내 박테리아에 의한 발효 때문이다.
ㄴ. 소화효소인 락타아제의 부족 또는 결여가 원인이다.
ㄷ. 갈락토오스의 대사장애로 혈중 갈락토오스 농도가 올라간다.
ㄹ. 소변으로 배설되는 저급 지방산의 양이 증가한다.
ㅁ. 무지방 우유를 마시면 소화장애가 치유된다.

① ㄱ, ㄴ   ② ㄱ, ㄷ   ③ ㄹ, ㅁ
④ ㄱ, ㄴ, ㄷ   ⑤ ㄴ, ㄹ, ㅁ

ANSWER ①

(3) 다당류

① **일반 분류** : 여러 개의 포도당이 연결된 포도당 중합체로 복합당질이라고도 한다.

분류		특징	함유식품
식물	녹말	• 식물의 포도당 저장 형태로 아밀로오스와 아밀로펙틴으로 이루어져 있다. • 아밀로오스는 $\alpha-1,4$ 결합만으로 이루어지고, 아밀로펙틴은 이에 더해 $\alpha-1,6$ 결합이 추가되어 있다.	곡류, 감자류
	덱스트린	• 녹말이 가수분해될 때 생성되는 중간 산물로 녹말에 비해 물에 녹고 점성과 단맛이 있다.	싹트는 씨앗
	식이성 섬유소	• 식물의 표피층에 분포하며 사람에게는 소화효소 ($\beta-1,4$ 결합 분해)가 없어 주요 에너지원으로 쓰는 가치가 적다(거의 없다).	해조류, 채소류
동물	글리코겐	• 아밀로펙틴과 유사한 구조를 가지며 녹말과의 차이점은 점도가 적고 요오드 반응은 미갈색이다. • 저장은 간에 일단 축적이 되고 일부는 근육에 저장되었다가 간으로 이동하여 에너지로 이용된다.	간, 근육

② **식이성 섬유소** : 식물세포의 막의 구성성분으로 체내에는 소화효소가 없어 소화되지 않는 탄수화물이다.

㉠ 식이성 섬유소의 종류와 특징 `09 / 06`

분류		특징	
난용성 (불용성) 섬유소	특징	물과 친화력이 낮고, 장내 미생물에 의해 분해가 되지 않는다.	
	종류	셀룰로오스, 헤미셀룰로오스, 리그닌(당근 심)	배변량 증가, 배변촉진, 분변시간 단축
		키틴(갑각류), 키토산	혈중 콜레스테롤 저하, 혈압 상승 억제, 면역력 증가
가용성 (수용성) 섬유소	특징	• 물과 친화력이 크고, 팽윤되어 겔을 형성한다. • 장내 미생물에 의해 분해되어 단쇄지방산을 생성하고 이 중 부티르산은 대장의 세포 속으로 들어가 세포의 에너지원으로 사용될 수 있다. (3kcal/g)	
	종류	펙틴(과육), 검(호밀, 보리, 말린 콩), 알긴산, 한천(해조류)	• 위, 장 통과 지연(만복감) • 포도당 흡수 억제(혈당 상승 억제)
		뮤실리지 : 보리, 귀리, 두류	• 콜레스테롤 흡수 억제 (혈중 콜레스테롤 저하)

ⓒ 폴리덱스트로스(Polydextrose) 10 : 포도당, 솔비톨, 구연산을 원료로 포도당을 무작위로 결합시킨 수용성 식이섬유 소재이다.
- 특징 : 흰색에서 엷은 갈색의 비결정성 분말이다. 수용성 난소화성 다당류로 1kcal/g의 낮은 에너지를 가지고 있는 기능성 감미료이다.
- 질병관련(≒ 가용성 섬유소) : 혈중 콜레스테롤 수치와 혈당치를 내리거나 발암물질을 체외로 배출하여 고지혈증, 당뇨병, 대장암 등 성인병 예방을 비롯해 정장작용, 비만 예방 등 수용성 식이섬유가 갖는 유효작용을 모두 갖추고 있다. 폴리덱스트로스는 대변의 용적을 증가시키고 이동시간을 줄이며 부드러운 변을 볼 수 있게 도와주고 대변의 pH를 낮게 유지시켜 준다.

ⓓ 프로바이오틱스, 프리바이오틱스 15 / 10
- 프로바이오틱스(probiotics) : 장에 도달해 젖산을 생성하고 유해균은 생육할 수 없으며 유익균이 증가할 수 있도록 산성으로 변화시켜 주는 살아있는 균을 말한다. 대표적인 프로바이오틱스에는 비피더스균, 유산균이 있다.
- 프리바이오틱스(prebiotics) : 대장 내 유용 미생물에 의해 이용되어 미생물의 생육이나 활성을 촉진함으로써 숙주 건강에 좋은 효과를 나타내게 하는 비소화성 식품성분. 식품성분이 프리바이오틱스의 조건을 갖추려면 위장관의 상부에서 소화 또는 흡수되지 않아야 하고 대장 내 미생물 중 비피도박테리아와 같은 유용 세균을 선택적으로 활성화시키고 병원균 등의 유해균은 억제할 수 있어야 한다. 프리바이오틱스의 예로는 라피노오스, 대두올리고당, 프락토올리고당, 갈락토올리고당 등의 올리고당류와 기타 락툴로오스(lactulose), 락티톨(lactitol), 자일리톨(xylitol) 등이 있다.

③ 올리고당 : 단당류가 3~10개 정도 결합하여 만들어진 물질로 대체로 소화가 되지 않는다. 과당류(寡糖類)·소당류(少糖類)라고도 한다. 세포 내에서는 당단백질이나 당지질의 구성성분이다.
- 올리고당은 설탕보다 열량이 적다.
- 충치를 예방하는 효과 : 충치균이 영양성분으로 사용하지 못한다.
- 일반 소화효소에 흡수되지 않고 대장까지 도달하여 장내 세균에 의해 분해되며, 우리 몸에 유익한 비피더스균 등의 유산균의 영양을 공급하는 작용이 강하다. (↔ 과량복용 시 설사 위험)
- 대장 내 환경을 산성화하여 칼슘의 흡수를 돕는다.
- 모유에 함유된 올리고당류는 유아의 체내 면역 체계의 일부로 작용한다.

 기출 2015

다음 설명을 읽고 괄호 안의 ㉠, ㉡에 들어갈 용어를 쓰시오. [2점]

> 생균으로 적정량을 섭취하였을 때 인체에 건강 증진 효과를 주는 미생물을 총칭하여 (㉠)(이)라고 한다. 유산간균(*Lactobacillus*)과 비피더스균(*Bifidobacterium*)으로 대표되는 이러한 미생물들은 주로 소장과 대장에서 활동하여 해로운 균의 증식과 작용을 억제한다.
> (㉡)은/는 난소화성 성분으로 (㉠)의 영양원이 되어 장내 환경을 개선하는 데 도움을 주는 물질이다. 올리고당, 락툴로오스(lactulose), 식이섬유 등이 여기에 속한다. 시판되는 요구르트에는 (㉠)와/과 (㉡)이/가 함께 들어 있는 경우가 많다.

ANSWER

③ 탄수화물 대사(※ 에너지대사 참고)

(1) 포도당 대사

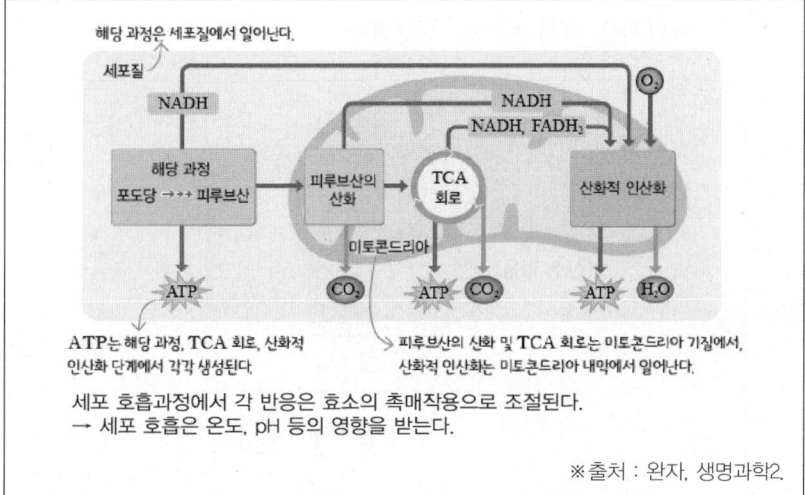

ATP는 해당 과정, TCA 회로, 산화적 인산화 단계에서 각각 생성된다.
피루브산의 산화 및 TCA 회로는 미토콘드리아 기질에서, 산화적 인산화는 미토콘드리아 내막에서 일어난다.

세포 호흡과정에서 각 반응은 효소의 촉매작용으로 조절된다.
→ 세포 호흡은 온도, pH 등의 영향을 받는다.

※출처 : 완자, 생명과학2.

■ 산화와 환원

- 산화(oxidation) : 좁은 의미로 특정한 물질이 산소와 결합하는 것으로 산소원자의 전자이동에 의한 전하의 변화를 포함하는 개념이다.
- 환원(reduction) : 특정 물질이 산소를 잃고 수소원자가 더해지는 것이다.

산화	산소를 얻음	수소를 잃음	전자를 잃음(+)
환원	산소를 잃음	수소를 얻음	전자를 얻음

① 해당과정 : 산소 없이도 진행되는 혐기적 반응으로 세포질에서 이루어진다. 1분자의 포도당은 일련의 단계(10단계)를 거쳐 2분자의 피루브산으로 분해된다.

$$1포도당 + 2NAD + 2ADP \rightarrow 2피루브산 + 2NADH + 2ATP$$

② TCA회로와 전자전달계
  ㉠ TCA회로 : TCA란 카르복실기를 세 개 가지고 있는 구연산이다.
    • ①의 해당과정에서 형성된 피루브산이 미토콘드리아로 들어가 호기적(산소있음) 상태에서 산화된다.

- 피루브산이 아세틸 CoA로 산화됨 → 아세틸 CoA와 옥살로아세트산이 결합하여 구연산(시트르산)을 생성함 → 여러 단계의 유기산을 생성함
ⓒ 전자전달계 : 해당과정과 TCA회로에서 생성된 NADH, $FADH_2$는 산화환원을 거쳐 ATP를 생성한다.

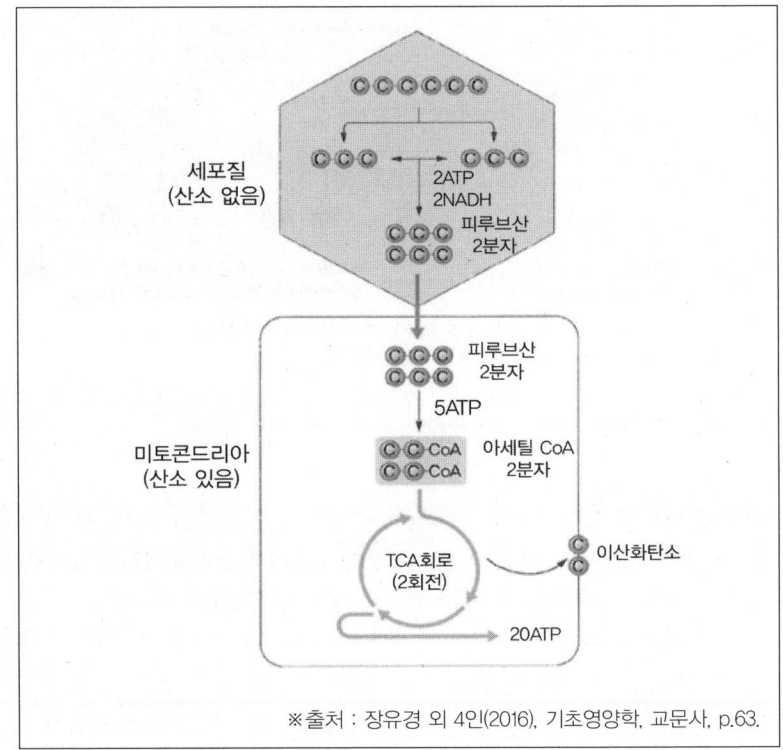

〈포도당의 이화대사〉

③ 글리코겐 합성과 분해
  ㉠ 합성 : 에너지를 쓰이고 남은 포도당은 간과 근육에서 효소에 의해 글리코겐으로 저장된다.
  ㉡ 분해 : 혈당이 저하되면 글리코겐 분해 효소에 의해 글리코겐을 포도당으로 분해한다.
    • 간 글리코겐 : 혈당보충에 이용된다.
    • 근육 글리코겐 : 글리코겐 분해 단계 중 포도당 6-인산을 분해해야 포도당이 되지만 이 단계의 효소가 없어 포도당을 형성할 수 없다. 포도당이 되어 혈당을 보충하는 대신 포도당 6-인산에서 해당하여 에너지원으로 사용된다.

④ 포도당 신생합성 : 탄수화물 이외의 물질인 아미노산, 글리세롤, 피루브산, 젖산 등으로부터 포도당을 합성하는 것이다. 뇌세포, 적혈구, 신경세포에서 이용하는 혈당을 공급하기 위해서이다.

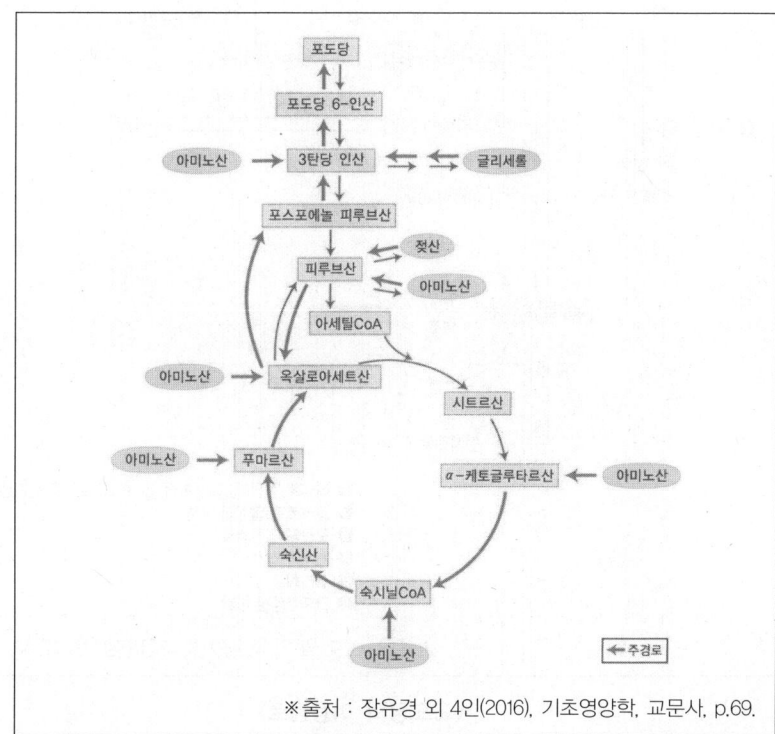

〈포도당 신생합성〉

⑤ 체지방 합성과정
  ㉠ 체지방 합성 : 글리코겐으로 저장하고도 남는 포도당은 지방산과 글리세롤을 형성하여 중성지방으로 합성된다.
  ㉡ 지방산과 글리세롤
    • 지방산 합성 : 포도당이 피루브산을 거쳐 아세틸 CoA가 된 후, 아세틸 CoA를 통해 지방산을 합성한다.
    • 글리세롤 : 해당과정 중간경로를 통해 글리세롤을 합성한다.

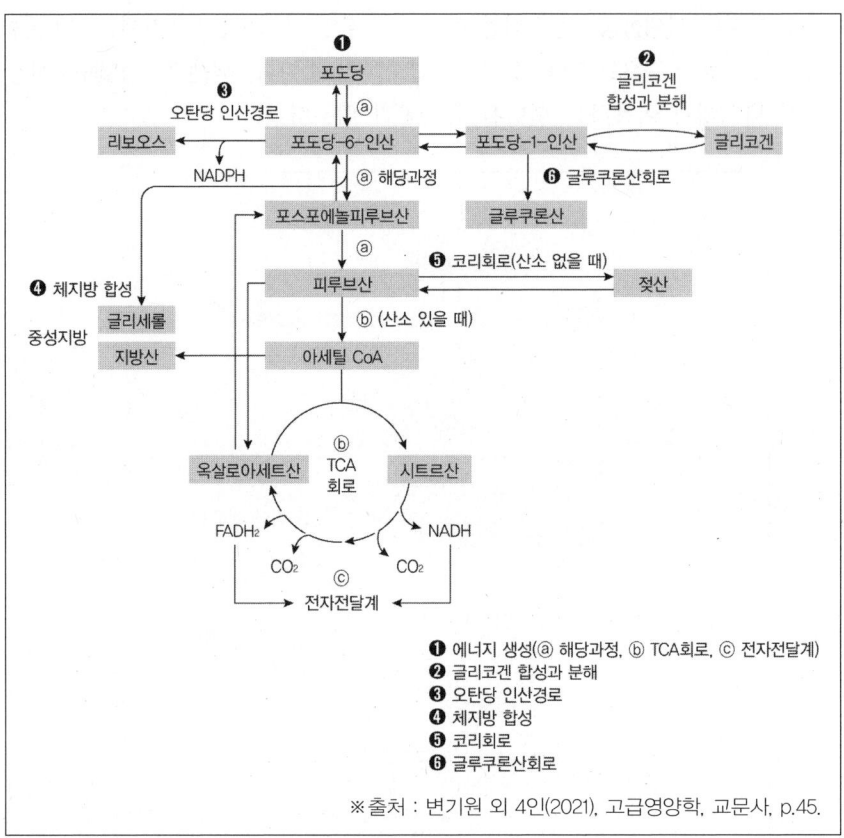

〈포도당의 이용경로〉

(2) **과당과 갈락토오스 대사**
- 과당과 갈락토오스는 포도당 대사과정을 공유한다.
- 과당 : 과당 1-인산을 거쳐 과당 6-인산이 되어 피루브산이 되고 TCA 회로를 거친다.
- 갈락토오스 : 포도당 1-인산을 거쳐 포도당 6-인산이 되어 해당과정을 거친다.

4 탄수화물의 체내 역할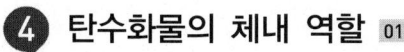

(1) 열량공급 관련 역할
① 에너지원으로 1g당 4kcal의 에너지를 생성한다.
② **지방합성** 16 : 에너지원으로 사용하고 글리코겐으로 저장하고도 남은 포도당은 중성지방으로 합성되어 축적된다. 당류가 중성지방으로 대사되는 과정은 간에서 탄수화물 중간대사물질(피루브산 등)을 거쳐 아세틸 CoA를 통해 지방산으로 합성되고, 해당과정 중간경로를 통해 글리세롤을 합성한다. 이 둘이 연결되어 지방으로 저장된다.
③ 단백질 절약 작용 : 적정 열량을 탄수화물에서 얻으면 과도한 단백질의 에너지화를 줄일 수 있다.
④ 케톤증 예방 : 케토시스(케토산증)로 인한 호흡곤란, 대사이상, 혼수문제를 예방하는 데 기여한다. 하루 최소한 50~100g의 탄수화물이 필요하다.

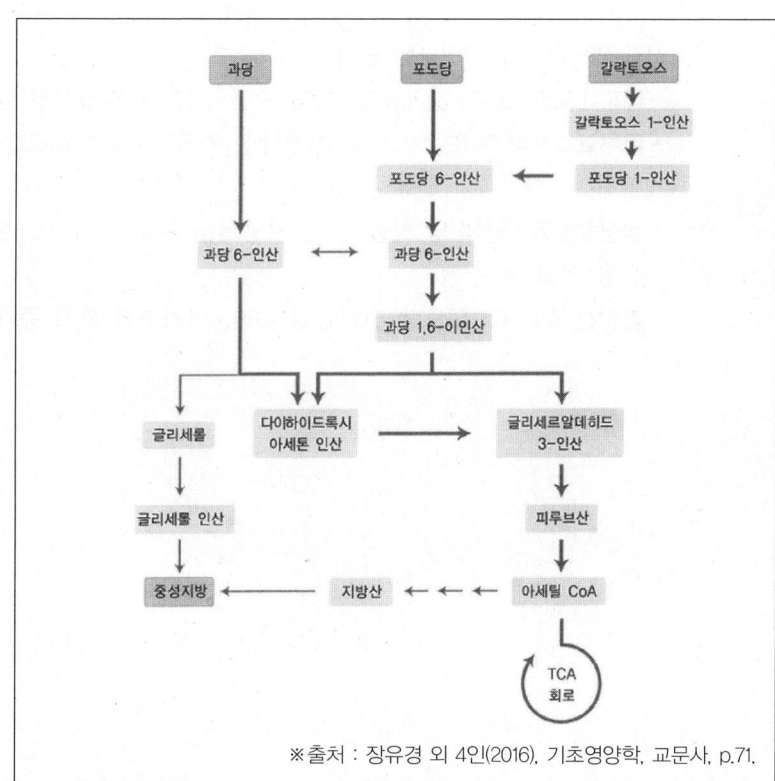

※출처 : 장유경 외 4인(2016), 기초영양학, 교문사, p.71.

〈단당류 대사〉

(2) **혈당조절**

① 혈당이 증가할 경우 : 일정 혈당으로 떨어뜨리기 위해 포도당을 글리코겐의 형태로 저장한다. 이때 주로 관여하는 것이 인슐린 호르몬(췌장 β세포)이다. 포도당 신생합성을 억제하고 근육과 피하조직으로 혈당의 유입을 증가시킨다(간과 근육에서의 글리코겐 합성 촉진, 지방조직에서 지방 합성 촉진).

② 혈당이 감소할 경우
  ㉠ 글루카곤(췌장 α세포)은 체내 저장된 글리코겐을 포도당으로 전환시켜 혈액에 공급한다. 지방(글리세롤)과 단백질을 포도당으로 합성한다. 각 세포조직에서 포도당의 사용(에너지화)을 감소시킨다.

  ■ **글리코겐의 기능**
  글리코겐은 글루크론산을 형성하여 화학물질이나 독성물질과 결합하여 배설시킨다.

  ㉡ 기타 혈당증가에 기여하는 인자
   • 에피네프린 : 간의 글리코겐 분해 촉진, 포도당 신생합성 촉진
   • 글루코코르티코이드 : 포도당 신생합성 촉진, 근육의 포도당 이용 억제
   • 성장호르몬 : 간의 당 방출 증가, 지방이용 촉진, 근육으로 혈당의 유입 억제
   • 갑상선 호르몬 : 포도당 신생합성 촉진, 글리코겐 분해 증가

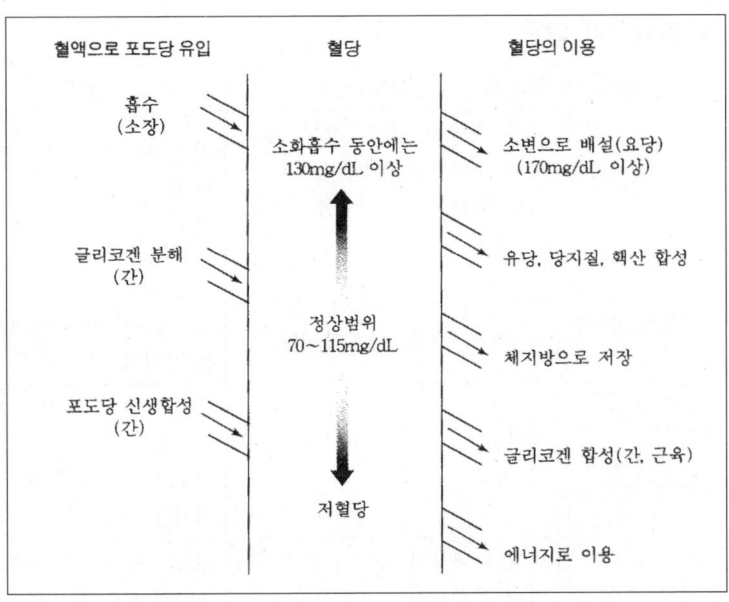

〈혈당조절과정〉

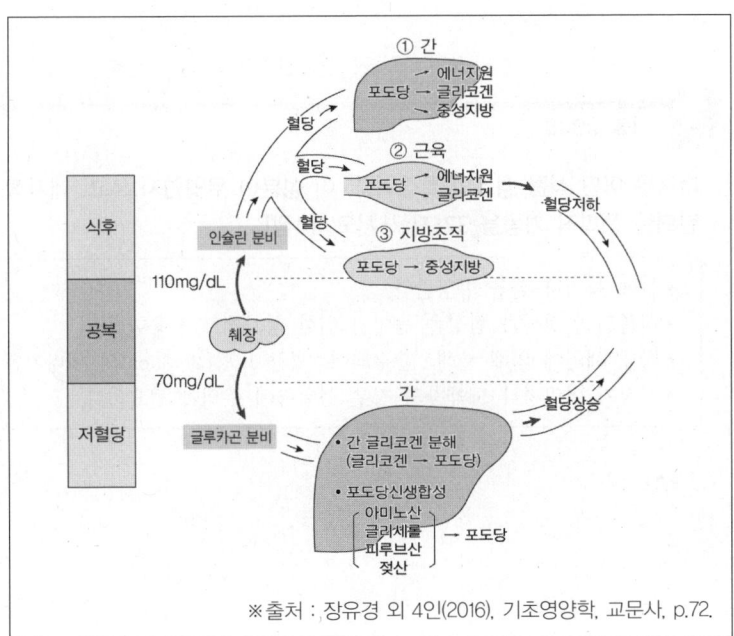

※출처 : 장유경 외 4인(2016), 기초영양학, 교문사, p.72.

(3) 섬유소와 질병

질병	역할	체내 작용
당뇨병	공복 혈당을 낮춤, 요당 감소, 인슐린 필요량 감소, 세포의 인슐린 민감도 증가, 식후 고혈당증 예방	위장 비우는 속도 완만, 소장에서 펙틴·검 등은 탄수화물 흡수 속도를 느리게 함
관상심장병	담즙산의 재순환 방해, 혈중 중성지방과 콜레스테롤의 감소	소장에서 겔을 형성하여 지방(중성지방, 콜레스테롤)과 담즙산의 흡수 방해
비만	포만감 증가, 영양소 체내 이용률 저하	음식을 씹고 삼키는 데 시간필요, 지방 배설량 증가, 고섬유소 식사로 전분 흡수 방해, 대장 통과시간 단축
게실증, 변비	장벽의 내압이 높아져 통과속도가 빨라짐	대장의 통과시간 단축, 보습력이 높아져 변이 부드러워짐

 기출 2006

다음은 어떤 식품 성분의 특성이다. 이 성분이 무엇인지 쓰고, 대사적 질환과 관련되는 생리적 기능을 3가지 쓰시오. [4점]

- 물에 녹거나 겔을 형성한다.
- 식품의 안정성과 점성을 높이기 위한 첨가제로 사용한다.
- 장내 세균에 의해 분해·흡수되어, 평균 1g당 2~3kcal의 에너지를 낸다.
- 성장기 어린이나 노약자의 경우 섭취량에 주의가 필요하다.

ANSWER

(4) 감미료

① **총당류**  : 총당류 섭취량을 총에너지섭취량의 10~20%로 제한하고, 특히 식품의 조리 및 가공 시 첨가되는 첨가당은 총에너지섭취량의 10% 이내로 섭취하도록 한다. 첨가당의 주요 급원으로는 설탕, 액상과당, 물엿, 당밀, 꿀, 시럽, 농축과일주스 등이 있다.

② **영양감미료** : 당류와 당알코올로 분류할 수 있다.
  ㉠ 당류 : 단당류, 이당류, 콘시럽, 흑설탕, 단풍시럽, 벌꿀 등
  ㉡ 당알코올 : 5탄당이나 6탄당을 환원제나 수소 등으로 환원하여 당의 카보닐기가 수산기(알코올기, 히드록실기, -OH)로 치환된 화합물로 자연계에 널리 분포하며, 식품산업에서 첨가물로 활용되고 있다.
  예 6탄당(소르비톨, 만니톨), 5탄당(자일리톨)
  • 당알코올의 영양적 기능
    - 충치 예방 : 당알코올은 구강 내에 기생하는 세균에 의하여 산으로 전환되지 않음, 일부가 입 안에 남아 있어도 충치를 유발시키지 않는다.
    - 저칼로리 : 난소화성으로 일부분만 서서히 흡수되거나 잘 흡수되지 않는다.
    - 당뇨병 환자용 감미료 : 인슐린 대사와 무관하다.

③ **대체 감미료** : 당질과 무관하게 원료를 이용하여 인공적으로 합성한 것으로 당뇨환자의 식이나 체중 조절 식이에 이용된다. 장기간 섭취 시 안전성 문제에 주의한다.
  • 사카린 : 설탕의 300배 정도의 감미도가 있으나 에너지를 전혀 내지 않는다.
  • 아스파탐 : 1g당 4kcal의 에너지를 내며 설탕의 200배 정도의 감미도를 낸다. 선천성 대사이상(페닐케톤뇨증)인 경우 주의

분류	종류		상대적 감미도 (설탕=1)	급원	비고
영양 감미료	당류	유당	0.2	유제품	
		맥아당	0.4	엿기름	
		포도당	0.7	콘시럽	
		서당	1.0	설탕	식탁용 설탕
		전화당	1.3	사탕, 벌꿀	
		과당	0.2~1.8	과일, 벌꿀, 일부 음료	
	당알코올류	소르비톨 (Sorbitol)	0.6	다이어트용 사탕, 무당껌, 구강청정제	열량을 내나 구강 내에서는 쉽게 대사되지 못함, 충치 예방 효과, 1.8~3.3kcal/g
		만니톨 (Mannitol)	0.7	다이어트용 사탕	20g 이상 섭취 시, 삼투압성 설사가 생길 수 있음, 1.6kcal/g
		잘리톨 (Xylitol)	0.9	무당껌	미국에서는 사용 안 함, 2.4kcal/g
대체 감미료	시클라메이트 (Cyclamate)		30	알약의 당의정에 도포	미국 내 사용 중지(1970년), 수용성, 열에 안정, 0kcal/g
	아스파탐[19] (Aspartame)		18~200	다이어트용 음료, 무당껌, 다이어트용 감미료 (예) NutraSweet	1981년 개발, 아스파르트산 + 페닐알라닌 4kcal/g, WHO 사용 승인, 단백질처럼 열에 파괴되므로 가열조리식품에는 사용 않는다. 부작용으로 두통, 졸림, 경련, 구역질 등, FDA 허용치는 50mg/kg. 페닐케톤뇨증 환자 (phenylketonuria)는 사용 제한
	아세설팜 (Acesulfame)		200	무당껌, 다이어트 음료, 다이어트용 감미료, 후식	1988년 FDA 사용 승인, 0kcal/g 가열식품 사용 가능, 수용성
	사카린(Saccharin, 소디움염)		300	다이어트 음료	
	알리탐 (Alitame)		2000	음료, 제빵류, 냉동후식류	FDA 인준 대기 중, 아스파르트산 + 알라닌, 4kcal/g
	스크랄로오스 (Sucralose)		400~800	음료, 유제품, 제과 제빵류, 후식	캐나다 식품 사용 승인, 0kcal/g FDA 인준 대기 중, 수용성이며 매우 안정
	타카토오스 (D-Tagatose)		1		유당으로부터 유도, 감미는 설탕과 같으나 열량이 1/2, FDA 인준 대기 중

기출 2001

당질의 체내작용을 설명하시오. [4점]

ANSWER

 기출 2016

다음은 식품 정책에 대한 신문 기사의 일부이다. 밑줄 친 ㉠~㉢에 대해 〈작성방법〉에 따라 설명하시오. [4점]

학교에서 탄산음료를 없애라!

날로 심각해지고 있는 청소년 비만을 예방하고 건강을 유지하기 위해 학교 내 매점 및 자판기에서 탄산음료 등의 판매를 금지하고 있다. 이는 많은 전문가들이 만성질환과 비만의 주된 원인으로 당류가 많이 포함된 탄산음료를 꼽고 있기 때문이다.

탄산음료는 대표적인 ㉠ 빈 칼로리(empty calorie)식품이다. 이를 과다섭취하게 되면 체중이 늘고 비만의 위험이 증가하며, 혈중 ㉡ 중성지방의 함량 증가로 인한 심혈관계질환 등의 위험이 증가하므로 적게 섭취하는 것이 좋다. 당류는 식품에 존재하는 자연당과 식품의 가공 또는 조리 시에 첨가되는 첨가당을 합한 것으로, 총당류(total sugar)라고도 한다. ㉢ 2010년 개정된 한국인 영양섭취기준에서는 총당류 섭취에 대한 가이드라인을 제시하였다.

… (하략) …

- ○○일보, 20○○년

〔작성방법〕

- ㉠을 영양밀도의 관점에서 설명할 것
- 당류가 ㉡으로 전환되는 대사 과정을 설명할 것
- ㉢에 제시된 총당류의 섭취기준을 쓰고, 섭취 시 유의사항을 총당류의 정의에 근거하여 설명할 것

ANSWER

Q 기출 2019 일부

다음은 식품의 조리·가공 과정을 통해 만들어지는 기능성 물질과 유해 성분에 대한 설명이다. 괄호 안의 ㉠에 해당하는 용어를 쓰시오. [2점]

> 식품 산업이 발달하면서 새로운 기능성을 갖춘 다양한 제품이 등장하고 있다. (㉠)은/는 2개의 아미노산으로 구성된 인공감미료이며 설탕보다 약 200배의 단맛을 더 내고 물에 잘 녹는다. 여러 나라에서 식품첨가물로 승인되어 식품 산업에서 광범위하게 사용되고 있으나 열안정성이 낮아 고온으로 처리하는 제품에는 적합하지 않다. 특히 페닐알라닌(phenylalanine) 대사에 이상이 있는 사람은 주의를 요한다.

ANSWER

5 당뇨병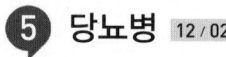

(1) 당뇨병의 유형

① 당뇨의 원인과 분류
- 혈당검사: 12시간 공복 후 140mg/dL 이상인 경우(임의시간 200 이상인 경우)

분류	인슐린 의존형(제1종 당뇨)	인슐린 비의존형(제2종 당뇨)
발병 시기	주로 소아기 발병(평균 12세)	주로 성인기 발병(40세 이후)
발병 원인	인슐린 생성 부족, 면역반응 저하, 바이러스 감염	인슐린 저항성 증가, 고인슐린혈증, 비만
증상	비교적 심함, 다식, 다뇨, 다갈, 체중 감소	비교적 적음, 다갈, 피로감, 혈관계·신경계 합병증
혈중 인슐린 농도	매우 낮음, 인슐린 의존성	정상 또는 높거나 낮음, 인슐린 비의존성
케톤증 발생	가능	별로 없음
치료법	인슐린 치료, 약물요법, 식사 및 운동요법 권장	식사요법, 약물요법, 운동요법

② 인슐린 저항성(insulin resistance) : 인슐린 수용체는 인슐린이 결합되어 작용을 나타나게 하는 곳이다. 인슐린 저항성은 이러한 인슐린 수용체 부족으로 인해 세포가 포도당을 효과적으로 연소하지 못하는 것이다. 그 원인은 아직 규명되지 않았으나 비만이나 운동부족이 수용체 감소에 작용하는 것으로 여겨지고 있다.

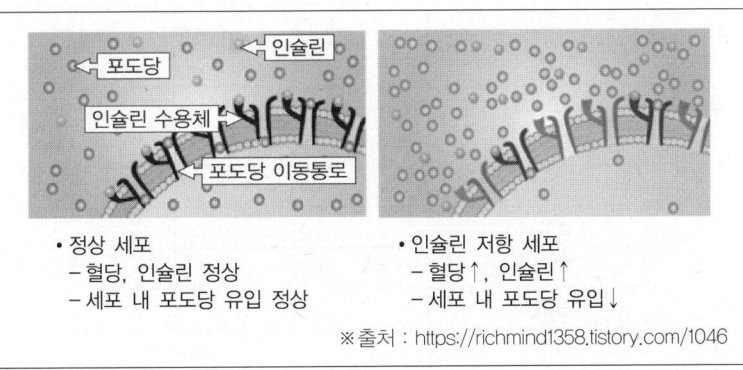

〈정상 세포와 인슐린 저항성 세포 차이〉

(2) **혈당지수(GI : Glycemic Index)와 GL(Glycemic Load, 혈당부하지수)**

① GI : 탄수화물 50g을 함유하는 표준식품(포도당 등)을 섭취한 후 2시간 동안의 혈당 반응 곡선의 면적을 '100'으로 기준하여 탄수화물 50g을 함유한 측정 식품과 비교하여 수치화한 것이다(국내인증기관 없음). 70 이상이면 고GI식품으로 55 이하이면 저GI식품으로 구분된다.

고	혈당지수	중	혈당지수	하	혈당지수
백미	70~90	현미밥	50~90	통밀빵	30~45
식빵	70	보리빵, 귀리빵	65	콩	18
감자	80~100	바나나, 파인애플	52	우유	27
수박	70	아이스크림	64	사과, 오렌지, 배	36, 43, 28
콘플레이크	84				

② 혈당부하지수(GL) : 해당식품의 $\frac{GI}{100}$ × 해당식품 1회 섭취량 내 당질 함량 / GL이 20 이상이면 높다고 보고, 19~11은 중간, 10 이하는 낮다고 평가한다. GI가 높더라도 GL이 낮으면 이 식품은 먹어도 혈당에 큰 영향을 미치지 않는다.

■ 주요 식품의 GI와 GL

식품	당지수(GI)	당부하지수(GL)
흰 바게트	95	15
쌀밥, 찹쌀	92	44
삶은 감자	78	16
수박	72	4
현미밥	66	21
콜라	63	16
아이스크림	61	8
우동	55	26
고구마	44	11
호밀	34	13
우유	27	3
보리	25	11

(3) 당뇨병 관련 증상과 식이요법

① 당뇨병 관련 증상

- 저혈당증 : 주로 인슐린 의존형 당뇨병 환자에게서 인슐린의 과다사용, 심한 운동, 경구 혈당강하제의 과다복용 등으로 혈당이 50mg/dL 이하로 저하될 때 발생한다. (증상 – 공복감, 식은땀, 어지러움, 두통, 메스꺼움, 가슴 떨림, 불안, 피로감 등)

- 당뇨병성 케톤증 : 인슐린 의존형 당뇨환자에서 인슐린을 투여하지 않았거나 식사량이 과할 때, 인슐린의 부족으로 포도당이 에너지원으로 이용되지 못하여 체내 지방이나 단백질이 대신 에너지원으로 동원된다. 이때 지방이 완전 연소되지 못하고 중간대사산물인 케톤체의 생성이 증가하여 케톤증(케토산증)이 생긴다. (증상 – 구토, 갈증, 탈수, 메스꺼움, 호흡곤란, 다뇨, 무력감 등)

② 식사요법 : 인슐린 의존형과 비의존형 여부에 따라 식이요법이 달라질 수 있다.

- 적은 양을 규칙적으로 섭취한다.
- 설탕과 같은 단순당류는 혈당을 급격히 상승시키므로 주의하고 탄수화물은 곡류를 주로 한 복합당류를 섭취한다.
- 식이섬유질을 섭취하여 혈당이 급격히 상승하는 것을 방지한다.
- 비만(인슐린 비의존형인 경우 주로)인 경우 체중을 조절하고 총에너지를 제한한다.

기출 2002

〈보기〉의 증세와 특성이 나타나는 질병의 이름을 쓰고, 발병 원인을 2가지 서술하시오. 질병에 걸린 환자의 식이요법을 3가지만 서술하시오. [6점]

> 보기
> - 갈증이 심하여 물을 많이 마시며, 소변을 자주 보게 된다.
> - 쉽게 피로를 느끼며, 음식을 많이 먹으나 체중이 감소된다.
> - 현대에 와서는 어린이와 성인의 발병률이 해마다 증가되고 있다.

ANSWER

6 영양소 섭취기준

(1) 에너지 : 에너지필요추정량 = 평균필요량

연령		에너지필요추정량(kcal/일)		
영아	0~5개월	500		
	6~11개월	600		
유아	1~2세	900		
	3~5세	1,400		
남자	6~8세	1,700	여성	1,500
	9~11세	2,000		1,800
	12~14세	2,500		2,000
	15~18세	2,700		2,000
	19~29세	2,600		2,000
	30~49세	2,500		1,900
	50~64세	2,200		1,700
	65~74세	2,000		1,600
	75세 이상	1,900		1,500
			임신부	+0/+340/+450
			수유부	+340

(2) 탄수화물, 식이섬유소

연령		탄수화물(g/일)		식이섬유(g/일)
		평균필요량	권장섭취량	충분섭취량
영아	0~5개월		60(충분)	
	6~11개월		90(충분)	
유아	1~2세	100	130	15
	3~5세			20
남자	6~8세	100	130	25
	9~11세			25
	12~14세			30
	15~18세			30
	19~29세			30
	30~49세			30
	50~64세			30
	65~74세			25
	75세 이상			25
여자	6~8세	100	130	20
	9~11세			25
	12~14세			25
	15~18세			25
	19~29세			20
	30~49세			20
	50~64세			20
	65~74세			20
	75세 이상			20
임신부		+35	+45	+5
수유부		+60	+80	+5

03 지방

1 지방의 구조

(1) 원소
1g의 C가 연소하면 8.08kcal의 에너지를, H가 연소하면 34.5kcal를 발생하고 O 자신은 연소하지 못하고 다른 물질이 연소하도록 도와준다. 따라서 지방은 탄수화물과 같이 C, O, H로 구성되어 있으나 지방산은 $C_nH_2nO_2$로 O의 비율이 낮아 더 농축된 형태의 열량원이다.

(2) 구조
단순지질은 글리세롤과 지방산이 결합된 것이다. 지방산의 카르복실기(-COOH)는 글리세롤의 수산기(-OH)와 에스테르결합(-COO-)을 한다.

2 지방의 분류

(1) 단순지질(중성지방)
① 단순지질의 구성 : 글리세롤 1분자 + 지방산 3분자
② 단순지질의 종류 : 상온에서의 상태에 따라

분류	상온에서의 형태	융점	지방산의 특징	급원
fat	고체	높다.		
oil	액체	낮다.		

(2) **복합지질(인지질)**

① 복합지질의 구성 : 글리세롤 + 지방산2분자 + 인산(+염기)
  - 중성지질과 유사한 구조를 갖고 있으나, 글리세롤의 3번째 수산기 (-OH)에 지방산 대신에 인산이 결합되며 여기에 염기가 연결되어 있다.

② 인지질의 역할
  - 세포막을 구성하는 기본 구조 성분으로서 뇌와 신경계의 필수성분이다. 세포막은 인지질의 2층으로 구성되어 있는데 세포신호전달에 중요한 역할을 한다.
  - 지단백질(lipoprotein)의 구성 성분이다. 소수성과 친수성부분이 있어 지단백 형성 시 지질의 운반을 용이하게 한다.
  - 식품에 함유된 인지질의 대부분은 '레시틴'의 형태이며, 레시틴은 난황과 콩 등에 많이 들어 있다. 인지질은 한 분자 내에 친수성 부분과 소수성 부분을 동시에 가지고 있으므로, 서로 섞이지 않는 물과 기름을 섞이게 하는 중간 매개체 역할을 한다.

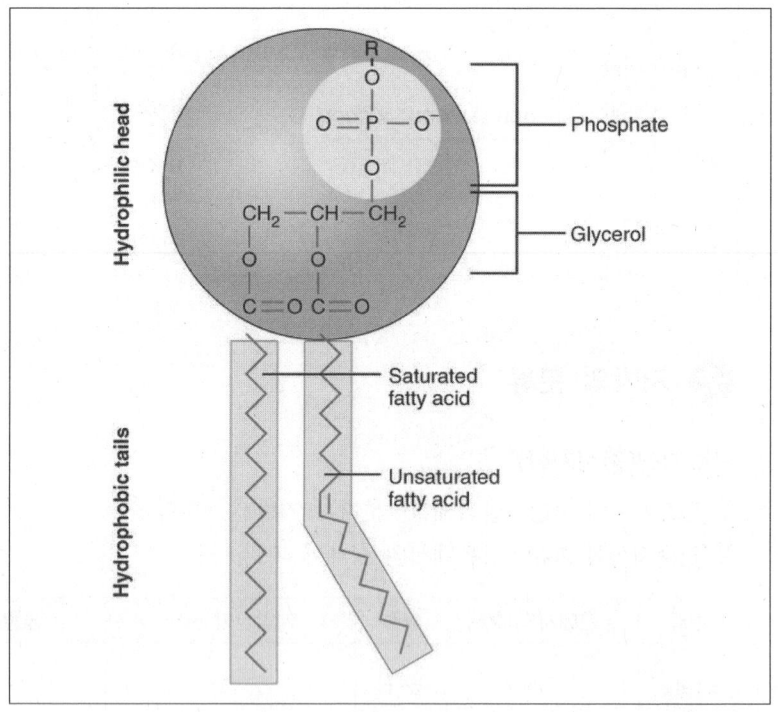

(3) 유도지질
  ① 유도지질의 생성 : 단순지방과 복합지방이 가수분해 시 생성된다.
  ② 유도지질의 종류
    ㉠ 콜레스테롤 08 : 탄소가 네 개의 고리모양을 하고 있으며, 주된 전구체인 아세틸 CoA로부터 합성된다.
      • 세포막의 구성요소이다.
      • 콜레스테롤에서 담즙산과 스테로이드 호르몬이(여성 호르몬인 에스트로겐, 남성 호르몬인 테스토스테론 등) 합성된다.
      • 피부에서 자외선에 의해 비타민 D_3으로 전환된다.
      • 과잉섭취 시 동맥경화의 위험이 증가한다.
    ㉡ 에르고스테롤 : 효모, 간유, 표고버섯에 함유되어 있으며 자외선에 의해 비타민 D_2로 전환된다.

Q 기출 2008

다음 대화를 읽고, 밑줄 친 ㉠과 같이 말한 이유 2가지를 콜레스테롤의 기능과 관련하여 각각 1줄 이내로 쓰시오. [2점]

> 엄마 : 선희야, 음식은 골고루 먹어야 건강하게 자랄 수 있어.
> 선희 : 그래도 새우나 계란 노른자는 콜레스테롤이 많이 들어있으니까 안 먹을래요.
> 엄마 : 아니야, 너무 많이 섭취하면 문제가 되지만 ㉠콜레스테롤은 우리 몸에 꼭 필요한 영양소란다.

ANSWER

❸ 지방산의 분류

(1) 포화 정도에 따라

① 포화지방산 : 탄소와 탄소 사이에 이중결합이 없는(-C-C-) 지방산
② 단일불포화지방산 : 이중결합(-C = C-)이 하나인 지방산
③ 다중불포화지방산 : 이중결합이 2개 이상인 지방산

▌포화 정도에 따른 지방산의 분류

형태	명칭	함유식품
포화지방산	부티르산	우유, 버터
	팔미트산, 스테아르산	널리 분포, 고체지방
단일불포화지방산	올레산	동물성 지방과 식물성 기름
다중불포화지방산	리놀레산, 리놀렌산, 아라키돈산	식물성 기름과 어유

▌불포화지방산의 종류

명칭	원소수	불포화도	기능
올레산	C_{18}	1	
리놀레산	C_{18}	2	항피부병인자, 성장인자
리놀렌산	C_{18}	3	성장인자
아라키돈산	C_{20}	4	항피부병인자

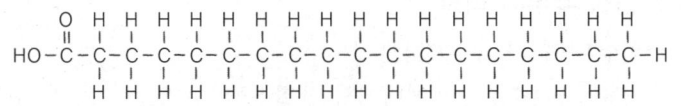

〈지방산의 형태〉

- ⊙ n-6계 지방산 : 지방산의 메틸기말단부터 세어서 6번째 탄소가 이중결합을 갖는 일련의 지방산으로서 linoleic acid, γ-linolenic acid, arachidonic acid가 대표적인 것이다. 리놀레산 계열의 지방산이라고 하는 경우도 있다.
- ⊙ n-3계 지방산 : 지방산의 메틸기말단부터 세어서 3번째 탄소가 이중결합을 갖는 일련의 지방산으로서, eicosapentaenoic acid(EPA), docosahexaenoic acid (DHA), α-linolenic acid가 속한다. 리놀렌산 계열의 지방산이라고 하는 경우도 있다. n-3계열과 n-6계열은 동물 체내에서 서로 변환할 수 없다.

〈오메가-6 지방산 : 리놀레산(linoleic acid)의 구조〉

(2) 체내 합성 유무에 따라

① 비필수지방산과 필수지방산
  ㉠ 불(비)필수지방산 : 체내에서 생합성될 수 있는 지방산(포화지방산, 단일불포화지방산) 예 팔미트산, 스테아르산, 올레산 등
  ㉡ 필수지방산 : 체내에서 합성되지 않는 지방산으로 탄소수가 18개 이상이며 cis결합 두 개 이상을 가진 다중불포화지방산으로 식물성 식품에 많이 함유되어 있다. 식사로부터 매일 일정량을 섭취해야만 한다. 함유식품으로는 채소, 종실유(리놀레산), 콩기름(리놀렌산), 동물의 지방(아라키돈산) 등이 있다.

② 필수지방산의 기능
- 세포막의 구조적 안정성 유지에 기여한다.
- 두뇌발달과 시각기능 유지에 기여한다.
- 피부병을 예방한다.
- 에이코사노이드(eicosanoid)의 전구체 합성 : 다중 불포화된 C_{20} 지방산, 특히 아라키돈산(20 : 4)과 디호모-γ-리놀렌산의 효소적인 과산화 반응으로 형성된 호르몬 효과를 가진 화합물. 세포막의 인지질을 구성하는 필수지방산으로부터 합성된다. 이 이름은 에이코산인 포화된 C_{20} 지방산으로부터 유래한다.
  예 프로스타글라딘, 트롬복산 등

에이코사노이드의 생리적 기능

기능	n-3계	n-6계
혈액응고	억제 : 혈소판 응집 저해	촉진 : 혈소판 응집
혈압	저하 : 혈관확장	상승 : 혈관수축
혈청지질	감소 : 혈청지질(중성지방, 콜레스테롤, LDL, VLDL합성) 감소, HDL 증가로 혈액점도 감소	
염증반응	억제 : 염증반응 억제로 천식, 관절염 완화	촉진 : 평활근 수축 및 염증반응 증가로 인해 천식 악화

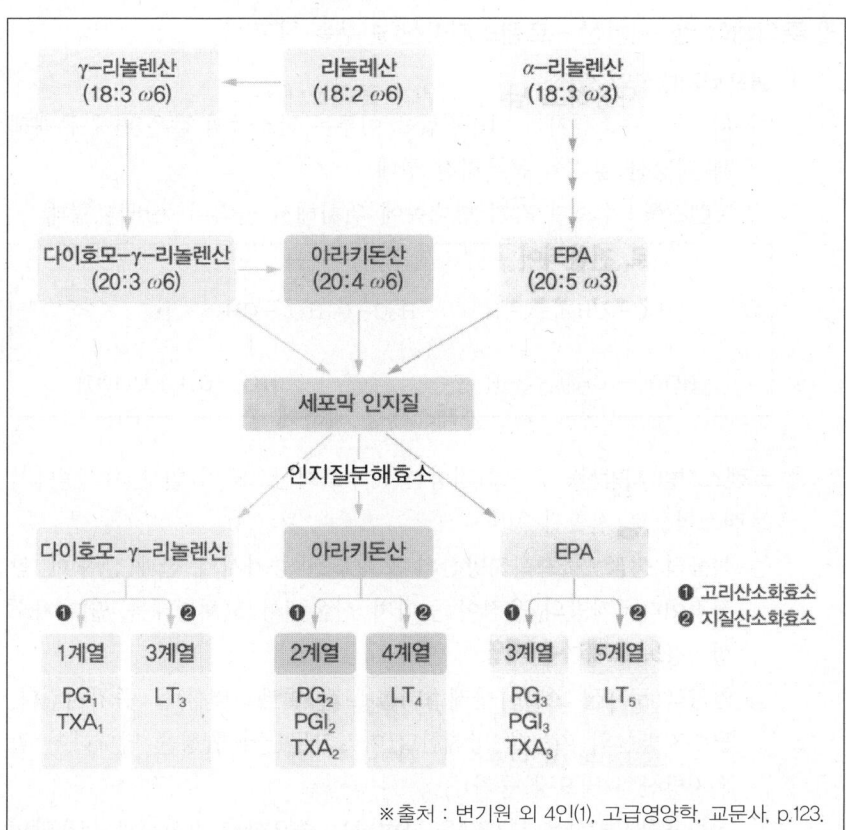

(3) **주의해야 할 지방산 – 트랜스지방산**(※ 부록 참고)
   ① 불포화지방산의 형태
      ㉠ 시스형 : 수소원자가 이중결합을 이루는 탄소들의 같은 편에 존재해서 지방산 골격이 구부러진 형태
      ㉡ 트랜스형 : 수소가 각기 반대쪽에 위치해서 골격이 똑바른 형태

㉠	㉡
$H_3C-(CH_2)_n-C-H$ $\parallel$ $HOOC-(CH_2)_n-C-H$	$H_3C-(CH_2)_n-CH$ $\parallel$ $HC-(CH_2)_nCOOH$

   ② 트랜스지방(지방산) : 불포화지방산을 수소화함으로써 일부 시스형에서 트랜스형으로 전환된 지방
      ㉠ 식품적 장점 : 불포화지방산의 포화도를 증가시켜 산패(산화)에 안정적이다. 지방의 융점이 높아져 상온에서 고체형태를 띤다(가소성, 경도가 증가한다).
      ㉡ 영양적 문제점 : 체내 콜레스테롤(LDL 콜레스테롤)을 증가시킨다. 필수지방산의 기능을 방해한다(아라키돈산의 합성을 방해하여 필수지방산의 필요량 증가).
         • 불포화지방산은 세포막을 구성하는 중요한 지방산으로 세포막의 유동성을 부여하고 기질 및 여러 물질의 세포 내외의 출입에 관여한다. 만일 트랜스지방이 불포화지방산 대신 세포막을 구성하게 되면 상대적으로 높은 융점 때문에 세포막의 유동성이 저하되어 원활한 물질이동을 방해하여 면역기능의 저하와 질병을 발생시키는 원인이 되기도 한다.
         • 트랜스지방이 심혈관 질환과 밀접한 관계가 있다는 사실이 보고되고 있다. 혈액 내 나쁜 콜레스테롤수치를 높일 뿐 아니라 좋은 콜레스테롤의 수치를 낮추는 작용을 한다.

(4) **탄소수에 따라**
   ① 짧은 사슬 지방산 : 탄소수 4~6개로 이루어진 지방산
   ② 중간 사슬 지방산 : 탄소수 8~12개로 이루어진 지방산
   ③ 긴 사슬 지방산 : 탄소수 14~20개로 이루어진 지방산
   ④ 매우 긴 사슬 지방산 : 탄소수 22개 이상으로 이루어진 지방산

4 지방 대사

(1) **중성지방 대사**(※ 에너지 대사 부분 참고)
   ① **지방 분해**
      ㉠ 글리세롤 : 세포질에서 해당과정 중간 경로로 들어간다.
      ㉡ 지방산 : 미토콘트리아(산소 有)에서 지방산의 β산화가 일어나고 이 과정을 통해 아세틸 CoA가 생성된다.
   ② **지방합성** : 지방산 + 글리세롤
      ㉠ 지방산 생합성 : 세포질(산소 無). 아세틸 CoA로부터 일련의 과정을 거쳐 지방산이 합성된다. 일부 필수지방산(다중불포화지방산)은 체내에서 합성되지 않는다.
         • 과정의 첫 단계에서는 비오틴을 조효소로 하는 아세틸 CoA 카르복실화 효소에 의해 탄소 1개가 첨가되어 탄소 3개의 말로닐 CoA를 생성한다. 다음 단계에서는 지방산 합성효소의 작용에 의해 탄소가 2개씩 증가하는 과정을 몇 차례 반복하여 포화지방산이 합성된다. 이때 사용되는 조효소는 NADPH이다.
         • 불포화지방산은 불포화효소에 의해 포화지방산으로부터 합성될 수 있다. 그러나 특정 이중결합을 만들 수 있는 불포화효소가 없는 경우 체내에서 해당 불포화지방산은 합성되지 않는다.
      ㉡ 글리세롤 : 해당과정의 중간산물에서 형성된다.

(2) **콜레스테롤과 케톤체**
   ① **콜레스테롤 합성과 대사**
      ㉠ 합성 : 콜레스테롤은 간,(50%), 소장(25%), 그 외 조직 등에서 아세틸 CoA로부터 합성된다.
      ㉡ 대사 : 담즙산으로 전환된다. 담즙산염은 담즙산에 글리신과 타우린 등이 결합된 것이다.
         • 장간순환 : 소장에서 지방의 유화에 쓰인 담즙산염이 소장에서 재흡수되어 간으로 이동하는 것이다.
   ② **케톤체 합성과 대사**(※ 당뇨병 부분 참고)

5 지방의 기능

(1) 에너지 대사 관련 기능

① 에너지를 공급하고 저장한다 : 1g당 9kcal의 에너지를 공급하며 과잉 시 지방으로 저장한다.

② 티아민 절약 작용 : 탄수화물은 에너지 대사과정에 티아민을 필요로 하기 때문에 곡류를 많이 섭취할 경우 티아민이 부족할 수 있다. 그러나 일부를 지방으로 섭취할 경우 티아민의 체내 필요량이 감소된다.

(2) 체조직 관련 기능

① 중성지방의 기능
- 체온이 과도하게 방출되는 것을 막는 단열재 역할을 한다.
- 체지방이 외부 충격이나 위험으로부터 장기를 보호하는 완충제의 역할을 한다.
- 필수지방산을 공급한다.(※ 필수지방산 참고)

② 인지질(※ 인지질 참고)

③ 콜레스테롤(※ 콜레스테롤 참고)

(3) 지용성 비타민의 용매

지용성 비타민인 비타민 A, D, E, K는 지방을 용매로 흡수되고 체내에서 이동한다. 따라서 지방의 결핍은 지용성 비타민의 결핍으로 이어진다.

(4) 향미와 만복감 제공

식품에 함유되어 있는 지방은 독특하고 풍부한 맛과 향을 제공한다.

6 지방과 질병

(1) 이상지질혈증

① 관련 질병

㉠ **이상지질혈증** : 혈중 지질 대사의 이상으로 혈액 속에 총콜레스테롤이나 중성지방의 농도가 기준 이상으로 높거나 HDL-콜레스테롤 농도가 낮은 상태로 고지혈증이라고도 한다.

㉡ **동맥경화증** 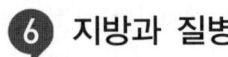 : 이상지질혈증, 산화된 LDL, 고혈압, 흡연, 당뇨병, 비만 등으로 인해 혈관 벽에 상처가 생기게 되면 대식세포, 림프구 등이 상처 부위에 침착하고 면역세포가 증식하게 된다. 혈관 평활근세포(내피세포 아래)의 섬유화(굳어짐)가 발생하면서 지방과 콜레스테롤이 축적되기 쉬워진다. 혈관에 플라크(plaque : 지방, 칼슘, 피브린 등 축적)가 축적된다. 부서진 플라크는 혈전을 형성하여 혈관을 막는다.

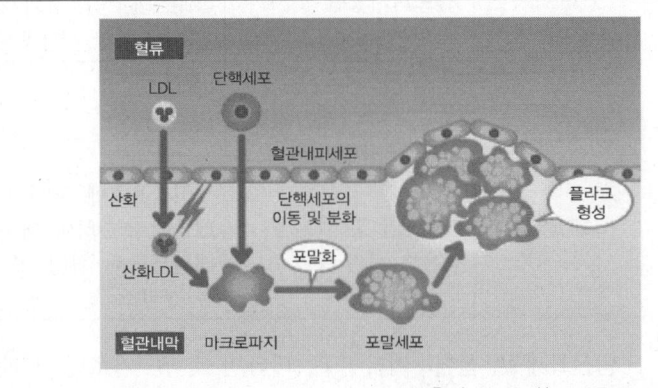

※출처 : https://zoot30.tistory.com/141

② 식이요법

㉠ **콜레스테롤 섭취의 제한** : 콜레스테롤은 전적으로 동물성 음식에 포함되어 있다. 콜레스테롤의 섭취를 하루 300mg/일 미만으로 제한한다.

㉡ **포화지방산 섭취의 제한** : 포화지방산(동물성 기름)의 섭취는 고지혈증을 유발할 뿐 아니라 열량이 높아 비만의 원인이 되므로 제한한다.

> **CSI(Cholesterol Saturated fatty acid Index)**
> 어떤 음식물이 혈중 콜레스테롤을 높이는 정도를 숫자로 표시한 것이다. 식품의 콜레스테롤과 포화지방산의 함량으로부터 산출한다.

ⓒ 식사 내의 포화지방산을 불포화지방산으로 대치하면 혈중 콜레스테롤을 낮추는 효과가 있다.

식이요법	기본원리		타당한 이유
지질 섭취량 감소	열량의 20% 이하 권장		지질의 섭취 증가 시 혈청 콜레스테롤 양 증가
식이콜레스테롤 섭취조절	성인은 300mg 이하 권장		내인성 콜레스테롤 양이 증가해 혈청 콜레스테롤을 줄이는 데 효과는 크지 않으나 개인차가 있고, 식이 콜레스테롤 증가 시 동맥경화증의 발생도 증가함
식이지방산의 종류	C_{12}~C_{16}의 포화지방산		LDL-콜레스테롤 증가
	스테아르산		혈전 증가
	단일불포화지방산		콜레스테롤 상승효과 없으며 LDL 산화억제효과 있음
	다가 불포화지방산	n-6	콜레스테롤 감소효과가 있으나 혈전 생성
		n-3	콜레스테롤 감소효과가 크고 혈전 생성 억제, 심장병 예방 효과
	S : M : P 비율은 1 : 1.0~1.5 : 1을 권장 S와 P를 10% 이하 권장		
식이 섬유소 섭취 증가	펙틴, 검 등 가용성 섬유소 섭취 증가		식이섬유소에 담즙과 콜레스테롤이 결합하여 대장을 통해 배설되므로 혈청 콜레스테롤 농도 감소

- **항산화제 [19] 섭취**: 비타민 C, 비타민 E, β-카로틴, 세레늄 등을 통해 산화 LDL의 형성을 예방한다. 산화 LDL은 혈관세포를 산화시켜 혈관을 손상시킨다.
- **식물성 스테롤**: 고등식물에 포함되어 있는 스테로이드(steroid) 골격을 가진 알코올의 총칭으로, 콜레스테롤 흡수를 방해한다. 식물의 기원에 따라 조성에 큰 차이가 있는데, 가장 대표적인 것은, β-시토스테롤(C_{29})과 캄페스테롤(C_{28}), 에르고스테롤(C_{29}, 효모, 버섯에 많이 포함되어 있으며, 프로비타민 D_2이다) 등이 있다. 식물성 스테롤은 콜레스테롤과는 대조적으로 소장으로부터 흡수되기 어려울 뿐만 아니라 콜레스테롤의 흡수를 저해하는 작용을 갖기 때문에, 부작용이 적은 콜레스테롤을 낮추는 제제로서 의료용으로 사용되고 있다.

그림과 같이 진행되는 질병의 영양 관리에 대한 설명으로 옳은 것만을 〈보기〉에서 있는 대로 고른 것은? [2점]

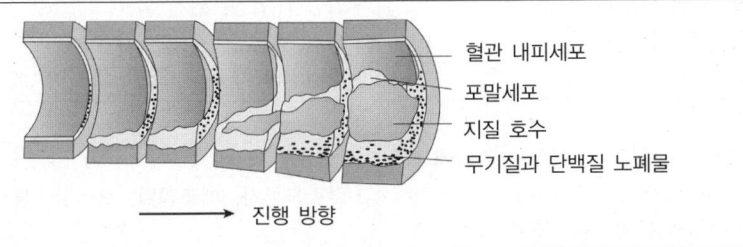

보기
ㄱ. 비타민 C, 비타민 E, β-카로틴이 풍부한 푸른 잎채소를 충분히 섭취한다.
ㄴ. 다가불포화지방산 : 단일불포화지방산 : 포화지방산의 비율은 1 : 1 : 2로 섭취한다.
ㄷ. 단백질의 섭취는 어육, 난백, 두부 등을 이용하여 총열량의 15~20%로 조절한다.
ㄹ. 펙틴과 알긴산은 수용성 섬유소로 혈청 콜레스테롤 감소 효과가 있으므로 과일, 해조류를 충분히 섭취한다.

① ㄱ, ㄴ ② ㄴ, ㄹ ③ ㄷ, ㄹ
④ ㄱ, ㄴ, ㄷ ⑤ ㄱ, ㄷ, ㄹ

ANSWER ⑤

고지혈증 치료지침 제정위원회(2009)

식품	허용 식품	주의 식품
어육류	• 쇠고기, 돼지고기, 양고기 : 조리 전에 지방을 잘라 낸 살코기 • 껍질을 벗긴 가금류	• 쇠고기, 돼지고기, 양고기 : 갈은 고기, 갈비, 내장 • 가금류 껍질, 튀긴 닭 • 튀긴 생선, 튀긴 조개류 • 고지방 육가공품 : 스팸, 소시지, 베이컨 등
난류	• 달걀흰자 • 혈청 중성지방만 높은 경우 : 1주일에 4개 이하의 달걀노른자 • LDL-콜레스테롤이 높은 경우 : 1주일에 2개 이하의 달걀노른자	• 달걀노른자, 메추리알, 오리알, 생선알젓
저지방 유제품	• 탈지유, 탈지분유, 저지방 우유 • 저지방 요구르트 • 저지방 치즈	• 전유, 연유 • 요구르트 • 치즈, 크림치즈 • 아이스크림, 얼린 요구르트 • 커피크림
지방	• 불포화지방산 : 해바라기유, 옥수수유, 대두유, 올리브유 • 마가린 : 불포화지방산으로 만든 마가린, 저열량 마가린, 특히 부드럽거나 액체형태인 것 • 샐러드드레싱 : 불포화지방산, 저지방이나 무지방으로 만든 것 • 견과류 : 땅콩 및 견과류	• 코코넛유, 야자유 • 버터, 돼지기름, 쇼트닝, 베이컨 기름, 딱딱한 마가린, 쇠기름 • 달걀노른자, 치즈, 전유로 만든 샐러드드레싱 • 코코넛
곡류	• 밥, 잡곡밥, 국수, 빵, 두부, 옥수수, 기름 없이 튀긴 팝콘	• 달걀, 지방, 버터가 주성분인 빵과 케이크, 고지방 크래커, 비스킷, 버터로 튀긴 팝콘 등
국	• 조리 후 지방을 제거한 국	• 기름기 많은 국, 크림수프
채소·과일	• 신선한 채소, 과일, 기름진 소스가 첨가되지 않은 통조림	• 튀긴 채소 및 과일, 버터, 치즈, 크림소스가 첨가된 채소 및 과일
간식·후식	• 음료 : 식혜, 수정과, 과일화채, 과일주스, 탄산음료, 펀치 • 당분 : 설탕, 시럽, 꿀, 잼, 무지방 사탕 • 후식 : 과일, 저지방 요구르트, 젤리, 셔벗, 얼음과자, 허용되는 재료를 사용하여 집에서 만든 과자, 케이크	• 초콜릿, 코코넛유, 야자유를 사용하여 만든 초콜릿바 종류 • 아이스크림 • 파이, 케이크, 도넛, 고지방 과자 • 튀긴 간식류

(2) 대사증후군(metabolic syndrome)
① 원인 : 포도당을 분해해 간·근육 등으로 보내는 역할을 하는 인슐린이 제대로 만들어지지 않거나, 제기능을 하지 못할 경우 당뇨병·고혈압·뇌졸중·심장병 등 각종 성인병이 생긴다는 사실이 밝혀졌다. 인슐린이 포도당을 제대로 운반하지 못하는 것을 인슐린 저항성이라고 하는데, 대사증후군은 인슐린 저항성으로 인해 나타나는 복합적인 병증을 일컫는다.
② 주요 증상 : 혈당 대사이상으로 인한 당뇨병, 지질대사 이상으로 인한 중성지방 증가, 고밀도 콜레스테롤, 나트륨 성분 증가로 인한 고혈압, 요산 증가로 인한 통풍(痛風)[1] 등이 있다. 그러나 보통 복부비만, 당뇨, 고밀도 콜레스테롤, 고혈압, 고중성지방 등 5가지 지표 가운데 3가지 이상이 기준치를 넘으면 대사증후군으로 본다.
③ 진단지표 : 미국 국립 콜레스테롤 교육프로그램(NCEP) 5가지 가운데 3가지 이상으로 보건복지부의 지표는 다음과 같다.
  ㉠ 복부비만 : 허리둘레 남성 90cm, 여성 85cm 이상
  ㉡ 고중성지방혈증 : 150mg/dL 이상
  ㉢ 낮은 고밀도(HDL) 콜레스테롤혈증 : 남성 40mg/dL, 여성 50mg/dL 미만
  ㉣ 혈당장애 : 100mg/dL 이상 또는 당뇨병 치료 중
  ㉤ 높은 혈압 : 수축기 130mmHg 이상 또는 이완기 85mmHg 이상
④ 예방 및 치료 : 위 지표의 고혈당, 고지혈증, 고혈압, 비만 등을 관리하는 복합적인 방법이 필요하다.

---

[1] 신장기능저하로 추정되지만 아직 규명되지 않음(연구 중)

기출 2012

다음은 K씨의 건강 검진 결과의 일부이다. K씨에 대한 식사요법으로 옳은 것을 〈보기〉에서 고른 것은? [2점]

건강 검진표

K씨(남자, 36세)
신장 : 170cm   체중 : 88kg

공복혈당	129 mg/dL
HDL 콜레스테롤	25 mg/dL
중성지방	160 mg/dL
혈압	140/190 mmHg
WHR	0.91

보기

ㄱ. 감자보다 혈당지수(GI)가 낮은 고구마를 선택한다.
ㄴ. 중성지방을 감소시키기 위해 당질 위주의 식품을 선택한다.
ㄷ. 혈당을 감소시키기 위해 인공감미료 대신 과당을 선택한다.
ㄹ. 인슐린 저항성을 증가시키기 위해 섬유소가 풍부한 식품을 선택한다.
ㅁ. 열량 제한으로 인한 체단백 손실 방지를 위해 충분한 단백질 섭취가 권장된다.

① ㄱ, ㄴ ② ㄱ, ㅁ
③ ㄴ, ㄷ ④ ㄷ, ㄹ
⑤ ㄹ, ㅁ

ANSWER ②

판정기준

	검진결과	판정기준
공복혈당	129	100
HDL	25	40(남), 50(여)
중성지방	160	150
혈압	140/90	130/85
WHR(허리엉덩이 비율)	0.91	0.79~0.89(남), 0.86~0.99(여)

기출 2007

㉠은 무엇인지 쓰시오. ㉠의 발생원인과 식이요법 2가지를 쓰시오. [3점]

최근 복부 비만, 운동 부족, 과식 등으로 인해 성인병과 같은 만성질환의 발생률이 높아져 문제가 되고 있다. 이와 관련하여 다음 5개 항목 중 3개 이상이 해당될 때 ㉠이라 정의된다.

보기
- 허리둘레 : 남 90cm, 여 80cm 이상
- 혈압 : 130/85mmHg 이상
- 공복 시 혈당 : 110mg/dL 이상
- 혈중 중성지방 함량 : 150mg/dL 이상
- 혈중 HDL 함량 : 남 40mg/dL, 여 50mg/dL 미만

ANSWER

❼ 영양소 섭취기준

지방, 리놀레산, 알파-리놀렌산, EPA + DHA

연령		지방 (g/일)	리놀레산 (g/일)	알파-리놀렌산 (g/일)	EPA + DHA (mg/일)
		충분섭취량	충분섭취량	충분섭취량	충분섭취량
영아	0~5개월	25	5.0	0.6	200※
	6~11개월	25	7.0	0.8	300※
유아	1~2세		4.5	0.6	
	3~5세		7.0	0.9	
남자	6~8세		9.0	1.1	200
	9~11세		9.5	1.3	220
	12~14세		12.0	1.5	230
	15~18세		14.0	1.7	230
	19~29세		13.0	1.6	210
	30~49세		11.5	1.4	400
	50~64세		9.0	1.4	500
	65~74세		7.0	1.2	310
	75세 이상		5.0	0.9	280
여자	6~8세		7.0	0.8	200
	9~11세		9.0	1.1	150
	12~14세		9.0	1.2	210
	15~18세		10.0	1.1	100
	19~29세		10.0	1.2	150
	30~49세		8.5	1.2	260
	50~64세		7.0	1.2	240
	65~74세		4.5	1.0	150
	75세 이상		3.0	0.4	140
임신부			+0	+0	+0
수유부			+0	+0	+0

※ DHA

04 단백질

1 구조

(1) 기본 원소와 아미노산
① 기본 원소 : 단백질의 원소는 C, O, H 외에 질소(N)를 함유하고 있다.
② 아미노산의 구조 : 탄소를 중심으로 카르복시기와 아미노기를 가지고 있기 때문에 아미노산이라고 한다.

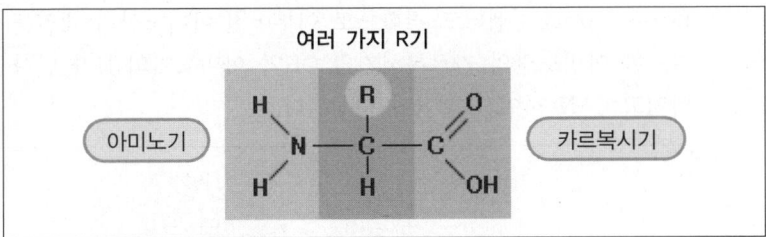

〈아미노산의 구조〉

③ 아미노산의 종류  : 아미노산은 단백질의 구성성분으로서 생체 내에서 합성이 불가능하여 외부로부터 섭취, 공급 되어야 하는 9종의 필수아미노산과 체내 합성이 용이한 5종의 비필수아미노산으로 구분되며, 정상적 상황에서 체내 합성이 충족되더라도 특정 생리 상태에서 그 합성이 제한되는 7종의 조건적 필수아미노산으로 분류된다.
• 조건적 필수아미노산 : 합성이 그 대사적 요구를 충족시키지 못할 경우 식이를 통한 공급이 필요한 아미노산

필수 아미노산	비필수 아미노산	조건적 필수 아미노산	조건적 필수아미노산의 전구체
메티오닌 류신 이소류신 발린 라이신 페닐알라닌 히스티딘 트레오닌 트립토판	알라닌 아스파르트산 아스파라긴 글루탐산 세린	아르기닌 시스테인 티로신 글루타민 글라이신 프롤린 타우린	글루타민/글루타민산염, 아스파르트산 메티오닌, 세린 글루탐산/암모니아 세린, 콜린 글루탐산 페닐알라닌

Q 기출 2002

단백질을 구성하고 있는 단위인 아미노산의 기본구성원소와 아미노산 분자의 일반 구조를 제시하시오. 그리고 필수 아미노산을 섭취해야 하는 이유를 들고, 필수 아미노산의 종류와 함유 식품을 각각 5가지씩 쓰시오. [총 5점]

ANSWER

(2) 단백질의 구조

① **1차 구조** : 펩티드 결합으로 이루어진 아미노산의 배열을 의미한다. 한 아미노산의 카르복시기의 OH와 아미노기의 H가 만나 H_2O가 빠지고 C-N 사이의 결합이 형성된다.

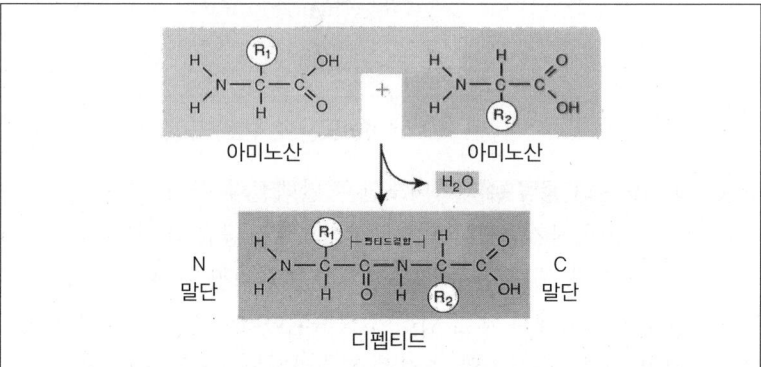

② **2차 구조** : 수소결합, 이황화결합(-ss-)에 의해 형성된다. 이웃하는 아미노산 사이의 상호작용으로 접힘, 꼬임, 회전이 나타나고 대표적으로 α헬릭스(α-helix), β시트(β-sheets) 형태가 있다.

③ **3차·4차 구조** : 단백질의 기능을 수행하기 위한 3차원적인 입체구조이다. 아미노산 곁가지가 친수성이면 표면으로 나오고 소수성이면 안으로 숨어 들어가서 형성되는 3차 구조와 둘 이상의 폴리펩티드가 상호작용하여 형성하는 4차 구조가 있다.

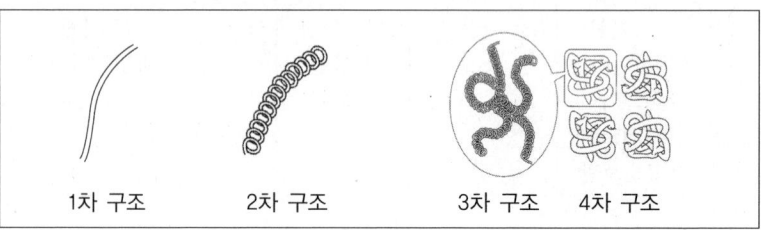

(3) 단백질 구조의 변화
① 변성 : 단백질의 활성 형태인 3차원적 입체구조에서 급격히 저어주거나 가열, 산·알칼리용액으로 처리했을 때 1차 구조로 풀어지면서 활성(고유한 기능)을 잃게 되는 과정이다. 단백질 구조 중 1차 구조가 존재하기 때문에 유리아미노산이 생성되는 단백질 소화(분해)과정과 구분된다.
② 재생 : 변성된 단백질이 본래의 입체구조를 유지할 수 있는 조건으로 돌려주면 다시 3차원적 입체구조로 접히면서 활성을 회복하는 과정으로 재생불가능한 변성도 있다.

2 단백질의 분류

(1) 화학적 분류

분류	의미	예
단순 단백질	• 가수분해되어 아미노산만 생성됨	• 알부민, 글로불린
복합 단백질	• 아미노산 외에 다른 성분이 함유되어 있음	• 인단백질 = 핵산 및 레시틴 등을 제외한 인 함유물질 + 단백질 예 카제인, 난황의 오보비텔린 • 당단백질 = 당질 또는 그 유도체 + 단백질 예 혈청의 세로글리코시드 • 지단백질 = 지방 + 단백질 예 혈청의 킬로미크론 등 • 핵단백질 = 핵산 + 단백질 예 세포핵의 주성분 • 색소 단백질 예 헤모글로빈
유도 단백질	• 열이나 가수분해로 인한 중간 산물로 생성됨	• 카제인 → 파라카제인 • 콜라겐 → 젤라틴

(2) 영양학적 분류

분류	의미	필수아미노산	예
완전 단백질	• 생명유지와 성장 및 생식작용을 원활히 할 수 있다.	• 모두, 충분히	• 우유단백질(카제인, 락트알부민), 달걀 단백질(오브알부민, 오보비텔린) • 육·어류, 콩 단백질
부분완전 단백질	• 생명유지와 생식작용을 할 수 있다.	• 1개 혹은 그 이상이 부족(제한 아미노산 있음)	• 밀(글리아딘), 보리(호르데인)
불완전 단백질	• 이것의 섭취만으로는 생명유지조차 어렵다.	• 1개 이상 결핍	• 옥수수(제인)

(3) 생물학적 기능에 따른 단백질의 분류

기능	예
효소	• 소화효소 : 펩신, 트립신, 아밀로오스 분해효소, 지질분해효소 • 대사효소 : 포도당 인산화효소, 아미노기전이효소, 지방산합성효소
운반 단백질	• 지단백질 : 지질 운반 • 헤모글로빈 : 산소 운반 • 세포막 운반단백질 : 포도당, 아미노산 등 운반
영양 단백질	• 식물종자 단백질, 달걀 알부민, 우유 카제인, 철 저장 단백질
운동 단백질	• 액틴, 미오신 : 수축운동 • 튜불린 : 편모 섬모 운동
구조 단백질	• 콜라겐 : 결합조직 • 엘라스틴 : 인대 • 케라틴 : 모발, 손톱, 깃털 • 피브린 : 실크, 거미줄 • 레실린 : 곤충날개
방어 단백질	• 면역글로불린, 항체 : 면역작용 • 피브리노겐, 트롬빈 : 혈액응고
조절 단백질	• 호르몬 : 인슐린, 글루카곤, 성장호르몬
기타	• 감미단백질 : 아프리카산 식물 • 부동단백질 : 남극어류혈액

③ 단백질의 질 평가

(1) 생물학적 평가

단백질 합성에 사용되지 않는 아미노산의 양을 줄여 혈중 요소와 암모니아(NH_3) 농도를 줄인다(간, 신장질환자).

① 단백질 효율(protein efficiency ratio, PER) 측정법 10 : 동물(주로 흰쥐)의 체중 증가에 기여하는 단백질의 이용을 기준으로 한다. 체중 증가가 반드시 체내 단백질 보유량과 비례하지 않을 수 있다는 단점이 있다.

> • 실험 방법 : 단백질 A는 10% 수준으로, 에너지와 그 외 필수 영양소는 필요량 수준으로 포함된 사료로 4주 동안 쥐를 사육한 후, 쥐의 체중 변화를 측정함
>
> $$PER = \frac{체중 증가량}{섭취한 단백질량}$$

주요 식품 단백질의 PER

식품	PER	식품	PER
달걀	3.92	밀가루	0.6~1.15
육류, 어류, 가금류	2.30~3.55	대두	2.32
우유	3.09	콩류(대두 외)	1.65

② 질소 출납으로 구하는 방법 : 질소의 체내 보유 정도를 측정한다.

$$생물가(BV) = \frac{보유된\ 질소의\ 양}{흡수된\ 질소의\ 양} \times 100$$

$$= \frac{식이질소량 - (소변질소량 + 대변질소량)}{식이질소량 - 대변질소량} \times 100$$

$$단백질\ 실이용률(NPU) = 생물가 \times 소화흡수율 = \frac{보유질소량}{섭취질소량} \times 100$$

Q 기출 2010

다음은 단백질 효율(protein efficiency ratio, PER) 측정법에 대한 설명이다. 실험 조건의 변화에 따른 단백질 A의 단백질 효율(PER) 변화로 옳은 것은? (단, 변경조건 이외의 조건은 아래 제시된 실험 방법과 동일함) [2.5점]

- 실험 목적 : 단백질 A의 질 평가
- 평가 원리 : 단백질 효율은 단백질 섭취량에 대한 체중 증가량으로, 체중 증가가 체단백질 이용과 정비례한다는 가정에 기초함
- 실험동물 : 성장기의 쥐
- 실험 방법 : 단백질 A는 10% 수준으로, 에너지와 그 외 필수 영양소는 필요량 수준으로 포함된 사료로 4주 동안 쥐를 사육한 후, 쥐의 체중 변화를 측정함
- 평가 결과 : 단백질 A의 단백질 효율 = 1.65

① 에너지 섭취량을 증가시키면 높아진다.
② 비타민 섭취량을 증가시키면 높아진다.
③ 칼슘 섭취량을 증가시키면 높아진다.
④ 철 섭취량을 증가시키면 낮아진다.
⑤ 사료의 단백질 A 비율을 증가시키면 낮아진다.

ANSWER ①

(2) 화학적 평가

식품의 필수아미노산 조성으로부터 식품단백질의 영양가를 평가하는 방법이다. 아미노산 평정패턴에 따라 종류를 구분한다. 제한 아미노산을 알 수 있어 보충효과를 예측할 수 있지만 독성물질의 존재를 파악할 수 없다.

① 화학가(단백가, protein score) : 기준 아미노산 패턴을 이용하여 측정하고자 하는 단백질과 비교한 것이다. 분모의 기준이 되는 아미노산은 주로 달걀의 아미노산 조성을 기준으로 한다.

$$화학가 = \frac{식품\ 단백질\ g당\ 제1제한\ 아미노산의\ 양}{달걀\ 단백질\ g당\ 같은\ 아미노산의\ 양} \times 100$$

② 아미노산가(amino acid score) : 분모의 기준이 되는 아미노산을 인체의 표준조성(WHO 기준아미노산 패턴)을 기준으로 한다.

$$\text{아미노산가} = \frac{\text{식품 단백질 g당 제1제한 아미노산의 양}}{\text{표준 단백질 g당 같은 아미노산의 양}} \times 100$$

■ 필수아미노산 조성

아미노산	표준	달걀	우유	밀가루
이소류신	270	428	407	262
류신	360	565	630	442
리신	270	396	496	126
페닐알라닌	180	368	311	322
티로신	180	274	323	174
메티오닌	144	196	154	78
트레오닌	180	310	292	174
트립토판	90	106	90	69
발린	270	460	440	272

③ 소화율을 고려한 아미노산가 : 아미노산가 × 소화율
④ 단백질의 상호보완작용 : 단백가가 낮은 식품은 다른 식품과 함께 섭취함으로써 서로 부족한 아미노산을 보완할 수 있다. 우리나라 주식의 경우 백미를 먹기보다는 전통적으로 혼식을 함으로써 쌀에서 부족한 리신을 콩을 통하여 또는 기타 잡곡을 통하여 얻고 있다.

식품	부족 아미노산	보충효과
콩류	메티오닌	두부와 쌀밥
곡류	리신, 트레오닌	콩밥, 팥밥
견과 및 종실류	리신	땅콩과 완두 등의 콩을 섞은 샐러드
채소	메티오닌	나물과 쌀밥, 채소와 견과류를 섞은 샐러드
옥수수	트립토판, 리신	옥수수와 달걀을 섞은 볶음밥

4 아미노산풀과 단백질의 대사

(1) 아미노산풀(aminoacid pool) 14
① 개념 : 식이섭취와 단백질 분해 등으로 세포 내에 유입되는 아미노산의 양을 의미한다.
② 아미노산풀의 크기
- 클 경우 : 과잉 아미노산들이 에너지, 포도당, 지방생성에 사용된다.
- 감소할 경우 : 부족한 아미노산을 세포 내 단백질을 분해하여 보충한다.

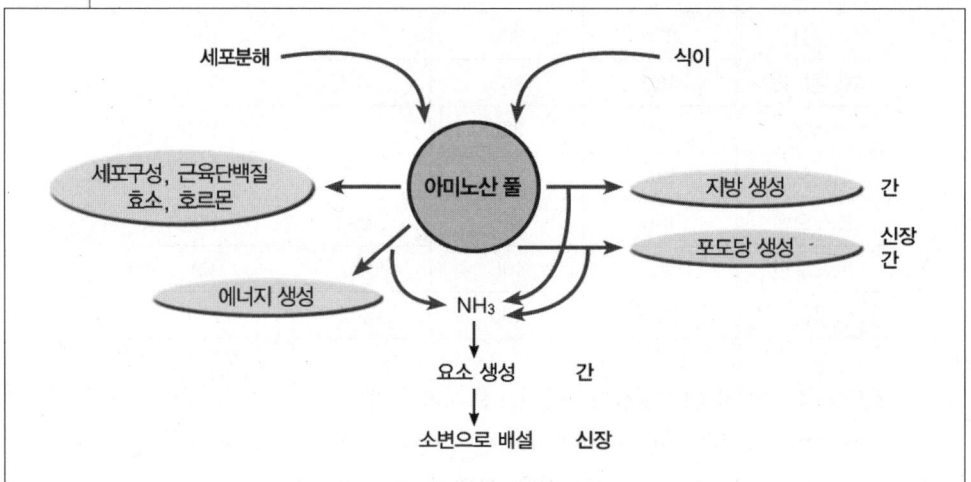

〈아미노산 대사의 중심인 아미노산풀〉

기출 2014(논술형)

단백질은 체구성과 생명 유지에 중요한 영양 성분으로, 단백질의 구조적 특성을 응용하여 여러 가지 식품을 제조하기도 한다. (가)~(다)를 바탕으로 〈보기〉의 지시에 따라 단백질의 식품·영양적 기능을 쓰시오. [10점]

(가) 김치는 발효가 진행될수록 pH가 점차 낮아지다가 숙성후기에는 pH의 감소폭이 둔화된다. 이런 현상은 김치에 젓갈을 첨가하면 더 분명해지는데, 이는 젓갈에 유리아미노산이 풍부하기 때문이다.

(나) 탈지유에 식초나 레몬즙을 첨가하면 응고물이 생긴다.

(다) 단백질 필요량이 1일 35g인 성인 여성이 단백질을 매일 120g씩 섭취하고 있다. 이 여성이 섭취한 단백질은 체내에서 (그림)과 같이 이용될 수 있다.

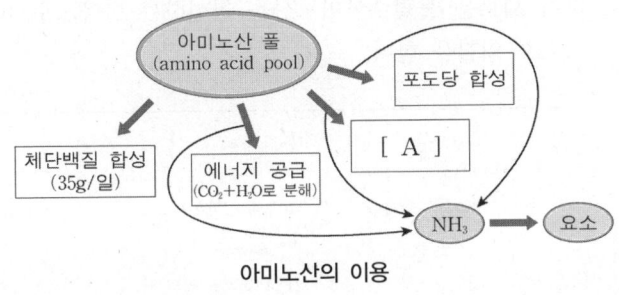

아미노산의 이용

―〔보기〕―
- (가)와 (나)에 나타난 현상을 아미노산/단백질의 구조적 특성과 연계하여 각각 설명할 것
- (그림)의 [A]에 들어갈 내용을 쓰고, [A]이/가 일어나게 되는 조건을 설명할 것
- 간경변증으로 간성혼수(hepatic coma)가 발생한 환자에게 (다)에 제시된 여성의 식이가 적절하지 않은 이유를 설명할 것

ANSWER

(2) 단백질 합성

① 체조직을 구성하는 단백질은 세포핵의 DNA 속 유전정보에 따라 세포질의 리보좀에서 생체에 필요한 단백질을 합성한다.

② 불필수아미노산의 합성

  ㉠ 합성(간) : 탄수화물과 지방의 탄소골격으로부터 불필수아미노산이 합성된다. 탄소골격인 α-케토산에 아미노기를 붙임으로써 합성된다.

  ㉡ 아미노기를 얻는 방법
  - 탈아미노반응 : 탈아미노반응은 아미노산의 아미노기가 암모니아 형태로 떨어져 나가고 α-케토산이 되는 것이다.
  - 아미노기 전이반응 : 한 아미노산의 아미노기를 케토산으로 전달하여 새로운 불필수아미노산을 형성하는 반응으로 비타민 B_6가 조효소 역할을 한다.

※출처 : 최혜미(2021), 21세기 영양학, 교문사, p.125.

〈아미노기 전이반응〉

(3) 아미노산의 이화대사(에너지화 등의 경로)

탈아미노반응으로 형성된

① 탄소골격(α-케토산) : 에너지화(다양한 경로가 있음), 포도당 신생합성, 케톤체 생성, 지방산 합성 등

② 아미노기
  - 불필수아미노산 합성에 이용된다.
  - 간에서 독성의 암모니아(NH_3)를 요소회로를 거쳐 무독한 요소로 전환시키고 소변으로 배설한다.

5 단백질의 기능

(1) 에너지 대사 관련
　① 에너지원 : 체내에서 에너지가 부족할 경우 1g당 4kcal의 에너지를 공급한다.
　② 지방 생성 : 과잉 섭취된 단백질은 체내 아미노산의 형태로 축적되지 않고 지방으로 합성된다.

(2) **체조직 구성관련**
　근육, 피부, 머리카락 등의 체조직을 구성한다. 효소와 호르몬을 구성한다.

(3) **인체 대사작용 관련**
　① 포도당 신생합성 : 혈당이 기준치보다 떨어질 경우 포도당으로 합성되어 혈당유지에 이용된다.
　② 혈액 단백질 생성 : 알부민, 글로불린, 피브리노겐 등
　　• 삼투압 조절로 수분평형 유지 : 혈액에 있는 단백질인 알부민과 글로불린 등은 분자량이 커서 혈관 내 압력을 상승시켜 수분이 혈관 내 머물도록 한다. 부족 시 부종이 생긴다.

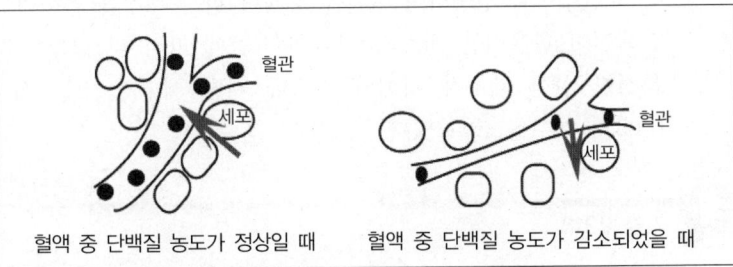

〈수분의 균형에 미치는 혈액 중 단백질의 효과〉

　　• 산, 염기 평형으로 체성분의 중성 유지 : 단백질은 양성물질(곁가지의 특징)로 수소이온의 이동에 의해 체성분의 pH 정도를 조절한다.
　　• 영양소 운반 : 알부민이나 글로불린은 지질, 레티놀, 철, 구리 등을 필요한 조직으로 운반하는 역할을 한다.

6 단백질 필요량 산출방법과 결핍증

(1) 질소평형법

① 의미 : 건강한 성인의 질소 평형을 유지하는 데 필요한 최소한의 단백질 양을 측정하는 것이다.
- 청소년 : 합성속도 > 분해속도
- 성인 : 평형유지
- 노인 : 합성속도 < 분해속도

② 평형상태의 종류

양의 질소평형	질소평형상태	음의 질소평형
질소섭취량 > 질소배설량	질소섭취량 = 질소배설량	질소섭취량 < 질소배설량
성장기, 임신, 질병으로부터 회복, 운동으로 인한 근육증가, 성장호르몬 분비증대	건강한 성인	기아, 단백질 섭취부족, 에너지 섭취부족, 소장의 질병, 신장병, 화상, 감염 등

③ 질소-단백질 환산 계수(nitrogen to protein conversion factor) [11] : 식품의 단백질은 일정한 비율로 질소를 함유(약 16%)하기 때문에 식품 중의 질소량을 정량하여 여기에 특정한 환산 계수를 곱하여 산출한다. 단백질이 함유하는 질소의 비율은 식품에 따라 다르므로 식품개별로 특정한 환산 계수가 정해져 있으나 개별 계수가 없는 식품은 모두 6.25의 계수를 쓰고 있다.

Q 기출 2018

다음은 여자 중학생 A의 1일 영양소 섭취량에 대한 자료이다. 이에 근거하여 단백질 섭취량 ㉠을 쓰고, 단백질의 에너지섭취비율(%)을 구하시오. [2점]

> **여자 중학생 A의 영양소 섭취량**
> - 탄수화물 : 360g
> - 지방 : 40g
> - 단백질 : (㉠)g
>   - 식이 질소(N) 함량 : 8,000mg
>   ※ 단백질 섭취량은 식이 질소(N) 함량을 이용하여 산출함.

ANSWER

(2) 단백질 결핍증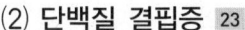
① 쿼시오카 : 이유기의 어린이가 에너지는 겨우 섭취하고, 단백질이 상당히 부족한 상태에서 감염(면역 기능의 저하), 심한 부종, 성장 저해, 허약 등이 나타난다. 고단백질식을 제공한다. 소화흡수에 장애를 보이므로 정맥을 통해 아미노산을 공급하고, 점차 구강을 통해 양질의 단백질을 충분히 공급한다.
② 마라스무스 : 그리스어로 '소모한다'라는 뜻으로 에너지와 단백질이 모두 부족한 기아 상태이다. 체지방의 저장이 거의 없어 피골이 상접해 보이고 근육도 거의 없어 힘도 없다. 감염에 의해 사망하기 쉽다. 고단백질 식이와 더불어 특히 고열량식을 병행한다.

Q 기출 2023

다음의 (가)는 단백질의 소화과정이고, (나)는 단백질 결핍증에 관한 내용이다. 〈작성방법〉에 따라 서술하시오. [4점]

(가)

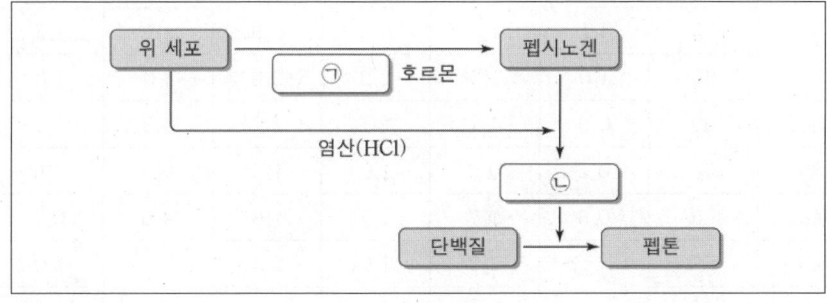

(나)

　단백질의 결핍증은 단시간에 나타나지 않으나, 장기간에 걸쳐 결핍되었을 때 증상이 나타난다. 특히 아프리카 지역의 성장기 어린이에게 주로 나타나는 ⓒ <u>콰시오커(kwashiorkor)</u>와 ⓓ <u>마라스무스(marasmus)</u>는 심하면 사망에 이를 수 있으므로 올바른 영양 보충이 필요하다.

[작성방법]
- ㉠과 ㉡에 해당하는 명칭을 순서대로 쓸 것
- 밑줄 친 ㉢과 ㉣의 식이를 통한 영양보충 방법을 각각 서술할 것

ANSWER

7 영양소 섭취기준 – 단백질, 아미노산

	연령	단백질(g/일)		메티오닌+시스테인(g/일)		류신(g/일)		이소류신(g/일)	
		평균필요량	권장섭취량	평균필요량	권장섭취량	평균필요량	권장섭취량	평균필요량	권장섭취량
영아	0~5개월		10(충분)		0.4(충분)		1.0(충분)		0.6(충분)
	6~11개월	12	15	0.3	0.4	0.6	0.8	0.3	0.4
유아	1~2세	15	20	0.3	0.4	0.6	0.8	0.3	0.4
	3~5세	20	25	0.3	0.4	0.7	1.0	0.3	0.4
남자	6~8세	30	35	0.5	0.6	1.1	1.3	0.5	0.6
	9~11세	40	50	0.7	0.8	1.5	1.9	0.7	0.8
	12~14세	50	60	1.0	1.2	2.2	2.7	1.0	1.2
	15~18세	55	65	1.2	1.4	2.6	3.2	1.2	1.4
	19~29세	50	65	1.0	1.4	2.4	3.1	1.0	1.4
	30~49세	50	65	1.1	1.4	2.4	3.1	1.1	1.4
	50~64세	50	60	1.1	1.3	2.3	2.8	1.1	1.3
	65~74세	50	60	1.0	1.3	2.2	2.8	1.0	1.3
	75세 이상	50	60	0.9	1.1	2.1	2.7	0.9	1.1
여자	6~8세	30	35	0.5	0.6	1.0	1.3	0.5	0.6
	9~11세	40	45	0.6	0.7	1.5	1.8	0.6	0.7
	12~14세	45	55			1.0	1.9	2.4	1.0
	15~18세	45	55			1.1	2.0	2.4	1.1
	19~29세	45	55	0.8	1.0	2.0	2.5	0.8	1.1
	30~49세	40	50			1.0	1.9	2.4	1.0
	50~64세	40	50			1.1	1.9	2.3	1.1
	65~74세	40	50	0.7	0.9	1.8	2.2	0.7	0.9
	75세 이상	40	50	0.7	0.9	1.7	2.1	0.7	0.9
임신부		+12, 25	+15, 30	1.1	1.4	2.5	3.1	1.1	1.4
수유부		+20	+25	1.1	1.5	2.8	3.5	1.3	1.7

연령		발린(g/일)		라이신(g/일)		페닐알라닌+티로신(g/일)	
		평균필요량	권장섭취량	평균필요량	권장섭취량	평균필요량	권장섭취량
영아	0~5개월		0.6(충분)		0.7(충분)		0.9(충분)
	6~11개월	0.3	0.5	0.6	0.8	0.5	0.7
유아	1~2세	0.4	0.5	0.6	0.7	0.5	0.7
	3~5세	0.4	0.5	0.6	0.8	0.6	0.7
남자	6~8세	0.6	0.7	1.0	1.2	0.9	1.0
	9~11세	0.9	1.1	1.4	1.8	1.3	1.6
	12~14세	1.2	1.6	2.1	2.5	1.8	2.3
	15~18세	1.5	1.8	2.3	2.9	2.1	2.6
	19~29세	1.4	1.7	2.5	3.1	2.8	3.6
	30~49세	1.4	1.7	2.4	3.1	2.9	3.5
	50~64세	1.3	1.6	2.3	2.9	2.7	3.4
	65~74세	1.3	1.6	2.2	2.9	2.5	3.3
	75세 이상	1.1	1.5	2.2	2.7	2.5	3.1
여자	6~8세	0.6	0.7	0.9	1.3	0.8	1.0
	9~11세	0.9	1.1	1.3	1.6	1.2	1.5
	12~14세	1.2	1.4	1.8	2.2	1.6	1.9
	15~18세	1.2	1.4	1.8	2.2	1.6	2.0
	19~29세	1.1	1.3	2.1	2.6	2.3	2.9
	30~49세	1.0	1.4	2.0	2.5	2.3	2.8
	50~64세	1.1	1.3	1.9	2.4	2.2	2.7
	65~74세	0.9	1.3	1.8	2.3	2.1	2.6
	75세 이상	0.9	1.1	1.7	2.1	2.0	2.4
임신부		1.4	1.7	2.3	2.9	3.0	3.0
수유부		1.6	1.9	2.5	3.1	3.7	4.7

연령		트레오닌(g/일)		트립토판(g/일)		히스티딘(g/일)	
		평균필요량	권장섭취량	평균필요량	권장섭취량	평균필요량	권장섭취량
영아	0~5개월		0.5(충분)		0.2(충분)		0.1(충분)
	6~11개월	0.3	0.4	0.1	0.1	0.2	0.3
유아	1~2세	0.3	0.4	0.1	0.1	0.2	0.3
	3~5세	0.3	0.4	0.1	0.1	0.2	0.3
남자	6~8세	0.5	0.6	0.1	0.2	0.3	0.4
	9~11세	0.7	0.9	0.2	0.2	0.5	0.6
	12~14세	1.0	1.3		0.3	0.7	0.9
	15~18세	1.2	1.5		0.4	0.9	1.0
	19~29세	1.1	1.5	0.3		0.8	1.0
	30~49세	1.2	1.5				1.0
	50~64세	1.1	1.4		0.3	0.7	0.9
	65~74세	1.1	1.3	0.2			1.0
	75세 이상	1.0	1.3	0.2			0.8
여자	6~8세	0.5	0.6	0.1	0.2	0.3	0.4
	9~11세	0.6	0.9		0.2	0.4	0.5
	12~14세	0.9	1.2				0.7
	15~18세	0.9	1.2				0.7
	19~29세	0.9	1.1	0.2	0.3	0.6	0.8
	30~49세	0.9	1.2				0.8
	50~64세	0.8	1.1				
	65~74세	0.8	1.0		0.2	0.5	0.7
	75세 이상	0.7	0.9		0.2	0.5	
임신부		1.2	1.5	0.3	0.4	0.8	1.0
수유부		1.3	1.7	0.4	0.5	0.8	1.1

05 에너지의 발생과 소모

① 영양소의 소화·흡수

(1) 소화

① 소화관 운동
  ㉠ 연동운동 : 소화관 벽 근육의 수축과 이완에 의한 파동으로 음식물이 위에서 아래로 이동하는 운동
  ㉡ 분절운동 : 장관의 환상근육이 수축하여 소화물이 잘게 부서지고 섞이도록 하는 운동

② 소화효소와 영양성분의 분해
  ㉠ 소화효소

분비장소	효소 및 분비물질	작용
침샘	아밀레이스	녹말 → 덱스트린, 엿당
위	펩신	단백질 → 폴리펩티드
	염산	펩시노겐을 펩신으로 활성화, 살균작용
간	쓸개즙	지방의 유화, 리파아제의 활성화
이자	아밀레이스	녹말 → 엿당
	말타아제	엿당 → 포도당, 포도당
	리파아제	지방 → 지방산, 글리세롤
	트립신	단백질 → 폴리펩티드 또는 아미노산
소장	슈크라아제	설탕 → 포도당, 과당
	말타아제	엿당 → 포도당, 포도당
	락타아제	젖당 → 포도당, 갈락토오스
	펩티다아제	폴리펩티드 → 아미노산
	엔테로키나아제	트립시노겐을 트립신으로 활성화

  ㉡ 체내 단백질이 분해되지 않는 이유
   • 대부분의 단백질 분해효소는 음식물이 없는 경우 활성을 갖지 않는 상태의 불활성 효소(불활성 효소 전구체)로 존재하기 때문이다.
   • 위벽과 장벽 세포가 분비하는 점성물질인 점액 다당류가 장벽을 둘러싸고 있어서 단백질 분해효소로부터 장기를 보호한다.

③ 열량 영양소의 소화
  ㉠ 탄수화물의 소화 [20] : 이당류는 이당류 분해효소들에 의해 단당류로 분해되어 소장에서 흡수된다. 포도당과 갈락토오스는 능동수송으로 과당은 촉진확산으로 흡수된다.

  > 흡수속도 : 갈락토오스 110 > 포도당 100 > 과당 43

  • 섬유소는 인체 내 소화효소가 없기 때문에 소장에서 소화되지 못하고 대장으로 이동하여 대변으로 배설된다.

  ㉡ 단백질의 소화 [23]
  • 위 : 위점막에서 가스트린 호르몬이 분비되어 염산과 불활성형 단백질인 펩시노겐의 분비를 촉진한다. 위액의 염산이 펩시노겐을 활성형 효소인 펩신으로 전환시키면 펩신에 의해 단백질이 펩톤으로 분해된다.
  • 소장 : 췌장, 소장에서 분비되는 단백질 분해효소에 의해 아미노산으로 분해되어 소장에서 흡수된다. 촉진확산과 능동수송을 통해 흡수된다.

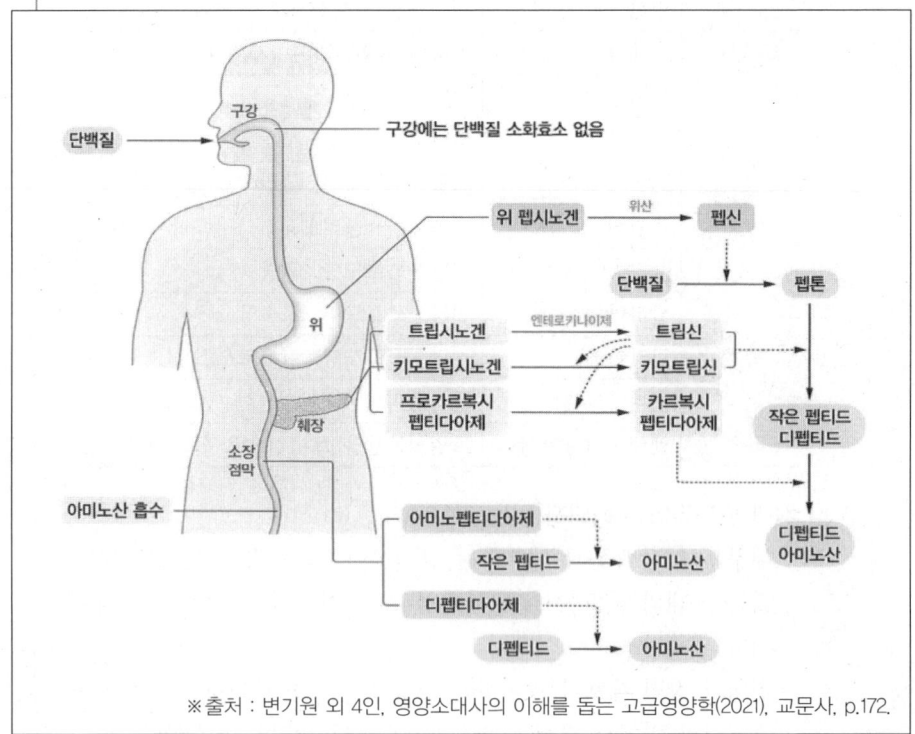

※ 출처 : 변기원 외 4인, 영양소대사의 이해를 돕는 고급영양학(2021), 교문사, p.172.

ⓒ 지방의 소화 15
- 짧은 사슬 지방산, 중간 사슬 지방산 : 리파아제에 의해 글리세롤과 유리지방산으로 가수분해된다. 글리세롤과 짧은 사슬, 중간 사슬 지방산은 수용성으로 융모안 모세혈관으로 흡수된다.
- 긴 사슬 지방산 : 답즙성분인 답즙산과 레시틴은 유화제로서 지방덩어리를 소량씩 떼어 내어 미세입자로 나누고, 리파아제가 지방을 유리지방산과 모노아실글리세롤로 분해한다. 소장점막 세포 내에서 카일로미크론으로 합성되어 림프관을 통해 이동한다.
- 인지질 : 지질 분해효소에 의해 유리지방산과 라이소인지질로 분해된다.
- 콜레스테롤 : 가수분해효소에 의해 유리 콜레스테롤과 유리지방산으로 분해되어 흡수된 후 카일로미크론으로 합성된다.

지단백질의 종류 14

지단백		킬로미크론	VLDL	LDL	HDL
생성장소		소장	간	혈액 내에서 전환됨	간
조성	중성지방	83	50	11	8
	인지질	7	18	22	22
	콜레스테롤	8	22	46	20
	단백질	2	9	21	50
주요지질		식사성 중성지방	내인성 중성지방	콜레스테롤 (식사성 + 내인성)	콜레스테롤 (사용 후 남은 것)
작용 및 특징		• 식사성 중성지방을 근육과 지방조직으로 운반하고 이후 남은 것을 간으로 이동시킴 • 밀도 가장 낮음 • 공복 시 존재하지 않음 • 생성 후 분해되는 속도 빠름	• 간과 장 점막에서 합성된 지방을 근육과 지방조직으로 운반 • 두 번째로 밀도가 낮음	• VLDL에서 많은 양의 지방이 제거되고 콜레스테롤이 첨가되어 말단 조직으로 운반	• 말단 조직의 콜레스테롤을 간으로 운반 • 항동맥경화성 지단백

Q 기출 2015

다음은 식이 지방의 소화와 흡수 과정을 도식화한 것이다. ㉠~㉢에 해당하는 물질의 명칭을 각각 쓰고, 지방의 소화와 관련한 ㉠의 작용원리를 서술하시오. 그리고 지방의 식이성 발열효과가 단백질보다 적은 이유를 소장에서의 지방 흡수 원리와 연계하여 설명하시오. [5점]

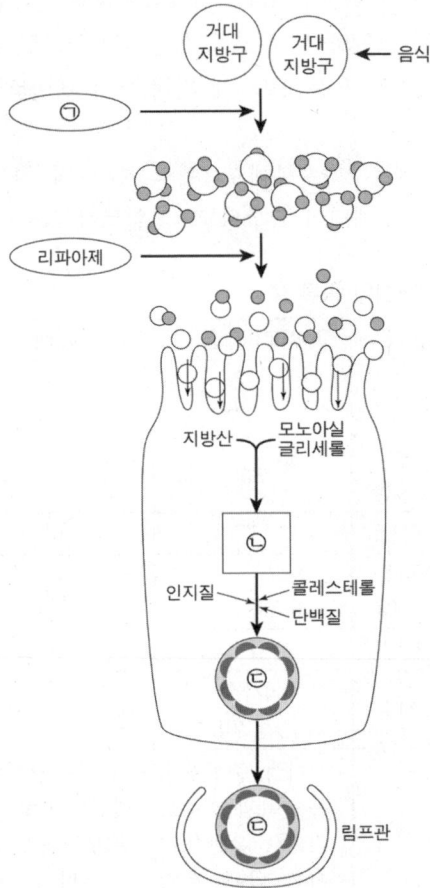

ANSWER

**기출 2014**

다음은 4가지 혈중 지질 운반 물질의 조성을 나타낸 그래프이다. 이 물질들을 구성하는 성분 중 (가), (나)가 무엇인지 쓰시오. [2점]

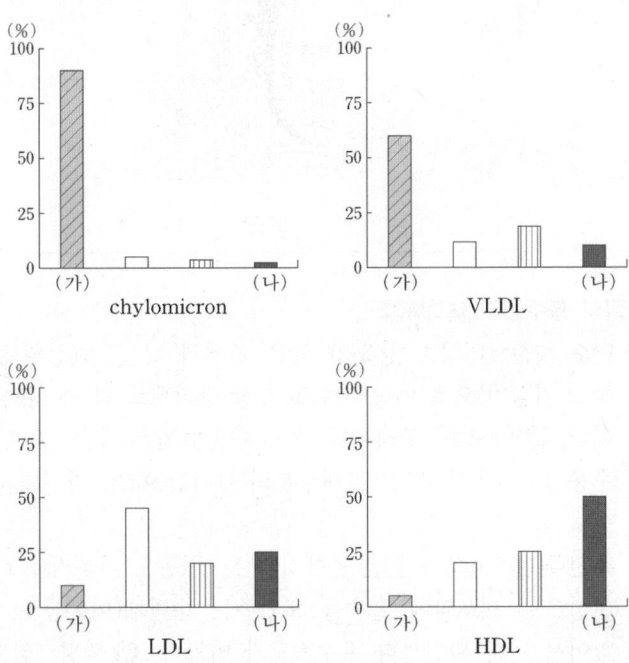

ANSWER

(2) 흡수

① 순환계를 통한 운반

ⓐ 문맥순환 : 수용성 영양소들은 융모의 상피세포를 통과하여 모세혈관으로 들어가 문맥을 통해 간으로 이동한다. 예 단당류, 아미노산, 글리세롤, 짧은 또는 중간 사슬 지방산, 수용성 비타민, 무기질

ⓑ 림프관 순환 : 지용성 영양소는 융모 내 림프관(암죽관)을 통해 흉관으로 들어가 대정맥을 통해 결국 혈류에 합류한다. 예 긴 사슬 지방산과 모노아실글리세롤, 인지질, 콜레스테롤, 지용성 비타민

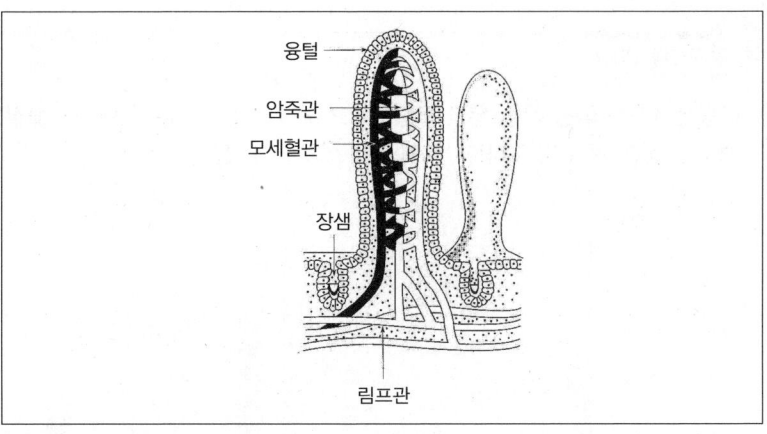

② 물질의 흡수원리 16 / 15 / 12
㉠ 단순 확산 : 영양소 농도가 높은 쪽에서 낮은 쪽(상피세포 안팎의 농도 기울기)으로 이동하는 것(소장 상피세포 밖 → 상피세포 내부)이다. 예 알코올, 글리세롤, 유리지방산(짧은 사슬, 중간 사슬), 물, 수용성·지용성 비타민, 대부분의 무기질(아연, 마그네슘은 능동수송도 됨)
㉡ 촉진 확산 : 농도가 높은 곳에서 낮은 곳(농도 기울기)으로 이동하는 현상으로 세포막에 흡수를 도와주는 운반체(이온통로, 수용체)가 있어서 단순 확산보다 흡수속도가 빠르다. 예 과당, 염소, 요오드
㉢ 능동 수송 : 농도가 낮은 곳에서 높은 곳으로 물질을 이동시키기 위해서 세포막의 운반체와 에너지가 필요한 경우이다. 예 포도당, 갈락토오스, 아미노산, 칼슘, 철, 구리, 비타민 B_{12}, Na^+-K^+ 펌프

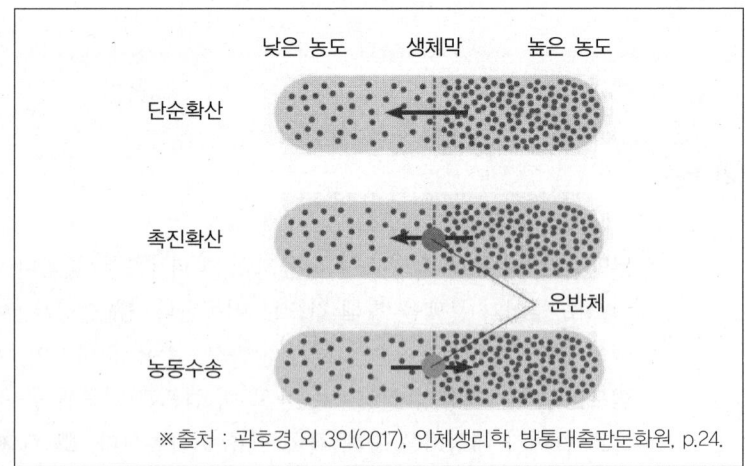

※ 출처 : 곽호경 외 3인(2017), 인체생리학, 방통대출판문화원, p.24.

〈물질의 흡수 원리〉

구분	수동 수송		능동 수송
	단순 확산	촉진 확산	
물질 농도와 이동	고농도 → 저농도		저농도 → 고농도
에너지소비	없음		있음
수송 단백질	없음	있음	있음

- Na^+-K^+ 펌프와 포도당의 능동 수송 : 확산으로 이동한 Na과 K을 본래의 농도로 다시 이동시키기 위해서는 에너지, 운반체, 효소 등이 필요하다. Na^+-K^+ 펌프로 형성된 세포 내외의 나트륨의 농도경사가 발생한다. 이 농도 차에 힘입어 포도당과 갈락토오스가 나트륨과 함께 운반체에 결합하여 소장 내강(상피세포 밖)에서 소장 점막세포 내로 운반되고 이후 운반체로부터 분리되어 모세혈관으로 흡수된다.

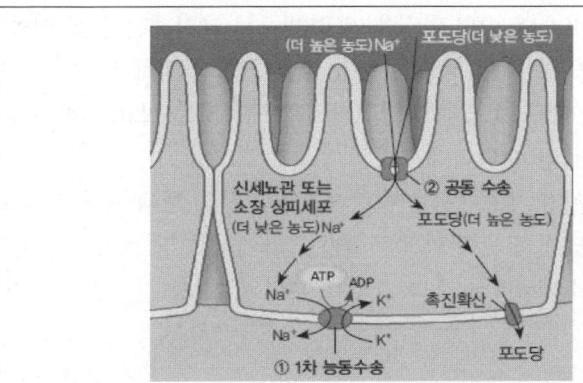

〈포도당의 능동수송〉

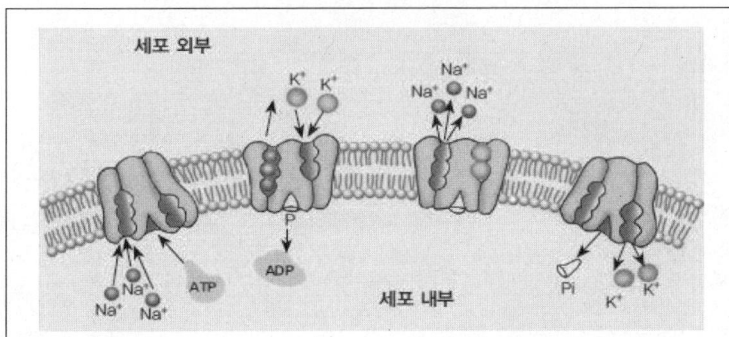

〈Na^+-K^+ 펌프〉

③ 내포와 외포 : 세포막을 변형시켜 다량의 분자 또는 거대 분자를 능동적으로 세포 안팎으로 운반하는 것이다.
  ㉠ 내포(세포 내 섭취) : 세포 밖의 물질을 세포막으로 감싸 소낭으로 만들어 세포 안으로 끌어들이는 물질이동 방식이다. 단백질처럼 크기가 커서 세포막을 통과할 수 없는 물질이 이동한다. 에너지를 필요로 하는 능동적인 물질 출입 수단이다.
    • 식세포 작용 : 미생물이나 세포 조각같이 크기가 큰 고형 물질을 세포 안으로 끌어들이는 작용
      예) 아메바의 먹이 섭취, 백혈구의 식균 작용
    • 음세포 작용 : 액체 상태의 물질을 세포 안으로 끌어들이는 작용
      예) 모세 혈관 벽의 세포에서 혈장 단백질이나 항체 등을 끌어들일 때
  ㉡ 외포(세포외 배출) : 세포 안의 물질을 담은 소낭이 세포막과 융합하면서 소낭 속의 물질을 세포 밖으로 내보내는 물질 이동 방식이다. 세포 외 배출 작용은 분비 작용이 활발한 세포에서 흔히 볼 수 있다. 세포 내 섭취와 마찬가지로 에너지를 필요로 하는 능동적인 물질 출입 수단이다.
    예) 이자 세포에서 인슐린과 글루카곤을 혈액 속으로 내보낼 때, 시냅스 전 뉴런의 축삭돌기 말단에서 신경 전달 물질을 방출할 때, 소화샘에서 소화 효소가 분비될 때 등

기출 2016

다음 (가)는 영양섭취기준에 대한 영양소별 섭취비율이고, (나)는 영양소 ㉠, ㉡의 체내 분포이다. (나)에서 ㉠, ㉡이 세포막을 통해 이동하는 방법 (A)가 무엇인지 쓰고, ㉠의 목표섭취량인 2,000mg에 해당하는 식염의 양(g)을 쓰되, 계산 과정을 포함하여 쓰시오. 또한 만성 신부전 환자의 식사요법에서 ㉡을 제한해야 하는 이유를 설명하시오. [4점]

(가)

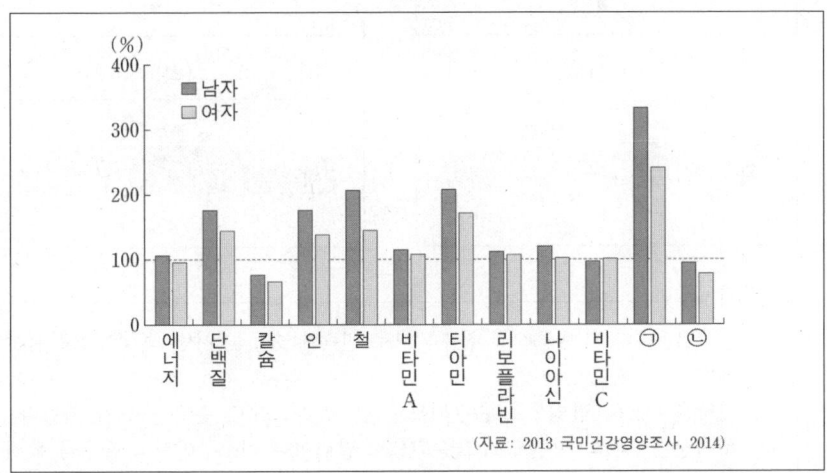

(자료: 2013 국민건강영양조사, 2014)

(나)

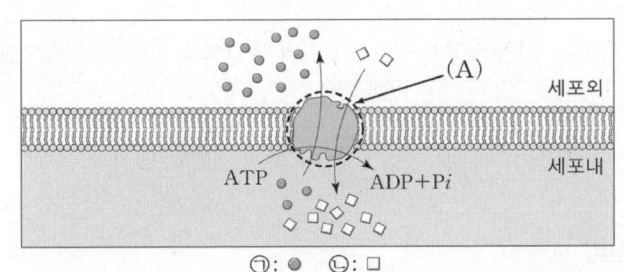

㉠: ● ㉡: □

※ ㉠과 ㉡의 세포내·외의 농도

영양소	세포외액(mM)	세포내액(mM)
㉠	135~145	5~15
㉡	3.5~5	110~155

ANSWER

Q 기출 2012

다음은 생체 내에서 물질이 흡수되는 원리에 대한 그림이다. (가)~(라)에 대한 설명으로 옳은 것을 〈보기〉에서 고른 것은? [2점]

(가)
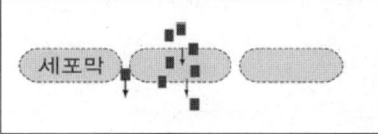

(나)
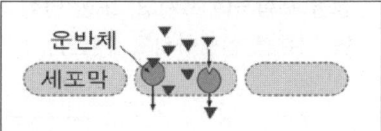

(다)

(라)
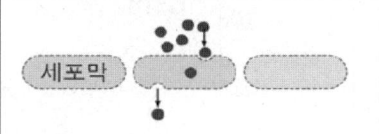

〈보기〉
ㄱ. 알코올은 (가)의 방법으로 흡수되므로 빈속에 술을 마시면 즉각적으로 흡수된다.
ㄴ. 과당은 (나)의 방법으로 흡수되므로 갈락토오스보다 흡수 속도가 빠르다.
ㄷ. 루이신은 (다)의 방법으로 흡수되므로 발린이나 이소루이신의 흡수를 촉진시킨다.
ㄹ. 포도당은 소장에서 (다)의 방법으로 흡수되므로 세포 내의 포도당 농도가 높아도 흡수된다.
ㅁ. 알부민과 면역 글로불린 G는 (라)의 방법으로 세포 내로 흡수된다.

① ㄱ, ㄴ, ㄷ ② ㄱ, ㄷ, ㄹ
③ ㄱ, ㄹ, ㅁ ④ ㄴ, ㄷ, ㅁ
⑤ ㄴ, ㄹ, ㅁ

ANSWER ③

❷ 에너지의 발생

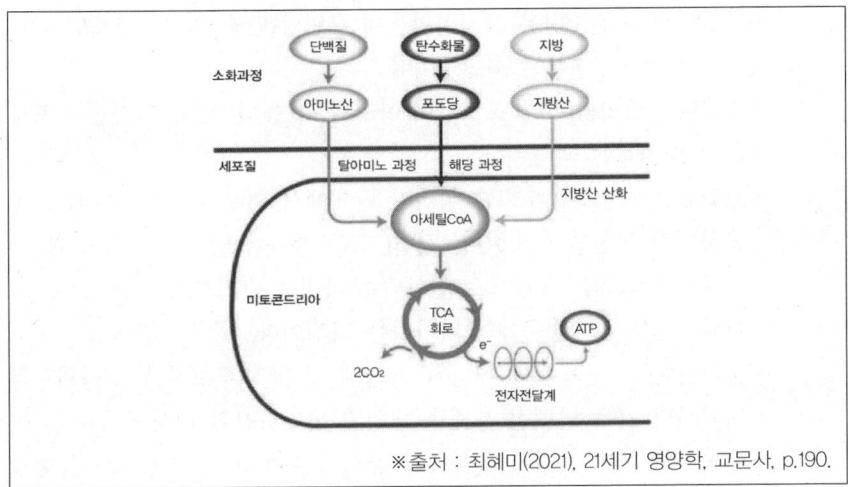

〈에너지 대사 개요〉

(1) 탄수화물 대사

① 해당과정 : 에너지 생산을 위한 포도당(C_6)의 분해 과정을 해당과정이라고 한다. 포도당은 분해되어 2분자의 피루브산(C_3)이 만들어진다.

② 시트르산회로(TCA회로, Krebs cycle) : 피루브산 → 피루브산 탈수소효소에 의해 → 아세트산(CO_2 방출) → 탈수소효소에 의해 제거된 수소원자는 NAD^+와 결합해서 NADH 합성 → 아세트산은 coenzyme A와 결합하여 아세틸 CoA(C_2)를 합성한다. TCA회로는 아세틸 CoA가 oxaloacetic acid와 결합하여 citric acid를 생성되면서 시작된다.

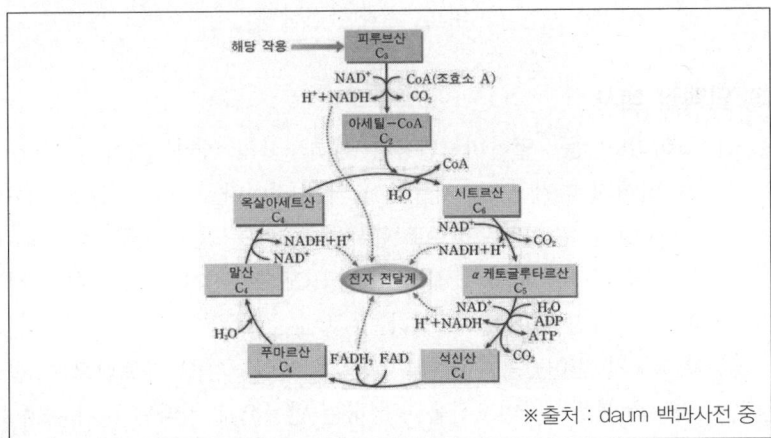

〈TCA 회로〉

③ 전자전달계 : 전자전달계는 미토콘드리아 내막에서 일어나는 ATP(고에너지) 합성과정이다. ATP는 아데노신3인산이라고도 한다. 아데노신은 아데닌이라는 질소함유 유기화합물에 오탄당(탄소 원자가 5개인 탄수화물의 일종)이 결부된 화합물이다.

④ 코리회로와 알라닌회로 : 포도당이 아닌 근육 등의 젖산, 알라닌이 포도당으로 대사되는 과정이다.

- 코리회로 : 산소가 부족한 혐기적 상태에서 피루브산이 NADH를 소모하면서 젖산을 생성한다. 젖산(피로, 통증유발)이 혈액을 통해 간으로 운반되어 포도당으로 전환되는 과정을 코리회로(젖산회로)라고 한다. 근육과 적혈구에서 나타나는 과정이다.
- 알라닌회로 : 근육에서 에너지 생성에 쓰인 피루브산은 코리회로를 거치거나 근육 단백질 분해로 생성된 아미노산의 대사에서 나온 아미노기와 함께 알라닌의 형태로 간으로 이동하여 다시 포도당 합성에 쓰이는 과정을 의미한다.

(2) 지방 대사

중성지질은 글리세롤과 지방산으로 분해되어 대사된다.

① 글리세롤 : 간으로 이동하여 글리세롤3-인산이 되어 해당과정을 거치거나 포도당 신생합성과정에 이용된다.

② 지방산 : β-산화(β 위치의 탄소원자가 연속적으로 산화되는 것) 과정을 거쳐 여러 개의 아세틸 CoA를 형성한다. 이 아세틸 CoA는 TCA회로를 거쳐 에너지를 생성한다.

- 아실 CoA 형성(지방산+CoA) → β-산화를 통해 여러개의 아세틸 CoA 생성 → TCA회로 → 전자전달계

(3) 단백질 대사

① 탈아미노반응 : 탈아미노반응은 아미노산의 아미노기가 암모니아 형태로 떨어져 나가고 α-케토산이 되는 것이다. α-케토산은 탄수화물이나 지방이 분해되는 경로로 합류한다. 예를 들어 피루브산으로 들어가 당처럼 대사를 하거나 직접 아세틸 CoA로 전환되기도 하며, 시트르산 회로로 직접 들어갈 수 있다.

② 아미노기 전이반응 : 한 아미노산의 아미노기를 케토산으로 전달하여 새로운 불필수아미노산을 형성하는 반응으로 비타민 B_6가 조효소 역할을 한다. ☞ 에너지대사 아님에 유의한다.

(4) 혈당저하와 영양소 간의 관계

① 당뇨병과 단식 등으로 혈액 내 포도당 농도가 저하된다.
② 체조직의 단백질이 분해되면서 간에서 포도당 신생합성이 이루어지고, 이때 생성된 포도당은 뇌 등의 조직에서 에너지원으로 이용된다.
- 포도당 신생합성(GNG : Gluconeogenesis)은 젖산이나 글리세롤 같은 탄수화물이 아닌 물질로 포도당을 만드는 대사경로이다. 대부분이 간에서 일어나고 일부분은 신장의 피질에서 일어난다. 간에서는 아미노산, 글리세롤, 젖산, 피루브산, 프로피온산 등을 주된 재료로 한다.

③ 인슐린 분비 저하로 체지방의 분해가 증가되고, TCA회로로 들어오는 옥살로아세트산의 양이 감소하면서 지방산 분해로 생성된 아세틸 CoA는 케톤체를 합성한다. 이때 생성된 케톤체는 심장, 신장, 근육, 뇌 등에서 에너지원으로 이용된다.
④ 케톤체의 혈중 농도가 90mg/100mL를 넘긴다(케토시스 발생).
- 케토시스 : 고지방 저탄수화물 식이 시 지방산의 β산화가 불완전해서 생성되는 케톤체(아세토아세트산, 아세톤, β히드록시부티르산)가 다량 쌓일 경우 몸을 산성화시키는 현상이다. 기아나 당뇨일 경우 케톤체의 양이 급격히 증가한다. 증상으로는 소변의 양이 증가하고, 식욕 감퇴와 구토 등이 일어난다. 심하면 혼수상태가 오고 사망하게 된다.

Q
1. 케토시스를 예방할 수 있는 탄수화물의 하루 섭취량은?
2. 케토시스가 체내 단백질 이용에 기여하는 점은 무엇인가?

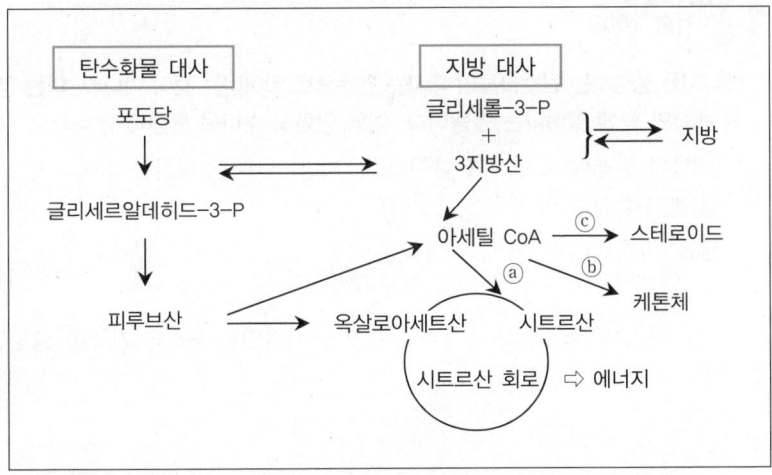

기출 2013

다음은 식사 장애가 있는 학생에 대한 내용이다. 이 학생에게 나타날 수 있는 체내 작용에 대한 설명으로 옳은 것을 〈보기〉에서 고른 것은? [2.5점]

> 고등학교에 다니고 있는 여학생 ○○(키 162cm, 체중 39kg)은 6개월 전부터 아침에 체중을 재는 것으로 하루를 시작하고 있다. 날씬한 몸매를 추구하는 정도가 심하여 39kg을 넘으면 체중을 줄이기 위하여 굶는다. 이러한 생활이 지속적으로 반복되어 피부가 건조하며 거칠어졌고, 변비와 빈혈이 나타났으며 3개월 전부터 월경도 정지되었다. 그럼에도 불구하고 자신이 뚱뚱하다고 생각하여 굶기를 반복한다.

보기
ㄱ. 탄수화물 섭취 부족으로 케톤체가 축적되어 혈액이 산성화된다.
ㄴ. 인슐린 분비가 감소하면서 지방 분해와 포도당 신생합성이 촉진된다.
ㄷ. 간이나 신장에서 당, 아미노산, 글리세롤, 피루브산, 젖산, 프로피온산 등을 이용하여 포도당이 합성된다.
ㄹ. 옥살로아세트산이 대사되지 못하고 누적되어 아세토아세트산, β-히드록시부티르산, 아세톤으로 전환된다.

① ㄱ, ㄴ   ② ㄱ, ㄷ   ③ ㄱ, ㄹ
④ ㄴ, ㄷ   ⑤ ㄷ, ㄹ

ANSWER ①

 기출 2000

에너지를 생성하는 탄수화물의 대사는 단독으로 일어나는 것이 아니라, 다른 영양소들의 대사와 함께 일어나는 반응이다. 이와 관련하여 다음 물음에 답하시오. [총 7점]

1. 에너지 발생에 있어서의 탄수화물, 지방, 단백질 대사를 설명하시오. (4점)
   ① 탄수화물 :
   ② 지방 :
   ③ 단백질 :

2. 에너지 발생 조효소로 작용하는 수용성 비타민의 종류와 기능을 설명하시오. (3점)

3 식품의 열량가와 인체 내 에너지 대사

(1) 식품 열량가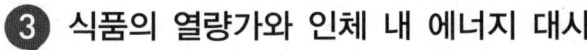

① kcal : 물 1kg을 14.5℃에서 15.5℃로 1℃ 올리는 데 필요한 열량이다.
② 폭발 열량계 내의 열량가 : 식품을 완전히 연소시켰을 때 발생하는 열이 주위 물의 온도를 얼마나 높였느냐로 측정한다. 식품 에너지에 해당한다.
③ 생리적 열량가(애트워터 계수) : 체내에 섭취된 영양소는 완전 흡수되지 않고 손실분이 발생하는데 이를 제외한 열량가이다. 소화가능에너지에서 소변, 땀, 장점막세포 재생 시 사용되는 에너지를 제외한 것으로 대사에너지에 해당한다.

- 소화가능에너지 : 식품에너지에서 대변으로 배설되거나 장의 박테리아에 의해 사용되는 에너지를 제외한 것
- 네트에너지(이용 및 저장 에너지) : 대사에너지에서 소화, 흡수, 분해, 저장 등에 이용되는 에너지(= 식이성 발열효과)를 제하고, 이화작용 시나 열손실 사이클 작동 시 발산되는 열을 제한 것이다.

영양소	폭발 열량계 내 kcal	손실되는 부분	소화관 내 흡수율	생리적 kcal
탄수화물	4.15	0	98%	4
지방	9.45	0	95%	9
단백질	5.65	-1.25(소변)	92%	4
알코올	7.1	-0.1(호흡)	100%	7

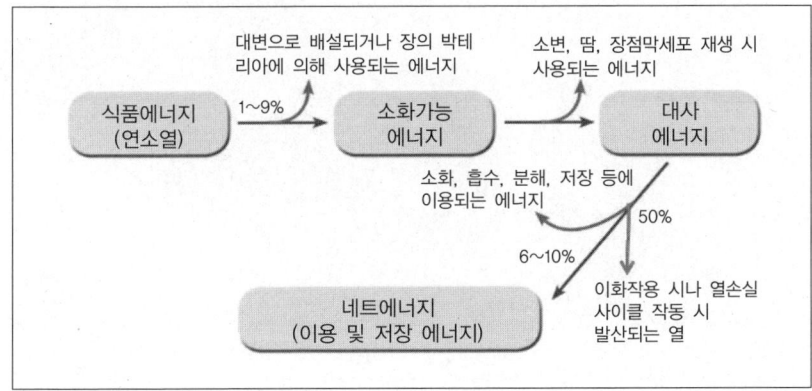

다음은 식품 에너지의 체내 이용 경로를 제시한 그림이다. (가)~(마)에 대한 설명으로 옳은 것을 〈보기〉에서 고른 것은? [2.5점]

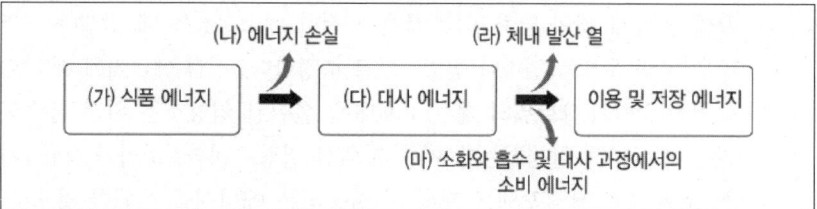

보기
ㄱ. 봄열량계(bomb calorimeter)로 측정한 연소 에너지는 (가)이다.
ㄴ. 소변과 대변으로 배설되는 에너지는 (나)에 해당한다.
ㄷ. 탄수화물, 단백질, 지방의 (다)는 각각 4.15kcal/g, 5.65kcal/g, 9.45kcal/g 이다.
ㄹ. (라)는 식이성 발열효과(thermic effect of food)이다.
ㅁ. 에너지 영양소 중 (마)가 가장 큰 영양소는 단백질이다.

① ㄱ, ㄴ, ㄹ   ② ㄱ, ㄴ, ㅁ   ③ ㄱ, ㄷ, ㅁ
④ ㄴ, ㄷ, ㄹ   ⑤ ㄷ, ㄹ, ㅁ

ANSWER ②

(2) 인체의 에너지 대사

① 기초대사량 : 호흡, 순환, 체온조절, 세포대사 등 무의식적인 생리작용에 필요한 에너지로 연령, 성별, 체격, 영양상태, 기후 등에 따라 다르다.

　㉠ 측정법 : 기초대사량은 식사 후 적어도 12시간이 지난 후 적당한 실내온도에서 심신이 편안한 상태로 잠들지 않고 조용히 누워 있는 표준상태에서 측정되며, 보통 아침식사를 하기 전이 측정에 편리한 시간이다(마지막 식사 후 12~14시간이 지난 보통 아침 식사 전의 공복상태에서 눈을 뜨고 조용히 누워서 6~10분간 측정한다. 온도는 18~20℃가 적당하여 측정 전 12시간 동안은 심한 운동을 피하는 것이 좋다).

　㉡ 관련요인
　　• 기초대사량 증가 요인 : 근육량 증가, 남성, 성장(어린이, 임신), 최근 식이 섭취량 증가, 유전, 체표면적이 큰 경우, 환경온도가 낮은 경우, 고열발생 시, 갑상선 기능 항진
　　• 기초대사량 감소 요인 : 나이증가(노화), 열량 섭취량 감소, 영양불량, 월경 시작 후, 환경 온도가 높을 때

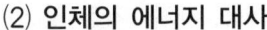

체격 : 큰 사람 > 작은 사람	기후 : 추울 때 > 더울 때
성별 : 남자 > 여자	영양상태 : 양호 > 영양실조
연령 : 어린이 > 성인	건강상태 : 발열 시 높아짐
인종 : 서양인 > 동양인	내분비기관 : 기능 항진 시 증가

② 활동대사량 : 활동하는 데 필요한 에너지로 활동종류에 따라 에너지 소비량이 다르다. 한국인 영양섭취기준에서는 활동의 정도를 총에너지 소비량을 기초대사량으로 나눈 값(신체활동수준)으로 나타낸다. 비활동적, 저활동적, 활동적, 매우 활동적의 4단계로 구분된다.

③ 식이성 발열효과 : 영양소의 소화와 흡수, 이동, 대사, 저장 및 이 과정에서의 자율신경계 활동 증진 등에 기인한 것이다. 식품 섭취 후 나타나는 에너지 소비량 증가분(기초대사량 초과분)을 식품의 에너지 함량으로 나눈 값이다.

- 지방(3~4%) < 탄수화물(10~15%) < 단백질(15~30%) 순서로 커진다 : 지방을 체지방으로 전환하는 과정에서의 소모 에너지가 글리코겐의 저장이나 단백질의 아미노기 제거 후 지방합성과정보다 적다.
- 많은 양의 식사를 한꺼번에 먹을 경우 > 적은 양의 식사를 몇 시간 동안 나누어서 먹을 때 : 중추신경계 활동의 변화나 호르몬 및 효소의 생성이 많아지고, 분비영양소의 흡수와 저장 속도 등에 변화가 생긴다.

④ 갈색지방과 적응대사량 : 적응대사량은 적응을 위한 에너지 소모량이다.
- 추운 환경에 노출되거나, 지나치게 과식을 했을 때, 찰상 및 기타 스트레스 상황 등 → 이 경우 교감신경계가 자극을 받아 갈색지방의 미토콘드리아를 활성화해 열발생을 촉진시킨다고 알려짐(연구 중)

갈색지방 vs 백색지방

특징	갈색지방	백색지방
혈관분포 및 공급량	많음	적음
지방구 형태	작은 지방구가 퍼져 있음	중앙에 하나의 큰 지방구
미토콘드리아 및 시토크롬	많음	적음
산화적 인산화	ATP 생성 대신 열발생	ATP 생성
인체 내 장소	등, 견갑골 사이, 겨드랑이 밑	피하, 장기주위

Q 기출 2015 일부

다음은 식이 지방의 소화와 흡수 과정을 도식화한 것이다. ㉠~㉢에 해당하는 물질의 명칭을 각각 쓰고, 지방의 소화와 관련한 ㉠의 작용원리를 서술하시오. 그리고 지방의 식이성 발열효과가 단백질보다 적은 이유를 소장에서의 지방 흡수 원리와 연계하여 설명하시오. [5점]

ANSWER

(3) 인체 에너지 대사량 측정법
① **직접 열량측정법** : 열량계 안에서 실험 대상자가 활동하는 동안 생성되어 발산되는 열을 측정한다.
② **간접 열량측정법** : 호흡계를 사용하여 각 활동에 따른 소비하는 산소의 양과 배출하는 이산화탄소의 양을 측정한다. 에너지원에 따라 호흡계수가 다르다.

호흡계수(RQ)	에너지원에 따른 호흡계수	호흡계수에 따른 평가
$\dfrac{\text{생성된 } CO_2 \text{량}}{\text{소비된 } O_2 \text{량}}$	• 탄수화물 = 1 • 단백질 = 0.8 • 지질 = 0.7 • 혼합식 = 0.85	• 0.8보다 적음 : 에너지 섭취 부족 • 0.7보다 적음 : 기아, 저탄수화물 식사 • 1 : 체내에서 지방이 합성되고 있음

③ **이중표식수법(이중표시 수분방법)** : 이중표식수법은 수소(^{2}H)와 산소(^{18}O)의 안정 동위체를 사용하여 에너지소비량을 측정하는 방법이다. 안정 동위체인 ^{18}O와 ^{2}H가 자연계에 존재하는 비율보다 많이 포함된 이중표식수(^{2}H$_2$^{18}O)를 체중당 일정비율로 피험자에게 섭취시킨 후 1~2주 동안 채취한 소변 중의 이들의 배출률을 질량분석계(Isotope ratio mass spectrometry)를 이용하여 분석하는 방법이다. 즉, ^{18}O의 배출률이 ^{2}H의 배출률보다 크기 때문에 그 차이로부터 이산화탄소의 생성량을 계산할 수 있다.

> **한국인의 에너지 섭취기준 : 에너지 필요추정량**
>
> 성인(19~29세) 산출식
> [남자] = 662 − 9.53 × A + PA[15.91 × 체중(kg) + 539.6 × 신장(m)]
> [여자] = 354 − 6.91 × A + PA[9.36 × 체중(kg) + 726 × 신장(m)]
>
> • A : 연령
> • PA : 신체활동단계별 계수로 저활동적 사용함
> 남 : 1.0(비활동적), 1.11(저활동적), 1.25(활동적), 1.48(매우 활동적)
> 여 : 1.0(비활동적), 1.12(저활동적), 1.27(활동적), 1.45(매우 활동적)

4 에너지 대사와 질환

(1) 비만

① 체조직 성분 차이(비지방 성분이 동일한 경우) 01
- 마른 사람 : 비지방 성분(LBM : lean body mass)이 동일하다면 체지방의 양이 상대적으로 적으며 표준에 비해 체중이 적다.
- 표준인 사람 : 체조직이 고루 갖추어진 사람
- 비만인 사람 : 다른 성분보다 지방이 많아 표준에 비해 체중이 과다하다.

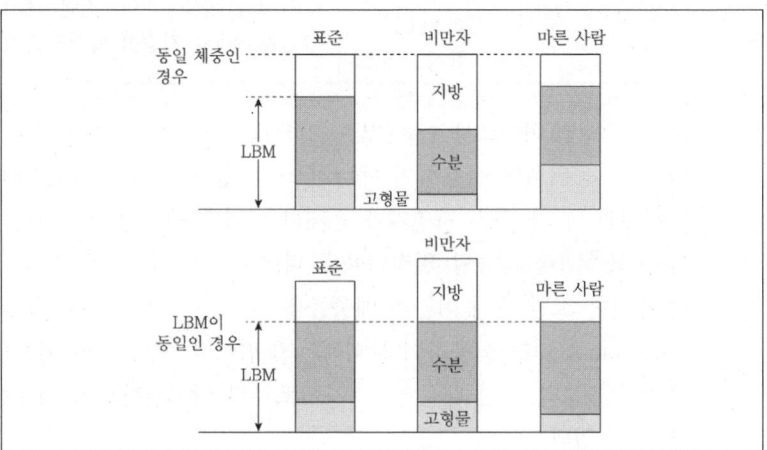

〈체형에 따른 체조직의 차이〉

Q 기출 2001

비만의 정의를 내리고, 비지방성분(lean body mass)이 동일한 경우 마른 사람과 표준인 사람, 비만인 사람의 체조직에 있어서의 차이점을 설명하시오. [4점]

ANSWER

② 비만 판정법

종류	측정법	원리 및 계산식	장·단점
체지방률 측정	수중체중	지방조직의 밀도가 비지방조직보다 낮음	가장 정확하나 장비 필요
	피하지방 두께	피하지방량이 체지방량을 반영	정확성 부족
	전기저항	지방조직은 전류의 흐름에 대한 저항이 높음	정확한 편이나 장비 필요
신체지수 사용	신체질량지수 (BMI)		간편해서 가장 많이 사용
	이상체중을 초과하는 비율		이상체중의 정립이 어려움

㉠ 신체 질량지수(body mass index : BMI) 09

$$신체\ 질량지수 = \frac{체중(kg)}{신장(m^2)}$$

㉡ 브로카법 22

- 신장 150cm 이상 : 표준체중 = [신장(cm) − 100] × 0.9
- 신장 150cm 이하 : 표준체중 = 신장(cm) − 100

$$비만도 = \frac{현재체중}{표준체중} \times 100$$

㉢ 표준체중에 대한 현재체중의 비율(브로카법)

$$적정체중(kg) = \{신장(cm) - 100\} \times 0.9$$
$$비만도 = \frac{현재체중(kg) - 표준체중(kg)}{표준체중(kg)} \times 100$$

비만도	대한비만학회 BMI (2018)	브로카법	표준체중에 대한 비
저체중	18.5 미만	80% 이상~90% 미만	-10% 이하
정상	18.5~22.9	90% 이상~110% 미만	±10%
비만 전 단계	23.0~24.9	110% 이상~120% 미만	+10% 이상
1단계 비만	25.0~29.9	120% 이상~130% 미만	+20% 이상
2단계 비만	30.0~34.9	130% 이상	+30% 이상
3단계 비만	35 이상		

※ 비만 전 단계(과체중 또는 위험체중), 3단계 비만(고도 비만)

ㄹ 허리둘레와 가슴둘레를 측정 : 허리둘레가 가슴둘레보다 클 경우는 비만

ㅁ 허리, 둔부의 둘레비 : 허리둘레(cm) / 엉덩이둘레(cm), 남자의 경우 1.0 이상, 여자의 경우 0.9 이상일 때를 비만

ㅂ 체지방률 : 남 25%, 여 30% 이상 비만판정

③ 비만의 치료

㉠ 운동요법
- 자신에 맞는 운동 종목을 선택한다.
- 유산소 운동을 실시한다.
- 주 4회 이상 1일 30분 이상 운동한다.

㉡ 식이요법 09
- 총섭취열량을 줄인다. : 인체의 지방조직은 수분을 함유하고 있기 때문에 1g당 7.8kcal의 에너지를 낸다.
- 에너지 밀도가 낮은 식품을 선택한다. : 에너지 밀도는 식품의 단위 부피 또는 무게당 칼로리이다.
- 지방함량이 적은 식품으로 대체한다.
- 동물성 음식보다 식물성 음식을 섭취한다.
- 세끼를 규칙적으로 먹으며 식사시간을 지킨다.
- 인스턴트 음식, 패스트푸드 음식은 지양한다.
- 지방의 비율을 줄이고, 탄수화물과 특히 섬유소의 섭취 비율을 높인다.
- 열량이 적게 나오는 조리법을 선택한다. 예를 들어 튀기기보다는 찌거나 굽는다.

식이의 종류	식이방법	내용	특징
열량제한 불균형식 (unbalanced low calorie diet)	특정식품이 많은 식사	해조류, 포도 등	영양소 불균형, 단조롭다.
	케톤체 생성 식이 (ketogenic diet)	저당질	케톤증, 식욕저하, 체액의 산성화, 혈중 요산 증가, 메스꺼움, 피로, 탈수
	고단백 식이	고단백 (40~45%)	케톤증, 간과 신장에 부담
	고당질 식이	저단백(35g)- 저지방(10%)	철분, 지용성 비타민 및 필수지방산 부족 우려
단식	완전 절식 (total fast)		체지방은 물론 체단백질과 전해질도 소모, 케톤체 생성 증대
	초저열량식 (very low calorie diet ; VLCD)	300~600kcal	완전 절식보다는 체단백 소모의 절약, 그래도 케톤체 생성
	단백질 보충 변형 단식 (protein sparing modified fast ; PSMF)	양질의 단백질 보충	체단백질 소모의 절약
열량 제한 균형식 (balanced low calorie diet)	혼합 저열량식 (low calorie diet ; LCD)	여러 식품 사용	맛있고 균형 잡힌 영양공급 가능
	성분 영양식 (formula diet)	균질 유동식	열량 섭취 관리용이, 균형 잡힌 영양공급, 단조롭다.
	저영양밀도 식사	고섬유·저지방	저작 때문에 섭취 속도가 느리다.

ⓒ 행동수정 : 현재의 생활을 분석하여 식사 및 운동습관을 변화시켜 새로운 습관을 형성한다.

행동수정요법

원리	방법	내용
자기 감시	다이어트 일기	• 먹는 시간과 장소 기록 • 먹는 음식의 형태와 양의 목록 작성 • 곁에 누가 있었는지와 느낀 점 기록 • 이 기록으로부터 과식을 초래할 수 있는 문제점 찾기
자극 조절	식품구매	• 배부른 상태에서 구매 • 구매목록 작성하기 • 냉동식품이나 인스턴트식품 사지 않기 • 꼭 필요할 때까지 장보기 연기
	계획	• 필요한 만큼만 먹도록 계획 • 간식 먹는 시간에 운동하기 • 세끼 식사와 간식을 정해진 시간에만 먹기 - 끼니 거르지 않기
	활동	• 충동적으로 먹게 되지 않도록 음식을 눈에 보이지 않는 곳에 치우기 • 모든 먹는 것은 한 장소에서만 하기 • 냄비를 식탁에 올려놓지 않기 • 식탁에서 소스들을 치우기 • 작은 크기의 그릇과 수저 사용
	명절이나 파티에서	• 술 덜 먹기 • 파티 시작 전에 열량이 낮은 간식 먹기 • 음식을 사양하는 공손한 태도 익히기 • 간혹 실수해도 포기하지 않기
	먹는 방법에서	• 음식을 입에 떠 넣는 사이사이에 수저를 상에 내려놓기 • 다음 음식을 떠 넣기 전에 음식을 완전히 씹기 • 음식을 약간 남기기 • 식사 중에 잠깐 중단하기 • 식사 중에 다른 일은 하지 않기(TV시청이나 독서)
보상	보상	• 자기감시 기록을 기준으로 충동조절을 잘 수행했을 때 상주기 • 특정 행동에 특정상을 주도록 계약을 설정하기 • 가족이나 친구들에게 말이나 물질로 상을 주도록 협조를 구하기 • 점차 자신이 보상을 줄 수 있도록 훈련하기

(2) **체중 부족**
　① 저체중으로 인한 건강 문제
　　• 기초대사량이 낮아지고 체온이 떨어진다.
　　• 심박동이 느려지고 극심한 피로, 기절 등을 초래할 수 있다.
　　• 철결핍성 빈혈이 발생한다.
　　• 피부가 거칠고 머리카락이 빠진다.
　　• 백혈구가 감소하고 저항력이 떨어져 질병에 쉽게 걸릴 수 있다.
　　• 월경중지가 나타나고 무월경으로 이어질 수 있다.
　　• 골다공증이 발생하기 쉽다.
　② 예방법
　　• 지방과 탄수화물을 충분히 섭취한다.
　　• 규칙적인 식사를 하고 3~4번 간식을 자주 섭취한다.
　　• 식사 후 적당한 휴식을 취한다.
　　• 적당한 운동과 충분한 수면을 취한다.
　③ 심리적 섭식 장애 22 / 03
　　㉠ 신경성 식욕부진증 : 거식증이라고도 하며 살이 찌는 것에 대한 강한 두려움으로 체중이 감소되었음에도 불구하고 최소한의 체중 유지도 거부하는 것이다.
　　　• 체중을 감소시키려는 행동은 대체로 비밀스럽게 한다.
　　　• 살찌는 것에 대한 강박적 혐오에 대한 충동 때문에 식사를 하지 않지만, 음식에 대해서는 늘 생각하기도 하고 요리책을 수집하거나 다른 사람을 위해 요리를 하기도 한다.
　　　• 체중이 감소함에 따라 후유증으로 무월경, 체중 감소, 저혈압, 탈모증, 갑상선 기능저하가 나타난다. 사망률도 5~18%에 이른다.

> **거식증 식이요법**
> • 소량씩 자주 먹도록, 서서히 양을 증가시킨다.
> • 끼니를 거르지 않고 다양한 음식을 골고루 섭취한다.
> • 갑작스런 체중 증가로 인한 불안감을 막기 위해 열량이 높지 않은 식사를 선택한다.

ⓒ 신경성 대식증 : 폭식증이라고도 하며 자신의 먹는 것에 문제가 있음을 알면서도 이루어지는 폭식과 그 반대 행위인 제거 행동, 즉 다이어트, 구토 유발, 이뇨제, 심한 운동 등을 하는 것이다.
- 대부분 정기적으로 달고 칼로리가 많으며 삼키기 쉬운 다량의 음식을 다량 먹는다.
- 먹고 난 다음 잠을 자거나, 사회활동을 중단하거나, 구토를 한다.
- 흔히 구토는 손가락을 목구멍에 넣음으로써 야기한다.
- 음식을 먹는 행동과 더불어 우울, 죄책감 등으로 심하게 괴로워한다.
- 체중 증가가 무서워 설사제나 이뇨제를 남용하기도 하고 때로는 격렬한 운동을 시도하여 대부분 체중은 정상을 유지하고 있다.
- 수년간 지속되는 경우 여러 합병증이 유발된다.
- 토하거나 하제(변비약) 남용으로 저칼륨혈증 등 전해질 불균형, 급성 위확장, 치과 질환, 이하선 확대, 식도외상, 생리 불순 등이 있다.

폭식증 식이요법
- 혼자만의 공간에서 폭식을 하는 경우가 많으므로 가족들의 관심이 필요하며 혼자 지내지 않게 하는 것이 좋다.
- 건강을 유지할 수 있을 정도로 균형 잡힌 식사를 규칙적으로 하되, 하루에 필요한 열량을 계산하여 그 범위를 넘지 않는 정도에서 간식을 한다.

기출 2022

다음 (가)와 (나)는 여성의 건강에 대한 내용이다. 〈작성방법〉에 따라 서술하시오. [4점]

(가)

여고생A의 ㉠ 키는 165cm이고, 몸무게는 45kg이다. 이 학생은 외모에 관심이 많고 다른 사람에게 비춰지는 자신의 모습에 지나치게 신경을 쓰며, 자신이 우상으로 생각하는 대상과 비슷한 체형이 되기를 바라고 있다. 마른 체형임에도 불구하고 자신의 체형에 대한 왜곡된 인식으로 인해 극도의 저열량 식사를 유지하면서 체중감량을 지속적으로 시도하고 있다. 이러한 상황이 지속될 경우 무월경, 성호르몬 감소, 탈모, 부정맥, 면역저하 등의 심각한 건강 문제가 유발될 수 있다.

(나)

여성에게서 많이 나타나는 뼈 건강 문제는 증상이 나타나기까지 오랜 시간에 걸쳐 진행되므로 뼈의 손실을 미리 방지하는 것이 중요하다. 이를 위해서는 35세 무렵까지 칼슘과 비타민 D가 풍부한 식품을 섭취하고 적절한 운동으로 최대 골질량을 확보할 필요가 있다. 여성의 경우 출산을 겪으면서 수유기간 중 모유로 분비되는 칼슘으로 인해 골손실이 발생한다. 특히 폐경기의 골손실 예방을 위해서는 골격형성에 필요한 영양소 섭취와 함께 ㉡ 대두식품에 함유된 식물성 기능성분을 섭취하는 것도 도움이 된다.

┌ 작성방법 ┐
- (가)의 내용에 해당하는 질환명을 쓸 것
- 밑줄 친 ㉠의 표준체중을 브로카(Broca)법을 이용하여 산출한 값을 쓸 것 (단, 남녀공통기준을 적용하여 소수점 첫째 자리까지 계산할 것)
- 밑줄 친 ㉡에 해당하는 명칭을 쓰고, ㉡이 골손실 예방에 도움이 되는 이유를 서술할 것

ANSWER

기출 2009

다음 사례에서 (가)~(마)에 대한 설명으로 적절하지 않은 것은? [2점]

> 고등학생 수민이는 (가) 신장 158cm, 체중 65kg으로 유아기부터 통통한 편이었는데, 외모와 체중 변화에 관심이 많아 체중조절을 계획하고 있다. 현실적으로 성취 가능한 체중을 목표로 설정하고, 목표체중과 활동정도를 고려하여 (나) 체지방 감소를 위한 필요열량을 결정하였다. (다) 저열량식사를 선택해서, 지방을 줄이고 (라) 탄수화물을 100g 정도를 섭취하기로 하였다. 그리고 (마) 수분이 많아 부피감을 주어 포만감을 느끼게 하는 음식과 식욕을 증가시키지 않는 조리법을 선택하기로 계획하였다.

① (가) - 수민이는 체질량지수(BMI)에 의하면 과체중이며, 유아기에는 지방세포 증식이 있었을 것이다.
② (나) - 지방조직은 0.45kg당 약 3,500kcal를 포함하고 있으므로, 1주일에 약 0.5kg의 체중을 감량하기 위해서는 1일 500kcal 정도의 열량 감소가 필요하다.
③ (다) - 근육을 보존하기 위하여 최소한 기초대사량만큼이 제공되는 식사이다.
④ (라) - 인슐린 분비량이 감소되고, 두뇌조직 등에 열량을 공급하기 위해 케톤체가 증가된다.
⑤ (마) - 채소죽, 콩나물국, 미역국, 시금치국, 무국, 오이냉국, 해초나물 등이 해당된다.

ANSWER ④

 기출 2003

최근 다이어트에 대한 관심이 고조되고 있는 가운데, 일부 여학생의 과도한 다이어트로 인하여 여러 가지 문제가 야기되고 있다. 이러한 여학생의 과도한 다이어트로 인하여 나타날 수 있는 정신적 문제와 신체적 문제를 3가지만 기술하시오. [총 3점]

ANSWER

5 운동과 에너지

(1) 운동 시 변화

① 일반적인 운동 중의 변화 : 금식 시와 같은 순서로 진행됨
- 근육이나 간의 글리코겐 사용이 증가됨에 따라 운동시작 시 RQ가 증가한다.
- 에너지 생성이 글리코겐에서 오는 것보다 지방산으로부터 오는 것이 많아짐에 따라 시간이 지나며 RQ는 점차 감소한다.
- 글리코겐의 고갈(특히 근육)은 호르몬의 분비로 조절되는데, 운동초기에 인슐린의 분비가 감소하고 글루카곤 분비가 증가되고 이것이 포도당 신생합성을 촉진한다.
- 운동이 진행되면서 지방의 분해와 혈청 유리지방산이 증가한다. 이것은 교감신경계로부터 카테콜아민, 글루카곤과 에피네프린에 의해 영향을 받는다.

② 기타 : 규칙적인 운동은 면역기능, 소화기능, 신경계기능 등을 증진시키고 다양한 질병의 예방 및 치료에 도움을 준다.

(2) 운동의 에너지원

① ATP-Pcr 체계 : 크레아틴 인산(Phosphocreatine, Pcr)은 고에너지화합물로서 ADP로부터 ATP를 재빨리 재생하는 작용을 한다. Pcr를 ATP와 함께 ATP-Pcr 체계라 부른다. 1~10초간 지속되는 운동의 에너지원이다.

② 무산소성 해당계 : 포도당이 젖산으로 전환되면서 신속하게 ATP를 생성하여 ATP-Pcr 체계 다음 단계에서 이용될 수 있다.

③ 유산소성 에너지 체계 : 이 체계는 활성화되는 데 시간이 소요되지만 미토콘드리아에서 산소를 사용하여 매우 효율적으로 ATP를 생성한다. 근육의 글리코겐, 중성지질 및 단백질, 혈중 포도당, 유리지방산 및 중성지방, 그리고 지방조직의 중성지질을 모두 산화시킨다.

(3) 탄수화물 부하와 운동 [19]

① **탄수화물 부하**(carbohydrate loading) : 지구력 스포츠, 즉 마라톤, 장거리 사이클링, 트라이애슬론 등에서 봉크(bonk), 즉 글리코겐과 혈당이 전부 소진되어 탈진하는 일을 예방하기 위해 사용된다. 미리 근육에 저장할 수 있는 만큼의 글리코겐을 저장해두는 것이다.

② **방법** : 경기가 있기 일주일 전에 고강도 운동과 고지방·고단백 식이로 근육 내 글리코겐을 고갈시킨다. 마지막 3일간은 운동 시간과 강도를 줄이고 고당질식으로 다량의 글리코겐을 축적한다.

기출 2019 일부

다음 (가)는 인체 내에서의 영양소 대사에 관한 설명이고, (나)는 동물 근육의 사후 변화를 나타낸 그림이다. 〈작성방법〉에 따라 서술하시오. [5점]

(가)

(㉠)은/는 간과 근육에 존재한다. 간에 저장된 것은 주로 혈당 유지에 이용되고, 근육에 저장된 것은 근육 활동을 위한 에너지원으로 사용된다. 운동선수 특히 마라톤과 같이 장시간 경주를 해야 하는 선수들은 ㉡<u>경기력 향상을 위해</u> (㉠)을/를 확보하기 위한 식사요법을 한다.

(나)

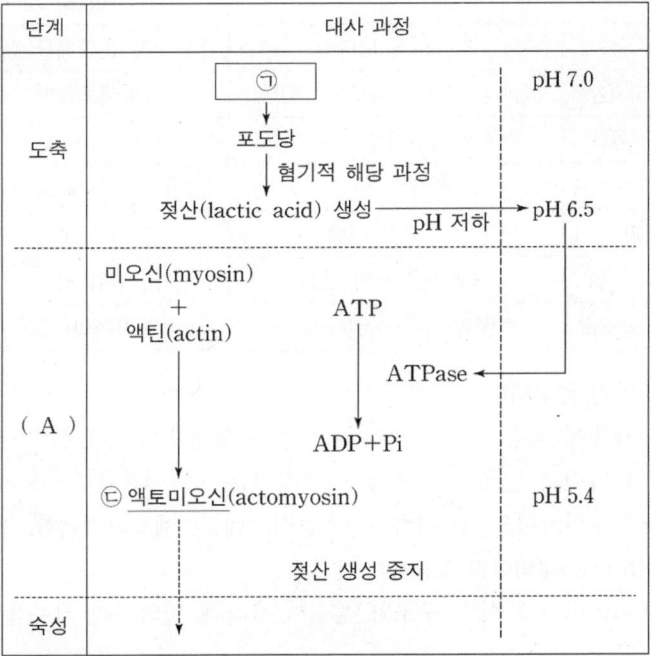

[작성방법]
- (가)와 (나)의 ㉠에 공통으로 해당하는 물질의 명칭을 쓸 것
- 혈당이 감소되었을 때 인체 내에서 일어나는 ㉠의 대사를 설명할 것
- 밑줄 친 ㉡에 해당하는 식사요법 1가지를 서술할 것

ANSWER

06 비타민

❶ 비타민의 특징과 단위

(1) 비타민의 특징

① 비타민의 분류

특징	수용성 비타민	지용성 비타민
흡수	혈류로 직접 흡수	림프관으로 먼저 들어간 후 혈류 합류
운반	자유로이 떠다님	단백질 운반체를 필요로 함
저장	체액을 통해 자유로이 순환함	지방세포들에 갇혀짐
용매	수분	지방
부족 시	결핍증 발생	결핍증이 쉽게 발생하지 않음
과잉 시	소변으로 배출	지질 저장 부위에 남겨짐
독성	거의 발생하지 않음	과량섭취 시 독성 발생
요구량	소량씩 자주 섭취해야 함	주기적인 섭취 필요

② 비타민 전구체
- 체내에 직접 사용할 수 없는 비활성 형태로 체내에 흡수·전환된 후 비타민과 같은 생리적 활성을 가지는 물질이다.
- 카로티노이드, 7-디하이드로콜레스테롤, 에르고스테롤, 트립토판

③ 항비타민제(비타민 길항제)
- 비타민과 화학적 구조와 성질이 유하해 비타민의 작용을 저해하는 물질
- 비타민 K(↔ 다쿠마롤), 비오틴(↔ 아비딘)

(2) 비타민의 측정단위

① **생물학적 단위** : 실험실에서 측정하여 사용하는 단위로 생물학적 반응의 내용도 다양하여 비교하기 어렵다.

② **국제단위(international unit, IU)** : 비타민을 분리·정제가 가능해지면서 g단위와 함께 사용하게 되었다.

③ **당량단위**

　㉠ 비타민 A [11] : 동물성 급원의 레티놀을 1 μgRAE[1레티놀활성당량(retinol activity equivalent)]로 표시한다.

```
1 레티놀활성당량(μgRAE)
= 1 μg (트랜스)레티놀(all-trans-retinol)
= 2 μg (트랜스)베타-카로틴 보충제
    (supplemental all-trans-β-carotene)
= 12 μg 식이(트랜스)베타-카로틴(dietary all-trans-β-carotene)
= 24 μg 기타 식이 비타민 A 전구체 카로티노이드
    (other dietary provitamin A carotenoids)
```

　㉡ 비타민 E : 비타민 E의 함량단위로 α-토코페롤 당량(α-TE)을 사용한다.

```
1mg α-TE = 1mg α-토코페롤 = 2mg β-토코페롤 = 10mg γ-토코페롤
```

　㉢ 니아신 : 니아신 함량 단위로는 니아신 당량(NE)을 사용한다. 조효소 NAD는 아미노산의 일종인 트립토판을 활용하여 체내에서 합성이 가능하며, 60mg의 트립토판은 1mg의 니아신 활성도를 가진다.

```
1NE = 1mg 니아신 = 60mg 트립토판
```

　㉣ 엽산 [18] : 식이엽산당량(Dietary Folate Equivalent, DFE) / 엽산 섭취량을 계산할 때에는 식품 중에 본래 들어 있는 엽산의 함량과 식품 중에 첨가된 엽산 함량으로부터 엽산당량을 계산한다.

- 식품 중 엽산 1 μg = 1 μgDFE
- 강화식품 또는 식품과 함께 섭취한 보충제 중 엽산 1 μg = 1.7 μgDFE
- 공복에 섭취한 보충제 중의 엽산 1 μg = 2.0 μgDFE

❷ 지용성 비타민

(1) 지용성 비타민의 종류와 특징

종류		특징	함유식품
비타민 A (retinol)	구조	• 레티노이드 : 레티놀, 레티날, 레티노인산 • 카로티노이드	난황, 버터, 녹황색 채소
	성질	• 열, 산, 알칼리에 안정적이나 산소와 자외선에 약함	
	기능	• 시각관련기능 : 망막의 간상세포가 비타민 A의 도움을 받아 어두운 곳에서의 시각기능을 도움 • 세포분화 : 세포분화의 배아과정에 작용하여 다음 단계로의 분화를 도움 • 치아와 골격의 정상화 : 뼈의 재구성에 관여함 • 면역기능 : 질병에 대한 저항력을 증진시킴 • 항산화작용(전구체인 β-카로틴의 기능에 해당함)	
	결핍증	• 야맹증, 결막 건조증, 성장부진, 면역기능 약화	
비타민 D (calciferol)	구조	• D_2(에르고스테롤), D_3(콜레스테롤)	버터, 난황, 간, 생선기름, 비타민 D 강화분유
	성질	• 열, 빛, 산소에 안정적이나 알칼리에 불안정하고 산성에서 서서히 분해됨	
	기능	• 골격형성 : 소장에서 칼슘과 인의 흡수와 신장에서의 칼슘과 인의 재흡수를 증가시키고, 뼈의 성장과 석회화를 촉진함 • 혈액 내 칼슘의 항상성 관여 : 혈액 내 칼슘 농도가 낮을 경우 부갑상선 호르몬이 비타민 D_3 활성을 증가시켜 생성된 비타민 D_3가 소장에서의 칼슘흡수를 증가시킴	
	결핍증	• 구루병, 골연화증, 골다공증(※ 칼슘 참고)	
비타민 E (tocopherol)	구조	• 어원 : 자손을 낳는다. • 토코페롤 4종, 토코트리에놀 4종 : α-토코페롤의 활성 가장 높음	종자, 식물성 기름, 달걀, 우유, 간, 녹색채소
	성질	• 열에 안정적이나 산화와 자외선에 약함	
	기능	• 항산화제 : 체내 지방 산화방지(노화방지)하며 식품의 산화방지제로 이용됨	
	결핍증	• 노화, 적혈구 용혈성 빈혈	
비타민 K (phylloquinone)	구조	• 퀴논류에 속하는 화합물	녹황색 채소, 난황, 간
	성질	• 열, 공기, 습기에 안정적이나 강산, 알칼리, 빛에 약함 • 장내 세균에 의해서 합성됨 • 항비타민제 : 혈전치료제인 와파린과 디쿠마롤은 항응고제로 비타민 K의 작용을 방해함	
	기능	• 혈액응고에 관여함 : 불활성형 단백질 형태인 프로트롬빈(혈액응고 물질) 형성을 도움	
	결핍증	• 혈액응고지연, 신생아 출혈	

(2) 영양소 섭취기준 : 비타민 A, D, E, K

연령		비타민 A (μg RAE/일)				비타민 D (μg/일)		비타민 E (mg α-TE/일)		비타민 K (μg/일)
		평균	권장	충분	상한	충분	상한	충분	상한	충분
영아	0~5개월			350	600		25	3		4
	6~11개월			450	600		25	4		6
유아	1~2세	190	250		600	5	30	5	100	25
	3~5세	230	300		750		35	6	150	30
남자	6~8세	310	450		1,100		40	7	200	40
	9~11세	410	600		1,600		60	9	300	55
	12~14세	530	750		2,300			11	400	70
	15~18세	620	850		2,800				500	80
	19~29세	570	800			10	100	12	540	75
	30~49세	560	800							
	50~64세	530	750		3,000					
	65~74세	510	700			15				
	75세 이상	500	700			15				
여자	6~8세	290	400		1,100	5	40	7	200	40
	9~11세	390	550		1,600	5	60	9	300	55
	12~14세	480	650		2,300			10	400	65
	15~18세	450			2,800			11	500	
	19~29세	460				10	100	12	540	
	30~49세	450								
	50~64세	430	600							
	65~74세	410	600		3,000	15				
	75세 이상	410	600			15				
임신부		+50	+70			+0		+0		+0
수유부		+350	+490			+0		+3		+0

③ 수용성 비타민의 종류와 특성

■ 조효소의 작용

효소의 주성분은 단백질이며, 대부분의 소화 효소는 단백질만으로도 활성을 나타내지만, 다른 효소들은 단백질만으로 활성을 나타내지 못하고 단백질 외에 비단백질성의 다른 물질(금속이온, 조효소)이 있어야 활성을 나타낸다. 조효소는 효소가 그 역할을 할 수 있도록 보조하는 역할을 하는 유기물이다.

(1) 에너지 발생 관련 수용성 비타민

종류	조효소	특징		함유식품
비타민 B₁ (thiamin) 17	TPP	구조	• 황(s) 함유하고 있어서 Thio-Vitamin	효모, 곡류, 돼지고기, 간, 콩류
		성질	• 산에 강하고 알칼리(열)에 약함	
		기능	• 에너지대사 : 산화적 탈탄산반응(CO_2 제거)의 조효소로 TPP를 형성하여 포도당 연소 시 피루브산에서 이산화탄소 제거한다. 例 피루브산이 아세틸 CoA로 전환될 때와 α-케토글루타르산이 숙시닐 CoA로 전환되는 반응 • 정상적인 신경자극 전달 : 아세틸콜린 합성과정의 조효소로 작용함	
		결핍증	각기병 : • 습성 각기 : 부종(다리, 얼굴, 몸통, 남자의 음낭), 가슴통증, 불규칙한 심장박동, 숨참 • 건성 각기 : 발의 감각 상실, 보행 불능	
			베르니케-코르사코프 증후군 : 알코올로 인한 영양결핍 시 발생. 정신착란, 비틀거림, 안구근육 마비 등	
비타민 B₂ (riboflavin)	FAD	구조	• 노란색 물질로 3개의 고리구조에 중간 고리에 리비톨이 결합됨	우유, 치즈, 소고기, 채소
		성질	• 열에 안정적이고 자외선에 약함	
		기능	• 에너지 생성 : 수소운반체로 세포내 산화, 환원반응에 관여한다. 例 TCA회로 숙신산이 푸마르산으로 전환되는 과정, 피루브산이 아세틸 CoA로 산화될 때, 지방의 β-산화, 탈아미노반응 • 니아신 합성 : 트립토판으로부터 니아신 합성반응에 관여함 • 글루타티온환원효소의 조효소 : 지질과산화물의 생성 억제 • 트립토판 60mg $\xrightarrow[\text{피리독신}]{\text{리보플래빈}}$ 1mg 니아신	
	FMN		• 전자전달계에서 수소와 전자를 받아들임	
		결핍증	• 구순·구각염, 설염, 안질	

종류	조효소		특징	함유식품
니아신 (nicotinic acid) 15	NAD	구조	• 니코틴산과 니코틴아미드를 포함하는 일반명	간, 육류, 생선, 콩류
		성질	• 빛, 열, 산화, 산, 알칼리 등에 안정적	

		기능	• 산화·환원반응에 관여하는 탈수소효소의 조효소로 작용함
			   예 피루브산이 아세틸 CoA로 산화될 때, 지방산의 β-산화과정,
			   아미노산의 탈아미노반응
			• 트립토판에서 합성됨	

	NADP		• 지방산 및 스테로이드 호르몬의 합성, 핵산 합성	
		결핍증	• 펠라그라(4D : 피부염, 설사, 정신질환, 사망의 증상을 보임)	
판토텐산 19	CoA	구조, 성질	• pantos(모든 곳), 다양한 식품에 함유되어 있음	난황, 간, 치즈, 짙푸른 채소
		기능	• 에너지 생성 : CoA의 구성성분으로 에너지 대사에 관여함 • 아실 운반단백질(ACP) 구성성분 : 지방산, 콜레스테롤, 스테 로이드 호르몬 합성 • 아세틸콜린 합성 • 헤모글로빈의 헴 구조의 포르피린 고리 생성에 관여함	
		결핍증	• 피로, 두통, 불면증	
엽산 21	THF	구조, 성질	• 잎을 의미하는 어원 가짐 • 프테리딘, 파라아미노벤조산, 글루탐산(1~11개)의 결정체	짙푸른 채소, 간, 내장육, 오렌지 주스

		기능	• 퓨린과 피리미딘 염기의 합성 : 조효소 형태로 B_{12}와 함께
			  DNA의 염기인 퓨린과 피리미딘 합성에 필요함
			• 메티오닌 합성 : 조효소 형태로 호모시스테인이 메티오닌으로
			  합성되는 과정에 관여함
			• 태아의 신경관손상을 억제하여 기형아 발생 줄임(성장인자)	

		결핍증	• 거대적아구성 빈혈 : DNA 합성할 수 없을 경우 크기가 비정
			  상적으로 크면서도 미숙한 거대적아구 형성 → 파괴되기 쉬
			  운 거대적혈구 형성
			• 성장 장애, 기형아 출산	

	메티오닌전환 관련 영양소 짝지음 반응 : 메틸-THF는 메틸기(CH_3)를 호모시스테인으로 전달하여 메티오닌 생성하며 이때 비타민 B_{12}가 동시에 반응에 관여함. 메틸기(CH_3)는 메틸-THF → 비타민 B_{12} → 호모시스테인으로 전달되어 메티오닌이 생성됨. 두 비타민 부족할 경우 체내 호모시스테인의 농도가 상승함(심장병, 동맥경화 위험)			

종류	조효소		특징	함유식품
비타민 B₆ (pyridoxine) 21	PLP	구조, 성질	• 피리독신, 피리독살, 피리독사민의 형태로 존재 • 광선에 의해 쉽게 분해됨	육류, 해바라기씨, 바나나, 감자

		기능	• 단백질 대사 : 조효소 형태로 아미노기 전이반응, 탈아미노반응, 탈탄산반응에 관여
			    호모시스테인의 시스테인 대사에 관여함
			• 탄수화물 대사 : 조효소 형태로 글리코겐 분해에 관여함
			• 신경전달물질 합성 : 아미노산 탈탄산반응의 조효소로 이 과정에서 신경전달물질이 합성됨
			    트립토판→세로토닌, 티로신→도파민과 노르에피네프린, 히스티딘→히스타민
			• 니아신의 형성 : 트립토판이 니아신으로 전환되는 과정에서 조효소로 작용함
			• 혈구세포합성 : 헤모글로빈의 포르피린 구조 형성에 관여 → 빈혈과 연관됨	

		결핍증	• 일반적인 비타민 B 복합체의 결핍과 유사 • 소구성저혈색소 빈혈(= 소적혈구성 저색소빈혈) : 헤모글로빈 함량이 부족하고 크기가 작은 적혈구 형성	
비오틴	비오시틴	구조	• 황 함유, 비오틴과 비오시틴(비오틴 + 라이신)	난황, 간, 땅콩
		성질	• 공기, 빛, 열에 안정적이지만 자외선에 약함	
		기능	• 카르복실화 반응(CO_2 첨가 반응) : 피루브산의 옥살로아세트산으로 전환(포도당 신생합성), 아세틸 CoA의 말로닐 CoA전환(지방산 합성)	
		결핍증	• 빈혈, 식욕감퇴, 설염, 근육통, 피부건조증	

 기출 2021

다음은 수용성 비타민이 관여하는 대사과정에 대한 그림이다. 〈작성방법〉에 따라 서술하시오. [4점]

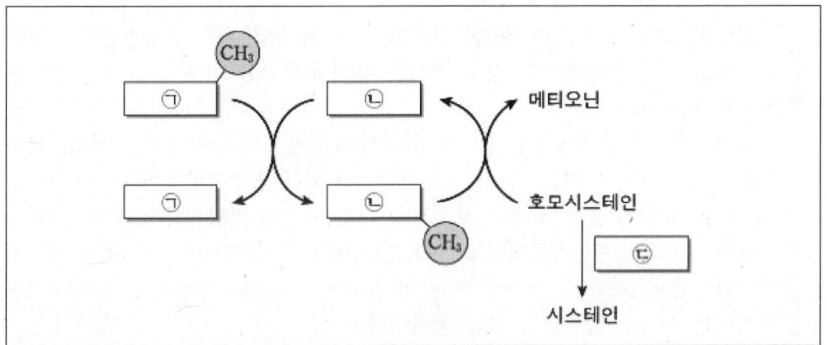

작성방법
- ㉠의 구성 성분인 비타민이 임신 초기에 중요한 이유를 비타민 대사와 연관하여 서술할 것
- ㉡에 해당하는 비타민을 쓰고, 위 절제 환자에게서 ㉡ 결핍의 위험이 증가하는 이유를 서술할 것
- ㉢에 해당하는 비타민을 쓸 것

ANSWER

기출 2019

다음은 지방 섭취 시 유의해야 할 사항에 관한 설명이다. 괄호 안의 ㉠, ㉡에 해당하는 물질을 순서대로 쓰시오. [2점]

지방의 과잉 섭취는 고지혈증, 심장병, 비만 등 여러 가지 만성질환과 연관이 있으므로 이들 질환을 예방하고 건강을 유지하기 위하여 지방에 대한 올바른 이해가 필요하다.
콜레스테롤은 만성질환을 유발하기도 하지만 세포막을 구성하고 성호르몬과 담즙산의 전구체로 이용되는 등 없어서는 안 되는 필수영양소이다. 따라서 콜레스테롤 함량이 높은 식품을 무조건 기피하는 것은 바람직하지 않다. 콜레스테롤은 지방의 주된 전구체인 (㉠)(으)로부터 합성된다. (㉠)은/는 에너지 대사과정에서 포도당, 지방산 또는 아미노산의 산화로 생성되며, 판토텐산을 구성하는 성분을 함유하고 있는 물질이다.
한편, 불포화지방산의 섭취량이 증가하면 카로티노이드, 비타민 C, 비타민 E, (㉡)와/과 같은 항산화영양소의 요구도 증가된다. (㉡)은/는 필수무기질로서 항산화효소인 글루타티온 과산화효소(glutathione peroxidase)의 구성 성분이며, 동물의 내장, 유제품, 견과류 등에 풍부하게 함유되어 있다. 그러나 과잉 섭취할 경우 탈모, 손톱 변형, 신경계 손상 등의 중독 증세가 나타나므로 주의가 필요하다.

ANSWER

 기출 2015

다음은 영양 결핍증 펠라그라에 대한 설명이다. 괄호 안의 ㉠, ㉡에 들어갈 용어를 쓰시오. [2점]

(㉠)의 결핍증인 펠라그라(pellagra)는 옥수수를 주식으로 하던 아프리카와 유럽 등지에서 많이 발생하였다. 펠라그라는 햇빛에 노출된 피부에 나타나는 염증성 질환으로 치매와 설사 증세를 동반하며, 치료가 늦어지면 사망에 이르는 병이다. 오늘날에는 (㉠)이/가 풍부한 곡식과 함께 단백질 섭취량이 증가하면서 아미노산의 일종인 (㉡)이/가 충분히 체내에 공급되어 펠라그라는 사라져 가는 영양 결핍증이 되었다.

ANSWER

(2) 빈혈 관련 수용성 비타민

① 관련 비타민 : B₆, 엽산도 빈혈 관련 역할을 하며, 이에 추가하여 다음의 비타민을 살펴볼 수 있다.

종류		특징	함유식품
비타민 B$_{12}$ (cobalamine) [21]	구조, 성질	• 헤모글로빈의 포르피린과 유사한 고리구조, 중앙에 코발트(Co) 함유 • 내적 인자 : 위산과 함께 위의 세포벽에서 분비되는 당단백질로 비타민 B$_{12}$의 흡수부위인 회장까지 안전하게 도달하도록 하는 물질	동물성 식품 (내장)
	기능	• 엽산 기능과 동일 : DNA합성, 메티오닌 합성 • 신경기능 유지 : 신경세포의 축산돌기를 감싸고 있는 마이엘린 형성 및 유지	
	결핍증	• <u>악성빈혈</u> : 섭취부족 및 유전 또는 위절제로 인한 내적인자 부족이 원인임 / 증상은 거대적아구성 빈혈과 유사하나 악성빈혈은 <u>신경손상 동반함</u> • 신경손상 : 신경세포의 마이엘린 손실로 마비가 발생함	
비타민 C (ascorbic acid) [23 / 18]	구조	• 포도당과 유사한 형태(사람에게는 전환효소 없음)	과일과 채소
	성질	• 산에 안정적이지만 산화, 빛, 알칼리, 열 등에 손상됨	
	기능	• 콜라겐 형성 : 콜라겐을 구성하는 아미노산의 수산화반응의 조효소로 작용함 • 항산화제 : 세포 내 여러 손상 방어함 • 무기질의 흡수 : 소장에서 흡수되기 좋은 Fe^{2+}로 환원시킴, 칼슘이 장내에서 불용성염을 형성하는 것 방지함 • 카르니틴 생합성 : 지방산의 이동(β-산화 과정 중)에 관여하는 카르니틴 합성에 관여함 • 신경전달물질 합성 : 수산화반응을 통해 노르에피네프린, 세로토닌 생성에 관여함	
	결핍증	• 괴혈병(잇몸의 부종과 출혈), 관절 통증, 연골과 근육조직의 변형	

② 거대적아구성 빈혈과 식이요법
  ㉠ 원인 : 비타민 B_{12} 및 엽산 결핍 → 적혈구 분화과정에 필요한 DNA 합성 지연 → 적혈구 분화 지연 → 거대적아구 형성(크기는 크고, 막이 얇고 약해서 쉽게 터짐)
    • 채식주의
    • 내인자 부족 : 위 내 비타민 B_{12} 흡수 인자 결핍, 선천적일 경우 악성빈혈이라고 함
    • 위절제 등으로 내인자분비 부족
    • 회장(소장 끝부분)부위 병변 : 비타민 B_{12} 흡수 부위
    • 기생충 감염 : 기생충이 먼저 흡수
    • 임신, 갑상선 기능항진에 의한 비타민 B_{12} 요구량 증가
  ㉡ 식이요법 : 고열량, 고단백, 고비타민 B_{12}(쇠간, 돼지 간, 굴, 난황 등)
③ 엽산결핍성 빈혈과 식이요법
  ㉠ 원인 : 간경화, 임신, 유아기 등 요구량 증가시기, 피임약으로 인한 흡수불량
  ㉡ 식사요법 : 고열량, 고단백, 고비타민 / 술은 혈액을 만드는 데 필요한 엽산, 비타민 B_{12}의 흡수를 방해하는 역할을 한다.

기출 2023

다음은 비타민 C에 대한 설명이다. 〈작성방법〉에 따라 서술하시오. [4점]

> 비타민 C는 대부분의 동물에서 체내 합성이 가능하나 사람의 경우 (㉠)(으)로부터 비타민 C로 전환되는 최종 단계에 굴로노락톤 산화효소가 없으므로 체내에서 합성하지 못한다.
> 비타민 C는 항산화 효과를 가지고 있어 유리기에 의한 세포 손상을 막아주며, 카르니틴의 생합성, 신경전달물질의 합성과 ㉡<u>소장에서 철과 칼슘의 흡수 촉진</u>에도 기여한다. 비타민 C가 결핍될 경우 연골과 근육조직이 변형되는 괴혈병 증상이 나타나는데, 이는 체내에서 (㉢)의 합성이 정상적으로 이루어지지 않기 때문이다.

〔작성방법〕
• 괄호 안의 ㉠에 해당하는 용어를 쓸 것
• 밑줄 친 ㉡에서 비타민 C의 작용을 철과 칼슘으로 구분하여 각각 서술할 것
• 괄호 안의 ㉢에 해당하는 용어를 쓸 것

ANSWER

(3) 영양소 섭취기준 : 비타민 C, 티아민, 리보플래빈, 니아신, 비타민 B6, 엽산, 비타민 B12

연령		비타민 C(mg/일)				티아민(mg/일)			리보플래빈(mg/일)			니아신(mgNE/일)			니코틴산	
		평균	권장	충분	상한	평균	권장	충분	평균	권장	충분	평균	권장	충분	니코틴산	니코틴아미드
영아	0~5개월			40				0.2			0.3			2		
	6~11개월			55				0.3			0.4			3		
유아	1~2세	30	40		340	0.4	0.4		0.4	0.5		4	6		10	180
	3~5세	35	45		510	0.4	0.5		0.5	0.6		5	7		10	250
남자	6~8세	40	50		750	0.5	0.7		0.7	0.9		7	9		15	350
	9~11세	55	70		1,100	0.7	0.9		0.9	1.1		9	11		20	500
	12~14세	70	90		1,400	0.9	1.1		1.2	1.5		11	15		25	700
	15~18세	80	100		1,600	1.1	1.3		1.4	1.7		13	17		30	800
	19~29세	75	100		2,000	1.0	1.2		1.3	1.5		12	16		35	1,000
	30~49세	75	100		2,000	1.0	1.2		1.3	1.5		12	16		35	1,000
	50~64세	75	100		2,000	1.0	1.2		1.3	1.5		12	16		35	1,000
	65~74세	75	100		2,000	0.9	1.1		1.2	1.4		11	14		35	1,000
	75세 이상	75	100		2,000	0.9	1.1		1.1	1.3		10	13		35	1,000
여자	6~8세	40	50		750	0.6	0.7		0.6	0.8		7	9		15	350
	9~11세	55	70		1,100	0.8	0.9		0.8	1.0		9	12		20	500
	12~14세	70	90		1,400	0.9	1.1		1.0	1.2			15		25	700
	15~18세	80	100		1,600	0.9	1.1		1.0	1.2					30	800
	19~29세	75	100		2,000	0.9	1.1		1.0	1.2		11	14		35	1,000
	30~49세	75	100		2,000	0.9	1.1		1.0	1.2		11	14		35	1,000
	50~64세	75	100		2,000	0.9	1.1		1.0	1.2		11	14		35	1,000
	65~74세	75	100		2,000	0.8	1.0		0.9	1.1		10	13		35	1,000
	75세 이상	75	100		2,000	0.7	0.8		0.8	1.0		9	12		35	1,000
임신부		+10	+10			+0.4	+0.4		+0.3	+0.4		+3	+4			
수유부		+35	+40			+0.3	+0.4		+0.4	+0.5		+2	+3			

연령		비타민 B_6(mg/일)				엽산(μgDFE/일)**				비타민 B_{12}(mg/일)		
		평균	권장	충분	상한	평균	권장	충분	상한	평균	권장	충분
영아	0~5개월			0.1				65				0.3
	6~11개월			0.3				90				0.5
유아	1~2세	0.5	0.6		20	120	150		300	0.8	0.9	
	3~5세	0.6	0.7		30	150	180		400	0.9	1.1	
남자	6~8세	0.7	0.9		45	180	220		500	1.1	1.3	
	9~11세	0.9	1.1		60	250	300		600	1.5	1.7	
	12~14세				80	300	360		800	1.9	2.3	
	15~18세				95	330			900			
	19~29세											
	30~49세	1.3	1.5				400			2.0	2.4	
	50~64세				100	320			1,000			
	65~74세											
	75세 이상											
여자	6~8세	0.7	0.9		45	180	220		500	1.1	1.3	
	9~11세	0.9	1.1		60	250	300		600	1.5	1.7	
	12~14세				80	300	360		800	1.9	2.3	
	15~18세				95	330			900			
	19~29세				100							
	30~49세	1.2	1.4				400			2.0	2.4	
	50~64세					320						
	65~74세				100				1,000			
	75세 이상											
임신부		+0.7	+0.8			+200	+220			+0.2	+0.2	
수유부		+0.7	+0.8			+130	+150			+0.3	+0.4	

** Dietary Folate Equivalents. 가임기 여성의 경우 400μg/일의 엽산보충제섭취를 권장함. 엽산의 상한섭취량은 보충제 또는 강화식품의 형태로 섭취한 μg/일에 해당됨

07 무기질

1 무기질의 분류

(1) 무기질의 분류와 주요역할

① 다량무기질과 미량무기질 : 하루 100mg 이상 필요한 경우 다량무기질이라 하며, 그 외는 미량무기질이라고 한다. 다량무기질에는 칼슘, 인, 칼륨, 마그네슘, 나트륨, 포타슘, 염소, 황이 속하고 미량무기질에는 철, 아연, 구리, 요오드, 불소, 셀레늄, 망간, 크롬 등이다.

② 주요 역할

체조직 구성	㉠ 골격 및 치아 구성 : 칼슘과 인 ㉡ 모발, 피부, 손·발톱 : 황 ㉢ 근육 : 칼륨, 인, 황 ㉣ 신경조직 : 인 ㉤ 혈액 : 철, 칼슘, 나트륨, 인 ㉥ 갑상선 : 요오드
체내의 기능조절	㉠ 체액의 교환, 근육의 탄성 유지, 신경의 자극 감수성 유지 : 칼슘, 나트륨, 칼륨, 철 ㉡ 혈액응고 : 칼슘 ㉢ 산화과정 : 철, 요오드 ㉣ 산·염기 평형유지 : 산성(인, 황), 염기성(나트륨, 칼륨, 칼슘)

(2) 체액의 pH조절과 식품

① 체액의 pH가 조절되는 기저
- 단백질 : 산성기인 $-COOH$와 알칼리성기인 $-NH_2$가 주위에 알칼리성 물질이 많으면 산성기의 수소이온이 알칼리성 물질과 결합하고, 반대인 경우 알칼리성기가 결합하여 중화시킨다.
- 폐 : 호흡조절로 이산화탄소배출량을 조절한다(이산화탄소는 혈액 내에서 탄산을 형성한다).
- 피부 : 땀으로 산을 배출한다.
- 신장 : 이온의 선택적 재흡수를 통해 수소이온농도를 조절한다.

② 산성식품과 알칼리성 식품
- 식품을 알칼리성과 산성으로 나누는 것은 식품에 함유된 무기질의 알칼리 생성과 산 생성원소의 비율에 따른 것이다. 황, 인, 질소 등과 같이 산성을 지니고 있는 무기질이 많이 함유된 식품은 산성인데, 쇠고기, 돼지고기, 생선, 달걀 등의 동물성 식품과 쌀 등의 곡류가 이에 속한다.
- 알칼리성 식품은 칼슘, 나트륨, 칼륨, 마그네슘 등의 알칼리성을 지니고 있는 무기질이 많이 함유한 것으로 채소나 과일 등의 식물성 식품과 우유나 굴과 같은 해조류가 이에 속한다.
- 보리 등의 곡식은 탄수화물을 많이 함유하고 있어 몸 안에서 산화되어 물과 산성인 CO_2로 변한다. 고기와 생선도 인체 내에서 산화되어 주로 물과 CO_2를 생성한다. 이런 이유로 곡식과 생선 및 고기류는 산성식품으로 분류된다.

2 칼슘(Ca)

무기질 중 가장 많이 존재하는 다량무기질이다. 주요 급원은 우유와 유제품, 뼈째 먹는 생선, 녹황색 채소 등이다.

(1) 흡수
① 흡수율 : 성장기 어린이가 75%로 성인의 20~40%에 비해 높다(체내 요구량이 높기 때문).
② 증진요인 [18]
- 칼슘과 인의 비율 : 1 : 2~2 : 1 사이가 적당하며 인 과잉 시 불용성 인산칼슘을 형성한다.
- 장내 산성 환경 : 유당이 장내 균에 의해 젖산이 되면 장내 pH를 낮춰 산성화된다. 칼슘은 산성 용액에 쉽게 용해되는 특성이 있다.
- 비타민 D : 소장에서 칼슘결합단백질 운반체의 합성을 촉진한다.
- 비타민 C : 장내에서 칼슘이 불용성 염을 형성하는 것을 방지한다. (= 칼슘의 이온화 촉진)
③ 방해요인 : 채소 속의 옥살산(불용성 칼슘염 형성), 곡물의 피틴산(phytic Acid, 불용성 칼슘피틴산 형성), 다량의 지질이나 섬유소(불용성 화합물)

(2) **칼슘의 항상성**

혈장 칼슘 감소	혈장 칼슘 증가
↓	↓
부갑상선	갑상선 C세포
↓	↓
부갑상선 호르몬 증가	칼시토닌 증가

부갑상선 호르몬	비타민 D_3활성화(신장)	• 뼈 : 칼슘방출 억제 • 신장 : 칼슘재흡수 억제
• 뼈 : 칼슘방출 촉진 • 신장 : 칼슘재흡수 촉진	• 뼈 : 칼슘의 방출 촉진 • 소장 : 칼슘흡수 증가	

↓	↓
혈장 칼슘 증가	혈장 칼슘 감소

(3) **체내 기능** 05

① 뼈와 치아를 구성(99%)한다. : 뼈와 치아의 골기질 중 무기질 성분이다.
② 혈액 내(1%)도 일정양이 존재한다. 혈액 중 다양한 생리활성 기능을 담당한다.
  ㉠ 신경 흥분의 전달 : 칼슘이 아세틸콜린, 도파민을 분비시켜 신경자극을 전달한다.
  ㉡ 혈액응고 : 프로트롬빈이 트롬빈으로 전환되는 과정에 관여한다.

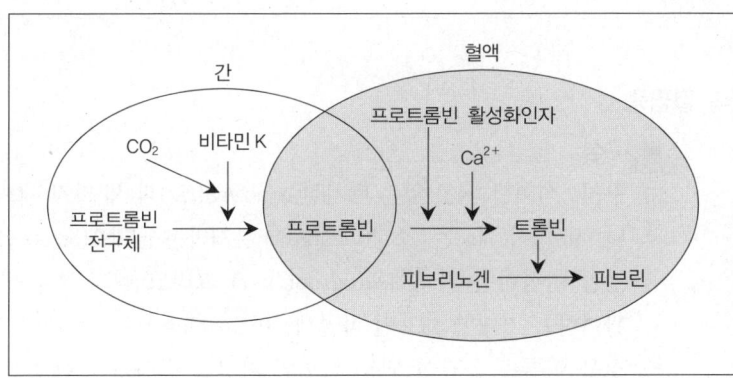

  ㉢ 카모듈린 복합체 : 카모듈린-칼슘복합체는 효소의 활성을 조절한다. 카모듈린은 염증, 대사작용, 세포자살, 면역 등의 반응에 작용한다.

ㄹ. **근육의 수축과 이완작용**: 근육이 수축하도록 하는 신경전달과정과 근육이 수축되도록 하는 두 과정에 관여한다. 직접적으로 이완에 작용하는 것은 마그네슘이다.
- **근육수축과정**: 아세틸콜린이 근육 섬유막의 수용체에 결합하면 근육 섬유가 탈분극되어 액틴 필라멘트와 마이오신이 결합한다. 마이오신은 긴 꼬리와 돌출된 머리로 이루어져 있는데 마이오신의 머리가 ATP와 결합한 후 ATP가 가수분해되면 마이오신의 머리가 액틴과 결합하여 액틴 필라멘트를 끌어당긴다. 그 결과 액틴 필라멘트가 마이오신 사이로 미끄러져 들어가 근육 원섬유 마디가 수축하게 된다. 그리고 마이오신의 머리가 다시 새로운 ATP와 결합하면 액틴에서 분리되는 과정이 반복된다.

> 운동 뉴런의 말단에서 아세틸콜린 분비 → 근육 섬유막의 탈분극 → 근육 소포체에서 Ca^{2+} 방출 → 마이오신이 액틴 필라멘트와 결합하여 끌어당김 → 근육 수축

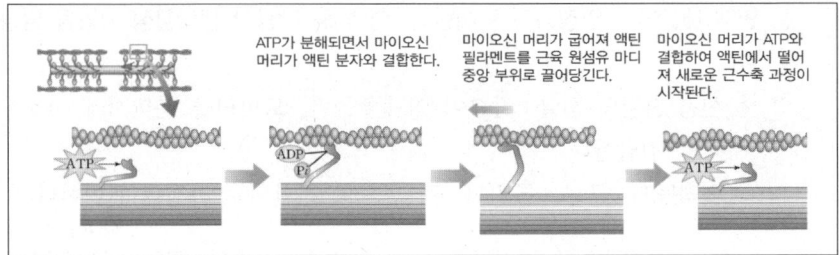

(4) 결핍증

① **뼈 구성**
- ㉠ **구성**: 석회화 되어 있는 뼈기질(bone matrix)과 세 가지 세포로 구성된다. 세 가지 세포는, 소강(lacuna)에 존재하는 골세포(osteocyte)와 뼈기질을 합성하는 골모세포(osteoblast) 그리고 뼈의 흡수와 재구성에 관여하는 거대한 세포인 파골세포(osteoclast)로 구성되어 있다. 골기질을 이루는 근간이 되는 세포외 기질을 구성하는 단백질은 콜라겐(Collagen)이다.
- ㉡ **뼈의 무기질화(Bone Mineralization)**: 뼈의 무기질화는 세포 혹은 세포외 기질에 칼슘, 무기질이 침착되는 현상을 말한다. 콜라겐 섬유(fiber)가 구성하는 망상 구조에 칼슘과 인이 침착하고 물과 혼합되어 단단한 무기물질을 형성하게 된다.

② 결핍증의 분류
  ㉠ 구루병(성장기 어린이) : 칼슘과 인이 뼈에 축적되지 못함으로써 골격이 약해지고 점차 부하되는 압력을 이기지 못하여 뼈가 휘게 된다. 특히, 뼈의 골양조직(osteoid)의 기질과 연골은 계속 만들어지는데 뼈의 석회화가 이루어지지 않아 뼈 끝이 비대해지고 아이들 머리에 있는 숨구멍(대천문)이 생후 18개월 이후에도 닫히지 않게 된다. 뼈 성장 부족으로 안짱다리, 새가슴, 휜 다리 등의 증상이 나타난다.
  ㉡ 골연화증(성인 구루병) : 성인기에 나타나는 것으로 구루병과 유사한 증상이 나타난다. 뼈의 기질 총량은 정상이나 기질 내 무기질 성분의 부족으로 인해 석회화가 감소된다.
  ㉢ 골감소증 : 골격으로 용출되는 칼슘의 양이 축적되는 양보다 많아져 골질량과 골밀도가 감소하는 증상이다.
  ㉣ 골다공증 : 뼈 조직의 재생이 잘 일어나지 않아 전체적으로 뼈 조직이 손실되어(뼈기질과 석회화 모두 감소) 조직 사이에 구멍이 나거나 얇아진다. 뼈의 크기는 정상 골격과 비슷하나 칼슘이 혈중으로 방출되어 뼈의 무게가 감소한다. (골밀도가 보통 감소한다.)
    • 원인 : 칼슘과 비타민 D 부족, 에스트로겐의 부족(폐경기 여성), 활동의 감소

▎**골다공증의 분류**

구분	폐경기	노인기
손실되는 뼈	해면골	해면골과 치밀골
골절부위	손목과 척추	엉덩이
남녀 발생 비율	여 : 남 = 6 : 1	2 : 1
주된 원인	• 여성 : 폐경 후 에스트로겐의 급속한 손실 • 남성 : 나이 증가에 따른 테스토스테론 손실	• 칼슘 흡수율의 감소, 잘 넘어짐

③ 식이요법 : 칼슘과 비타민 D의 충분한 섭취가 필요하다.

단백질 22/21	육류	• 과잉섭취 시 요중 칼슘 배설량을 증가시키고 칼슘 평형을 음(-)으로 나타나게 함. 황성분을 완충하는 데 사용됨. 육류에 포함된 다량의 인의 영향 • 우리나라 성인들은 대체로 권장량 수준이며 1/2 이상이 식물성 식품으로부터 섭취하고 있어 과잉섭취에 대한 염려는 할 필요 없음 • 골다공증 환자의 골격 건강을 위해서는 권장량 수준의 충분한 단백질 섭취 필요
	대두식품	• 식물성 에스트로겐 • 이소플라본(제니스테인, 다이드제인)은 항암효과뿐만 아니라 에스트로겐의 화학구조와 유사하여 식물성 에스트로겐으로서 작용함으로써 뼈손실 억제 효과를 가짐 • 뼈조직에는 이소플라본과 친화력이 높은 베타 에스트로겐 수용체가 분포되어 있음
지방		• 장내 칼슘과 결합
무기질	인	• 인산의 과잉섭취는 칼슘 흡수를 저하시킴 • 1 : 1의 같은 양으로 섭취할 것 권장 • 청량음료 및 가공식품류 등 우려
	마그네슘	• 칼슘 : 마그네슘 = 2 : 1 권장 • 부족 시 : 뼈의 칼슘농도 낮아져 골용해촉진 + 골생성 감소 • 과잉 시 : 칼슘이 마그네슘 흡수 방해함
	나트륨	• 과잉 시 : 소변으로 배출되는 칼슘이온양 증가
	미량원소	• 불소, 철분, 아연, 구리, 망간 등이 뼈의 손실을 막아 준다고 알려져 있음
비타민		• 비타민 D : 칼슘 흡수, 노인이나 환자(일광욕) • 비타민 K : 오스테오칼신을 비롯한 여러 골격구조 단백질의 합성에서 중요한 역할 수행

 기출 2018

다음 (가)는 젤(gel) 형성 과정을 나타낸 것이고, (나)는 영양소의 기능과 흡수에 대한 설명이다. (가)와 (나)를 읽고 〈작성방법〉에 따라 서술하시오. [5점]

(가) 특정 다당류를 물에 잘 분산시켜 만든 졸(sol) 상태의 용액에 (㉠)을/를 첨가하면 젤(gel)을 형성하는데, 이런 방식으로 저열량 잼과 젤리를 만들 수 있다.

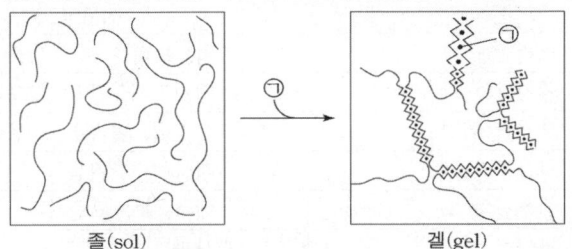

졸(sol)   젤(gel)

(나) (㉠)은/는 근육의 수축과 이완, 신경 전달, 혈액 응고 등에 관여하는 영양소이며, 함께 섭취하는 식이 성분에 따라 흡수율이 달라진다. 이 영양소의 흡수를 도와주는 식이 성분에는 유당, 단백질, 비타민 C, 비타민 D 등이 있다. 그리고 부갑상선 호르몬도 이 영양소의 흡수에 관여한다.

〔작성방법〕
- ㉠의 명칭을 쓸 것
- ㉠에 의한 젤(gel) 형성 원리를 다당류의 구조적 특성과 연결하여 서술할 것
- 비타민 C가 ㉠의 흡수를 촉진하는 원리를 서술할 것

ANSWER

 기출 2017

다음은 50대 여성이 건강검진 후 추천받은 식생활 관리 방안이다. ㉠에 해당하는 무기질을 쓰시오. 그리고 ㉡에 해당하는 질환명을 쓰고, 이 질환의 발생과정에 관여하는 2가지 호르몬의 작용을 칼슘과 관련지어 각각 쓰시오. [4점]

- 고혈압으로 진단받아서 나트륨의 섭취를 줄이고 칼슘, 마그네슘 및 (㉠)이/가 풍부한 식품을 많이 먹도록 추천받았다.
- 폐경이 되었으므로 칼슘의 좋은 급원인 우유 섭취량을 증가시키라고 하였다. 폐경이 되면 (㉡)의 위험이 높아질 수 있기 때문이다.

ANSWER

기출 2005

아래 〈보기〉는 13~15세 여학생의 점심 식단이다. 균형 잡힌 식단이 되기 위해서 반드시 보충해야 할 영양소를 1가지 쓰고, 그 영양소의 체내 주요 기능과 대사 조절 기능을 각각 2가지만 쓰시오. [3점]

〈보기〉

음식명	식품명
보리밥	쌀, 보리
돼지고기 감자탕	돼지고기, 감자, 고춧가루
오징어 튀김	오징어, 밀가루, 식용유
시금치나물	시금치, 참기름
배추김치	배추, 무, 고춧가루
과일	사과

ANSWER

 인(P)

거의 대부분의 식품에 포함되어 있고, 특히 청량음료에는 다량 함유되어 있어 결핍증이 거의 없다. 급원으로는 우유, 치즈, 콩류, 난황 등이 있다.

(1) 대사

흡수 증진 인자	흡수 저해 인자
• 소장의 산성조건 : 인산염을 용해함 • 칼슘과 인의 비율 : 1 : 1에 유사한 비율 • 비타민D	• 마그네슘, 알루미늄이 포함된 제산제 : 불용성염 형성 • 부갑상선 호르몬 : 신장 배설 촉진

(2) 기능

① 칼슘과 결합하여 뼈와 치아에 존재한다.
② 세포의 핵과 핵산, 단백질의 구성성분이며 비타민과 결합하여 조효소를 형성한다.
③ 에너지 발생 촉진 : ATP는 크레아틴(Creatine)과 화합하여 Creatine phosphate라는 일시적 불안전한 화합물로 저장되었다가 필요시 분해하여 사용한다.
④ 뇌신경성분인 인지질의 구성성분이다.

(3) 영양소 섭취기준 : 칼슘, 인

연령		칼슘(mg/일)				인(mg/일)			
		평균	권장	충분	상한	평균	권장	충분	상한
영아	0~5개월			250	1,000			100	
	6~11개월			300	1,500			300	
유아	1~2세	400	500		2,500	380	450		3,000
	3~5세	500	600		2,500	480	550		3,000
남자	6~8세	600	700		2,500	500	600		3,000
	9~11세	650	800		3,000	1,000	1,200		
	12~14세	800	1,000		3,000	1,000	1,200		
	15~18세	750	900		3,000	1,000	1,200		
	19~29세	650	800		2,500				3,500
	30~49세	650	800		2,500				
	50~64세	600	750		2,000	580	700		
	65~74세	600	700		2,000				
	75세 이상	600	700		2,000				3,000
여자	6~8세	600	700		2,500	480	550		3,000
	9~11세	650	800		3,000	1,000	1,200		
	12~14세	750	900		3,000	1,000	1,200		
	15~18세	700	800		3,000	1,000	1,200		
	19~29세	550	700		2,500				3,500
	30~49세	550	700		2,500				
	50~64세				2,000	580	700		
	65~74세	600	800		2,000				
	75세 이상				2,000				3,000
임신부		+0	+0		2,500	+0	+0		3,000
수유부		+0	+0		2,500				3,500

4 나트륨(Na) 19 / 17 / 16 / 08

(1) 기능

① **세포막의 전위 유지**: 세포막 내외의 나트륨(세포외액)과 칼륨(세포내액)의 농도차이에 의해 막 전위가 형성되어 신경자극의 전달, 근육수축과 심장기능 유지가 조절된다.

② **수분평형유지**: 세포액의 주성분(세포외액의 양이온)으로 체액의 양(삼투압)을 조절한다.

- **나트륨-칼륨 펌프**: 세포막에 존재하는 막단백질로서 Na^+-K^+-ATPase, Na^+-K^+ 펌프, 또는 나트륨-칼륨 펌프라고도 한다. 능동 수송(에너지로 ATP사용)을 통해 3개의 나트륨을 세포 밖으로 2개의 칼륨을 세포 안으로 이동시킨다. 세포막 전압을 발생 유지시키며, 세포의 부피가 커지는 것을 막는다.

③ **산과 염기의 평형 유지**: 양이온으로 세포외액의 정상적인 pH 유지를 돕는다.

④ **영양소의 흡수와 수송**: 나트륨은 포도당과 아미노산과 함께 세포막의 운반체에 결합한 후 나트륨 농도차에 의해 능동수송(ATP를 사용하지 않음)한다.

(2) 흡수와 대사

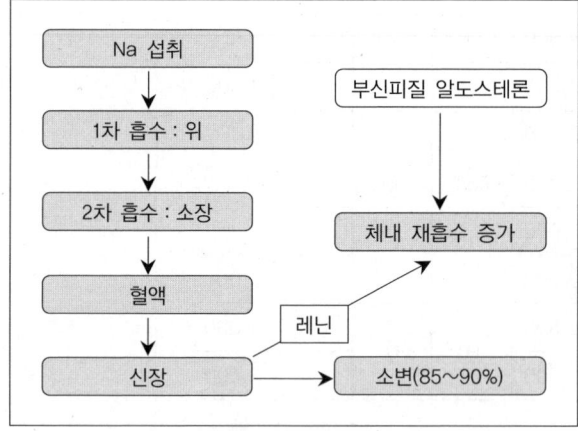

〈나트륨의 흡수와 대사〉

① **흡수**: 섭취 나트륨 중 위에서 소량 흡수되고 대부분은 소장에서 흡수된다.

② **재흡수 및 조절**: 신장을 통해 배설되며 레닌과 부신피질에서 분비되는 알도스테론 호르몬에 의해 체내 나트륨 농도가 조절된다.

③ 레닌-안지오텐신계와 혈압조절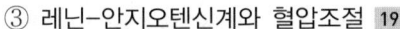

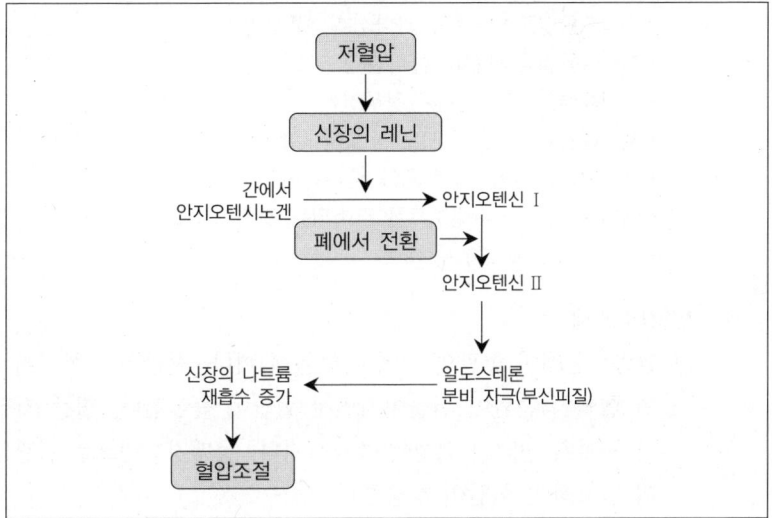

㉠ 신장의 혈압이 떨어지면서 신장에서 레닌이 분비된다.
㉡ 레닌에 의해 안지오텐시노겐이 안지오텐신Ⅰ으로 활성화된다. 안지오텐신은 폐에서 안지오텐신Ⅱ(혈관수축물질)로 전환된다.
㉢ 안지오텐신Ⅱ에 의해 알도스테론(부신피질)의 분비가 촉진되고 세뇨관(신장)에서 Na^+의 재흡수가 증가한다.
㉣ Na^+로 인해 혈액량의 증가되어 혈압의 상승한다.

(3) **과잉섭취 시 문제점**
① 과잉증 발생 : 부종, 고혈압, 심장병 등
과다한 나트륨 섭취 → 혈액의 부피 증가
→ Na^+-K^+ 펌프 활성 감소(과잉된 나트륨으로 인해 여전히 세포외액의 나트륨 농도가 높기 때문)
→ 세포내액의 나트륨 농도 증가(세포외액의 나트륨이 세포 내로 유입되기 때문)
→ 심근수축 증가, 혈관 수축 관련 노르에피네프린의 분비 증가
→ 말초 혈관의 저항 상승 → 고혈압 유발

> **나트륨과 칼륨 이상증의 원인**
> - **고나트륨혈증** : 나트륨 과다섭취, 쿠싱병
> - **저나트륨혈증** : 다뇨, 에디슨병
> - **고칼륨혈증** : 조직손상, 신부전
> - **저칼륨혈증** : 설사, 구토, 쿠싱병, 칼륨섭취부족
> - **쿠싱병** : 부신피질호르몬의 과다분비
> - **에디슨병** : 부신피질호르몬 감소되는 질환. 저혈압, 근무력증 등 발생

② 혈압의 조절
  ㉠ 혈압 : 혈액이 혈관의 벽에 가하는 힘이다. 혈관의 저항성이 높아지면 혈액의 순환이 힘들어지면서 혈압이 높아진다. 혈중 지질 농도가 높아져 혈액의 점성이 증가하거나, 동맥경화증으로 혈관의 직경이 감소하면 혈압이 상승한다.
  ㉡ 조절요인
   - 교감신경계 : 긴장 또는 운동등으로 교감신경이 자극되면 노르에피네프린이 분비되고 심박동수가 증가하면서 혈압이 높아진다. 교감신경은 혈관을 수축하여 저항성을 높인다.
   - 레닌-안지오텐신계와 신장

③ 고혈압의 증상과 판정
  ㉠ 증상
   - 두통, 어지러움, 귀울림, 불면증, 뒷목이 당기고 쉽게 흥분한다.
   - 고혈압이 오랫동안 계속되면 혈관 내강이 좁아져 뇌졸중, 심장병, 신장병 등의 원인이 되기도 한다.
  ㉡ 고혈압 판정 : 연령에 관계없이 최고혈압이 140~150mmHg 이상, 최저혈압이 90~100mmHg 이상

④ 고혈압의 원인
  ㉠ **본태성(원발성) 고혈압** : 고혈압의 90%를 차지하는 것으로 원인을 정확히 모르지만 여러 가지 위험인자가 있는 경우이다. 흡연, 과도한 음주, 과다한 카페인, 비만이나 과체중, 지속적인 스트레스, 나트륨과 식염의 높은 음식물섭취, 폐경기 여성 및 노화, 가족력, 60세 이상 등이 위험인자이다.
  ㉡ **속발성 고혈압** : 다른 원인질환으로 인해 고혈압이 발생하는 경우이다. 신장혈관질환, 갑상선 이상, 부갑상선 이상, 뇌하수체 기능 이상, 임신, 경구용 피임약 복용 등

⑤ 고혈압의 관리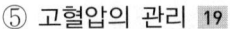
  ㉠ DASH(dietary approaches to stop hypertension) 식사요법 : 미국 국립보건원(NH)에서 제시한 고혈압을 치료하기 위한 식이요법

식품군	종류	권장섭취
곡류군	도정하지 않은 곡류	적당
채소군	신선한 채소	충분
과일군	신선한 과일	충분
유제품	저지방 또는 무지방 우유	충분
어육류군	껍질 제거된 닭고기, 생선류	적당
어육류군	붉은 살코기(쇠고기, 돼지고기)	적게
견과류, 종실류	땅콩 등	적당
지방군	식물성 기름, 마요네즈	적게
당류	설탕, 젤리 등	적게

※출처 : 윤옥현 외 4인, 포인트 식사요법(2016), 교문사, p.117.

  ㉡ 운동요법 : 유산소운동, 주 3~4회 이상 하루 30~60분씩 꾸준히
  ㉢ 이완요법 : 스트레스 관리
⑥ 고혈압의 식이요법
  • **영양섭취기준** : 나트륨의 만성질환위험감소섭취량(9~64세 한정)은 2.3g이며 식염의 양으로는 5.75g이다. 식염 중 나트륨의 함량은 40%으로 나트륨 함량에서 환산하는 $2.5(\frac{100}{40})$를 곱하면 2.3g에 해당하는 소금은 5.75g이다.
  • **칼륨을 적극 섭취** : 식염에 의한 혈압상승을 억제한다. 나트륨의 양보다는 칼륨과 나트륨의 비율이 혈압에 영향을 주는 것으로 알려져 있다. (연구 중)

> **저염소금**
>
> 염화나트륨 함량이 57% 내외로 일반 소금 기준인 88%보다 낮으면서 염화칼륨이 함유되어 있어 짠맛은 비슷하고 나트륨 배출을 촉진하는 효과가 있다. 그러나 간이나 신장 질환, 고혈압, 심장약을 복용하는 사람은 칼륨 수치가 지나치게 오를 수 있으므로 반드시 의사와 상의한 후 섭취해야 한다. 고칼륨혈증은 사지를 마비시키고 심장의 부정맥을 유발한다.

- **정상체중 유지** : 비만인 사람의 고혈압 발생률은 정상적인 체중을 유지하는 사람보다 무려 세배나 높다.
- **콜레스테롤과 포화지방산의 섭취를 줄임** : 심혈관계 질환의 예방을 위해 콜레스테롤과 포화지방산이 많이 들어있는 동물성 지방을 제한하고 식물성 지방을 이용한다.
- **당분의 과잉 섭취를 피함** : 당분을 과잉 섭취하면 체내에서 중성지방을 만들고 중성지방은 비만의 원인이 될 뿐 아니라 동맥경화증을 초래하게 된다.
- **섬유소가 풍부한 식품을 충분히 섭취** : 섬유소는 혈중 콜레스테롤을 낮추는 효과도 있고, 포만감을 주어 체중조절에도 많은 도움을 주므로 충분하게 섭취한다.
- **알코올의 섭취를 절대적으로 피해야 한다.**
- **카페인 음료의 섭취를 줄인다.** : 카페인은 혈압을 급격히 상승시키므로 커피(하루 3~5잔 이하), 홍차, 코코아, 콜라 등의 섭취를 줄여야 한다.

기출 2019

다음 (가)는 레닌-안지오텐신계(renin-angiotensin system)에 의한 혈압조절에 관한 그림이고, (나)는 고혈압에 관한 설명이다. 〈작성방법〉에 따라 서술하시오. [4점]

(가)

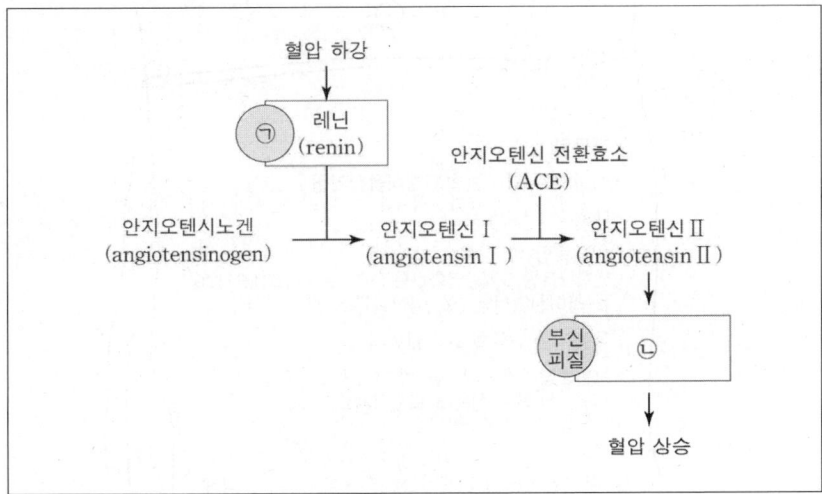

(나)

혈압은 혈액을 밀어주는 힘으로 생명 유지를 위해 매우 중요한데, 제대로 조절되지 않으면 고혈압이 발생하게 된다. 고혈압을 관리하지 않으면 혈관 내피가 손상되어 동맥경화증이 촉진되며 뇌졸중, 심장병, 신장병 등의 원인이 된다. 고혈압의 예방 및 관리를 위해서는 적정 체중 유지를 위한 운동, ⓒ <u>DASH (dietary approaches to stop hypertension) 식사요법</u> 실시 등 생활의 개선이 필요하다.

〔작성방법〕
- ㉠에 해당하는 체내 기관을 쓸 것
- ㉡에 해당하는 물질의 명칭을 쓰고, 이 물질이 혈압을 상승시키는 기전을 서술할 것
- 밑줄 친 ⓒ에서 섭취를 제한하는 식품군 2가지를 쓸 것

ANSWER

기출 2008

다음의 식품표시 내용을 읽고, 해당하는 식품과 가공목적을 2줄 이내로 쓰시오. 그리고 ㉠에 해당하는 영양소를 쓰시오. [4점]

- 제품명 : ○○○○
- 식품의 유형 : 혼합제제식품첨가물
- 내용량 : 150g
- 원재료명 및 함량 :
  염화나트륨 56%, 염화칼륨 28%, 황산마그네슘 12%,
  L-라이신염산염 2%, 이산화규소 2%
- 유통기한 : 우측 표기일까지
- 보관방법 : 직사광선을 피하여 건조하고 습기가
  적은 실온에 보관하세요.

※ 신장질환이나 각종 처방 등으로 (㉠) 섭취에
제한이 필요한 분은 의사와 상의 후 섭취하십시오.

ANSWER

(4) 영양소 섭취기준 : 나트륨, 칼륨

연령		나트륨(mg/일)		칼륨(mg/일)
		충분	만성질환위험 감소섭취량 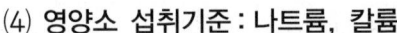	충분
영아	0~5개월	110		400
	6~11개월	370		700
유아	1~2세	810	1,200	1,900
	3~5세	1,000	1,600	2,400
남자	6~8세	1,200	1,900	2,900
	9~11세	1,500	2,300	3,400
	12~14세			3,500
	15~18세			
	19~29세			
	30~49세			
	50~64세			
	65~74세	1,300	2,100	
	75세 이상	1,100	1,700	
여자	6~8세	1,200	1,900	2,900
	9~11세	1,500	2,300	3,400
	12~14세			3,500
	15~18세			
	19~29세			
	30~49세			
	50~64세			
	65~74세	1,300	2,100	
	75세 이상	1,100	1,700	
임신부		1,500	2,300	+0
수유부		1,500	2,300	+400

5 기타 다량무기질 : 마그네슘, 칼륨, 황, 염소

(1) 기타 다량무기질의 특징

종류		특징	흡수기전
마그네슘	기능	① 골격 치아의 구성성분 ② 마그네슘-ATP복합체를 이루어 에너지 대사에 관여함 • 세포의 신호전달 : 세포막을 통한 칼륨 및 칼슘 등의 이온전달에 관여하여 신경흥분과 근수축, 심근에 작용함 / 칼슘과 상반된 작용으로 근육을 이완시키고 신경을 안정화시킴(아세틸콜린 분비 감소) • 핵산과 단백질 합성에 관여함	단순확산 능동수송
	결핍	결핍증 드물다. 허약, 근육통, 심장기능장애	
	과잉	보충제 섭취 : 설사, 근력약화 등	
	식품	전곡, 녹황색 채소, 견과류, 콩류	
칼륨 16 / 08	기능	① 막 전위 유지(※ 나트륨 기능 참고) ② 삼투압 및 pH 조절(※ 나트륨 참고) ③ 혈압조절 : 나트륨/칼륨의 비율이 혈압에 영향을 줌. 1 : 1 비율로 섭취하면 나트륨 과잉섭취로 인한 부작용을 감소시킬 수 있음 ④ 글리코겐과 단백질 합성에 관여함	단순확산
	결핍	거의 없음 / 저칼륨혈증으로 근육 약화, 호흡기능 약화, 소화기능 약화 등이 나타남	
	과잉	고칼륨혈증 : 신장이상인 경우, 심장박동이 느려져 부정맥이나 심부전 발생	
	식품	고구마, 감자, 멸치, 토마토, 시금치, 바나나 등	
황	기능	세포 단백질(메티오닌, 시스테인) 및 비타민의 구성성분, 약물 해독, 산·염기 평형 / 황함유아미노산 대사 부산물인 황산 음이온은 신장에서 칼슘의 재흡수를 방해함(동물성 단백질 과잉 섭취 시 칼슘의 소변배설 증가)	함황아미노산 형태
	식품	단백질 식품	
염소	기능	세포외액의 음이온, 위액 형성, 신경자극전달	촉진확산
	결핍	유아의 경우 혼수상태	
	과잉	염소 보유량 증가 시 나트륨 보유량 증가 → 고혈압	
	식품	식용염, 가공식품	

(2) 영양소 섭취기준 : 염소, 마그네슘

연령		염소 (mg/일)	마그네슘 (mg/일)			
		충분	평균	권장	충분	상한*
영아	0~5개월	170			26	
	6~11개월	560			55	
유아	1~2세	1,200	60	70		60
	3~5세	1,600	90	110		90
남자	6~8세	1,900	130	150		130
	9~11세	2,300	190	220		190
	12~14세		260	320		270
	15~18세		340	410		350
	19~29세		300	360		
	30~49세		310	370		
	50~64세		310	370		
	65~74세	2,100	310	370		
	75세 이상	1,700	310	370		
여자	6~8세	1,900	130	150		130
	9~11세	2,300	180	220		190
	12~14세		240	290		270
	15~18세		290	340		350
	19~29세		230	280		
	30~49세		240	280		
	50~64세		240	280		
	65~74세	2,100	240	280		
	75세 이상	1,700	240	280		
임신부		2,300	+30	+40		
수유부		2,300	+0	+0		

* 식품 외 급원의 마그네슘에만 해당

6 철(Fe)

미량무기질로 주요 급원은 간, 난황, 녹색 채소 등이다.

(1) 흡수

① 흡수율 : 5~10%로 낮은 편이다. 체내 요구량이 높아지거나 저장 철분 양의 감소할 경우 흡수율이 높아진다.

② 흡수증진인자

   ㉠ 헴철 : 헤모글로빈(미오글로빈)과 철이 결합되어 있는 형태로 비헴철에 비해 흡수율이 높다.

- 헴철 : 주로 헤모글로빈과 미오글로빈이 구성성분으로 존재하는 철분형태, 동물조직에 존재하는 철분의 상당수는 헴철이다.
- 비헴철 : 주로 채소나, 곡류, 다른 여러 종류의 식물성 식품에 존재하는 철분의 형태로서 헴철을 제외한 모든 형태의 철분이다.

구분	헴철	비헴철
형태	Heme iron	Fe^{2+}, Fe^{3+}
흡수율	20%	10%
흡수저해	거의 없음	인산, 탄산, 타닌산, 수산, 피틴산 등
흡수기전	헴 그대로 소장 점막세포에 흡수	십이지장 점막 세포에서 수용체와 결합하여 흡수

   ㉡ MFP(meat, fish, poultry : 육류, 어류, 가금류) : 다른 식품으로 공급되는 철의 흡수도 증가시킨다.

   ㉢ 비타민 C, 위산 : 위의 환경이 산성화되어 흡수율이 좋은 Fe^{2+}를 형성하여 소장에서 흡수되기 좋다.

③ 흡수방해인자

- 철과 결합하여 불용성 성분을 형성하는 경우 : 피틴산, 옥살산 등의 식물성 식품의 성분, 차의 타닌 등 폴리페놀 성분
- 식이섬유소 : 분자량이 커서 소장점막을 통과하기 어려움, 장내 통과 시간이 줄어들어 철의 흡수 저해한다.
- 다른 무기질의 과량섭취 : 소장에서 흡수에 이용되는 단백질 수용체가 동일한 경우 흡수경쟁이 발생한다.
- 위산분비의 저하, 위장질환

(2) 대사

소장에서 흡수된 철은 트랜스페린(철 운반 단백질)에 결합되어 필요한 곳으로 이동되어 사용되고, 여분은 페리틴의 형태로 저장된다(간, 골수, 혈청 등).

(3) 기능

① 헤모글로빈의 구성성분으로 조직세포에 산소를 운반한다. 미오글로빈의 구성성분으로 근육조직에 산소를 공급한다.
② 근육 세포 내의 산화, 환원작용을 돕는 시토크롬(cytochrome)의 구성성분이다. 시토크롬은 세포 구성성분인 헴단백질의 일종이다. 효소의 도움을 받아 전자를 잃고 얻는 산화·환원 반응을 함으로써 세포의 화학반응에 중요한 역할을 한다. 헴단백질은 비단백질 성분과 결합하고 있는 단백질로 철을 함유하고 있다.
③ **효소와 조효소** : 전자전달계에 관여하는 효소의 구성성분이다. 카르니틴(지질 대사), 콜라겐 합성 등에 관여한다.

(4) 결핍증

철이 결핍되면 크기가 작고 혈색소의 농도가 낮은 적혈구가 생성되어 소적혈구성, 저색소성 빈혈이 나타난다.

① 빈혈의 진단(철 영양판정의 지표)

지표	정의	정상범위
헤모글로빈 농도	• 혈액 내 헤모글로빈의 함량 • 혈액의 산소운반능력을 보는 지표	• 남자 14~18g/100mL • 여자 12~16g/100mL
헤마토크리트 수치	• 총혈액에서 적혈구가 차지하는 %	• 남자 40~54% • 여자 37~47%
혈청 페리틴	• 조직 내 철분 저장 정도를 보는 지표	• 100±60 μg
혈청 철	• 혈청 중 총철함량 (주로 트랜스페린과 결합된 철)	• 115±50 μg/100mL
트랜스페린 포화도	• 철과 포화된 트랜스페린 %	• 35±15%

② 빈혈의 종류
　㉠ 적혈구 손실 증가 : 급성 출혈성, 만성 출혈성(궤양, 치질 등)
　㉡ 적혈구 이상 또는 용혈성 빈혈
　　• 유전 : 겸상적혈구 빈혈, 유전성 구형적혈구증
　　• 용혈성 빈혈 : 기생충 감염, 격심한 운동, 비타민 E 부족 등(항산화작용 부족 → 세포벽 다가불포화지방산 과산화 → 라디칼 발생 → 적혈구막 손상)
　㉢ 적혈구 생성 부족 : 재생불량성, 영양성
③ 치료식 : 원인별로 접근하기
　• 철결핍성 빈혈의 경우는 고열량식, 고단백질식, 고철분식, 고비타민식 등이다.
　• 양질의 동물성 단백질 : 단백질은 체내에서 혈액 성분인 적혈구의 생성을 촉진하여 철분 흡수에 도움을 준다.
　• 체내 흡수율이 좋은 철분이 많이 함유된 식품 섭취 : 철분이 많은 식품에는 간, 고기, 창자, 달걀노른자, 말린 과일(살구, 복숭아, 건포도), 땅콩 등
　• 비타민 C, 엽산 등이 풍부한 채소와 과일 : 비타민 C, 엽산 등은 혈액을 생성하는데 많은 도움을 주는 영양소이고, 더욱이 비타민 C는 철분흡수를 도와주므로 채소와 과일은 매일 충분한 양을 섭취한다.
　• 위산이 충분히 분비되도록 꼭꼭 씹어서 먹는 식습관 : 위산은 철을 흡수되기 좋은 상태로 만들어 주는 작용을 한다.
　• 식사 전·후에는 카페인 음료를 마시지 않는다. : 녹차, 커피, 홍차 등 카페인이 든 식품에는 타닌이나 인 성분이 들어있어 철분의 흡수를 저해한다.

(5) 영양소 섭취기준 : 철

연령		철(mg/일)			
		평균	권장	충분	상한
영아	0~5개월			0.3	
	6~11개월	4	6		
유아	1~2세	4.5	6		40
	3~5세	5	7		
남자	6~8세	7	9		40
	9~11세	8	11		
	12~14세	11	14		
	15~18세	11	14		45
	19~29세	8	10		
	30~49세	8	10		
	50~64세	8	10		
	65~74세	7	9		
	75세 이상	7	9		
여자	6~8세	7	9		40
	9~11세	8	10		
	12~14세	12	16		
	15~18세	11	14		45
	19~29세	11	14		
	30~49세	11	14		
	50~64세	6	8		
	65~74세	6	8		
	75세 이상	5	7		
임신부		+8	+10		
수유부		+0	+0		

제1장 영양학

❼ 기타 미량 무기질

종류		특징	흡수기전
아연	기능	① 효소의 구성 성분 : 탄산탈수효소, 말단 카르복실기 분해효소, 젖산 탈수소효소, 슈퍼옥사이드 디스무타아제(SOD, 항산화효소) ② 성장·면역·생체막 구조의 기능 정상화, 핵산 합성에 관여	단순확산 촉진확산
	결핍	성장지연, 왜소증, 식욕부진, 상처회복 지연	
	과잉	• 철이나 구리의 흡수 저해 → 빈혈증세 • 메탈로티오네인 : 구리, 아연 결합단백질	
	식품	패류, 육류, 유제품	

구리 [20]	기능	① 빈혈예방
		  • 셀룰로플라스민의 성분(소장 세포내 이동 – Fe^{3+} 형성)으로 철분의 흡수 및 이용 보조
		  • 헤모글로빈이 합성될 때 촉매작용
		  • 간 저장 페리틴 방출 보조
		② 결합조직 합성 : 콜라겐, 엘라스틴 합성 효소의 성분
		③ 에너지 대사 : 시토크롬 산화효소의 성분
		④ 항산화작용 : 슈퍼옥사이드 디스무타아제(SOD) 성분, 셀룰로플라스민(구리, 철 이온과 결합하여 두 이온으로 인한 산화적 손상 예방)
			단순확산
			촉진확산

	결핍	빈혈증, 뼈의 손실, 성장장애	
	과잉	• 빈혈(적혈구 파괴), 신장 및 간 손상 • 윌슨병 : 유전질환, 구리가 담즙으로 배설되지 못하고 축적됨	
	식품	육류, 패류, 배아	
요오드	기능	티로신(아미노산)과 결합하여 갑상선의 호르몬인 티록신을 구성함(기초대사를 촉진하고, 지능발달과 유즙분비에 관여함)	촉진확산
	결핍	단순갑상선종(식품을 통한 요오드 부족 시), 갑상선 기능저하증(갑상선 기능저하됨), 크레틴증(임신 중 요오드 섭취 부족으로 태아에게 발생함)	
	과잉	갑상선 기능항진증(갑상선 기능이 과도한 경우, 바세도우씨병)	
	식품	미역, 김, 생선, 조개 등	

분류	종류		특징
미량 무기질	셀레늄 19	체내 형태	셀레노메티오닌, 셀레노시스테인
		기능	글루타티온 과산화효소(항산화효소)의 성분, 항산화작용 (비타민 E 절약)
		과잉	구토, 설사, 피부손상, 신경계 손상
		식품	새우, 패류, 육류, 어류, 통밀
	불소	기능	충치예방 및 억제(치아에 플루오르아파타이트 결정 형성), 골다공증 방지(뼈의 무기질 유출 억제)
		결핍	충치유발, 골다공증
		과잉	불소증(치아변색, 반점 등), 위장장애
		식품	육류, 어류, 자연수
	망간	기능	금속계 효소의 구성 요소, 조효소의 성분(탄수화물, 지질, 단백질 대사 관여), 뼈와 연골조직 형성
		결핍	체중 감소, 성장장애(동물), 생식장애, 지질 및 탄수화물 대사 이상
		과잉	신경근육계 증세(파킨슨병과 유사), 정신장애
		식품	귀리, 전곡, 녹색채소, 과일류
	몰리브덴	기능	효소의 구성성분(잔틴 탈수소효소, 잔틴 산화효소)
		결핍	사람에게 알려진 결핍증 없음
		과잉	요산 증가, 통풍
		식품	전곡, 간, 우유, 시금치
	크롬	기능	인슐린 작용 및 당질 대사 관여(당내성인자 성분)
		결핍	성장지연, 지질대사 이상
		과잉	피부염, 기관지염-산업체에서 과다노출된 경우
		식품	계란, 간, 전곡

문영은 전공가정

 기출 2020

다음 (가)는 영양소에 대한 내용이고, (나)는 그 영양소의 인체 내 흡수 및 대사와 관련된 그림이다. 〈작성방법〉에 따라 서술하시오. [4점]

(가)

(㉠)은/는 과일에 많이 함유되어 있고, 돼지감자의 주요 성분인 이눌린(inulin)의 구성단위이다. 이 영양소는 주로 소장에서 흡수된 뒤 간으로 이동되어 해당과정과 중성지방 생합성에 이용된다.

(㉡)은/는 소간, 굴 등에 많이 함유되어 있고, 주로 소장에서 흡수된다. 이 영양소는 섭취량 및 체내 요구량에 따라 흡수율과 흡수방식이 다르다. 체내 여러 효소의 구성 성분으로 존재하고, 결합조직의 합성에 관여하며, 철분의 이동을 돕는 작용을 한다. 15~18세 남녀의 1일 권장섭취량은 840 μg이다(2015 한국인 영양소 섭취기준). 윌슨병은 (㉡)의 ㉢체내 대사 이상으로 간, 뇌 및 눈의 각막 등에 손상을 초래하는 선천성 질환이다.

(나)

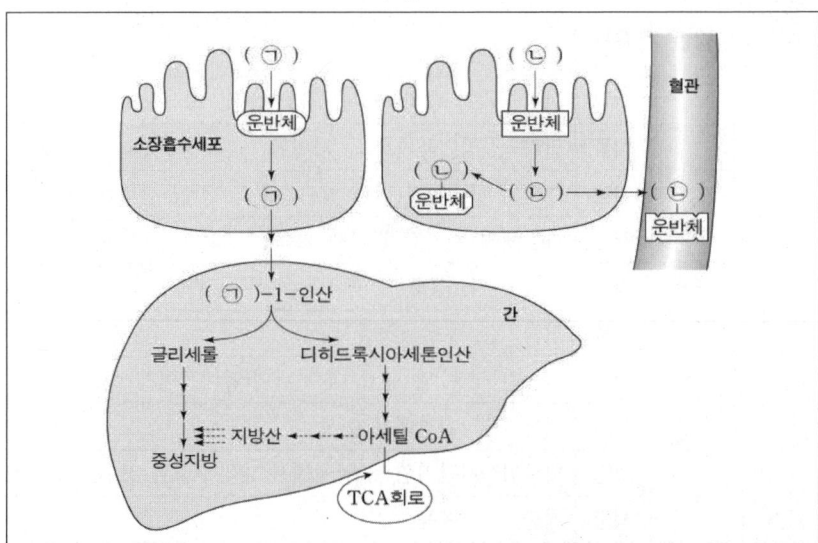

┌─ 작성방법 ─┐
• (가), (나)의 ㉠, ㉡에 해당하는 영양소를 순서대로 쓸 것
• (가), (나)의 ㉠, ㉡의 공통된 흡수 방식의 명칭과 그 장점을 1가지 쓸 것
• (가)의 밑줄 친 ㉢의 내용을 1가지 설명할 것

ANSWER

 기출 2019

다음은 지방 섭취 시 유의해야 할 사항에 관한 설명이다. 괄호 안의 ㉠, ㉡에 해당하는 물질을 순서대로 쓰시오. [2점]

> 지방의 과잉 섭취는 고지혈증, 심장병, 비만 등 여러 가지 만성질환과 연관이 있으므로 이들 질환을 예방하고 건강을 유지하기 위하여 지방에 대한 올바른 이해가 필요하다.
> 콜레스테롤은 만성질환을 유발하기도 하지만 세포막을 구성하고 성호르몬과 담즙산의 전구체로 이용되는 등 없어서는 안 되는 필수영양소이다. 따라서 콜레스테롤 함량이 높은 식품을 무조건 기피하는 것은 바람직하지 않다. 콜레스테롤은 지방의 주된 전구체인 (㉠)(으)로부터 합성된다. (㉠)은/는 에너지 대사과정에서 포도당, 지방산 또는 아미노산의 산화로 생성되며, 판토텐산을 구성 성분으로 함유하고 있는 물질이다.
> 한편, 불포화지방산의 섭취량이 증가하면 카로티노이드, 비타민 C, 비타민 E, (㉡)와/과 같은 항산화영양소의 요구도 증가된다. (㉡)은/는 필수무기질로서 항산화효소인 글루타티온 과산화효소(glutathione peroxidase)의 구성 성분이며, 동물의 내장, 유제품, 견과류 등에 풍부하게 함유되어 있다. 그러나 과잉 섭취할 경우 탈모, 손톱 변형, 신경계 손상 등의 중독 증세가 나타나므로 주의가 필요하다.

ANSWER

08 기타 영양소 및 영양관련 이슈

1 물

(1) 체액의 구분

① **세포내액** : 세포 내에 존재하는 물을 말하며, 혈구세포, 뼈대세포, 근육세포, 지방세포에 포함된 물이다. 통상 성인 체액의 2/3를 차지하고 있다.

② **세포외액** : 체액의 나머지 1/3에 해당하며, 성인에서의 혈장과 세포간액의 용적비는 약 1 : 3이 된다. 따라서 세포간액은 전체 수분의 25%를 차지하고 있으며, 위장관, 기관지 중의 내액, 신장 및 선조직의 분비액, 뇌 척수액 등을 말한다.

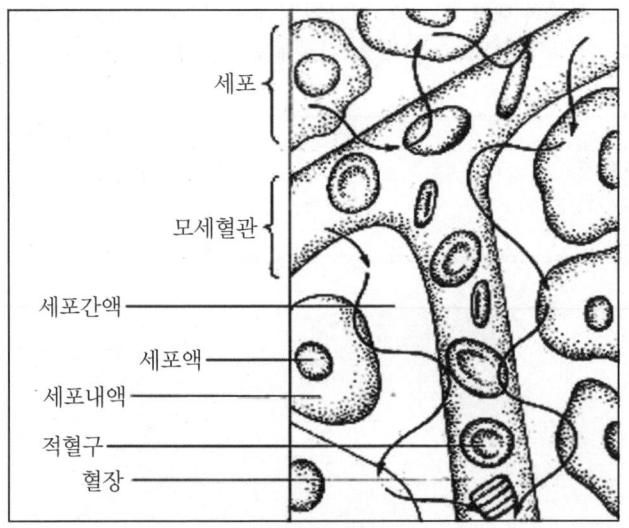

〈조직의 구조〉

※ 화살표는 수분의 이동을 표시한 것으로 세포내액과 세포간액의 농도를 일정하게 유지하기 위하여 혈액에서 세포간액, 그리고 세포내액으로 수분이 이동한다.

(2) 물의 기능
- 체조직의 기본 성분으로 체중의 2/3 이상 차지한다.
- 영양소를 용해하여 소화, 흡수, 운반, 노폐물을 배설한다.
- **체온 조절** : 체온을 정상적으로 유지하며, 체온 상승 시 체표면을 통해 땀으로 열을 발산한다.
- 분비액의 성분이며 체내 대사과정의 촉매작용을 한다.
- 외부자극으로부터 신체 내장기관을 보호한다.
- **윤활작용** : 관절액을 구성하고, 위장관 및 호흡계 등의 점막을 부드럽게 한다.
- **신경자극 전달** : 물은 전도성이 높아 신경의 자극 전달을 원활하게 한다.

(3) **수분균형**
① **수분섭취** : 마시는 물과 음료 및 음식, 대사수를 통해 공급된다.
  ㉠ **대사수** : 에너지 영양소의 대사과정에서 주로 생성되며, 하루 생성량은 200~400mL 정도이다.
  ㉡ **영양소 섭취기준** : 충분섭취량으로 액체(물)와 총수분섭취량으로 구분되어 있다.
② **수분배설**
  ㉠ **배설** : 수분은 신장(40~50%), 피부(15~30%), 폐(10~20%), 대변(5~10%) 등을 통해 배설된다.
  ㉡ **피부를 통한 수분의 배출** : 발한은 더위나 긴장 등으로 인해 수분이 피부표면에서 증발하는 현상이다. 불감증설 혹은 불감증산은 자각하지 못하는 인체의 수분발산으로 피부표면이나 기도점막을 통해 이루어진다.

③ 수분균형의 조절

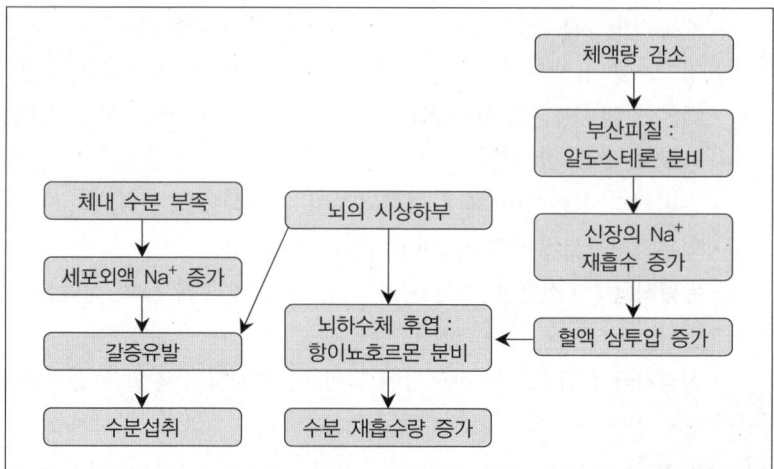

〈체내 수분 균형 조절 과정〉

(4) **질환**

① 결핍증 : 탈수

② 과잉증
- 수분중독(저나트륨혈증) : 단시간에 전해질 섭취 없이 수분을 지나치게 섭취한 경우 발생한다. 세포외액의 전해질 농도가 낮아지면서 세포내액 중 칼륨이 세포외액으로, 세포외액의 물이 세포내액으로 이동한다. → 중추신경계부종에 따른 두통, 구토 / 혈압 저하(세포외액 감소) / 근육경련이 나타난다.

③ 부종 : 세포간질액에 수분이 비정상적으로 축적된다. 저알부민혈증, 나트륨과잉증에 따라 나타난다.

(5) 영양소 섭취기준 : 수분

연령		수분(mL/일)				
		음식	물	음료	충분섭취량	
					액체	총수분량
영아	0~5개월				700	700
	6~11개월	300			500	800
유아	1~2세	300	362	0	700	1,000
	3~5세	400	491	0	1,100	1,500
남자	6~8세	900	589	0	800	1,700
	9~11세	1,100	686	1.2	900	2,000
	12~14세	1,300	911	1.9	1,100	2,400
	15~18세	1,400	920	6.4	1,200	2,600
	19~29세	1,400	981	262	1,200	2,600
	30~49세	1,300	957	289	1,200	2,500
	50~64세	1,200	940	75	1,000	2,200
	65~74세	1,100	904	20	1,000	2,100
	75세 이상	1,000	662	12	1,100	2,100
여자	6~8세	800	514	0	800	1,600
	9~11세	1,000	643	0	900	1,900
	12~14세	1,100	610	0	900	2,000
	15~18세	1,100	659	7.3	900	2,000
	19~29세	1,100	709	126	1,000	2,100
	30~49세	1,000	772	124	1,000	2,000
	50~64세	900	784	27	1,000	1,900
	65~74세	900	624	9	900	1,800
	75세 이상	800	552	5	1,000	1,800
임신부						+200
수유부					+500	+700

Q 기출 2022

다음은 체내 수분 조절에 대한 내용이다. 〈작성방법〉에 따라 서술하시오. [4점]

> 수분은 우리 몸을 구성하는 주요 성분이며 생명 유지와 대사에 반드시 필요한 물질이다. 한국인 영양소 섭취기준에서는 수분의 경우 (㉠)(으)로 섭취기준을 설정하고 액체 및 총 수분으로 구분하여 제시하고 있다.
>
> 수분은 대부분 물과 음료 및 식품의 섭취를 통해 공급되고, 그 외 소량의 수분이 체내에서 (㉡)(으)로 생성된다. 체내 수분은 소변으로 약 50~60%가 배설되며 나머지는 땀, 호흡 등으로 배출된다.
>
> 인체는 생리적 상태의 변화, 활동 정도와 외부의 환경 변화에 대응하는 수분 균형능력을 지니고 있다. 그러나 전해질의 섭취 없이 단시간에 수분을 지나치게 과잉 섭취할 경우 세포 팽창, 혈액량 과다 및 저나트륨혈증 등을 유발하는 (㉢)이/가 나타날 수 있다.

─ 작성방법 ─
- 괄호 안의 ㉠에 해당하는 용어를 쓸 것
- 괄호 안의 ㉡에 해당하는 용어를 쓰고, 서술할 것
- 괄호 안의 ㉢에 해당하는 증상을 쓸 것

ANSWER

2 영양과 항산화

(1) 항산화 영양

① 산화적 스트레스 : 체내의 산화물질과 항산화 물질 사이에 불균형 초래로 활성산소종이 생성되는 속도가 제거되는 속도보다 클 경우 활성산소종이 많아지게 되는 현상

② 활성산소 또는 활성산소종(reactive oxygen species, ROS) : 매우 반응성이 높은 화합물이며, 산소를 함유하고 있는 프리라디칼을 활성산소라 하며 아래와 같은 다양한 종류가 존재한다.

Oxygen	Superoxide anion	Peroxide
O_2	$\cdot O_2^-$	O_2^{-2}
Hydrogen Peroxide	Hydroxyl radical	Hydroxyl ion
H_2O_2	$\cdot OH$	OH^-

〈활성산소종의 종류〉

③ 항산화요소

㉠ 항산화효소 : 슈퍼옥사이드 디스무타아제(SOD, Superoxide Dismutase), 카탈라아제(Catalase), 글루타티온 퍼옥시다아제(GPx, glutathione peroxidase), 글루타티온 환원효소(GR, glutathione reductase)

㉡ 항산화제

항산화제(영양소)		작용
비타민	β-카로틴 등	카로티노이드는 체내에서 지질막의 산화를 방지하고 LDL의 산화를 억제한다.
	비타민 C	세포 내 수용성 항산화제로 유리라디칼을 제거한다. 비타민 E를 재생한다.
	비타민 E	세포 내 유리라디칼세포로 인해 다가불포화지방산(지질 이중막 구조 내)은 쉽게 산회된다. α-토코페롤은 산화과정을 중단시키고 유리라디칼을 제거한다.
미량무기질	셀레늄	글루타티온 과산화수소(항산화)의 성분으로 유리라디칼에 의한 세포손상을 방지한다.
피토케미컬	(2) 참고	

(2) 피토케미컬 14

① **의미** : 식물생리활성영양소·식물내재영양소라고도 한다. 피토케미컬은 식물을 뜻하는 영어 피토(phyto)와 화학을 뜻하는 케미컬(chemical)의 합성어이다. 식물의 뿌리나 잎에서 만들어지는 모든 화학물질을 통틀어 일컫는 개념으로, 식물 자체에서는 자신과 경쟁하는 식물의 성장을 방해하거나, 각종 미생물·해충 등으로부터 자신의 몸을 보호하는 역할 등을 한다. 또 이 화학물질이 사람의 몸에 들어가면 항산화물질이나 세포 손상을 억제하는 작용을 해 건강을 유지시켜 주기도 한다.

② **피토케미컬의 종류 및 급원식품**

구분	종류 및 특징	급원식품
알릴 화합물	알리신 등	마늘, 양파
비타민	비타민 C / E	과일, 채소 / 식물성 기름
카로티노이드	β-카로틴, 루테인, 라이코펜, 지아잔틴	녹황색 채소 / 토마토
페놀화합물	커큐민, 카테킨, 쿠마린	커리 향신료 / 찻잎 / 채소, 감귤류
클로로필	클로로필	녹색채소
플라보노이드	안토시안, 플라본, 이소플라본	채소, 과일, 감귤류 / 대두
리그난	에스트로젠과 유사한 구조를 가져 유방암 예방효과가 있음	아마씨
사포닌	항암효과	콩류, 인삼

③ **피토케미컬의 기능**
- 항산화제로서의 기능 : 산화제 형성 방지, 활성화된 산화제포착, 반응성이 큰 중간 대사물 환원 등의 기능을 한다.
- 항암효과 : 암의 예방이나 치유에 도움을 주는 것으로 알려져 있다.

(3) 미세먼지와 영양
① 미세먼지의 종류
- 미세먼지(PM 10) : 지름이 10 μm 이하
- 초미세먼지(PM 2.5) : 지름이 2.5 μm 이하(PM 2.5)인 먼지
② 미세먼지와 건강

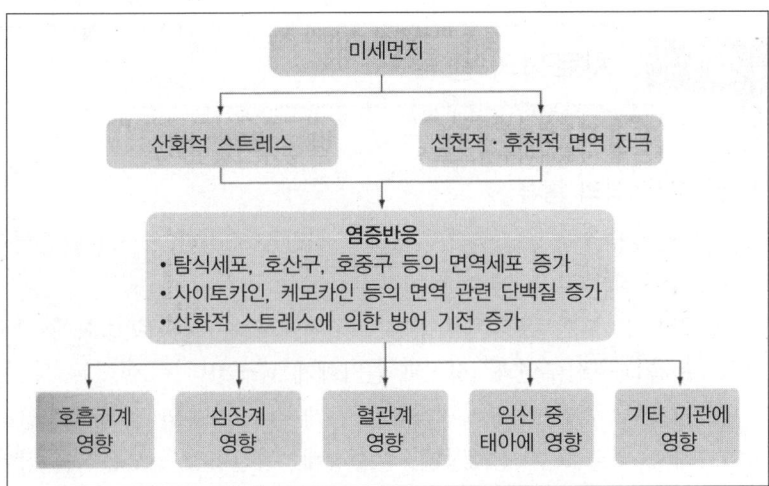

〈미세먼지가 인체에 미치는 기전〉

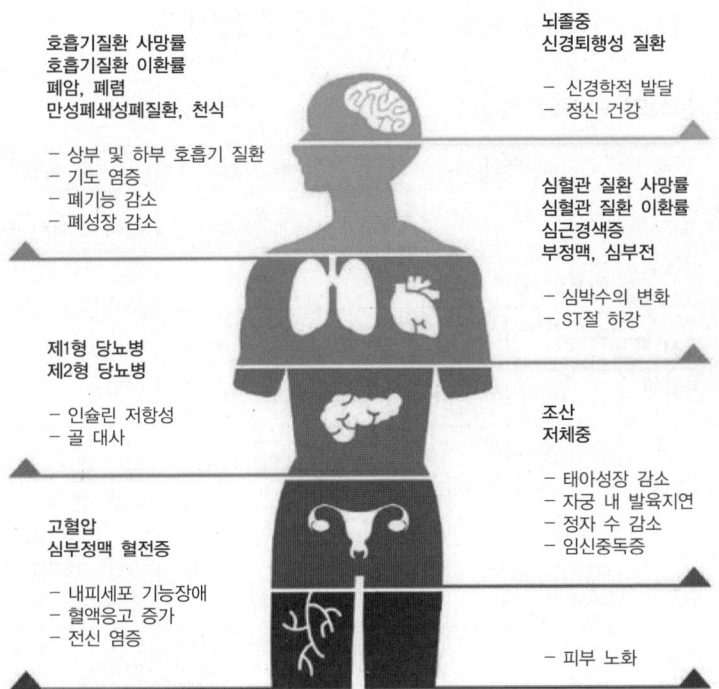

CHAPTER 02 질병과 식이요법

01 치료식의 종류

(1) 일반치료식의 종류

음식의 영양성분을 조절하지 않고 조직만을 조절한 식사로 일반식과 관급식, 점진식으로 구분한다.

① 일반식 : 일반 건강인의 영양 요구량에 맞는 식사로 소화에 지장이 없는 외과, 산부인과, 정신과 환자에게 공급한다.

② 관급식 : 여러 가지 자연식품을 곱게 갈고 우유와 섞어서 공급하는 식사로 수술 또는 신체장애, 혼수상태, 정신이상으로 음식을 삼키기 어려운 환자에게 공급한다.

③ 점진식 : 회복정도와 소화능력에 맞추어 단계적으로 진행하는 식사로 소화기계통이나 수술 후의 환자에게 공급한다.

(2) 점진식의 단계와 특징

단계	대상	특성	종류
맑은 유동식	위독한 환자, 수술 후 1~2일간 수분 공급이 필요한 환자	탄수화물과 물로만 구성	끓여서 식힌 물, 보리차, 과즙
전 유동식	소화기능이 극히 약한 환자, 고체 음식을 씹거나 삼키기 어려운 환자	맑은 유동식과 연식의 중간	미음, 수프, 우유, 푸딩, 시럽
연식	수술 후 회복기 환자, 위장 장애가 있는 환자, 저작곤란	죽식, 자극성 있는 조미료 금함	흰살 생선, 익힌 과일, 연한 고기
회복식	회복기 환자, 가벼운 증세의 환자	기름기 많은 음식과 날 음식 금함	진밥, 소화되기 쉬운 음식

02 질병과 식이요법

■ **영양관련 질병 식이요법 참고**
당뇨-탄수화물 부분, 이상지질혈증-지방 부분, 골다공증-칼슘 부분, 고혈압-나트륨 부분, 빈혈-철, 비타민 B_6, 비타민 B_{12} 부분

1 위·십이지장 질환

(1) 위의 분비물 및 기능
　① 위액분비 조절 호르몬 : 가스트린(촉진) ↔ 엔테로 가스트린(억제)
　② 위액의 성분과 역할
　　• 위산(pH 1.6~2.4) : 살균작용, 식품 속 단백질의 구조 변성, 펩시노겐 → 펩신
　　• 펩시노겐 : 비활성상태의 단백질 분해 효소
　　• 내적인자 : 비타민 B_{12} 흡수인자
　③ 리파아제 : 소량으로 지방을 분해할 수 있다.
　④ 뮤신층 : 위액의 소화효소와 강산으로부터 위벽 보호

(2) 위·십이지장 궤양
　* 소화성 궤양 : 식도, 위, 십이지장 등의 점막조직이 손상된 상태 총칭
　① 원인
　　• 항염증 약물복용, 감염, 스트레스, 식사요인
　　• 헬리코박터 파일로리균에 의한 감염(암모니아를 만들어내는 요소분해효소를 가지고 있어 위액을 중화시킬 수 있음)
　　• 비스테로이드성 항염증 약물, 항생제, 해열제 등의 약제를 만성적으로 복용하였을 때, 잘못된 약 복용
　② 증상
　　• 상복부통증, 트림이 자주 나오고 식후 1~3시간이 경과하면 위가 쓰리고 통증을 느낌, 위의 어느 한 곳에서만 통증을 느낀다(궤양 통증의 특징).
　　• 만성화되면 팽만감, 체중 감소, 빈혈 등이 생김, 메스껍고 구토가 일어나기 쉬움, 심할 경우 출혈 또는 천공이 발생한다.

③ 식이요법 원칙
- 음식과 영양소섭취에 의해서 궤양의 원인요소 제거, 위산분비 감소, 점막조직의 저항증진, 궤양증상의 완화, 좋은 영양상태를 유지할 필요가 있다.
- 비출혈 : 위산의 중화 위산분비의 억제 또는 위산분비물의 제거, 위운동의 억제를 위해 소화가 잘되고 자극성이 없는 식사에 의한 영양 보충 등이 중요하다.
- 출혈 : 지혈을 우선 목표로 함. 1~2일간 절식해서 위점막 보호 / 출혈 후 5~6일간은 수액, 경장영양제(특수영양식품을 입으로 먹거나, 급시관을 통해 위나 소장으로 영양액 주입하는 것)에 의한 영양보급 실시
- 위운동 위산 및 위액의 분비를 자극하지 않는 성분과 조직의 식품 및 조리법 선택(소화가 잘 되는 식품과 조리법 선택)

(3) 만성위염
① 과산성 위염 : 위점막의 염증으로 위산분비가 과도해지기 때문에 음식물의 자극에 매우 예민해진다. 식이요법은 소화성 궤양의 식이요법에 준한다.
② 무산성 만성위염
㉠ 원인 : 위벽세포의 위축으로 만성적으로 위액분비가 저하되거나 위산이 극히 감소된다. 노화와 관계가 깊으며 노인에게 많이 발생한다.
㉡ 증세 : 소화불량, 무산증
㉢ 식이요법
- 소화·흡수가 잘되는 단백질 식품 : 부드러운 고기, 흰살 생선, 달걀, 두부 등
- 철 함유식품 : 위산의 감소로 철의 흡수가 나빠져 빈혈에 걸릴 위험성이 있다.
- 규칙적인 식사와 매끼의 식사량을 줄이고 횟수를 늘린다.
- 식욕을 촉진하는 음식 : 어느 정도 자극성이 있는 파, 마늘, 식초 등

(4) 급성위염

① 특징 : 다양한 원인에 의해 위벽에 갑자기 염증이 생겨 점막에 충혈, 부종이 일어나는 것이다. 원인별로 치료와 식이요법이 다르다.

② 식이요법
- 안정요법 : 충분한 휴식과 수면을 취한다.
- 원인 물질제거 : 염증의 원인이 되는 식품, 약물 및 스트레스 등을 제거한다.
- 점진식 : 구토 및 설사와 위통을 동반하는 경우 절식 → 맑은 유동식 → 전 유동식 등으로 식사를 조절한다.

(5) 식도질환

분류	연하곤란증	역류성 식도염
증상	음식을 삼키기 어려움	속쓰림, 연하통, 가슴앓이 등, 피토함
원인	• 기계적 : 식도수술, 종양(암), 식도염 등 • 신경계 : 뇌졸중, 머리손상 등	식도 하부의 괄약근 기능저하로 위 내용물이 역류됨 – 식도궤양, 출혈
식사 요법	• 식도를 통과하기 좋은 형태(부드럽고 저자극) • 연식, 반고형식, 액체음식 등 • 식후 눕지 말고 앉은 자세로 휴식취하기	
곡류	섬유질 적은 것	
고기 등	부드러운 흰 살코기, 달걀, 두부	
과일, 채소	저섬유소, 무기질 및 비타민 공급	
우유	우유, 유제품	

(6) 덤핑증후군
① 덤핑(dumping) : '한꺼번에 쏟아버린다'라는 뜻으로 말 그대로 다량의 위 내용물이 소장으로 급격히 이동하기 때문에 발생하는 증상
② 유형
  • 초기 증세 : 식후 수 분~45분 이내에 일어나는 경우
  • 후기 증세 : 식후 2~3시간 후 일어나는 것으로 대부분의 환자는 후기 증세를 보임
③ 원인
  • 유문 : 소화된 음식물을 소량씩 십이지장으로 이동시킴
  • 위절제수술을 받아 유문이 절제된 경우나 위나 식도를 공장에 연결시키는 수술로 인해 위의 음식물이 소장으로 빨리 내려가면서 소장으로 내려간 삼투압이 높은 음식물에 의해서 소장 내로 수분이 몰리며 혈관 내에는 수분의 양이 부족하게 되고, 소장의 팽창에 따라서 분비되는 물질로 인하여 증상이 발생한다.
④ 증상 : 복부팽만, 복통, 오심, 구토, 빈맥, 어지러움, 발한, 빠른 심장박동, 어지러움, 혈압이 떨어지는 경우
  • 저혈당증상 : 식사 90분~3시간 후에 식은땀, 떨리고, 빙빙 도는 듯한 느낌, 빈맥, 정신이 혼미해지는 증상 / 탄수화물이 많은 식사가 소장으로 들어와서 갑자기 혈당을 높이고 인슐린 분비가 많아지기 때문이다.
⑤ 식사요법
  • 식사는 소량씩 자주 섭취한다.
  • 식후에는 20~30분간 누워 있도록 한다.
  • 지방은 소화가 가능한 범위 내에서 필요량을 충족시킨다.
  • 단백질은 충분히 공급될 수 있도록 매끼 식사에 포함시킨다.
  • 우유와 유제품을 피함 : 위장 내에 유당을 분해하고 소화하는 효소가 부족할 우려
  • 물, 음료수 등은 식사 중에는 섭취량을 줄이고 식사 전후로 섭취한다.

 기출 2020

다음 (가)는 수술 후 나타나는 합병증에 대한 내용이고, (나)는 이 합병증에 권장되는 식사 지침이다. 〈작성방법〉에 따라 서술하시오. [4점]

(가)

K씨는 위 절제 수술 후 합병증으로 (㉠) 증세를 보였다. 수술 후 초기 증상은 식사 후 15~30분에 나타났다. 어지럽고, 맥박이 빨라지고, 땀이 많이 났으며, 메스꺼움, 구토 및 복부팽만감 등의 증상도 있었다. ㉡유제품을 먹으면 가끔 복통과 설사 증상도 나타났다. 식사 후 약 2~3시간 지나서 나타난 후기 증상은 초기 증상만큼 자주 발생하지는 않았지만, 공복감, 두근거림, 전신 쇠약감 및 떨림 등이 나타났다. 이는 식후 갑작스러운 혈당 상승에 대한 ㉢체내 반응으로 저혈당 증세가 나타났기 때문이다.

(나)

- 식사는 소량씩 자주 섭취한다.
- ㉣식후에는 20~30분간 누워 있도록 한다.
- 지방은 소화가 가능한 범위 내에서 필요량을 충족시킨다.
- 단백질은 충분히 공급될 수 있도록 매끼 식사에 포함시킨다.
- 물, 음료수 등은 식사 중에는 섭취량을 줄이고 식사 전후로 섭취한다.

〔작성방법〕
- (가)의 ㉠에 해당하는 명칭을 1가지 쓸 것
- (가)의 밑줄 친 ㉡의 원인을 효소와 관련하여 1가지 설명하고, 밑줄 친 ㉢을 1가지 설명할 것
- (나)의 밑줄 친 ㉣ 식사지침의 이유를 1가지 쓸 것

ANSWER

❷ 장질환

(1) 장의 기능

① 소장 : 십이지장, 공장, 회장의 세 부분으로 구분된다.
  - 위에서 유미즙 상태로 넘어온 음식물을 소화하고 흡수한다.
② 대장 : 맹장, 결장, 직장으로 구분된다.
  - 소화과정은 일어나지 않으며, 흡수되지 않은 물과 무기질 등을 재흡수하여 액체상태의 소화물을 반고형상태의 변으로 만든다.
  - 대장의 박테리아에 의해 가용성 섬유소의 발효가 일어난다.

(2) 변비

① 분류와 원인 10

기능성 변비	기질성 변비

• 급성변비 : 환경변화, 정신적 스트레스
• 만성변비
  – 이완성 변비 : 습관성 상습 변비
  – 경련성 변비 : 과민성 변비
	• 장의 통과 장애 : 장종양 등
	• 대장의 형태이상
	  – 직장·항문 질환 : 치질 등

  ㉠ 이완성 변비의 원인 : 운동부족, 식사량 감소(소식), 식사요인, 임신 후기
  ㉡ 경련성 변비 : 식이요법은 이완성 변비와 거의 반대

② 치료식
  ㉠ 섬유소 : 섬유소는 대장에서 물을 흡수하면서 부피를 증가시켜 변을 부드럽게 배변시켜주는 작용을 한다. 섬유소는 하루에 최소 20~35g 이상(충분섭취량 참고)을 섭취한다.
    - 식사에 채소, 과일, 해조류, 콩류와 견과류의 양을 증가시킨다.
    - 정제되지 않은 식품을 이용 : 빵 대신 잡곡밥을 먹으면 더 효과적이다.
  ㉡ 수분 : 물이나 주스와 같은 음료는 장에 윤기를 주고 변의 부피를 증가시켜 주므로 장의 움직임이 부드러워져 변이 쉽게 통과할 수 있도록 해준다.
    - 카페인 음료의 섭취를 제한한다.
  ㉢ 규칙적인 식사 : 하루 3끼 천천히 식사하는 습관을 기르면 장운동이 정상적으로 일어나기 때문에 좋다.

(3) 설사
    ① 소화성 설사
        ㉠ 원인
            - 바이러스, 세균, 기생충의 감염이나 약물복용의 부작용으로 나타난다.
            - 많은 음식의 섭취, 한꺼번에 많은 섬유질과 유지류를 과식했을 때
            - 음식을 잘 저작하지 않고 삼켜 버리거나 소화액의 감소로 나타난다.
            - 장내 발효균의 작용이 너무 많아 가스가 차면 생긴다.
        ㉡ 식사요법

발효성	부패성
• 섬유질이 많은 식품 금함 • 탄산음료, 맥주 등 금함 • 우유, 요구르트, 달걀, 흰살 생선, 부드러운 쇠고기, 닭고기 등 권장	• 섭취한 단백질 음식의 흡수장애, 부패에 의해서 악취를 풍기는 설사 • 단백질이 많은 식품 제한 • 상한 음식은 먹지 않음 • 탄수화물 식품을 위주로 식단 작성 • 우유나 유제품은 당분간 금함

    ② 만성 설사
        ㉠ 원인 : 약한 장, 만성 장염 → 영양결핍, 빈혈 등 우려
        ㉡ 영양섭취 : 고영양 식사 섭취, 저섬유질, 무자극성 식사, 생채나 생과일은 피한다.
        ㉢ 식품선택과 조리방법
            - 부드러운 상태의 음식 섭취
            - 우유 및 유제품 : 크림수프, 우유를 단독으로 마시는 일은 가능한 피함, 다량의 우유섭취는 금함, 우유는 데워서 마심, 치즈는 연질 치즈를 사용함
            - 채소 및 과일류 : 저섬유 채소인 시금치, 근대, 당근, 무, 애호박 등 이용 / 과일은 주스나 소스로 만들어 먹음
            - 유지류 : 볶은 음식은 피하고 유화된 것을 이용함
            - 향신료 : 매운 고추는 금하고, 후추, 계피 등을 소량 이용하여 식욕을 촉진함

(4) 과민성 대장증후군
 ① 의미 : 특정 질환은 없지만 식사나 가벼운 스트레스 후 복통, 복부 팽만감과 같은 불쾌한 소화기 증상이 반복되며, 설사 혹은 변비 등의 배변장애 증상을 가져오는 만성적인 질환이다.
 ② 원인 : 명확한 원인은 아직 밝혀진 것이 없으며, 정신적 스트레스는 과민성 대장증상을 유발하는 원인으로 알려져 있다.
 ③ 증상 : 전형적인 증상으로는 복통과 배변 습관의 변화를 들 수 있는데 복통이 심하더라도 배변 후에는 호전되는 특징을 보인다. 이러한 증상이 수개월 또는 수년간 계속되더라도 몸 상태에 별다른 영향을 미치지 않는 것이 과민성 대장증후군의 특징이다.
 ④ 치료 : 과민성 대장증후군의 원인이 되는 심리적 불안과 갈등을 제거하는 것이 가장 중요하다.
  • 대장에 심한 자극을 줄 수 있는 음식을 피한다.
  • 과식을 피하고, 규칙적인 식사와 편안한 마음가짐을 갖는다.

다음은 여대생 A와 B의 대화이다. 두 학생이 겪고 있는 증세를 완화시킬 수 있는 식사요법을 〈보기〉에서 골라 바르게 짝지은 것은? [2점]

A : 나 오늘 수업에 지각했어. 아침마다 너무 힘들어. 화장실에 20분이나 앉아 있었는데 헛고생했지 뭐야. 배는 항상 더부룩한데 1주일에 1~2번 변을 보기도 어려워. 또 변을 볼 때마다 고통스럽고 화장실에 다녀온 후에도 개운하지 않고 너는 괜찮지?
B : 실은 나도 화장실에 가기 싫어. 며칠 동안 변비로 고생하고 나면 갑자기 설사하고, 설사가 멈추면 또 변비가 시작되고. 나도 화장실 문제로 고통스러워. 식사 후에는 항상 아랫배가 아프고 화장실에 가면 흔히 염소 똥처럼 작고 딱딱한 변이 나오기도 해.
A : 너도 그렇구나. 나만 고생하는 줄 알았는데.

보기
ㄱ. 아침 공복에 찬 우유를 마신다.
ㄴ. 흰밥, 흰 식빵, 흰살 생선을 섭취한다.
ㄷ. 다시마와 미역 같은 해조류 식품을 섭취한다.
ㄹ. 유기산과 펙틴이 풍부한 사과와 자두를 껍질째 섭취한다.
ㅁ. 고춧가루, 고추장, 고추냉이, 겨자가 들어간 음식을 제한한다.

	A	B		A	B
①	ㄱ, ㄴ, ㅁ	ㄷ, ㄹ	②	ㄱ, ㄷ, ㄹ	ㄴ, ㅁ
③	ㄴ, ㄷ, ㄹ	ㄱ, ㅁ	④	ㄴ, ㄹ, ㅁ	ㄱ, ㄷ
⑤	ㄷ, ㄹ, ㅁ	ㄱ, ㄴ			

ANSWER ②

③ 췌장질환

(1) 췌장의 기능

① 소화효소 분비(외분비기능) : 탄수화물(아밀레이스), 단백질 분해효소 불활성형(트립신, 키모트립신, 카르복시펩티다아제), 지방(리파아제, 콜레스테롤에스터라아제, 포스포리파아제)

② 혈당조절 호르몬 분비(내분비기능) : 췌장의 내분비조직인 랑게르한스섬에서 호르몬 분비

> **Q** 랑게르한스섬의 α세포, β세포에서 합성되는 호르몬과 그 특징은 각각 무엇인가?

(2) 췌장염과 식이요법

① 원인 및 증상 : 과도한 알코올의 섭취나 외상, 담석에 의한 췌장관 폐쇄에 의해서 유발되며, 췌장의 염증은 췌장의 소화 효소가 췌장 주위 조직 속으로 유리되면서 발생한다. 유리된 췌장의 효소는 췌장의 주변조직을 파괴하여 부종과 충혈을 일으키고, 심한 경우에는 감염이나 출혈, 농의 형성, 췌장의 괴사가 발생할 수 있다.

② 췌장염과 식이요법

구분	특징	식이요법
급성 췌장염	• 배와 등에 심한 통증이 생긴다. • 미열과 구역감, 구토, 혈압 상승을 동반할 수 있고, 심한 경우 쇼크에 빠져 생명이 위태로워질 수 있다.	• 병의 위중과 회복정도에 따라 점진식으로 진행한다. • 급성기에는 절식을 해야 하며, 통증이 가벼워지면 당질을 중심으로 하고 지방을 제한한다.
만성 췌장염	• 급성 췌장염과 같은 증상이 반복적으로 발생한다. • 상당수의 췌장세포가 파괴되어 소화효소를 생성하는 기능에 장애가 생길 수도 있으며, 췌장의 내분비세포가 파괴되면 인슐린 분비가 감소하여 당뇨가 유발되기도 한다.	• 급성 췌장염의 회복기에 준하는 식사요법 • 탄수화물과 단백질 중심으로 식사를 구성한다. • 지방식품은 제한한다.

4 간 및 담도계 질환 14

(1) 간의 영양소 대사 및 기능

① 탄수화물 : 글리코겐 합성·저장, 분해를 통한 혈당 유지, 포도당신생 합성, 포도당 중간대사물의 합성 등
② 단백질 : 체단백질의 저장, 혈장 단백질의 합성, 혈액응고인자 합성, 아미노산 대사, 비필수아미노산의 합성, 함황아미노산의 대사, 요소 합성 등
③ 지방 : 지방(중성지방, 인지질, 콜레스테롤 등) 합성, 지단백질 합성, 지방산 대사, 담즙산 합성 등
④ 비타민과 무기질
  - 비타민(A, D, 티아민, 리보플래빈, C)과 무기질(아연, 철, 구리, 마그네슘 등) 등은 간에 저장된다. : 철은 페리틴, 구리는 셀룰로플라스민 형태로 저장됨
  - 비타민 A, 아연과 철 운반에 관여하는 단백질을 합성한다.
  - 비타민 D를 활성형으로, 카로틴을 비타민 A로, 비타민 K를 프로트롬빈으로, 엽산을 활성형으로 전환시킨다.
⑤ 해독작용 : 체내에서 생성된 유해물질 및 외부에서 들어온 유독물질을 처리한다. 알코올 대사와 암모니아의 처리가 간에서 이루어진다.

(2) 간 질환 14

① 원인과 질환
  ㉠ 간염 : 바이러스에 의해 발생하며 음식물, 식기, 주사기, 수혈 등을 통해 감염, 발열, 두통, 식욕감퇴, 구토, 쉽게 피로, 체중 감소, 오른쪽 가슴 및 압박감의 증상이 나타난다. 예 급성간염, 만성간염, 바이러스성간염, 알코올성간염
  ㉡ 간경변 : 과음, 약물중독, 만성간염, 만성적 영양결핍에 의해 유발. 간세포가 사멸되고 대신 결합조직이 증식하는 것이다.
  ㉢ 지방간 : 지방간은 중성지방이 간세포에 축적되어 발생하는 질환으로 과도한 음주, 비만, 당뇨병(인슐린 비의존형) 등이 원인이다.
    - 비만인 경우 : 체중을 감량하고, 탄수화물 및 단순당을 과잉섭취하지 않는다.
    - 술 : 금주

② 식이요법
- ㉠ **적절한 단백질을 섭취** : 손상된 간세포들이 회복할 수 있도록 양질의 단백질을 섭취해야 한다. 그러나 간성혼수(간 질환이 중증이 되면서 일어나는 의식상실의 상태)의 경우에는 단백질 대사로 생긴 암모니아가 간에서 제거되지 못하고 혈중에 쌓여 혼수를 초래하게 되므로, 단백질 섭취량을 30g 이내로 제한한다.
- ㉡ **열량을 충분히 섭취** : 체단백질이 에너지를 내는 데 쓰이지 않도록 열량을 섭취해야 한다.
- ㉢ **적정량의 지방 섭취** : 충분한 열량섭취와 식욕증진을 위해서 당질과 지방을 적당히 섭취해야 한다. 단, 황달이 생기면 지방소화에 필요한 담즙산염이 장관 내에서 부족되기 쉬우므로(담낭을 자극해서 통증이 생기므로) 지방 섭취량을 제한하고 기름을 사용한 음식은 피한다.
- ㉣ **충분한 비타민과 무기질 섭취** : 간 내에 저장되어 있는 비타민과 무기질이 고갈되므로 녹황색 채소와 과일, 과일 주스를 충분히 섭취한다.
- ㉤ **금주** : 술로부터의 안전관리를 철저히 하고, 약물을 복용할 때에도 신중을 기해야 한다.
- ㉥ **질환 및 증세에 따라서 단백질, 염분, 수분, 지방의 섭취량을 제한하기도 한다.** : 급성 감염이 있을 경우에는 단백질의 섭취를 제한하여야 하며, 복수와 부종이 있을 경우에는 염분을 제한해야 한다. 또한 간질환으로 인한 합병증이 있을 경우에는 합병증과 연관된 식이요법을 정해 지켜야 한다.

■ 간성 혼수

간성뇌증 또는 간성 혼수는 간질환이 진행된 경우의 합병증으로 급성 및 만성 간질환 모두에게 올 수 있다. 간성뇌증을 일으키는 원인은 간 기능 손상으로 인한 여러 가지 독성물질의 축적(암모니아), 혈중 아미노산의 조성변화, 혈중 및 뇌에서의 신경방해 물질 증가이다. 이 중 간성뇌증은 혈중 암모니아치의 증가와 가장 밀접하게 관련되어 있다는 것이 지배적이다. 단백질 대사로 생기는 암모니아가 간에서 제거되지 못하고 혈중에 쌓여 혼수를 초래하게 되므로 단백질 섭취량을 제한해야 한다.

(3) 담도계 질환
   ① 구조와 기능 : 담낭(gallbladder)과 담관(bile duct)으로 구성된다. 담낭은 간에서 합성한 담즙을 농축·보관하는 곳이다. 담즙은 담즙산염(담즙산), 담즙색소(빌리루빈), 콜레스테롤 등으로 구성된다. 담관이란 담낭의 담즙을 간에서 십이지장으로 전달하는 관이다.
   ② 담석증 : 담낭 및 담관 내에 담즙성분의 결석이 형성된 것
      ㉠ 담석의 원인 : 콜레스테롤과 담즙색소(빌리루빈)의 대사 이상, 담즙의 정체, 담낭염(담낭 또는 담관 내에 염증이 생기는 것) 등
      ㉡ 담석 발생 : 콜레스테롤은 불용성이지만 담즙산염 등의 형태로 가용화된다. 그러나 담낭의 기능 이상, 간 대사 이상, 고지방식 섭취 등으로 담즙의 농도변화(담즙산↓, 콜레스테롤↑)로 담즙에 용해되어 있던 콜레스테롤이나 담즙색소가 침전되어 결정화된 것이다.
   ③ 황달
      ㉠ 원인 : 헤모글로빈과 같이 철분을 포함하고 있는 단백질이 체내에서 분해되는 과정에서 생성되는 황색의 담즙색소(빌리루빈)가 몸에 필요 이상으로 과다하게 쌓여 눈의 흰자위(공막)나 피부, 점막 등에 노랗게 착색되는 것
      ㉡ 발병원인 : 빌리루빈의 과잉 생산, 간세포에서 빌리루빈 대사과정의 장애, 간세포나 담도의 손상으로 인한 빌리루빈의 역류
      ㉢ 빌리루빈 대사 : 적혈구가 분해되어 heme의 분해산물로 생긴 빌리루빈은 간에서 대사된다. 빌리루빈은 담즙에 녹아 소장으로 배출되고 대부분은 대변으로 배출되고, 일부는 재흡수되어 소변으로 배출된다. 소변으로 배출되는 빌리루빈이 많아지면 소변 색이 진해진다.
   ④ 식이요법 : 담낭수축요인을 제거한다.
      ㉠ 지방제한 : 특히 포화지방산은 담낭의 수축(통증유발)을 촉진하므로 제한한다.
      ㉡ 단백질 : 간 기능을 좋게 하므로 정상 또는 소량 사용한다. 단, 급성기에는 제한한다.
      ㉢ 탄수화물 : 안전한 영양소이다.
      ㉣ 자극적인 음식 제한한다.

5 신장질환

(1) 신장의 기능

① **배설** : 단백질의 대사 물질인 요소, 요산, 크레아틴 및 기타 질소 분해 산물은 신장을 통해 소변으로 배설된다.
  - **크레아틴** : 크레아틴(creatine)은 아미노산 유사 물질로서 아미노기 대신에 구아니딘기를 가진 유기산이다. 인체 내에서 합성되어 골격 근의 에너지원으로 사용된다.

② **체액의 평형유지(pH)** : 전해질(나트륨, 칼륨, 염소 이온 등) 농도 및 수소이온 농도를 조절한다.

③ **혈압조절** : 레닌-안지오텐신-알도스테론 시스템이 작용한다.

④ **조혈조절** : 적혈구의 생성을 자극하는 에리트로포이에틴이라는 당단백질이 생성된다.

⑤ **무기질 평형유지** : 혈중 인이나 칼슘의 농도가 저하될 경우 활성형 비타민 D는 소장에서 칼슘과 인의 흡수를 증가시킨다(부갑상선 호르몬은 신장에서 칼슘의 재흡수를 촉진하지만 인은 배설한다.).

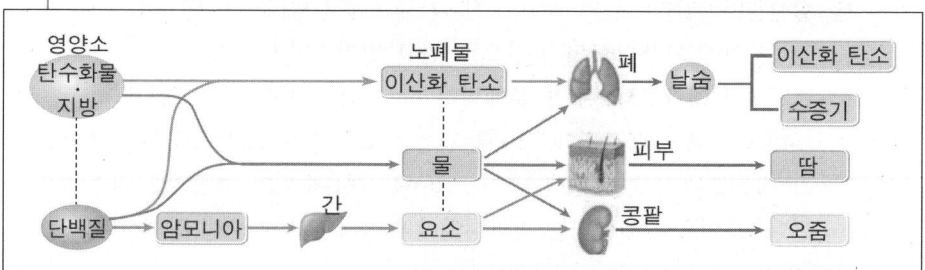

〈노폐물의 배설〉

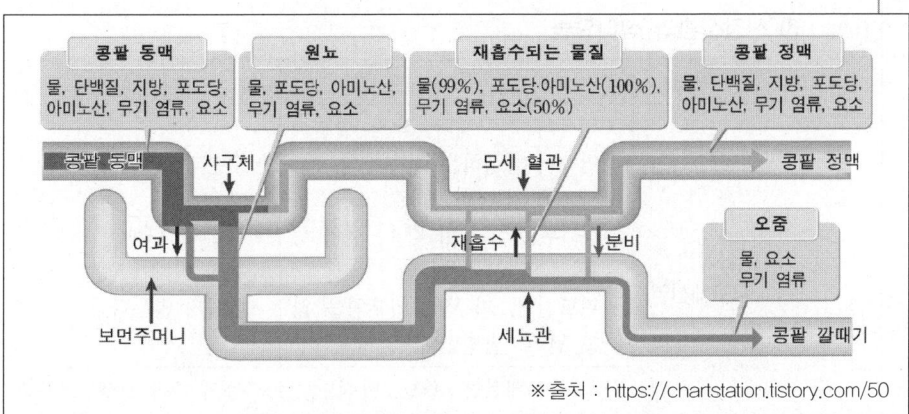

〈오줌의 생성〉

(2) 신장질환의 종류와 식이요법

① 일반적인 식이요법
- 손상된 신장의 작업량을 줄인다.
- 신장기능 장애로 인해 손실된 영양소를 보충한다.
- 질소노폐물과 나트륨이 체내 축적되지 않게 한다.

② 신장질환과 무기질
㉠ 나트륨 : 혈압 조절, 부종의 치료, 체액 과다의 예방 및 치료가 필요한 경우 저염식을 한다.
㉡ 칼륨 : 소변량이 감소한 경우 고칼륨혈증이 유발된다. 근육의 마비로 손발이 저리고 다리가 무거우며 혈압이 떨어지고, 부정맥(불규칙한 심장박동) 등이 나타난다.
㉢ 인 : 인의 배설이 감소되면 고인산혈증이 나타나고, 이로 인해 부갑상선항진증(부갑상선호르몬↑)이 유발되어 신성골이양증(신질환에 따른 칼슘과 인 대사 이상으로 발병하는 골질환)이 생길 수 있다.

③ 신장질환과 식이요법

구분	특징	식이요법
신장염 / 사구체신염	• 신장의 사구체나 작은 혈관에 염증이 발생하는 것 • 사구체 기능의 저하로 고질소혈증, 부종, 소변량 감소, 혈압 상승 등이 나타난다. • 편도선염, 피부염, 인후염을 앓고 난 후 발병한다.	• 수분과 나트륨을 제한한다. • 양질의 단백질 : 신장기능의 저하가 없는 한 제한하지 않는다.
	급성 사구체신염 : 핍뇨, 단백뇨, 혈뇨 등의 증상 발생 시(중증인 경우) 단백질, 나트륨, 수분 등 제한	
요독증	• 신장을 통하여 소변으로 배출되어야 할 노폐물(요독)이 배설되지 못하고, 체내에 축적되어 발생하는 다양한 증상들을 의미한다.	• 탄수화물과 지방으로 에너지를 공급한다. • 제한 : 단백질, 식염, 칼륨 등을 제한한다. • 수분 : 부종이 있는 경우에만 제한한다.
신증후군*	• 다량의 단백뇨, 저알부민증, 고콜레스테롤 혈증과 심한 부종을 수반하는 질환으로 단일질환이 아니므로 신증후군이라 한다. • 신장의 사구체를 이루는 모세혈관에 이상이 생겨 혈액 내의 단백질이 신장으로 빠져나가 다량의 단백뇨가 나오고, 이로 인해 몸 안의 단백질이 소실되어 저알부민혈증(hypoalbuminemia)이 발생하게 된다.	• 탄수화물에서 에너지를 공급한다. • 고단백질 식사 : 혈청 알부민 농도를 유지하기 위해서이다. • 지방, 나트륨, 수분을 제한한다.
만성 콩팥병 (신부전)	• 신장이 만성적인 기능 부전(不全, 기능이 온전하지 못함)에 이른 상태, 다시 말해 신장이 제 기능을 못하여 다양한 전신적인 문제를 발생시키는 상태이다.	• 탄수화물, 식물성지방에서 에너지를 공급한다. • 단백질, 수분, 무기질(칼륨, 나트륨, 마그네슘 등)을 제한한다.
신결석	• 소변 성분이 결정화되어 나타난다.	• 수분을 충분히 섭취한다.

* 신증후군에 따른 지질대사 변화 : 간에서 지질과 지단백 합성이 증가한다. 지단백이 소변으로 소실된다. 지단백의 대사에 장애가 발생한다. 정확한 기전은 연구 중이다.

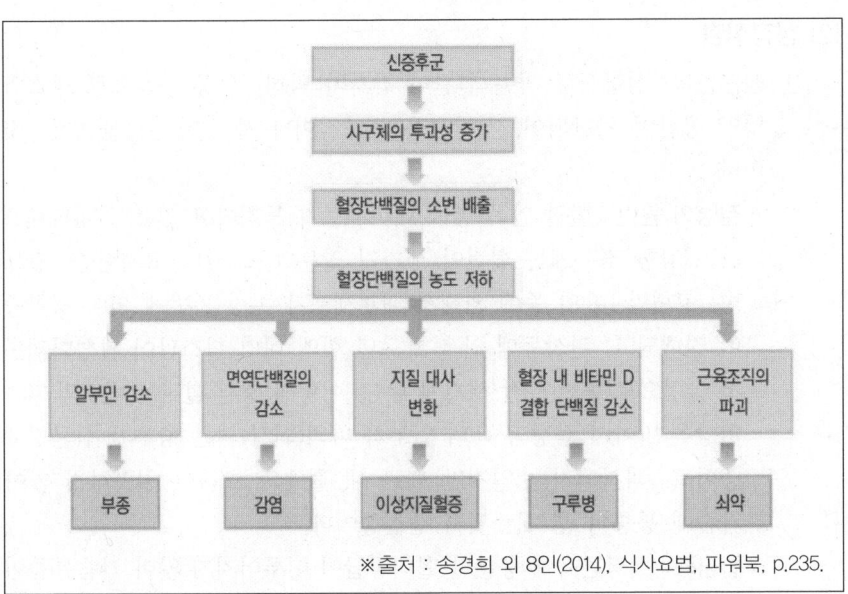

〈신증후군으로 인한 증상〉

6 심혈관계 질환

(1) 혈관계 질환
① 이상지질혈증, 동맥경화증, 대사증후군, 고혈압 : 지방, 나트륨 부분 참고
② 뇌졸증 : 뇌혈관의 순환장애로 인한 것으로 뇌혈관이 막혀서 발생하는 뇌경색(= 허혈성 뇌혈관질환)과 뇌혈관이 터져서 발생하는 뇌출혈(= 출혈성 뇌혈관질환으로 나뉜다. 뇌졸증이 이미 발생한 경우에는 영양관리를 통한 치료는 어렵기 때문에 혈관 및 심장 순환계 질환에 대한 예방이 필요하다.

(2) **심장질환**
① **심근경색** : 심장으로 가는 혈관이 갑자기 막혀, 심장 근육으로 산소와 영양 공급이 차단되어, 심장근육의 조직이나 세포가 손상을 받은 것이다.
- 질병의 원인 : 혈관 안쪽 층을 내피세포가 둘러싸고 있는데 내피세포가 건강한 경우에는 혈전이 생기지 않는다. 그러나 고지혈증, 당뇨병, 고혈압, 흡연 등에 의해서 내피세포가 손상을 받게 되어 경화증이 진행되고, 관상동맥 안을 흐르던 혈액 내의 혈소판이 활성화되면서 급성으로 혈전이 잘 생기게 된다. 이렇게 생긴 혈전이 혈관의 70% 이상을 막아서 심장 근육의 일부가 파괴(괴사)되는 경우가 심근경색증이고, 괴사되지는 않지만 혈관 내 혈액의 흐름이 원활하지 않아 가슴에 통증이 생기는 것이 협심증이다.
- 협심증 : 심장근육에 충분한 혈액공급이 이루어지지 않아 가슴통증이 유발되는 것이다.

② **울혈성 심부전** : 심장이 점차 기능을 잃으면서 폐나 다른 조직으로 혈액이 모이는(= 울혈) 질환이다. 심장근육의 탄력성이 떨어져서 혈액을 심장 밖으로 충분히 내보내지 못하면 심장에 혈액이 고이는데, 경우에 따라서는 혈액이 폐나 간 등 다른 기관으로 역류하기도 한다. 심부전이 발생하면 신장의 혈류량 감소와 사구체 여과의 감소로 레닌-안지오텐신계가 활성화되어 혈압이 높아지고, 부종이 생기면서 심부전이 악화된다.
- 과체중인 경우 체중을 감량한다.
- 양질의 단백질을 충분히 섭취한다(알부민 부족 대비).
- 나트륨과 수분 섭취를 제한한다.

③ **부정맥** : 심장박동은 동방결절이란 조직에서 형성된 전기적 신호가 전달되어 일어나는데, 부정맥은 이러한 심박동이 불규칙하게 되는 것이다.
- 원인 : 전기전달체계(동방결정) 문제, 심근경색 등 심장 이상, 전기전달체계에 영향을 미치는 환경(스트레스, 카페인, 흡연, 술 등)

7 기타

(1) 호흡기 질환

구분	특징	식이요법
폐렴	미생물 감염에 의해 발생하는 폐의 염증	고에너지, 고단백질, 고비타민 식사로 2~3시간 간격으로 소량씩 공급한다.
폐결핵	결핵균 감염에 의한 폐질환	체조직 소모방지, 손실된 체단백질 보충, 탈수 방지 등

(2) 골격계 질환

구분	특징	식이요법
골관절염	• 관절의 연골이 손상되면서 관절통과 관절의 변형이 나타남	• 비만인 경우 체중을 감량한다. • 양질의 단백질을 섭취한다. • 항산화영양소를 섭취한다. • 골질환을 예방하는 영양소를 섭취한다.
류머티즘성 관절염	• 손과 손목, 발과 발목 등을 비롯한 여러 관절에서 염증이 나타나는 만성 염증성 질환 / 자가면역 현상이 주요 기전으로 알려져 있음(원인불명)	
통풍 [21]	• 퓨린 대사의 이상으로 최종 대사산물인 요산이 비정상적으로 (연골, 관절 등) 축적되는 질환 • 염증과 극심한 통증을 동반함 • 요산급원 : 내장, 육류, 어패류, 곡류아 두류의 배아 등	• 퓨린(요산)급원을 제한한다. • 수분섭취를 통해 퓨린을 배설한다. • 고탄수화물 : 요산 배설 촉진 • 알코올 제한 : 퓨린생성 증가

기출 2021

다음은 단백질 섭취와 관련된 신문 기사의 일부이다. 〈작성방법〉에 따라 서술하시오. [4점]

[○○일보]   20○○년 ○월 ○일

단백질! 많이 먹을수록 좋은 것일까?

온 국민의 간식인 치맥! 특히 여름철 더위에 치킨과 시원한 맥주는 빠질 수 없는 단짝이다. 그러나 치맥의 과다 섭취가 ㉠퓨린(purine)의 대사 이상으로 인한 질병의 유발과 관련이 있다고 알려져 주의가 요구된다. 그뿐만 아니라 '몸짱 열풍'과 관련하여 단백질 보충제를 과잉 섭취하는 경우도 있어 이에 따른 부작용도 우려되고 있다.

단백질은 신체의 기본 구성 물질이며 에너지를 제공하는 중요한 영양소이지만, ㉡필요 이상으로 섭취하게 되면 신장에 부담을 주게되며 ㉢골다공증의 발병 가능성도 높아지므로 단백질의 적절한 섭취가 필요하다.

[작성방법]
- 밑줄 친 ㉠의 명칭을 쓰고, 발병 기전을 서술할 것
- 밑줄 친 ㉡의 이유를 서술할 것
- 밑줄 친 ㉢의 기전을 단백질 섭취와 관련하여 서술할 것

ANSWER

CHAPTER 03 생애주기 영양학

01 임신과 출산, 영아기

1 모성 영양과 태아 영양

(1) 모체의 상태와 태아발달 관련 사항
① **임산부의 영양상태** : 임산부의 영양상태가 나쁠 경우 유산이나 조산의 위험성이 커지고 발육부진 및 기형이 될 우려가 있다.
② **흡연** : 산소부족과 영양분 공급에 차질이 생겨 조산의 위험이 있고 태어난 아기가 신체적·인지적 장애를 가질 가능성, 영아 사망률이 증가한다.
③ **음주** : 태아의 중앙 신경계통 발달에 문제가 발생하여 지적발달지연, 정서불안을 야기한다.
④ **잘못된 약물사용** : 약물은 직접 태반으로 전달되기 때문에 태아발달에 큰 지장을 초래한다.
⑤ **연령** : 임신 적기는 20세에서 35세까지이다. 20세 이전의 출산은 미숙아나 정신박약아를 출산할 확률이 높다. 35세 이후에 출산할 경우 자연유산, 임신중독증, 난산, 염색체 이상 등의 기형이 생길 확률이 증가한다.
⑥ **임산부의 정서적 상태** : 태아의 정서발달에 영향을 미칠 수 있으며 임산부가 불안할 경우 난산이나 조산의 위험성이 증가한다.

(2) 임신중독증
① **특징** : 임신중독증은 임신기간 중 혈압의 상승과 더불어 소변에서 단백질이 검출되는 질환이다. 과거에는 임신중독증이라는 용어를 사용하였으나, 현재는 임신 기간에 새로이 고혈압이 발생하는 경우 임신성 고혈압이라고 하며, 임신성 고혈압과 더불어 소변에 단백뇨가 검출되는 경우 전자간증 또는 자간전증이라고 한다.

② 증상 : 질환이 진행될수록 고혈압과 더불어 부종이 심해지고, 소변 양이 감소하며, 두통, 상복부 복통, 시야장애 등이 발생하게 된다. 또한 태아의 성장 발육부전이나 심한 경우 태아 사망 등이 나타나기도 한다.

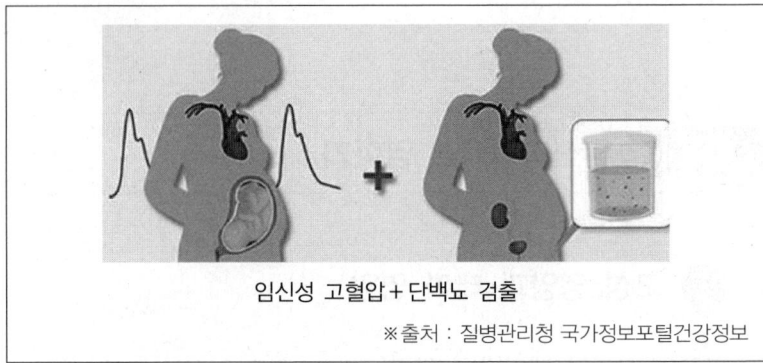

〈임신중독증(= 전자간증, 자간전증)〉

③ 식사지침
　㉠ 현재까지 어떤 약물이나 음식도 이 질환을 예방하는 것으로 입증되지는 않았다. 발병 후에는 전문의의 치료에 따르는 것이 매우 중요하다.
　㉡ 비만, 당뇨 등이 있는 경우 더욱 잘 발병하므로 임신 전 균형 잡힌 식이와 건강의 유지가 중요하다.
　㉢ 일반적인 식이요법
　　• 양질의 단백질식
　　• 나트륨제한식
　　• 수분섭취 감소
　　• 저열량식, 저탄수화물식, 저동물성지방식
　　• 고비타민식

(3) 태아 알코올 증후군

일반적으로 태아는 정신지체, 소뇌증, 저체중, 짧은 안검열(眼瞼裂 : 아래 위 눈꺼풀이 맞닿는 면) 등 4가지 특징적인 증세가 나타난다. 얼굴 모습은 코밑 인중이 없고, 윗입술이 아래 입술에 비하여 현저하게 가늘며, 미간이 짧으면서 눈이 작다. 또 출생 후 성장지체, 팔·다리와 관절 이상, 학습장애, 심장질병, 외부 생식선과 귓불 기형 등의 특징이 나타난다. 이 밖에 섬세하게 움직이거나 크게 움직이는 능력이 부족하고, 근력이 약하면서 떨림증이 나타나며, 과도하게 활동하거나 사회성이 떨어지고, 판단력을 잃는 등의 행동장애가 나타나기도 한다.

2 영아기의 영양

(1) 기초영양

① **열량** : 생애주기 중 체중당 열량필요량이 가장 많다.
② **단백질** : 두뇌 발달과 신진대사가 왕성함에 따라 동물성 식품의 섭취가 중요하다.
③ **철** : 체내 보유량이 많으나 5~6개월 이후 외부에서 공급할 필요가 있다.
④ **아스코르브산** : 인공영양 시 특히 부족하기 쉬우므로 이유식을 통해 공급한다.

> **카우프지수**
>
> - 공식 : [체중(kg)/신장^2(cm)] $\times 10^4$
> - 판정 : 영아는 20 이상, 유아는 18 이상 비만
>   - 13 미만 : 너무 마름
>   - 13~15 : 약간 마름
>   - 15~18 : 보통
>   - 18~20 : 약간 뚱뚱함
>   - 20 이상 : 많이 뚱뚱함

(2) 영양공급법

① **종류** : 모유영양, 인공영양, 혼합영양
② **영양성분 비교 - 우유, 모유, 조제분유**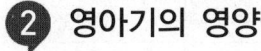

(단위 : 100g당 함량)

종류	우유	모유	조제분유(12g)
젖당(g)	4.7	7.2	6.6
단백질(g)	3.2	1.1	1.6
지방(g)	3.2	3.5	3.2
칼슘(mg)	105	27	35
인(mg)	89	14	30
철(mg)	0.10	0.10	0.88

분류	모유	우유	조제분유
면역성분	• 존재한다.	• 존재하지 않는다.	• 존재하지 않는다.
탄수화물	• 유당함량이 더 높다(갈락토오스 제공, 정장 작용).	• 모유에 비해 젖당의 함량이 낮다.	• 유당을 첨가한다.
단백질	• 락트알부민의 함량이 많아 소화가 용이하다.	• 카제인과 필수아미노산의 함량이 높다(너무 많다).	• 모유수준으로 조절한다.
지질	• 필수지방산의 함량이 많다. • 리파아제가 있다.	• 소화성의 나쁜 지방산이 많다. • 리파아제가 없다.	• 필수지방산을 부분적으로 첨가한다. • 리파아제가 없다.
무기질	• 적정한 수준 • 철 : 소량, 흡수율이 높다.	• 모유의 3배 – 과잉 무기질 • 철 : 소량이며 흡수율이 낮다.	• 모유 수준으로 조절한다. • 철의 흡수율이 낮아 첨가한다.
비타민	• 충분하다.	• 나이아신, 비타민 A, C, D, E 적다.	• 비타민을 첨가한다.

기출 2007

영아에게 모유는 최상의 영양 급원이지만 인공영양이 필요한 때도 있다. 이를 위해 우유로 영아용 조제유를 만들 때 고려해야 하는 영양소 조절 내용을 4가지 쓰시오. [3점]

ANSWER

기출 2018

출생 후 4~6개월까지는 모유 영양을 권장한다. 모유 영양의 우수성을 모유의 열량, 단백질, 칼슘의 함량(농도) 및 지질의 구성 성분으로 구분하여 우유와 비교 설명하시오. [6점]

ANSWER

(3) 모유

① 초유와 성숙유

초유	출산 후 분비	끈적끈적하고 약간 노란색	면역성분 함유 단백질 2배, 비타민과 무기질
성숙유	10일 정도 이후 분비	미백색	에너지, 유당, 지질

② 모유의 장점
- 초유의 면역성분, 감염의 예방과 알레르기 예방인자를 함유하고 있다. (면역글로블린, 라이소자임, 비피더스인자, 항알레르기 인자, 백혈구 등)
- 영아의 소화능력과 필요한 영양구성에 가장 적합한 영양구성이다.
- 자궁수축 및 자연 피임효과가 있다.
- 모체와의 친밀감을 형성한다.
- 수유 비용이 저렴하고 위생적이다.

③ 임신, 수유와 호르몬
- 프로게스테론 : 성인 여성에게서는 난소에 있는 황체에서 분비되지만 임신 중인 여성의 태반에서 분비되기도 한다. 프로게스테론의 주된 역할은 에스트로겐과 함께 생식주기를 조절하는 것이다. 생식주기를 조절함으로써 여성의 몸, 특히 자궁벽을 임신에 맞추어 변화시키며 임신하게 되면 분만까지 임신을 유지하는 역할을 맡는다. 위장운동을 감소시키고 지방 합성을 촉진한다.
- 에스트로겐 : 에스트로겐은 사춘기 이후에 많은 양이 분비되어 여성의 성적 활동에 많은 영향을 끼친다. 사춘기에 일어나는 여성의 이차성징의 원인이 되어 가슴을 나오게 하고 성기를 성숙하게 하며 몸매에도 영향을 준다. 또한 여포자극호르몬(FSH), 황체형성호르몬(LH), 프로게스테론과 함께 작용하여 자궁벽의 두께를 조절하고 배란에 관여한다. 즉, 생식주기를 조절하는 역할을 한다. 뼈에서 칼슘이 방출되는 것을 억제한다.
- 옥시토신(뇌하수체후엽) : 분만 동안 자궁근을 수축시켜 분만을 촉진한다. 수유 시에는 아이의 빨기반사에 반응하여 모유 분비를 촉진한다.

- 프로락틴(뇌하수체전엽) : 포유류에서는 유선의 발육, 유즙분비, 황체자극, 전립선과 정낭의 발육을 촉진시키는 역할을 한다. 임신한 여성의 경우 임신하지 않은 여성의 10배 정도의 프로락틴이 분비된다. 그러다가 분만 후, 수유할 때 급격히 감소한다. 양수 내의 프로락틴은 태아의 세포외액이 양수 안으로 이동하는 것을 막아서 태아의 탈수를 방지한다. 출산 후 2~4일 정도가 되면 뇌하수체에서 분비되는 프로락틴의 통제를 받아 유즙이 분비되기 시작하는데, 아기를 낳은 후 임신을 지속시켜 왔던 난소호르몬의 형성을 방해함으로써 난자가 만들어지는 것을 막기 때문에 월경이 지연된다.

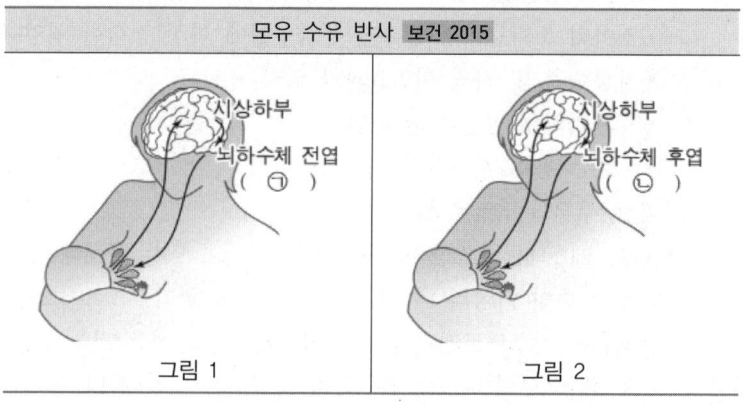

모유 수유 반사 보건 2015

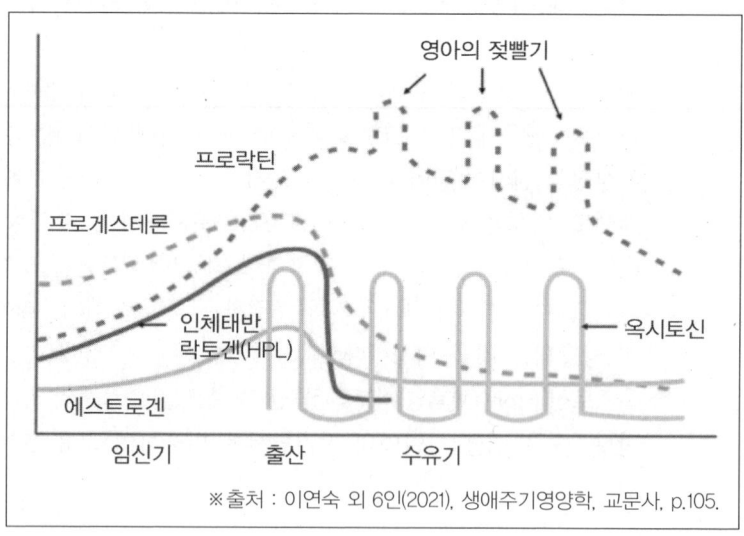

※ 출처 : 이연숙 외 6인(2021), 생애주기영양학, 교문사, p.105.

Q 기출 2012

다음은 여성의 임신기, 출산, 수유기의 호르몬 분비량 변화에 대한 그림이다. (가)~(라)에 해당하는 호르몬에 대한 설명으로 옳은 것을 <보기>에서 고른 것은? [2점]

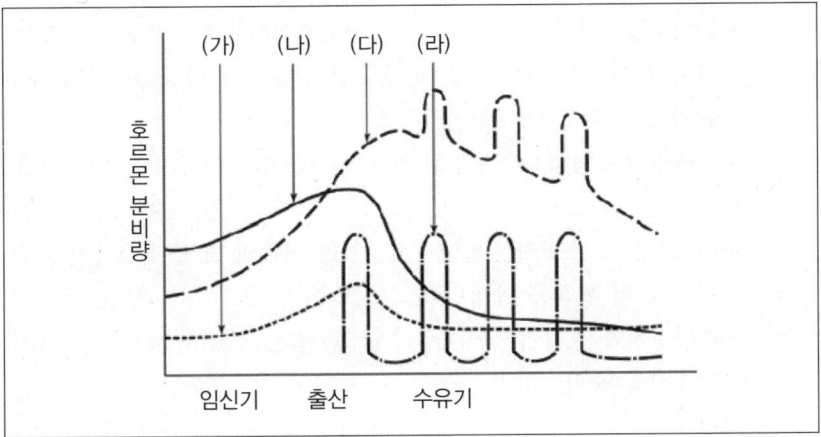

보기

ㄱ. (가)는 뼈에서 칼슘이 방출되는 것을 촉진시킨다.
ㄴ. (나)는 위장 운동을 감소시키고 지방 합성을 촉진시킨다.
ㄷ. (다)가 활성화되는 시기에는 체중 kg당 에너지 필요량이 일생에서 가장 높다.
ㄹ. (다)가 (나)에 의해 억제되는 시기에는 철분의 필요량이 증가한다.
ㅁ. (라)가 활성화되면 자궁 근육의 수축을 촉진시킨다.

① ㄱ, ㄴ, ㄷ ② ㄱ, ㄴ, ㄹ ③ ㄱ, ㄷ, ㅁ
④ ㄴ, ㄷ, ㅁ ⑤ ㄴ, ㄹ, ㅁ

ANSWER ⑤

(4) 이유식

① 이유의 의미 : 이유란 젖떼기이며, 영아가 젖 이외의 어른이 먹는 음식에 가까운 것으로 점차 옮겨감으로써 마시는 유량이 줄어들면서 젖을 떼게 되는 것이다. 보통 6개월 전후에 시작한다.

② 필요성
- **영양공급** : 신생아기를 지나 6개월에 접어드는 아기들은 급속도로 자라나기 때문에 빠른 성장에 필요한 칼로리나 영양소를 모유로부터 받기에는 부족하게 된다.
- **식습관 기초형성** : 숟가락을 쓰는 연습을 통하여 올바른 식습관을 형성한다.
- **미각훈련 및 소화기관 발달** : 기본적인 식품의 맛에 대한 경험을 통하여 이후의 편식을 예방한다.
- **기타** : 치아가 나기 시작하는 시기로 씹는 경험을 제공하며, 심리적 만족감을 준다.

③ 조건
- 이유식에는 따로 간을 할 필요가 없다.
- 먹이는 시간도 일정하게 하는 것이 좋다.
- 위생적으로 처리한다.
- 숟가락으로 먹이는 것도 중요하다.
- 인내심을 갖고 서두르지 않는 것이 좋다.
- 아기와 엄마의 친밀감을 형성해 기분이 좋을 때 먹여야 한다.
- 한 번에 한 가지씩 첨가하여 먹여야 한다. 이유식에 새로운 재료를 넣을 때는 짧게는 2~3일, 길게는 1~2주까지 간격을 둔다.

(5) 선천성대사이상

① 개념 : 선천성대사이상 질환은 아기가 태어날 때부터 엄마젖을 소화하지 못해 아기의 뇌에 치명적인 손상을 입히는 질병으로 신생아 시기에는 증상이 없어서 잘 모르고 지내다가 성장이나 발달에 이상이 나타난 때는 치료를 시작한다 해도 정상아로 회복하기 어려워 평생 정신지체 및 발육장애 등을 초래하게 되는 치명적인 질환이다.

② 선천성대사이상의 종류와 관리

종류	특징	관리
페닐 케톤뇨증	• 페닐알라닌 대사 장애 : 페닐알라닌 히드록실라아제 부족(페닐알라닌 → 티로신), 다른 경로로 진행된다. • 혈액과 소변에 페닐알라닌, 페닐피루브산, 페닐아세트산 등의 농도가 증가한다.	• 저 페닐알라닌 특수분유를 사용한다. • 가공식품에 포함된 아스파탐을 피한다.
티로신 혈증	• 티로신 대사장애로 혈중 티로신 농도가 증가한다.	• 저단백식이 페닐알라닌, 메티오닌, 티로신을 제한한다.
호모시스틴뇨증	• 메티오닌(methionine)이라는 아미노산의 대사과정 중 시스타티오닌(Cystathionine) 합성효소의 장애에 의해 발생되는 선천성 대사질환이다.	• 저메티오닌 고시스틴 식사요법을 시행한다.
단풍당뇨증 (단풍시럽뇨증)	• 탈탄산분해효소 결핍 : 류신, 이소류신, 발린의 산화적 탈탄화과정 관여하는 효소가 부족하다. • 혈액과 소변 중 세 가지 아미노산과 이 아미노산 유래 케토산의 농도가 증가한다.	• 류신, 이소류신, 발린으로 분해 되지 않는 음식을 섭취(단백질 제한식) • 류신, 이소류신, 발린을 인공적으로 제거하고 적당한 성장과 발달에 필요한 비타민, 무기질 등이 들어있는 음식이 필요하다.
선천성부신 과형성증	• 선천성 부신 증식증은 부신피질호르몬의 생산에 필요한 효소를 조절하는 유전자에 돌연변이가 생겨 부신피질호르몬(스테로이드 호르몬 종류)을 분비하는 부신의 기능이 손상되어 나타나는 질환	• 수술 및 스테로이드 치료
갈락토오스 혈증 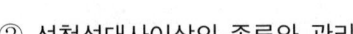	• 갈락토오스-1-포스페이트 유리딜 트랜스퍼라아제 결핍으로 혈중 갈락토오스 농도가 증가한다.	• 갈락토스와 젖당이 없는 특수분유를 사용한다.
갑상선기능 저하증 (cretinism)	• 갑상선호르몬의 부족으로 인하여 대사가 저하된다. • 증상 : 과다 수면, 낮고 거친 우는 소리, 장기간 지속되는 황달, 저체온, 두꺼운 혀, 건조하고 두꺼운 찬 피부, 골성장 지연 등	• 갑상선호르몬 복용

02 유아기 및 아동기의 영양

❶ 영양

(1) 기초영양

유아	아동기
• 열량 : 활동량에 맞게 조절한다. • 단백질 : 필요량의 2/3 이상을 동물성식품으로 섭취한다. • 칼슘, 철, 비타민 A, D, B군, 아스코르브산, 수분 : 충분히 공급한다. • 부족 시 간식으로 보충한다.	• 열량보충이 필요하므로 간식을 이용한다. • 동물성 단백질, 칼슘, 철, 비타민류의 충분한 섭취와 여아의 경우 철 섭취에 유의한다.

(2) 신체계측 – 로러 지수

① 공식 : $[체중(kg)/신장^3(cm)] \times 10^7$

② 판정

- 92 미만 : 고도 수척
- 92~109 : 수척
- 110~140 : 정상
- 140~156 : 비만
- 156 이상 : 고도비만

❷ 영양관리

(1) 간식

① 간식의 필요성
- 세 끼 식사로 부족한 영양소를 보충한다.
- 기분을 상쾌하게 하고 정서를 풍부하게 한다.

② 간식의 양과 횟수
- 양 : 하루 에너지 필요량의 10~15%
- 공급횟수 : 유아 전반기에는 오전 오후 2번, 후반기에는 오후 1번

③ 간식의 내용 : 영양적으로 에너지뿐만 아니라 단백질, 비타민, 무기질, 수분을 공급할 수 있는 식품에 소화가 잘 되고 맛있고 보기도 좋은 것을 선택한다.

(2) 편식
    ① 편식의 의미 : 음식을 좋아하고 싫어하는 감정이 강하고 식사내용이 항상 영양적으로 불균형하며 발육과 성장 및 영양상태가 상당히 뒤떨어지는 경우이다.
    ② 편식의 원인
        • 이유기 때의 부주의 : 어머니가 이유기 때 많은 식품과 접할 기회를 주지 않았기 때문에 유아가 익숙하지 않은 음식을 먹지 않게 된다.
        • 가족들의 영향 : 대부분의 유아가 싫어하는 음식은 가족, 특히 어머니가 싫어하는 경우가 많다. 가족들이 싫어하므로 유아도 따라서 거부하게 된다.
        • 심리적 원인 : 어머니가 지나치게 관심을 보이거나 억지로 먹이려고 하면 오히려 반작용으로 음식을 먹지 않게 된다.
        • 무절제한 간식 : 간식의 양이 너무 많고 이로 인해 식사시간이 불규칙해지는 것도 편식을 유도하게 된다.
    ③ 편식의 교정
        • 식사 환경을 바꾼다. : 다양한 음식과 조리법을 이용하며 편안한 분위기를 만든다.
        • 음식을 강요하지 않는다. : 아동의 편식을 교정하기 위하여 잔소리를 많이 하거나 강제로 먹게 하면 거의 효과가 없거나, 주목을 끌기 위해서 더 편식이 심해질 수 있다.
        • 바르게 먹는 행동에 대해서는 강화해 준다.
        • 부모의 양육 태도를 바꾼다.
        • 적절한 운동이나 활동을 통해 식욕을 촉진한다.
        • 과도한 간식을 자제한다.

> **과잉행동장애(과행동증)**
> • 주의 결핍, 충동성, 과잉 행동뿐만 아니라 규칙 관련 행동에 결함을 가지는 발달성 장애
> • 아동기 초기에 시작되며 남자가 여자의 3~4배 많다.

03 청소년기의 영양 09/04

 영양

(1) 기초 영양
① 열량, 단백질, 칼슘, 철, 비타민류의 필요량이 가장 높다.
② 영양관리 : 과일, 채소, 우유, 간, 육류, 생선, 콩류 등을 충분히 섭취하고, 여학생들의 과도한 다이어트는 건강을 해칠 위험이 있으므로 주의한다.

(2) 영양섭취기준

> **Q** 청소년기 한국인의 영양섭취기준 수치를 완성하시오. 권장섭취기준 또는 충분섭취기준을 중심으로 작성하시오.

		15~18세	
영양소		남자	여자
에너지 필요추정량		2,700	2,000
단백질			
무기질	칼슘		
	나트륨		
	철		
비타민	A		
	D		
	E		
	K		
	C		
기타	식이섬유소		
	수분		

❷ 영양문제

(1) **청소년기 다이어트의 위험성**
   ① 성장 및 발육 지연 : 잘못된 다이어트는 성장기인 청소년들의 체격 및 체력을 저하시킬 수 있다.
   ② 학습능력 저하 : 지속적인 에너지의 부족으로 뇌의 에너지 공급이 부족해져서 학습에 장애를 일으킬 수 있다.
   ③ 심리적인 장애 : 거식증이나 폭식증 등의 심리적인 문제를 야기한다.
   ④ 골다공증, 빈혈 등의 질병이 발생할 수 있다.

(2) **아침식사(결식)**
   ① 결식의 문제점
      • 아침식사를 하지 않으면 피로물질 축적이 많아진다.
      • 점심 때 과식하기 쉽기 때문이다. 과식은 소화기능 장애, 비만, 지방간, 당뇨병의 원인이며 우리 몸의 면역력을 저하시킨다.
      • 불규칙한 식습관을 형성하여 장기적인 영양불균형을 초래한다.
   ② 아침식사의 효과
      • 오전 중에 필요한 에너지를 공급한다. 근육과 내장 및 두뇌의 활동이 활발해지고 체온을 상승시킨다.
      • 하루에 필요한 영양소의 균형을 맞추기 수월해진다.
      • 규칙적인 식습관을 형성할 수 있다.
      • 포만감은 심리적인 안정감을 제공한다.
      • 섬유질 성분이 풍부한 식사를 하면 구리, 아연, 철 성분과 결합하여 인체에 해로운 중금속 흡수를 방지한다.
      • 수분보유력이 커서 변비를 막고 인슐린 분비는 적어 비만, 고혈압, 동맥경화 등 성인병을 예방한다.
   ③ 아침식사가 갖추면 좋은 조건
      • 아침식사로는 체온을 확실히 높일 수 있는 음식을 먹어야 한다. 여기서는 단백질이 중요한 역할을 수행한다.
      • 탄수화물은 소화·흡수가 빠르기 때문에 활동을 개시하기 전의 식사에서 중요한 위치를 차지하고 있다.
      • 섬유질이 많아야 한다.
      • 위의 부담이 적어야 한다.
      • 하루 섭취해야 할 에너지를 총 100%라고 한다면 아침 33%, 점심 33%, 저녁 33%로 고르게 나누어 섭취하는 것이 이상적이다. 따라서 아침에도 밥이나 빵, 동물성, 식물성 단백질, 그리고 지방과 야채가 고루 섞인 음식을 적당히 먹는 것이 좋다.

04 노년기 영양과 국민 공통 식생활 지침

❶ 노년기 영양

(1) **노화로 인한 생리적인 기능의 변화**
- 체성분의 변화 : 근육 및 수분 함량의 감소
- 기초대사량의 감소
- 내분비계의 변화(각종 호르몬의 감소)
- 신장 및 폐 기능의 감소
- 영양소의 소화·흡수 능력 감소
- 혈액 성분의 변화(혈액 중 요소, 요산, 콜레스테롤의 함량 점진적으로 증가)

(2) **영양상태의 변화(65세 이상)**
- 당분의 과잉섭취는 당뇨병 발병 위험을 높인다(췌장의 기능약화로 인슐린 분비저하).
- 췌장의 기능약화로 지방과 단백질의 소화력이 감퇴한다.
- 혈액 중의 지방과 콜레스테롤의 함량이 증가한다(고혈압, 동맥경화, 심장병).
- 위산의 분비저하로 칼슘 및 철의 흡수력이 감소하고, 단백질 소화능력이 떨어진다.

(3) **영양관리**
- 우유, 두부, 달걀, 생선, 연한 살코기 등으로 소화하기 쉬운 형태로 조리한다.
- 동물성 지방을 피하고 식물성 지방으로 섭취한다.
- 우유 및 유제품을 충분히 섭취한다.
- 채소와 과일을 충분히 섭취한다.
- 부종이 없는 한 수분은 충분히 섭취한다.
- 식염을 제한한다(고혈압 방지).

❷ 한국인을 위한 식생활 지침 – 보건복지부 등(2021. 4.14)

- 식품 및 영양섭취 관련 지침 : ①~③
- 식생활 습관 관련 지침 : ④, ⑤, ⑧
- 식생활 문화 관련 지침 : ⑥, ⑦, ⑨

① 매일 신선한 채소, 과일과 함께 곡류, 고기·생선·달걀·콩류, 우유·유제품을 균형 있게 먹자.
② 덜 짜게, 덜 달게, 덜 기름지게 먹자.
③ 물을 충분히 마시자.
④ 과식을 피하고, 활동량을 늘려서 건강 체중을 유지하자.
⑤ 아침식사를 꼭 하자.
⑥ 음식은 위생적으로, 필요한 만큼만 마련하자.
⑦ 음식을 먹을 땐 각자 덜어 먹기를 실천하자.
⑧ 술은 절제하자.
⑨ 우리 지역 식재료와 환경을 생각하는 식생활을 즐기자.

식영역　Home Economics

PART 02

조리원리

CHAPTER 01 조리의 기초
CHAPTER 02 곡류
CHAPTER 03 채소류, 과일류
CHAPTER 04 고기·생선·달걀·콩류
CHAPTER 05 우유·유제품류
CHAPTER 06 유지·당류
CHAPTER 07 식품 저장 및 가공

CHAPTER 01 조리의 기초

01 물

❶ 식품과 수분

(1) 물의 특성

① 물의 화학적 구조 : 한 개의 산소와 두 개의 수소 원자로 구성되어 있다. 산소 원자와 수소 원자는 각각 공유결합을 하는데 산소 원자가 전자를 당기는 힘이 더 강한 편이다. 이러한 전기 음성도의 차이와 굽은 형 구조에 의해 물은 극성(산소는 −, 수소는 +)을 띠게 된다.

② 물을 이용한 가열조리

　㉠ 비열(specific heat) : 어떤 물질 1kg의 온도를 1℃ 높이는 데 필요한 열량으로 단위는 kcal/g℃이다.
　　• 비열은 물질마다 다르므로, 물질을 구별하는 특성이 된다.
　　• 일반적으로 액체의 비열이 고체의 비열보다 크다. 따라서 같은 질량의 액체와 고체에 같은 열량을 가하면 액체가 고체보다 온도가 천천히 올라간다.
　　• 비열이 클수록 온도를 높이는 데 많은 열량이 필요하므로 온도가 잘 변하지 않는다.
　　• 주요 물질의 비열 : 물(1.0), 기름(0.5), 설탕(0.3), 공기(0.25)

　㉡ 물의 끓는점(비등점) : 끓는점은 물질에 따라 다르고, 외부 압력에 따라서도 달라진다.
　　• 고도가 높아져 기압이 낮아지면 물의 끓는점은 낮아진다(압력솥은 반대현상).
　　• 용액 중에 설탕 등의 작은 분자가 녹아 있으면 녹아 있는 물질의 농도에 비례하여 끓는점이 상승한다.

(2) **식품 중 수분의 형태**
① 자유수(free water) : 식품에 함유되어 있는 성분과 결합되지 않고 자유롭게 움직인다. 일반적인 물의 특성을 가지고 있어서 가열에 의해 쉽게 증발하고, 0℃ 이하에서는 쉽게 언다. 설탕 등을 녹일 수 있으며, 미생물의 번식에 이용된다.
② 결합수(bound water) : 수화수라고도 한다. 식품 중의 탄수화물, 단백질 및 지질 성분과 수소결합이나 이온결합으로 강하게 결합되어 있다. 증발 및 어는 것이 쉽지 않고, 설탕 등의 용매로 이용되지 않는다. 미생물의 번식에도 쉽게 이용되지 않는다. 자유수에 비해 밀도가 크며, 식품성분의 침전, 확산 등이 일어날 때 함께 이동한다.
　㉠ 단분자층 결합수 : 화학적으로 식품의 성분과 직접 결합한 수분
　㉡ 다분자층 결합수 : 단분자층 수분과 물분자 간에 결합하고 있는 수분

유리수	결합수
건조(압력)로 쉽게 제거 가능	제거 불가능
용매작용(염류, 당류, 수용성 단백질 용해)	용매 기능 없음
미생물에 이용됨	이용되지 못함
끓는점(100℃), 어는점(0℃)	100℃ 가열해도 제거 불가능, 0℃에서도 얼지 않음

2 등온흡습(탈습) 곡선

(1) **등온흡습(탈습) 곡선**
① 등온흡습 곡선 : 일정한 온도에서의 상대습도의 변화에 따른 평형수분함량의 관계를 나타낸 곡선
　㉠ 평형수분함량 : 식품 표면의 물의 수증기압이 대기 중의 수증기의 증기압과 같아져 건조와 흡습이 일어나지 않는 수분함량

ⓒ 수분활성(aw) [18] : 임의의 온도에서 식품 중에 함유된 수분의 증기압과 같은 온도에서의 순수한 물의 증기압의 비율
  • 식품을 밀폐용기에 넣고 수분이 출입하지 못하도록 하면, 식품의 수분이 용기 내의 상대습도와 평형상태를 유지하게 된다. 이와 같이 평형에 도달했을 때의 식품의 수증기압을 평형상대습도 또는 수분활성도라고 한다.
  • 순수한 물의 aw는 1이며 식품의 수증기압은 순수한 물의 수증기압보다 작으므로 aw < 1 이다. 식품 중에 함유되어 있는 수분에 가용성 물질이 많이 녹아 있을수록 수분활성은 낮아진다. 1.0보다 작다.

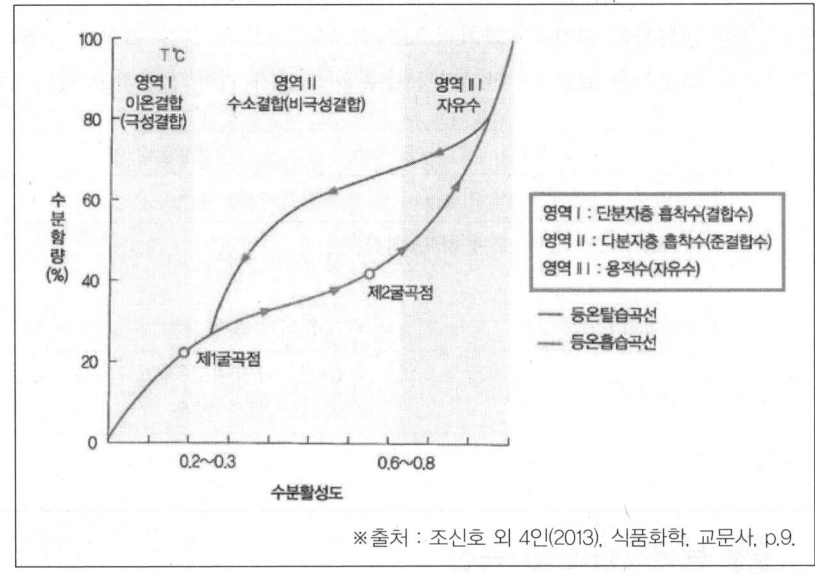

※출처 : 조신호 외 4인(2013), 식품화학, 교문사, p.9.

〈등온흡습(탈습) 곡선〉

② 단분자층 수분함량[BET(Brunauer-Emmett-Teller) 단분자층] : 일부 건조 식품의 좋은 저장성을 나타내는 수분함량은 그 식품 속에 흡수된 물분자들이 단분자층을 형성한다고 생각되는 수분함량과 일치한다. 단분자층을 형성하고 있는 물분자들이 식품 내의 성분이 공기 중의 산소에 직접 노출되어 산화되는 것을 방지하기 때문이라고 생각되고 있다.
  • 일반적인 단분자층 형성 수분함량 : 전분식품(6%), 식육·달걀·생선(3.5%), 건조야채·분유(2%), 과즙분말(극미량)
  • 비효소적 갈변반응 : BET 단분자층 수분함량 이상에서 반응속도가 상승한다.

③ 이력현상(hysteresis) : 등온흡습 곡선과 등온탈습 곡선이 일치하지 않는 현상이다. 탈습과정 중 조직을 형성하고 있는 분자조직체의 수축으로 인해 흡착표면에서 이용할 수 있는 흡착장소의 수가 감소하기 때문이다. 가역적 흡수는 불가능하다.

(2) **수분활성과 식품** 22 / 21 / 11

① 수분활성과 식품의 안정성 : 수분활성은 식품의 변질이나 안전성에 영향을 미치는데, 건조, 냉동, 염장 및 당장의 방법으로 식품의 수분활성을 낮추어 저장성을 높인다.

② 중간수분식품(Intermediate Moisture Foods, IMF) 14 : 건조식품의 단점을 극복하기 위해 개발된 식품 유형으로, 수분함량은 10~40%이고 수분활성도는 0.65~0.85이다. 식품을 건조하면 수분함량이 감소하여 저장성은 증가하지만 식감이 나빠지는데, 중간수분식품은 가소성이 있고 저장성도 있다. 우주식도 이런 유형의 식품에 해당한다.

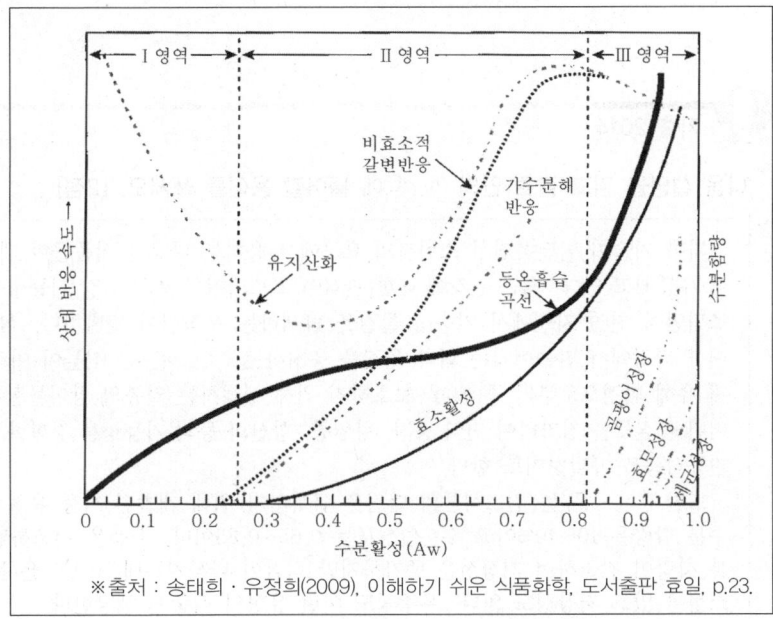

※ 출처 : 송태희·유정희(2009), 이해하기 쉬운 식품화학, 도서출판 효일, p.23.

Q 조기는 저장성이 낮은 데 비하여 굴비는 왜 오랫동안 저장이 가능할까?

기출 2018

다음은 식품의 가공 및 저장에 대한 설명이다. 괄호 안의 ㉠과 ㉡에 해당하는 용어를 순서대로 쓰시오. [2점]

> 식품의 부패를 막고 저장기간을 연장하기 위해 주로 이용하는 방법에는 염장법, 당장법, 건조법이 있다. 이 3가지 방법은 모두 식품에 존재하는 용질의 농도를 높여 (㉠)을/를 감소시킴으로써 미생물의 성장과 생육을 억제한다. 대부분의 미생물은 (㉠)이/가 0.6 이하에서 생육이 어렵다.
> 한편, 우리 조상들은 식품의 가공 및 저장에 미생물을 적극적으로 활용하여 다양한 발효식품을 개발하고 섭취해 왔다. 그중 (㉡)은/는 소금으로 절인 생선에 곡류·맥아·누룩 등을 첨가하여 젖산발효를 유도하고, 고춧가루·마늘·생강 등의 향신료로 맛을 낸 전통발효식품이다. 이와 같이 염장과 젖산 발효를 병행하면 풍미와 저장성을 모두 갖춘 발효식품을 제조할 수 있다.

ANSWER

 기출 2014

다음 설명을 읽고 괄호 안의 ㉠, ㉡에 들어갈 용어를 쓰시오. [2점]

> 과학 기술이 발달하면서 소비자의 요구에 부응하는 다양한 식품들이 개발되어 유통되고 있다. 최근 건강에 대한 관심이 고조되어 식품의 건강 기능성이 강조되면서 천연 자원에서 기능성 물질을 탐색하는 움직임이 활발하다. 식물의 대사 과정에서 만들어지는 화학 물질을 총칭하는 (㉠)은/는 식물이 여러 가지 유해 환경으로부터 종(種)을 보호하기 위해 생성하는 일종의 방어물질이다. 이런 물질들을 첨가하여 면역 증진, 항염증, 항산화 등의 기능성을 강화한 건강 기능식품을 개발하기도 한다.
> 또한 (㉡)은/는 건조식품의 단점을 극복하기 위해 개발된 식품 유형으로, 수분 함량은 10~40%이고 수분활성도는 0.65~0.85이다. 식품을 건조하면 수분 함량이 감소하여 저장성은 증가하지만 식감이 나빠지는데, (㉡)은/는 가소성이 있고 저장성도 있다. 우주식도 이런 유형의 식품에 해당한다.

ANSWER

기출 2011

다음은 일정 온도에서 식품의 수분활성(water activity)과 수분함량을 나타낸 표이다. (가)~(마)에 대한 설명으로 옳지 <u>않은</u> 것은? [2점]

식품	수분활성	수분함량(%)
(가) 과일	0.98~0.99	74~96
육류	0.96~0.98	70~80
(나) 햄	0.90~0.92	56~65
(다) 건조과일	0.72~0.80	18~22
(라) 과일젤리	0.64~0.69	18
(마) 밀가루	0.60~0.70	13~16

(단, 식품의 수분활성과 수분함량은 실제와 다소 차이가 있을 수 있음)

① (가)는 대부분의 미생물이 생육 가능한 수분활성을 가지고 있다.
② (나)는 제조과정 중 소금을 사용하여 원재료(육류)보다 수증기압이 낮아졌다.
③ (다)는 원재료(과일) 내 결합수가 표면으로 이동하여 증발되는 과정을 통해 수분함량이 낮아졌다.
④ (라)는 설탕을 사용하여 원재료(과일)의 수분활성을 낮춘 중간수분식품이다.
⑤ (마)의 경우는 동일한 저장조건에서 지방 함량이 많은 통밀가루가 흰 밀가루보다 저장성이 낮다.

ANSWER ③

❸ 식품의 물성

(1) 식품 조리와 물의 관계
   ① 확산 : 어떤 물질이 다른 물질 속에 섞여 들어가는 것 **예** 배추가 소금에 절여지는 것, 채소를 데치거나 삶을 때 성분이 용출되는 것
   ② 삼투 : 막이 반투막일 경우 물은 통과시키나 용질은 통과시키지 않아 물이 막을 통과하여 막 양측의 농도를 같게 하는 것 **예** 소금에 절여진 배추에서 물이 빠지는 것
   ③ 용해도 : 용액에 녹일 수 있는 용질의 농도
   ④ 점성 : 유체 내부에서 생성되는 흐름에 대한 저항/저항이 크면 점성이 크고, 저항이 작으면 점성이 작다/분산상의 농도가 높을수록, 온도가 낮을수록 점성이 크다.
   ⑤ 거품 : 거품을 이용한 식품(맥주, 아이스크림, 머랭 등 – 음식의 조직감과 부피 형성)/바람직하지 않은 경우(우유를 끓일 때, 발효식품, 두부, 물엿 등 → 소포제 사용)

> **Q** 김치를 담글 때 배추 절이기 과정과 물의 특성은 어떻게 연관될까요?

(2) 분산과 분산상태의 분류
   ① 식품과 분산 : 대부분 식품은 분산매가 액체인 물이며, 기체·액체·고체가 분산질로 구성된 분산액이다.
      ㉠ 기체 분산질로 구성된 식품 : 거품 낸 난백 중 포함된 공기, 청량음료 중 포함된 CO_2
      ㉡ 액체 분산질로 구성된 식품 : 마요네즈 중 기름
      ㉢ 고체 분산질로 구성된 식품 : 우유 중 카제인, 식품 중 대부분의 성분

▎식품의 분산상태

분산상태	분산매/분산상	예
포말질(foam)	액체/기체	탄산음료
유탁질(emulsion)	액체/액체	우유, 크림, 마요네즈, 샐러드드레싱
현탁질(suspension)	액체/고체, 고체/액체	우유, 된장국, 풀, 젤리

② 분산상태의 분류 : 분산질의 크기에 따라 진용액, 교질용액, 현탁액으로 분류된다.
  ㉠ 진용액(true solution) : 분자량이 작은 물질이 용해된 상태이다. 분산질(소금, 설탕, 수용성 비타민, 무기질 등)
    • 소금(전하발생), 설탕(수소결합을 통해 설탕 결정체 표면으로부터 설탕 분자 제거됨)의 '확산'현상이 발생한다.
    • 분산질로 인해 비점이 상승하고 빙점이 강하된다.

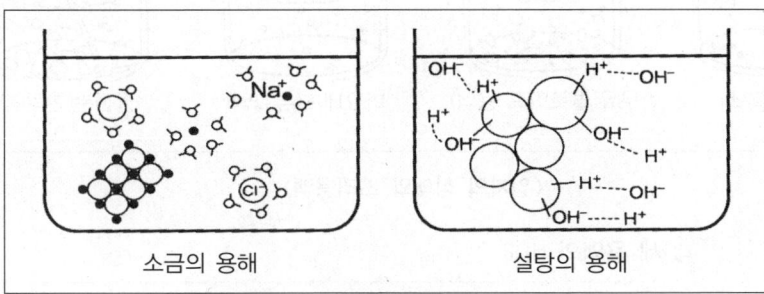

〈용질의 종류에 따른 용해와 조리〉

  ㉡ 교질용액(colloidal dispersion) 11 : 진용액을 형성하지 못하나 물에 분산되는 경우 분산질이 진용액의 입자보다 크나 중력에 의해 가라앉을 만큼 크지는 않지만 가라앉으려는 경향은 존재하여 기회가 되면 더 크게 합쳐져 가라앉는다. 예 우유가 변질되거나 발효시키면 카제인이 합쳐져 버물버물한 덩어리 형성
    • 이물질을 흡착하는 성질 : 짠 국에 달걀 풀기

  ■ 유화액(emulsion)
  대개는 교질용액으로 분류한다. 분산매와 분산질이 서로 섞일 수 없는 액체라는 점에서 따로 분류할 수도 있다. 예 마요네즈, 크림, 균질우유

ⓒ 현탁액(suspension) : 분산질의 크기가 커서 중력에 의해 쉽게 가라앉는 경우 예 냉수에 밀가루나 전분을 섞은 용액

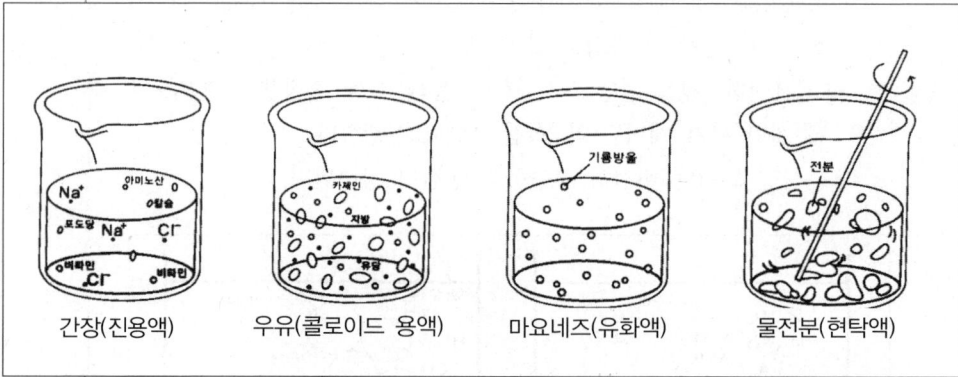

간장(진용액)   우유(콜로이드 용액)   마요네즈(유화액)   물전분(현탁액)

〈입자의 상태와 조리용액〉

ⓔ 세 용액의 비교

진용액	교질용액	현탁액
• 분산질은 분자나 이온 • 직경 1nm 이하 • 현미경 관찰 불가 • 여과지나 양피지 통과 • 분자운동	• 분산질은 분자의 작은 덩어리 • 직경이 1nm~0.1μm • 한외현미경으로만 관찰 가능 • 여과지는 통과, 양피지는 불가 • 브라운운동	• 분산질은 분자들의 큰 덩어리 • 직경이 0.1μm 이상 • 현미경과 눈으로 관찰 가능 • 여과지 통과 불가능 • 중력운동

- 1nm = 10^{-9}m, 1μm = 10^{-6}m
- **분자운동** : 물질을 이루는 분자들의 움직임을 말하며, 물질의 상태가 고체일 때 액체일 때 기체일 때에 따라서 움직임의 정도가 달라진다.
- **브라운운동** : 액체나 기체에서 일어나는 작은 입자들의 불규칙한 운동. 브라운이 물에 떠있는 화분(꽃가루)을 관찰하다가, 화분에서 나온 입자가 불규칙하게 돌아다니는 것을 관찰한 것이 시초. 브라운운동의 내용에 의하면 액체나 기체에 있는 분자가 작은 입자들과 부딪쳐서 일어나는데, 물체가 클 경우 모든 면에서 거의 균일한 힘을 받아 거의 움직이지 않지만 물체가 매우 작은 입자일 경우 분자와 불균등하게 부딪치게 되기 때문에 마구 돌아다니게 된다.

02 조리

1 조리방법

(1) 계량

① 계량 단위 : 1c = 200mL, 1Tc = 15mL, 1ts = 5mL, 1Ts = 3ts

② 식품별 부피 계량 방법
- 물, 우유, 육수와 같은 액체는 투명한 계량컵을 사용하여 액체의 표면에서 아래로 들어간 부분이 눈금과 같도록 하여 눈높이에서 계량한다.
- 소금, 설탕, 밀가루와 같은 가루 식품은 계량 방법에 따라 큰 오차가 생긴다. 밀가루는 계량을 하기 전에 반드시 체로 친 다음, 조심스럽게 계량 용기에 담아 윗부분을 수평으로 깎아 잰다.
- 마가린, 버터 같은 지방은 사용하기 3~4시간 전에 냉장고에서 꺼내 실온에 두었다가 꼭꼭 눌러 담고 윗면을 깎아 계량한다.
- 마요네즈, 식용유는 계량스푼으로 떠낸 후에 스푼 안쪽을 깨끗이 훑어 내려야 정확히 계량한다.
- 다진 양파, 당근과 완두콩 등은 계량컵에 흔들어 담아서 계량한다.

(2) 열의 전달방법

① 대류(convection, 對流) : (유체의 부력에 의한 상하운동) 공기나 액체를 가열하면 팽창하여 밀도가 낮아지면서 가벼워지므로 위로 올라가고, 위의 찬 공기나 액체가 밀도가 높아 무거워지므로 아래쪽으로 이동하면서 열이 이동하는 것

② 전도(conduction, 傳導) : 열에너지가 물질의 이동을 수반하지 않고 물체가 열원에 직접 접촉하였을 때 열이 물체를 따라 이동하는 것/전도에 의해 열이 전달되는 정도를 열전도율이라고 하며 물질마다 열전도율이 다르다.

③ 복사(radiation, 輻射) : 열원으로부터 중간매체 없이 직접 물체에 도달하여 열이 전달되는 것

(3) 가열조리방법

> **조리법의 종류**
> - 생조리 : 식품을 익히지 않고 조리하는 방법
>   - 식품이 가진 원래의 맛과 질감 및 향미 유지, 영양 손실 방지
>   - 종류 : 생채, 김치, 샐러드
> - 가열조리법
>   - 물을 사용한 가열조리법 : 끓이기, 데치기, 조리기, 찌기
>   - 물을 사용하지 않는 가열조리법 : 튀기기, 볶기, 부치기, 굽기

① 끓이기 : 식품을 끓는 물속에서 가열하는 방법(삶기 : 식품을 익힌 후 건져내는 방법)으로 식품이 고루 익으나 시간이 오래 걸린다. 가열 후 국물을 따라 버리는 경우 수용성 영양소의 손실이 크다.

② 데치기 : 많은 양의 끓는 물에서 단시간 내에 익히는 방법이다.

③ 조리기
- 식품에 양념간장과 물을 조금 넣고 익히는 방법이다.
- 처음에는 센 불로 가열하다가 끓기 시작하면 불의 세기를 줄인다.

④ 찌기
- 찜통을 이용하여 뜨거운 수증기로 식품을 익히는 방법이다.
- 비교적 시간이 오래 걸리나 모양이 그대로 유지되는 효과가 있다.
- 수용성 영양소와 맛 성분의 손실이 적다.

⑤ 튀기기
- 많은 양의 뜨거운 기름 속에 식품을 넣어 익히는 방법이다.
- 식품을 짧은 시간 내에 익히며 영양소의 손실이 적다.
- 기름에 식품을 넣으면 기름의 온도가 낮아지므로 한꺼번에 많은 양의 식품을 넣지 않도록 한다.

⑥ 볶기
- 프라이팬에 기름을 두르고 뜨겁게 달군 후, 기름을 넣어 재빨리 저어 가며 익히는 방법이다.
- 식품을 잘게 썰어서 센 불에서 단시간에 조리할 수 있다.

⑦ 부치기
- 기름을 두른 프라이팬에 식품을 놓아 익히는 방법이다.
- 재료를 얇팍하게 썰어 약한 불에서 서서히 익힌다.
- 자주 뒤집지 않아야 모양이 깨끗하게 된다.

⑧ 굽기
- 식품을 불에서 석쇠나 프라이팬을 이용하여 직접 익히거나 뜨거운 공기로 익히는 방법이다.
- 석쇠나 프라이팬을 뜨겁게 달군 후 구워야 눌어붙지 않는다.
- 오븐 속의 공기를 미리 뜨겁게 한 후 식품을 넣는다.

가열조리방법의 특징

	건열조리			습열조리			전자레인지
	굽기	볶기, 부치기	튀기기	끓이기, 조리기	삶기, 데치기	찌기	
열의 전달방법	복사, 공기의 대류, 조리기구의 열전도	기름과 조리기구의 열전도	기름의 대류, 기름과 조리기구의 열전도	물이나 조미액의 대류, 조리기구의 열전도	물의 대류, 조리기구의 열전도	수증기의 대류	마이크로웨이브에 의하여 식품 자체 발열
이용온도 (℃)	150~300	150~200	130~200	100	100	100	
식품 속의 수분의 변화	표면의 탈수가 현저하다.	물을 첨가하지 않는 한 감소한다.	탈수되고, 기름이 흡수된다.	• 건조식품은 흡수된다. • 육류, 어류 등은 변성과 수축에 의해 탈수된다. • 전분을 많이 함유한 식품은 별 변화가 없다.			증발에 의한 손실이 크다.

2 조리기구의 가열방식과 전자레인지

(1) 조리기구의 가열방식
① 유전가열(전자레인지), 열전도가열(연탄, 가스레인지 등), 열복사가열(전기오븐)
② 유전가열 : 물체에 전계를 가하면 물체를 구성하는 분자들이 양전하는 －극으로, 음전하는 ＋극으로 향하여 정렬한다. 이때, 전계의 방향을 바꾸면 분자들이 재정렬하게 되는데 이 과정에서 분자 간에 마찰이 일어나 열이 발생한다. 전계의 방향을 연속적으로 바꾸어 주면 마찰열이 증가하여 물체 전체가 동시에 가열되는 것이다.

(2) 전자레인지

① **전자레인지의 원리** : 유전가열의 원리(유전체에 고주파 전자계를 부여함으로써 유전체 분자 내부에 발생하는 마찰 열손실을 이용하는 가열법)를 이용한다. 전자레인지는 내부에 마그네트론에서 전파를 방출하게 되며, 이 전파는 진동수가 2,450MHz로 진동하게 된다. 모든 물체에는 저마다 고유진동수라는 것이 있는데, 이 고유진동수에 해당되는 전파나 파동에너지를 흡수하는 성질이 있다. 이런 성질을 공진현상이라고 한다. 전자레인지에서 내는 전파의 진동수는 물의 진동수와 같기 때문에 물분자가 이 전파의 에너지를 흡수하는 공진현상이 일어나게 되며 이 때문에 물분자가 진동을 하고 물분자끼리 서로 충돌하여 마찰열이 생긴다.

② **전자레인지 조리의 특징**
- 조리시간이 짧다.
- 전자파는(조리) 용기를 투과하는 성질이 있어 식품을 먹을 그릇(상차림에 낼 그릇)에 담아 조리할 수 있다.
- 갈변현상이 발생하지 않는다.
- 식품의 중량(수분)이 많이 감소한다.
- 소량의 식품조리에는 유리하나 다량이거나 두꺼운 식품조리에는 불편하다.

③ **사용 시 주의사항**
- **돌비현상** : 전자레인지에서 물을 오래 가열하면 물은 끓지 않은 상태에서 100도 이상까지 온도가 올라간다. 이때 커피 등의 이물질을 넣으면 촉매제 역할을 해 기포가 생기면서 물이 폭발적으로 끓어올라 솟구치는 이른바 돌비현상이 발생한다.
- 식품의 수분증발을 적게 한다.
- 갈변을 시킬 경우 미리 겉을 익힌 후 전자레인지에 넣어 내부를 익힌다.
- 여러 가지 재료를 배합한 조리식품을 재가열하는 경우 식품의 익는 속도가 다를 수 있다.
- **사용할 수 없는 조리 용구** : 금속장식이 있는 식기, 칠기, 법랑, 열에 약한 플라스틱, 크리스탈

③ 조미료

조미순서
- 설탕 → 소금 → 식초 → 간장
- 설탕의 분자량이 소금의 분자량보다 크기 때문이다. 식초와 간장은 가열에 의해서 휘발성 향기성분을 잃기 쉽기 때문에 나중에 넣는다.

(1) 소금 – 짠맛

역할		원리	조리·가공의 예
저장성 : 살균방부작용		수분활성을 낮춘다. 삼투압과정을 통해 미생물 및 균류를 제거한다.	대부분의 식품
탈수현상		삼투압이 발생하고 이 과정 중 조직의 반투과성이 상실된다.	김치 및 절임류, 생선구이
발효조정		내염 미생물의 증식을 조정한다.	장류, 치즈
녹색유지		클로로필의 안정화	녹색채소
저온형성		물에 혼합하면 물의 어는점을 낮춘다.	아이스크림
단백질	열응고 촉진	단백질 주변에 반대전하를 제공해 단백질 간의 응집성을 증가시킨다.	달걀, 육류 및 생선구이
	글루텐 형성	글리아딘과 글루테닌에 작용하여 밀가루 반죽의 탄력성 증진	빵, 면류
	어육탄력성 증진	액토미오신을 형성한다.	연제품, 햄버그스테이크
	대두 단백질 용해	염용으로 글리시닌의 용해도 증가시킨다.	두유
효소	글루텐 품질유지	프로테아제를 억제한다.	빵
	갈변방지	폴리페놀옥시다아제를 억제한다.	야채, 과일의 갈변방지
	비타민 C 보호	아스코르비나아제를 억제한다.	과즙의 비타민 C 보유
맛	단맛 증가	맛의 대비 현상	설탕+식염
	신맛 억제	맛의 억제 현상	식초+식염

(2) 설탕 - 단맛

분류	역할	조리·가공의 예
물성의 개선	• 수분을 흡수하여 건조 방지 • 여러 가지 결정 및 부드러운 크림상 형성 • 젤 강화 • 점성	• 케이크, 화과자 • 얼음설탕, 캔디류, 커스터드 • 한천, 젤리, 시럽
방부작용	• 미생물의 발육억제	• 당절임, 잼, 가당연유, 양갱
단백질	• 난백의 거품 안정화 • 부드러운 응고물 형성 • 좋은 색과 향	• 머랭 • 푸딩 • 스펀지케이크, 카스텔라 • 도넛
탄수화물	• 전분 노화방지 • 펙틴과 결합하여 젤리 형성 • 밀가루 반죽의 발효 촉진	• 빵, 케이크, 카스텔라, 양갱, 잼 • 젤리, 마멀레이드 • 빵 등의 밀가루 반죽
기타	• 캐러멜 반응에 의한 색과 향	• 캐러멜 소스

(3) 식초 - 신맛

작용	특징	조리·가공의 예
방부작용	• 미생물 발육을 억제시킴	• 초절임, 마요네즈, 피클
단백질에 대한 작용	• 열응고를 촉진시켜 굳게 함 • 응집시켜 줄어들게 함	• 수란 • 생선의 초절임
조직에 대한 작용	• 물을 빼내어 부드럽게 만듦 • 맛이 스며들기 쉽게 함 • 부드럽고 뼈까지 먹을 수 있게 함	• 생선회, 식초 넣은 요리 • 다시마 삶은 것, 다시마 말이 • 작은 생선의 절임
색소에 대한 작용	• 플라보노이드에 작용하여 색을 희게 함 • 안토시안에 작용하여 색을 붉게 함	• 연근 초절임, 데친 콜리플라워 • 빨간 생강, 토란 삶은 것
효소에 대한 작용	• 산화효소를 억제하여 갈변을 방지함 • 미로시나아제를 억제하여 매운맛을 방지함	• 콩나물의 보존 • 무즙
기타 작용	• 매운맛 성분을 안정하게 보존함 • 떫은맛 우려내기를 도움 • 생선 비린내를 제거함 • 점액을 제거함	• 겨자 • 우엉, 땅두릅, 참마의 세정 • 생선을 초로 세정 • 토란, 전복

기출 2015

다음은 식품의 조리·가공 과정에서 특정 물질을 첨가할 때 발생하는 현상들이다. (가)~(바)의 현상을 유발할 수 있는 물질들의 공통된 식품학적 특성을 쓰고, 이와 연계하여 밑줄 친 ㉠~㉢의 조리원리를 각각 설명하시오. [5점]

> (가) 대두유가 응고되었다.
> (나) 연어의 비린내가 줄었다.
> (다) ㉠<u>탕수육 소스가 묽어졌다.</u>
> (라) 젤라틴 푸딩이 부드러워졌다.
> (마) ㉡<u>깎아 둔 사과의 갈변이 억제되었다.</u>
> (바) 샐러드의 ㉢<u>자색 양배추가 붉은색으로 변했다.</u>

ANSWER

(4) 미각의 생리현상의 종류 12

종류	특징		예
맛의 대비	서로 다른 맛 성분이 몇 가지 혼합되었을 경우, 주된 맛 성분의 맛이 강해지는 것	단맛(주)+짠맛	팥죽+설탕+소금→ 단맛 증가
		감칠맛(주)+짠맛	다시국물+소금→ 감칠맛 증가
		짠맛(주)+신맛	소금간 무생채+식초→ 짠맛 증가
맛의 억제	서로 다른 맛 성분이 몇 가지 혼합되었을 경우, 주된 맛 성분의 맛이 약화되는 것	신맛(주)+단맛	신맛 과일+설탕→ 신맛 약화
		신맛(주)+짠맛	초절임+소금→ 신맛 약화
		쓴맛(주)+단맛	커피+설탕→ 쓴맛 약화
맛의 상승	같은 종류의 맛을 가지는 2종류의 맛 성분을 서로 섞으면 각각 갖고 있는 맛보다 훨씬 강하게 느낀다.	단맛+단맛	설탕액+ 사카린→ 단맛 증가
		MSG+IMP (또는 GMP)	다시마+다랑어포→ 감칠맛 증가
맛의 상쇄	2가지 맛 성분을 혼합함으로써 각각의 고유한 맛을 나타내지 못하고, 약해지거나 없어지는 현상	짠맛+신맛	김치의 조화된 맛
		단맛+신맛	청량음료의 조화된 맛
맛의 변조	한 가지 맛을 느낀 직후에 다른 맛을 정상적으로 느끼지 못하는 현상		쓴 약을 먹은 직후 물을 마시면 달게 느낌, 오징어를 먹은 직후 식초나 밀감을 먹으면 쓴맛 느낌
미각의 피로	같은 맛을 계속 맛보면 그 맛이 변하거나 미각이 둔해져 맛이 약할 때는 거의 느끼지 못하고, 진하면 싫증이 난다.		황산마그네슘이 처음에는 쓰게 느껴지나 조금 지나면 단맛을 약간 느낌
맛의 상실	열대지방 식물인 gymnema sylvestre의 잎을 씹은 후, 단맛과 쓴맛을 느낄 수 없다.		이 현상은 잎 중의 gymnemic acid에 의하며, 단맛이나 쓴맛을 느끼는 신경부위를 억제하기 때문이다.

Q 기출 2012

다음 대화에 나타난 맛의 상호작용과 동일한 현상으로 옳은 것은? [1.5점]

> 소라 : 엄마, 왜 단팥죽에 소금을 넣어요? 난 단 것이 좋은데……
> 엄마 : 단팥죽에는 소금을 조금 넣어야 더 달고 맛이 있단다.
> 소라 : 아, 그렇구나.

① 숙성된 김치는 덜 짜게 느껴진다.
② 흑설탕이 백설탕보다 더 달게 느껴진다.
③ 커피에 설탕을 넣으면 덜 쓰게 느껴진다.
④ 오징어를 먹은 직후 귤을 먹으면 쓴맛이 느껴진다.
⑤ 신맛이 나는 딸기에 설탕을 뿌려 먹으면 덜 시게 느껴진다.

ANSWER ②

CHAPTER 02 곡류

01 종류와 특성

(1) 종류

쌀	• 탄수화물 : 녹말의 함량 75%로 아밀로오스와 아밀로펙틴으로 이루어져 있다. 멥쌀은 아밀로펙틴 : 아밀로오스 = 4 : 1이며, 찹쌀은 거의 아밀로펙틴으로만 구성되어 있다. • 단백질(오르제닌) : 리신이 부족하므로 혼식을 통해 아미노산과 비타민 B군을 보충한다.
보리	• 탄수화물 : 쌀보다 녹말의 함유량이 적고 섬유질이 풍부하다. • 티아민, 리보플래빈, 칼슘과 철분이 쌀보다 많다.
밀	• 단백질 : 글리아딘과 글루테닌으로 단백가가 낮으며 글루텐을 형성한다.
감자	• 칼륨이 많으며 티아민, 리보플래빈, 니아신, 아스코르브산을 함유하고 있다. • 알칼리성 식품으로 산성 식품인 육류와 섞어 먹으면 좋다. • 감자 싹에는 솔라닌이라는 천연 독성물질이 있으므로 제거한다.

(2) 전분 : 아밀로오스와 아밀로펙틴

① **아밀로오스** : 포도당이 일직선상으로 결합하여 형성된 것으로 분자량이 450~1,000개 정도이다. 아밀로오스는 6~8개의 포도당 단위마다 한번 회전하는 나선구조를 가지고 있다. 이 나선구조 내부 공간에 요오드 등의 분자들이 내포될 수 있다.

② **아밀로펙틴** : 아밀로오스와 같이 포도당이 일직선으로 결합되다가 여기저기에서 가지를 친 구조로 분자량이 수천 개에서 수만 개에 달한다.

③ **찹쌀과 멥쌀의 식감** : 아밀로펙틴은 찰진 질감을 형성하며, 분지(가지가 있는)상 구조로 인해 노화가 방해되는 특성이 있다. 찹쌀의 질감이 멥쌀보다 찰지고, 노화가 더딘 이유는 아밀로펙틴의 함량이 높기 때문이다.

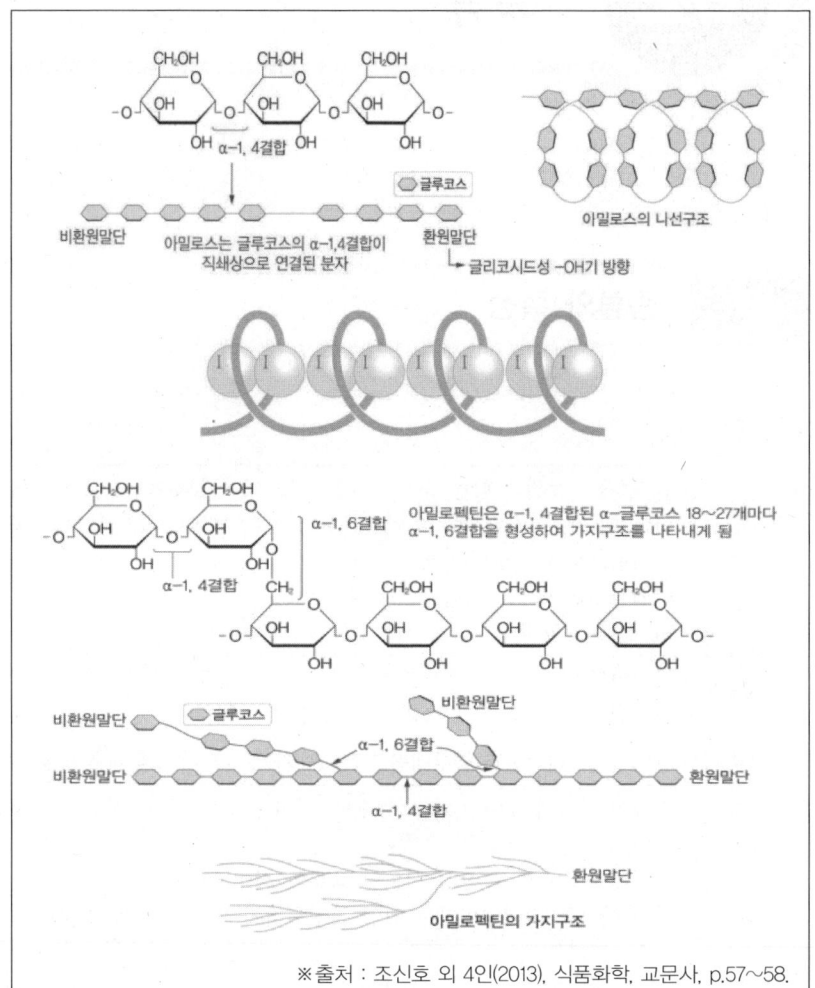

※ 출처: 조신호 외 4인(2013), 식품화학, 교문사, p.57~58.

구분	아밀로오스	아밀로펙틴
결합 형태	일렬로 결합(α-1,4결합)	일렬로 결합된 중간에 가지가 있음 (α-1,4결합/ α-1,6결합)
구조	직쇄상구조(나선구조로 회전함)	직쇄상구조에 사슬의 가지를 가지는 구조
포도당 결합 수	550~2,000	20,000~200,000
점성	낮다.	높다.
요오드와 반응	나선구조에 요오드가 들어가 요오드 분자 복합체를 형성함 - 청색	요오드분자와 복합체 형성하지 않음 - 보라색

02 곡류의 변화 – 쌀 중심

1 호화와 노화 21 / 16 / 06

(1) 호화(α녹말)와 노화(β녹말)

① 호화 : 녹말에 물을 붓고 가열하면 아밀로오스와 아밀로펙틴의 틈으로 수분이 침투하여 녹말입자의 조직이 헐거워지고 팽창하는 현상이다. 호화가 된 녹말은 끈기가 있고 맛이 좋으며 부드럽고 소화가 잘 된다.
  ㉠ 수화 : 찬물에 넣었을 때 녹말 입자의 비결정성 영역(α-1,6결합 밀집)에 수분을 흡수되며, 이 과정은 가역적이다.
  ㉡ 팽윤 : 호화 개시 온도(60℃) 이상이 되면 결정성 영역의 수소결합이 끊어져 물의 흡수량이 증가하면서 급속하게 팽윤되어 비가역적 변화를 가진다(복굴절성 소실). 최대점도에 도달한다.
    • 복굴절성(Double refraction, Birefringence) : 전분입자의 결정성은 빛을 두 방향으로 굴절시키는 복굴절성의 특징을 가지지만 전분을 호화시키면 이 특징이 소실된다. 호화된 전분의 결정성 영역이 사라지기 때문이다.
  ㉢ 미셀의 붕괴 : 호화온도에 도달하면 전분입자들이 붕괴되면서 점도가 감소한다.

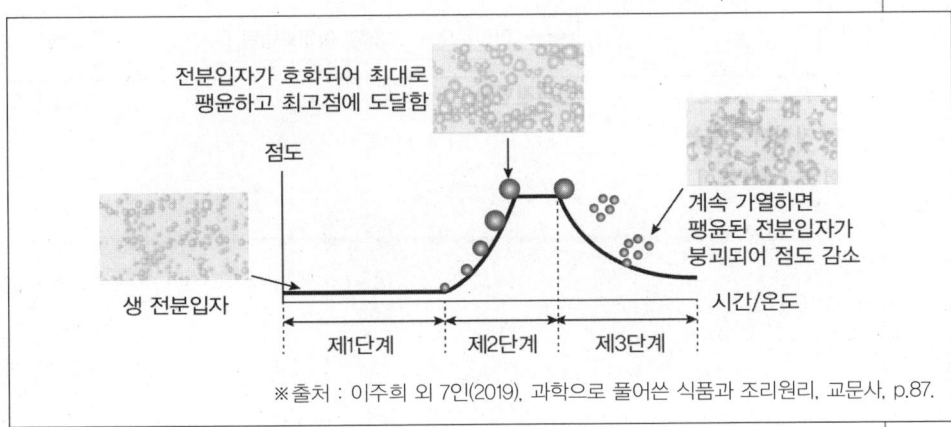

※출처 : 이주희 외 7인(2019), 과학으로 풀어쓴 식품과 조리원리, 교문사, p.87.

② 노화(β녹말) : 호화된 녹말이 식으면서 생녹말과 비슷한 상태로 돌아가는 현상이다. 전분 분자들 간의 수소결합에 의해 형성된 작은 결정영역이 재배열되면서 결정영역이 커지게 된다.
- 조건 : 수분 30~60%, 온도 0℃ 부근에서 가장 노화현상이 활발히 발생한다.

Q 찬밥이 더운밥보다 소화가 잘 안 되는 이유는?

Q 기출 2016

다음 사례에서 나타나는 전분의 변화에 맞게 ㉠~㉢을 순서대로 쓰시오. [2점]

> 영희는 쌀통에서 쌀을 꺼내 씻었다. 씻은 쌀로 밥을 지어 따끈따끈한 밥을 맛있게 먹었다. 남은 밥은 랩으로 싸서 냉장고에 3일 동안 넣어 두었다.

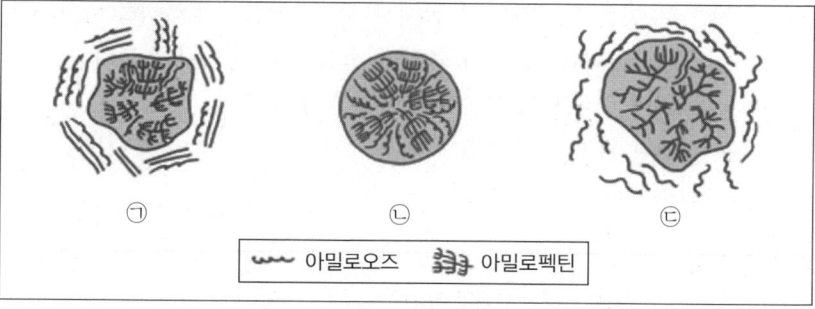

㉠   ㉡   ㉢

〰️ 아밀로오스   🌿 아밀로펙틴

ANSWER

(2) 호화와 노화 관련 요인

요인	호화 요인	노화 요인
녹말 구성	아밀로오스 함량 높은 것	아밀로오스가(수소결합 용이) 아밀로펙틴(가지상 구조로 수소결합 방해)보다 노화 촉진
산 15	가수분해로 점도 약화 (산은 $\alpha-1,6$결합을 가수분해함)	노화 촉진
염기	호화 촉진(-OH작용기를 제공함)	노화 억제
염류	-이온을 제공하여 호화온도를 내려 촉진(단, 황산염은 억제)	노화 억제(단, 황산염은 촉진)
설탕	설탕의 친수성 : 30%까지 점도 상승, 50% 이상이면 호화 어려움	노화 방지
온도	높을수록 호화 잘됨	저온 0~10℃
수분	많을수록 호화 잘됨	30~60%

Q 레몬 파이 속(filling)을 새콤달콤한 맛이 나게 하면서도 점도를 유지하려면?

(3) 노화방지법

① 수분함량 조절 : α-전분에서 10% 이하이면 거의 노화가 일어나지 않으므로 80℃ 이상의 고온에서 급속히 수분을 제거한다. 예 라면, 비스킷, 건빵류

② 온도 조절 : 0℃ 이하로 얼려서 급속히 탈수하여 수분 함량을 15% 이하로 조절한다. 예 냉동 건조미

③ 설탕첨가 : 설탕이 탈수제의 역할(α-전분을 단시간에 건조시키는 효과)을 한다. 예 양갱

④ 유화제 : 전분 용액의 안정도를 증진시키고, 전분분자의 침전이나 결정 영역의 형성을 억제한다. 예 빵, 과자류

기출 2006

멥쌀과 찹쌀을 구성하는 전분의 성분과 구조적 차이를 이화학적으로 설명하고, 이 차이가 떡의 노화에 미치는 영향을 쓰시오. [3점]

ANSWER

 기출 2000

식품의 노화 방지 방법과 그 원리를 이용한 가공식품의 예를 드시오. [3점]

ANSWER

2 녹말의 겔화, 호정화, 당화

(1) 녹말의 겔화 12/07

① 겔화 : 녹말액(sol)을 냉각시키면 입체적 망상구조를 형성하는 반고체 상태인 겔(gel)을 형성한다. 호화로 용출되었던 아밀로오스 분자들이 수소결합에 의해 회합하거나, 전분입자의 외곽에 있는 아밀로펙틴 분자의 가지와 결합하여 3차원 망상구조를 형성하면 그 내부에 물이 갇히는 형태이다. 예 묵, 과편

- 전분 —물/가열→ 전분입자로부터 amylose가 일부 빠져나와 sol 상태로 녹아 있음 → 호화
- amylose 입자들이 수소결합을 통해 회합 → 입체적 망상구조 형성 → 물이 망상구조 내부에 갇히면서 gel 형성

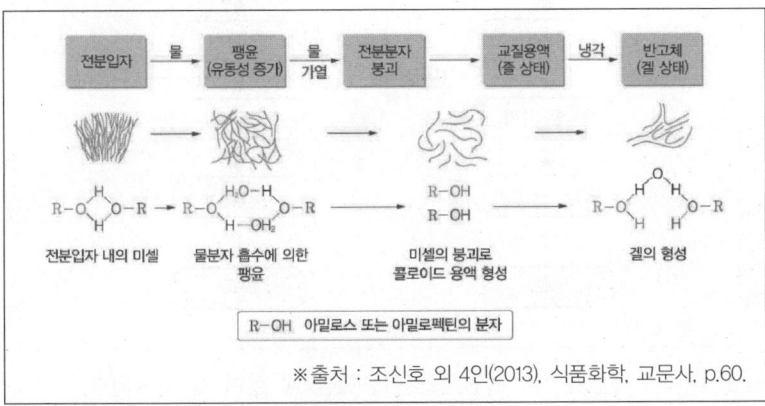

〈전분의 호화와 겔화〉

② 영향 요인
- 전분 종류 : 아밀로오스의 함량이 높을수록(↔아밀로펙틴) 겔 강도가 강하다
- 전분의 농도 : 농도가 높을수록 겔의 강도가 강해지며, 호화 후 설탕을 첨가하면 수분이 설탕 쪽으로 이동하여 망상구조에서의 실질적인 전분의 농도를 높여서 겔 강도가 강해진다.
- 설탕 : 호화과정 중에 다량 사용할 경우 전분입자의 붕괴를 억제하여 완성된 겔의 강도를 감소시킨다.

- 산 : 호화과정에서 산을 첨가할 경우 전분을 가수분해해서 전분의 강도를 떨어뜨린다.
- 유화제 : 아밀로오스와 복합체를 형성하여 아밀로오스의 수소결합을 방해하므로 겔 강도를 감소시킨다.
- 가열시간 및 젓기 : 충분히 호화시키고 잘 저으면 겔 강도가 상승하지만 호화가 부족하거나 너무 오래 저을 경우 겔 강도가 감소한다.

Q 기출 2012

다음은 서로 다른 식품의 겔 형성 과정이다. (가)~(마)에 해당하는 설명으로 옳은 것은? [2점]

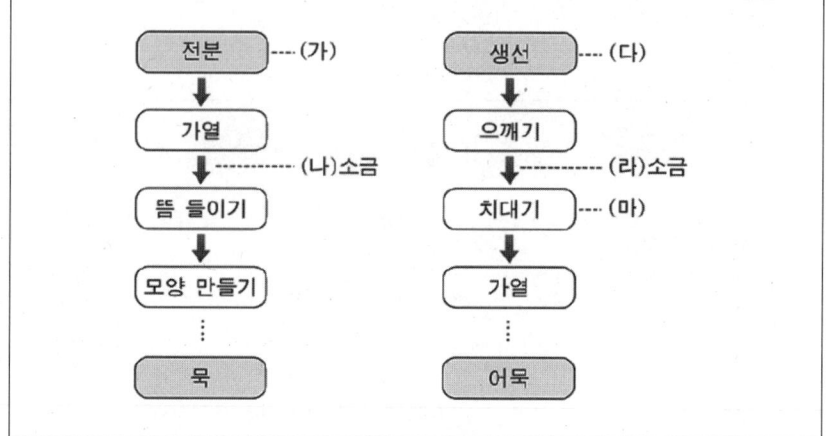

① (가) - 메전분보다 찰전분을 이용했을 때 겔이 잘 형성된다.
② (나) - 소금은 겔의 점도를 감소시킨다.
③ (다) - 흰살 생선보다 붉은살 생선을 이용했을 때 탄력성이 강한 어묵이 된다.
④ (라) - 어육 중량의 0.5~1.0%의 소금을 첨가하였을 때 겔이 잘 형성된다.
⑤ (마) - 어육의 pH를 6.5~7.0으로 조절하면 탄력성이 높은 겔이 형성된다.

ANSWER ⑤

(2) 전분의 호정화

녹말에 물을 가하지 않고 160℃ 이상으로 가열하거나 효소나 산으로 가수분해하면 녹말 입자가 완전히 파괴되지 않고 구조가 일부 절단되어 물에 녹기 쉬운 덱스트린으로 분해된다. 이 덱스트린은 황갈색으로 물에 잘 용해되고 점성은 약하다. 예 밀가루 음식을 튀길 때, 쌀이나 옥수수를 튀길 때, 시리얼, 루(roux) 등

> **Q**
> 1. 전쟁과 같은 비상시에 미숫가루가 식량으로 좋은 이유는?
> 2. 화이트 루보다 브라운 루의 점도가 낮은 이유는?

Q 기출 2008

다음은 브라운 그레이비 소스의 조리법이다. 밑줄 친 ③의 과정에서 나타나는 현상을 쓰고, 이 현상이 발생하는 조건 2가지를 2줄 이내로 쓰시오. 그리고 이와 같은 원리를 이용한 음식 2가지를 쓰시오. [4점]

브라운 그레이비 소스
① 채소는 썰어 팬에 볶는다.
② 밀가루를 체에 내린다.
③ <u>냄비에 버터를 넣고 녹인 후 밀가루를 넣어 중불에서 갈색이 되도록 볶는다.</u>
④ 볶은 ③에 토마토 페이스트를 넣고 신맛이 없어지도록 볶는다.
⑤ 위의 ④에 육수를 넣고 풀어 준 후 부케가니와 볶은 채소를 넣고 푹 끓인다.

• 나타나는 현상 : _____

• 발생하는 조건 : _____
_____

• 음식 : ① _____
   ② _____

(3) 당화 22 / 09

① 원리 : 녹말에 산을 넣고 가열하거나 효소를 가진 엿기름 등의 물질을 넣고 효소의 최적 온도를 맞추면 녹말이 가수분해되어 엿당, 포도당을 생성한다. 예 식혜, 엿, 조청

② 식혜
  ㉠ 만들기 과정
  - 엿기름의 제조
  - 아밀레이스 효소의 추출 : 물에 넣어 주물러 준다.
  - 전분의 호화 : 약간 된 편이면서 완전히 잘 퍼진 것이 좋다.
  - 전분의 당화 : 밥에 엿기름물을 부어 따뜻하게 보온한다.
  - 밥알이 떠오르면 밥을 건져내어 냉수에 담가 가수분해를 중단시 킨다.
  - 식혜물은 식힌 후 설탕으로 맛을 맞춘 후 냉장 보관한다.
  ㉡ 관련 효소

각종 전분 분해효소의 특성

종류	소재 및 특성
α-아밀레이스 (α-amylase)	• 타액(침), 췌장액, 발아 중인 종자들, 미생물 등에 존재함 • 전분분자들의 α-1,4결합을 무작위로 가수분해하여 덱스트린(dextrin)을 형성하며, 계속해서 말토스와 글루코스로 분해됨 • 아밀로펙틴의 α-1,6결합에서는 작용하지 못하므로 α-아밀레이스 한계 덱스트린이 생성됨 • 전분분자들을 가수분해하여 용액상태로 만들므로 액화효소라고 함 • 전분을 가수분해하여 물엿 또는 결정포도당을 만들 때 이용됨
β-아밀레이스 (β-amylase)	• 감자류, 곡류, 두류, 엿기름, 타액에 존재함 • 전분분자들의 α-1,4결합을 끝에서부터 말토스 단위로 순서대로 가수분해하여 말토스가 생성됨 • 아밀로펙틴의 α-1,6결합에는 작용하지 못하므로 β-아밀레이스 한계 덱스트린이 생성됨 • 전분을 가수분해하여 단맛이 증가되므로 당화효소라고도 함
글루코아밀레이스 (glucoamylase)	• 동물의 간조직과 각종의 미생물에 존재함 • 전분분자들의 α-1,4결합, α-1,6결합, α-1,3결합까지도 글루코스 단위로 끝에서부터 순서대로 가수분해하여 직접 글루코스를 생성함 • 아밀로스는 100% 분해하고 아밀로펙틴은 80~90% 분해함 • 전분을 가수분해하여 고순도의 결정포도당을 공업적으로 생산하는 데 이용됨

성질	α-아밀레이스 (일명, 액화효소)	β-아밀레이스 (일명, 당화효소)	글루코아밀레이스 (아밀로글로코시다아제)
급원	자연계에 널리 존재	식물의 종자	세균과 곰팡이
분해하는 결합	α-1,4결합	α-1,4결합	α-1,4결합/ α-1,6결합
생성물	소당류(덱스트린, 포도당, 엿당)	말토오스	포도당
점도 감소	빠름	느림	

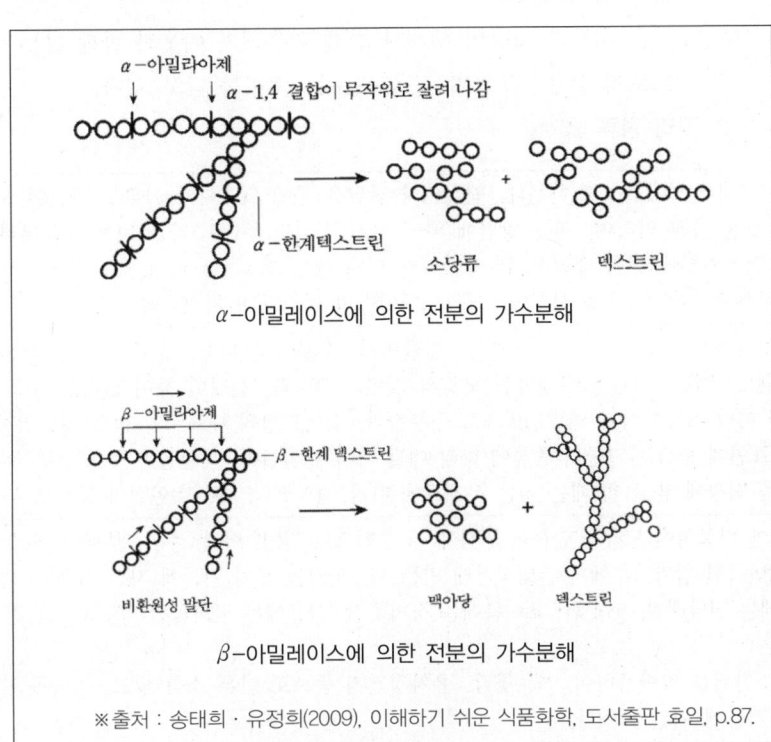

〈전분의 가수분해〉

❸ 한국 전통 전분 식품

(1) 떡과 죽

① 떡 문화의 특징
- 떡의 재료는 제철에 나는 자연식품으로 쌀에 견과류, 과일과 채소를 혼합하여 5대 영양소를 고루 갖추고 있으며, 향약성 효과가 크다.
- 여러 가지 식용 꽃과 한약 재료가 들어가며 쑥, 계피, 치자, 오미자 등의 다양한 천연염료와 천연향신료의 이용은 떡을 한층 화려하면서 품위 있게 해준다.
- 떡은 계절과 지방의 색채가 함께 어우러져 이웃과 함께 나누어 먹음으로써 상부상조하며 정을 나누는 의미를 담고 있다.

② 떡의 종류 22 / 14

찌는 떡	• 다른 말로 "시루떡"이라고도 하는데, 멥쌀이나 찹쌀을 물에 담갔다가 가루로 만들어 시루에 안친 뒤 김을 올려 익히며, 찌는 방법에 따라 다시 설기떡(무리떡)과 켜떡으로 구분한다. • 설기떡 : 멥쌀가루에 물을 내려서 한 덩어리가 되게 찌는 떡 • 켜떡 : 멥쌀이나 찹쌀가루를 시루에 고물로 얹어가며 켜켜로 안쳐 찐 떡
치는 떡	• 곡물을 탈각해서 곡립상태나 가루상태로 만들어서 시루에 찐 다음, 절구나 안반 등에서 친 것으로 흰떡, 절편, 차륜병(수레바퀴 모양의 절편), 개피떡, 인절미 등이 있다. • 주재료에 따라 찹쌀도병과 멥쌀도병으로 구분한다. 찹쌀도병의 대표적인 떡으로는 인절미가 있는데, 표면에 묻히는 고물의 종류에 따라 이를 다시 팥인절미, 깨인절미 등으로 부른다. 또 찐 찹쌀을 떡판에 놓고 칠 때는 섞는 부재료에 따라 쑥인절미, 수리취인절미 등으로 부른다.
지지는 떡	• 찹쌀가루에 반죽하여 모양을 만들어 기름에 지진 떡으로 전병, 화전, 주악, 부꾸미 등이 있다. • 화전 : 익반죽한 찹쌀가루에 둥글넓적하게 만든 뒤, 꽃잎을 붙여 기름에 지진 떡으로, 계절에 따라 봄에는 진달래전, 배꽃전, 초여름에는 장미꽃전, 가을에는 국화꽃전, 맨드라미꽃전 등이 있다. • 주악 14 : 찹쌀을 익반죽하여, 깨, 곶감, 유자청건지 등으로 만든 소를 넣고, 조약돌 모양처럼 빚어 기름에 튀긴 떡이다. • 부꾸미 : 찹쌀, 차수수, 녹두 등을 물에 불렸다가 갈아서 익반죽하여 빚어 지진 뒤, 소를 넣고 반달처럼 접은 떡으로, 찹쌀부꾸미, 수수부꾸미, 결명자부꾸미 등이 있다.
삶는 떡 (빚는 떡)	• 삶는 떡은 찹쌀을 반죽하여 빚기도 하지만 주악이나 약과 모양으로 썰고, 더러는 구멍떡으로 만들어서 끓는 물에 삶아 건져서 고물을 묻힌 떡이다. • 삶는 떡류의 주재료는 찹쌀이며, 잡곡 및 두류로 메밀, 마, 콩, 팥, 깨 등이 쓰인다. 부재료로는 감, 밤, 호두 등과 과일과 견과류가 쓰이고, 기타 생강, 계피 등이 쓰인다. • 종류 : 송편, 경단류와 단자류
술로 부풀린 떡 22	• 익반죽한 쌀가루에 막걸리를 넣고 발효시켜 고명을 얹어 찌는 떡 • 종류 : 증편

③ 떡 조리 시 특징 09
- 수분공급 : 8~12시간 정도 충분히 불리기, 쌀가루(약 30%) 호화 위해 약 50%의 수분함량이 필요하다. 불충분 시 마른 채 익으므로 다시 가열해도 익지 않고 딱딱해진다.
- 익반죽 : 쌀에는 글루텐이 없어 쌀전분의 호화를 일으켜 반죽이 끈기를 갖도록 한다.
- 송편 : 끓는 연한 설탕 시럽을 만들어 사용하면 비등점 상승으로 온도가 더 높아져 전분의 호화가 촉진된다. 당류의 보습성 효과를 얻을 수 있다.
- 경단 : 반죽 횟수가 많을수록 경단의 탄성이 부드러워지고 씹는 질감이 좋아지고 백색도가 증가 / 미세한 공기입자가 흡입되면서(aeration) 반죽이 균일한 망상구조가 되는 것을 도와주기 때문 / 설탕을 사용하면 보수성이 증가하여 전분의 노화를 억제한다.
- 떡메 : 절편과 인절미에 사용하며, 호화된 전분을 균일한 상태로 만들어 주어 매끄럽고 찰진 질감이 만들어진다.

④ 죽의 종류 및 특징

종류	특징
흰죽	통쌀로 끓이거나 갈아서 끓이기도 한다. 불린 쌀과 물의 비율은 1 : 6 정도가 적당하다. 쌀의 크기에 따라 옹근죽(쌀알 그대로), 원미죽(굵게 갈아서), 무리죽(형태가 거의 없을 정도로 완전히 곱게 갈아서)으로 나뉜다. • 타락죽 20 : 타락(駝酪)이란 우유를 가리키는 옛말이며 쌀을 갈아서 물 대신 우유를 반 분량 넣어 끓인 무리죽이다
암죽	쌀이나 다른 곡식가루를 물에 타서 묽게 쑨 죽을 말한다. 바로 끓이면 뭉치기 쉬우므로 물에 타서 잘 푼 다음 냄비에 붓고 새로 물을 부어 끓인다.
응이	곡물의 앙금을 받아서 쑨 죽을 통틀어 말한다. 곡물의 녹말가루를 물에 풀어서 끓이거나 간 재료를 그대로 가라앉혀 웃물은 버리고 앙금만을 받아 냄비에 담고 물을 부어 쑨다.
미음	죽 중에서 농도가 가장 묽은 것으로 물을 많이 붓고 끓인 다음 체에 걸러 마시는 유동식이다. 불린 쌀을 쌀알이 완전히 퍼지도록 뭉근한 불에 푹 고아 체에 거르는데, 불린 쌀과 물의 농도는 1 : 9 정도가 적당하다.

(2) 한과

① **한과의 특징** : 서양의 과자에 비해 만드는 법도 훨씬 다양하고 저장성도 높으며, 팽창제, 보존제 등의 화학첨가물을 일체 사용하지 않는 순수 자연식이자 건강식으로 우리 몸에 약이 되는 음식이라 할 수 있다. 찹쌀을 주원료로 하여 식물성 자연 재료를 주로 하며 영양면에서 뛰어나고 살구씨, 복분자, 송홧가루 등 한약재로 쓰이는 재료도 있어 음식을 약으로 미리 먹어 효능을 얻는 효과도 있다. 색과 향을 내고 장식에 사용하는 재료들도 천연염료와 천연향신료를 이용하여 주재료와 부재료의 배합에 따라 골고루 영양소를 섭취할 수 있다.

② **한과의 종류** 14

　㉠ 유밀과 : 밀가루를 기름, 꿀, 술에 반죽하여 여러 모양으로 떠서 기름에 지져 낸 것 **예** 약과, 매작과

　㉡ 유과 : 찹쌀가루를 반죽하여 익힌 것을 말려 두었다가 기름에 튀겨 내어 꿀 또는 조청을 바르고 고물을 묻힌 것 **예** 강정, 산자

　㉢ 정과(전과) : 식물의 뿌리나 줄기 또는 열매를 꿀, 조청, 설탕 등에 조림

　㉣ 다식 : 곡식가루, 한약재, 꽃가루 등을 꿀로 반죽하여 다식판에 박아 낸 것

　㉤ 과편 : 과일을 삶아 거른 물에 설탕이나 꿀을 넣고 졸여 굳힘

　㉥ 숙실과 : 과일을 익혔다는 뜻으로 밤, 대추를 꿀에 졸인 것(밤초, 대추초), 다져서 꿀로 반죽하여 빚은 율란, 생강란 등

　㉦ 엿강정 : 엿에 볶은 콩, 깨, 들깨, 호두 등을 버무려 단단히 굳힌 것

> **약과 만들기**
>
> 체로 친 밀가루에 참기름을 넣고 잘 비빈 후 체에 내려 꿀, 청주, 생강즙을 넣어 다시 반죽한다. 반죽된 것은 약과 판에 찍어내어 비교적 낮은 온도인 150℃ 정도에서 튀겨 속까지 기름이 배어 들어가도록 한다. 뜨거울 때 즙청(생강즙, 계핏가루, 후춧가루를 섞은 꿀 또는 조청)에 담가 두면 꿀물이나 조청이 속까지 배어들어 약과 속이 노릇하고 여러 층을 포개놓은 것 같은 결이 만들어진다.

기출 2022

다음은 (가)는 고추장의 제조 과정이고, (나)는 증편과 팥죽에 대한 설명이다. 〈작성 방법〉에 따라 서술하시오. [4점]

(가)

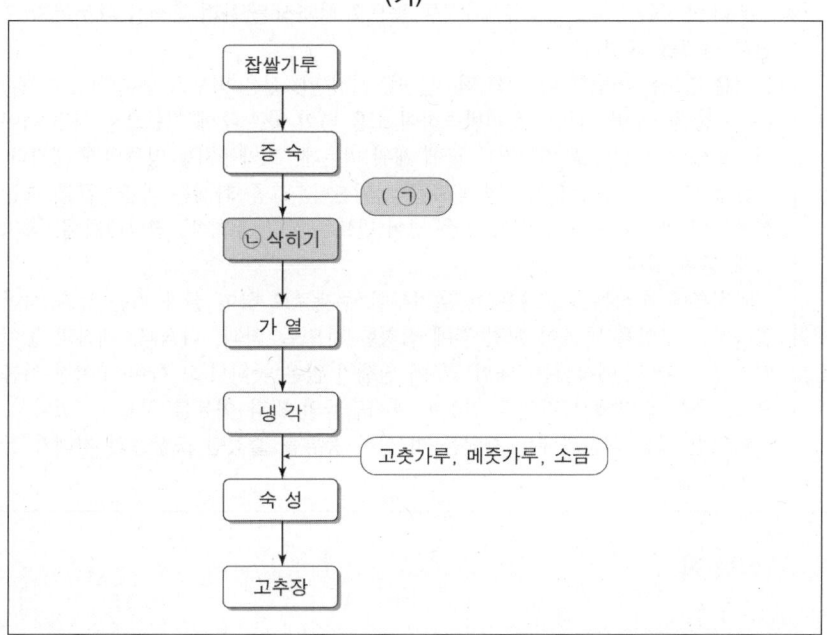

(나)

증편은 멥쌀가루에 ⓒ생막걸리, 소금, 설탕, 물을 넣고 반죽하여 틀에 담은 후 대추, 밤, 잣, 석이버섯 등으로 고명을 얹어 찐 떡이다. 술을 사용하므로 빨리 쉬지 않아서 여름에 만들어 먹기 좋다.
　팥죽은 팥을 푹 삶아 체에 내린 후 멥쌀을 넣고 끓인 죽이다. 일 년 중 밤의 길이가 가장 긴 동짓날에 먹는데, 팥죽의 ⓔ붉은색이 액을 면할 수 있다고 믿었다.

―〔작성방법〕―
- 괄호 안의 ㉠에 해당하는 효소의 명칭을 쓰고, ㉡ 과정에서 일어나는 식품 성분의 변화를 서술할 것
- 밑줄 친 ㉢이 증편의 조직을 팽창시키는 원리를 쓸 것
- 밑줄 친 ㉣의 주요 성분을 1가지 쓸 것

ANSWER|

기출 2014

다음은 우리나라 전통 식문화에 대한 설명이다. 괄호 안의 ㉠, ㉡에 들어갈 용어를 쓰시오. [2점]

> 우리 조상들은 떡, 음청류, 과정류 등으로 다과상을 차려 음식을 나누어 먹으면서 담소를 즐겼다.
> 떡은 만드는 방법에 따라 찐 떡, 친 떡, 지진 떡, 삶은 떡으로 구분한다. (㉠)은/는 찹쌀가루를 색색으로 익반죽하여 소를 넣어 빚은 후에 기름으로 지진 떡이며, 뜨거울 때 설탕을 뿌리거나 꿀에 재워 먹는데, 조약돌처럼 앙증맞게 생겼다.
> 음청류는 술 이외의 기호성 음료를 의미한다. 그중 화채는 과즙, 꿀물 또는 설탕물에 과일이나 식용 꽃잎 등을 넣어 만드는데, 앵두화채, 진달래화채, 장미화채 등이 있다.
> 과정류에 속하는 (㉡)은/는 밀가루를 주재료로 하여 꿀과 기름 등을 섞어 반죽하고 모양을 만들어 튀긴 후에 집청한 것으로, 약과, 다식과, 매작과 등이 여기에 속한다. 매작과는 '매화나무에 참새가 앉은 듯하다'고 하여 붙여진 이름으로, 음식 모양에서 자연을 연상한 옛사람들의 멋과 여유를 엿볼 수 있다.
> 이처럼 전통 식문화에는 자연을 벗 삼아 풍류를 즐겼던 조상들의 지혜가 잘 녹아 있다.

ANSWER

Q 기출 2009

한국 전통음식인 식혜와 경단을 만들었는데, 식혜는 매우 탁하고 시큼했으며, 경단은 갈라지고 금방 굳어졌다. 이러한 현상이 나타나게 된 각각의 원인을 〈보기 1〉과 〈보기 2〉에서 모두 고른 것은? [2점]

보기 1
가. 밥을 멥쌀로 지었다.
나. 엿기름가루를 물에 풀어 고루 섞어서 밥에 부었다.
다. 엿기름물을 밥에 섞어서 3~4시간 동안 따뜻한 곳(50~60℃)에 두었다.
라. 떠오른 밥알을 찬물에 담가 헹구었다.
마. 밥알을 건져내고 식혜물을 12시간 이상 따뜻한 곳(50~60℃)에 두었다.

보기 2
ㄱ. 찹쌀가루는 오래되어 마른 것을 사용하였다.
ㄴ. 찹쌀가루에 설탕물(1%)을 넣어 반죽하였다.
ㄷ. 찹쌀가루를 찬물로 반죽하였다.
ㄹ. 빚은 반죽을 끓는 물에 소금을 넣고 삶았다.

	식혜	경단
①	가	ㄱ, ㄴ, ㄷ
②	가, 다	ㄴ, ㄷ, ㄹ
③	나, 라	ㄱ, ㄴ
④	나, 마	ㄱ, ㄷ
⑤	다, 라, 마	ㄴ, ㄹ

ANSWER ④

03 전분의 변화 – 밀가루 중심

1 밀가루

(1) 밀 단백질의 특성
  ① 물체 상태 용어
    ㉠ 점성 : 유체가 흐르는 것을 거스르는 성질로, 점성이 클수록 잘 흐르지 않음
    ㉡ 탄성(탄력성) : 물체가 외부의 힘을 받아 모양이 변했다가 그 힘이 없어졌을 때 원래의 모양으로 돌아오는 성질
    ㉢ 점탄성 : 힘을 주어 잡아당겼을 때 고무처럼 늘어나면서 동시에 퍼지는 성질
  ② 밀 단백질의 종류 21
    ㉠ 글리아딘 : 분자량이 약 25,000~100,000으로 연성(점성)과 신장성은 강하나 탄성이 약한 단백질
    ㉡ 글루테닌 : 분자량이 약 100,000 이상으로 탄성은 강하나 연성과 신장성이 약한 단백질
    ㉢ 글루텐 : 밀가루에 물을 붓고 반죽하면 글리아딘과 글루테닌이 결합하여 점탄성이 있는 끈기 있는 글루텐 형성

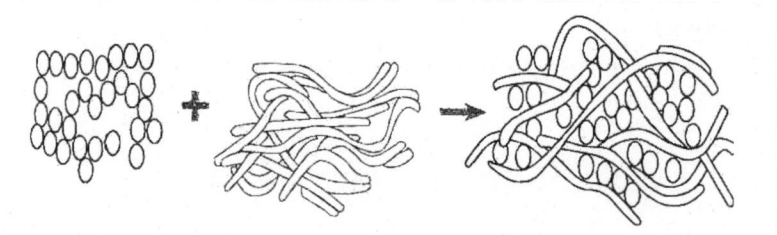

> **소아지방변증**
> 소아지방변증은 글루텐(특히 글리아딘) 단백질에 대한 민감한 면역반응으로 장 점막이 손상되어 영양소의 소화·흡수 장애가 일어나 복부에 가스가 차고 지방변을 배설하며 영양불량으로 성장이 지연되는 질병이다. 따라서 맥아, 밀, 호밀, 귀리, 보리와 이들을 함유한 가공식품들을 일체 피해야 한다.

(2) 밀가루의 종류

종류	단백질 함량	원료밀		용도	특성
박력분 (cake flour)	7~9%	연질밀	보통밀	제과, 케이크	부드러우면서 바삭
중력분 (all purpose flour)	9~10%	경질밀+연질밀		국수, 부침용	제면성 좋음
강력분 (bread flour)	11~13.5%	경질밀		제빵(식빵)	흡수율이 높고 탄력성 우수
세몰리나	13% 이상	듀럼밀		파스타	단백질과 회분함량 높음

▎한국 산업 규격

구분	강력 밀가루		박력 밀가루		준강력 밀가루		중력 밀가루	
	1등	2등	1등	2등	1등	2등	1등	2등
성상	색이 균일하여야 하며 이미·이취가 없어야 한다.							
수분(%)	15.0 이하	14.5 이하	14.0 이하	13.5 이하	15.0 이하	14.5 이하	14.5 이하	14.0 이하
조단백질(%)	10.5 이상	11.0 이상	8.0 이하	8.5 이하	9.5 이상	10.0 이상	—	—
회분(%)	0.45 이하	0.65 이하	0.40 이하	0.60 이하	0.45 이하	0.65 이하	0.45 이하	0.65 이하
사분(%)	0.03 이하	0.03 이하	0.03 이하	0.03 이하	0.03 이하	0.03 이하	0.03 이하	0.03 이하

Q 루를 만들 때 박력분을 사용하면 좋은 이유는?

❷ 글루텐 형성

(1) 반죽의 형성

① **형성과정** [18] : 글루텐을 형성하는 단백질은 수소결합에 의해 물을 흡수하는 수화 성질이 있다. 물을 넣어 반죽하는 과정 중 단백질의 -SH기는 산화되어 -SS- 교환반응을 통해 글루텐이 형성된다(점탄성과 신장성). 반죽 시 반죽을 젖은 행주에 싸두면 수화가 촉진되어 부드럽게 반죽된다.

② **반죽의 종류**
- 도우(dough) : 밀가루에 물과 우유, 다른 재료(팽창제, 안정제, 연화제, 농후제, 당화제)를 혼합하여 만든 된반죽으로 손으로 치대어 되게 만든 반죽
- 배터(batter) : 밀가루에 물 등을 가하여 혼합한 흐를 정도의 경도로 된 반죽

▮ 밀가루 반죽의 종류와 특성

반죽의 종류		밀가루 : 물	용도
된 반죽 (dough)	단단한 반죽 (firm dough)	100g : 50g	국수, 파스타, 식빵, 만두피, 쿠키, 파이, 패스트리
	부드러운 반죽 (soft dough)	100g : 100g	찐빵, 수제비, 도넛, 비스킷, 이스트브레드, 롤, 스콘
묽은 반죽 (batter)	퍼지는 반죽 (drop batter)	100g : 150g	머핀, 핫케이크, 크림퍼프, 커피케이크
	흘러내리는 반죽 (pour batter)	100g : 200g	스펀지케이크, 크레페, 팬케이크, 튀김옷, 와플, 파운드케이크

(2) 첨가물의 영향

- 단백질 함량↑(밀가루의 종류), 반죽시간이 길수록, 물의 온도가 높을수록 글루텐이 많이 형성된다.
- 소금 : 글리아딘의 점성과 신장성을 증가시켜 글루텐의 탄력성을 좋게 한다. 소금의 양이온이 단백질 전하 간의 반발을 감소시키며, 글리아딘의 점성을 강화시키는 것으로 알려져 있다. 또한 단백질 가수분해효소를 억제한다. 국수를 가늘게 뽑을 수 있는 것도 소금이 글루텐의 탄력성을 증진시키기 때문이다.

- **설탕** : 글루텐 형성에 필요한 수분을 흡수함으로써 글루텐 형성을 방해하여 반죽을 질어지게 한다. 설탕 과사용 시 반죽하는 시간이 길어지며, 글루텐 망의 불충분한 형성으로 가열 시 가스 팽창에 의한 압력을 이기지 못하고 표면이 갈라진다. 너무 적게 사용 시 결이 거칠고 질겨질 수 있다.
- **지방** : 연화작용(shortening effect)으로 글루텐 섬유의 연결을 막아 부드럽게 하며 음식에 켜를 만든다.
- **달걀** : 기포 형성 성질(팽창제), 가열 시 응고하여 구조체인 글루텐 보조, 난황의 유화제는 지방을 고루 분산시킨다.

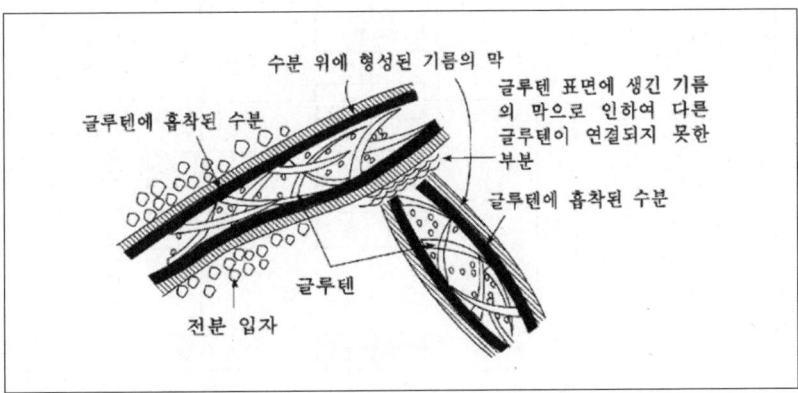

Q 기출 2018

다음은 식품의 저장 및 조리 과정에서 발생하는 현상들이다. (가)~(마)의 현상을 유발하는 공통 요인을 쓰고, 이와 연계하여 (나)의 변화 원리에 대해 밀가루의 주요 성분을 중심으로 설명하시오. [4점]

(가) 데친 콩나물에서 비린내가 난다.
(나) 밀가루에 물을 넣고 치대면 반죽이 된다.
(다) 상온에 보관한 당근의 주황색이 옅어진다.
(라) 껍질을 벗겨 둔 감자의 표면이 갈색으로 변한다.
(마) 냉장고에 보관 중인 생등심이 갈색으로 변한다.

ANSWER

기출 2021

다음은 밀가루를 이용한 면류 식품의 제조 공정의 일부이다. 〈작성방법〉에 따라 서술하시오. [4점]

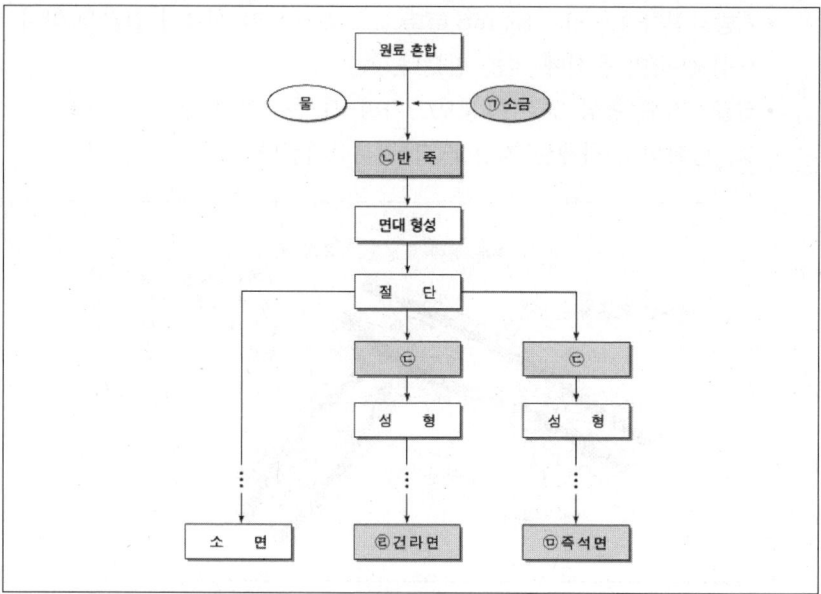

〔작성방법〕
- 반죽 형성 과정에서 ㉠의 역할을 서술할 것
- ㉡에서 신장성을 나타내는 성분을 쓸 것
- ㉢단계에서 변화되는 전분의 상태를 쓰고, ㉣과 ㉤에 공통으로 적용된 조리 과학적 원리를 서술할 것

ANSWER

③ 팽창제

(1) 팽창과정
글루텐망 사이사이로 전분과 지방 알갱이가 끼어듦 → 그 표면에 수분 흡착되어 벽 형성 → 벽 사이에 공기와 함께 이산화탄소 함유 → 열 가함 → 공기, 수증기, 이산화탄소분자 팽창 → 반죽 부품

(2) 팽창제
① 공기
- 밀가루를 체에 내리는 과정
- 밀가루 반죽 중의 크리밍 : 설탕과 버터를 주걱으로 섞는 과정
- 밀가루 반죽 중의 폴딩 : 크리밍한 혼합물에 우유와 밀가루를 넣고 섞는 과정
- 밀가루 반죽 중의 비팅 : 난백 거품내기

② 증기 : 물이나 우유를 넣어 굽거나 찌는 과정에서 수증기 발생

③ 이산화탄소

생물적 팽창제 (이스트)	• 반죽에 이스트를 혼합하여 방치하면 치마아제(zymase)라는 효소가 반죽 중의 당을 분해하여 CO_2와 알코올($2C_2H_5OH$)을 생성한다. $\underset{6\ 탄당}{C_6H_{12}O_6} \rightarrow 2CO_2 + \underset{에틸알코올}{2C_2H_5OH}$ • 발효조건 − 발효온도 25~28℃(온도가 지나치면 발효가 정지된다) − 영양성분 : 첨가하는 설탕 및 밀가루에 함유된 당 − 소금 : 발효를 방해하는 물질을 억제한다.
화학적 팽창제 **01** — 베이킹소다 (중탄산나트륨, 식소다)	가스 발생 후 탄산나트륨이 씁쓸한 맛과 밀가루(플라본)를 황변(염기성)시킨다. $\underset{탄산수소나트륨}{2NaHCO_3} \rightarrow CO_2 + H_2O + \underset{탄산나트륨}{Na_2CO_3}$ 이를 막기 위해 산 성분(버터밀크, 식초, 꿀 등)이 들어 있는 재료와 혼합하며, 무미, 무취, 무색의 염이 형성된다. $\underset{탄산수소나트륨}{NaHCO_3} + \underset{젖산}{HC_3H_5O_3} \rightarrow CO_2 + H_2O + \underset{젖산나트륨}{Na_2C_3H_5O_3}$
화학적 팽창제 — 베이킹 파우더	베이킹소다 + 산이나 산 형성 물질(산염) + 전분(또는 간섭제) 베이킹소다의 단점을 개선한 것으로 주로 케이크 등에 이용한다.

기출 2001

요리책에 케이크 재료로 밀가루, 쇼트닝, 버터밀크, 달걀, 황설탕, 베이킹소다가 있었다. 왜 베이킹파우더 대신 베이킹소다를 사용하라고 하였는지 위의 케이크 재료를 근거로 설명하시오. [4점]

ANSWER

 제빵재료의 역할

(1) 설탕
- 이스트의 먹이(영양물질)가 된다.
- 갈변반응과 캐러멜화 작용으로 껍질색을 진하게 한다.
- 제품의 단맛과 향을 낸다.
- 수분 보유력에 의해 제품의 신선도를 오랫동안 유지시킨다.

(2) 유지(버터)
- 껍질을 얇고 부드럽게 한다.
- 빵의 수분 증발을 막고 노화를 지연시킨다.
- 유지의 독특한 맛과 향을 더해준다.
- 가스 보유력을 증가시켜 부피를 크게 한다.

(3) 소금
- 다른 재료의 맛과 향을 나게 한다.
- 글루텐을 강화시킨다.
- 발효 속도를 조절한다.

(4) 물
- 글루텐의 형성을 돕는다.
- 소금 등 각 재료를 균등하게 분산시킨다.
- 전분을 호화시키고 팽윤을 돕는다.
- 반죽 내 효소에 활성을 제공한다.

(5) 이스트
- 팽창제로 탄산가스를 생성한다.
- 제품에 향미를 부여한다.
- 반죽의 되기를 조절한다.

(6) 달걀
- 영양가를 높인다.
- 제품에 풍미를 개선시킨다.
- 제품의 속색과 껍질색을 향상시킨다.
- 노른자의 레시틴은 유화제 역할을 한다.

(7) 유제품의 기능
- 영양가를 높인다.
- 맛과 향을 향상시킨다.
- 제품의 색을 좋게 한다.
- 노화를 지연시킨다.

04 서류의 변화

❶ 감자

(1) **감자의 특징**
① 전분 : 밀, 쌀 등은 전분입자와 단백질이 결합되어 있지만 감자는 전분이 쉽게 노출된다.
② 저장 중 단맛 증가 : 아밀레이스, 말타아제에 의해 전분이 당류로 분해된다.
③ 녹변 : 독소생성, 빛 차단 저장

(2) **감자의 종류** 09
① 분질감자(mealy) : 건조한 외관, 보실보실하고 윤이 난다. 부스러지기 쉬운 성질로 모양이 터지기 쉽다. 조리했을 때 희고 불투명하다.
  • 쪄서 먹거나 매시드포테이토에 적합하다.
② 점질감자(waxy) : 육질이 약간 투명한 것 같은 외관, 익었을 때 촉촉하고 끈끈한 느낌을 준다. 찌거나 구워도 부서지지 않고 모양이 잘 유지된다.
  • 기름을 써서 볶는 요리에 적당. 감자샐러드, 감자조림, 감자튀김

▎감자의 종류

	비중	육질	함량		
			전분	수분	당
분질	1.115	불투명	고	저	저
점질	1.07	투명	저	고	고

(3) **감자의 조리**
① 효소적 갈변 : 타이로시나아제(tyrosinase)가 효소의 기질인 타이로신과 반응하여 갈색화를 일으켜 최종적으로 멜라노이딘(melanoidin)이라는 갈색물질을 만든다.
② 매시드포테이토 : 고온일 때 펙틴의 유동성이 높아 세포막이 파괴되지 않은 상태로 세포를 서로 분리하기 용이하다. 식은 상태로 으깨면 세포막이 파괴되어 내부의 전분이 밀려나와 점착성이 강한 질척한 상태가 된다.
③ 포테이토 칩, 감자볶음 : 물에 침지(전분, 당 제거), 냉장 저장 감자(전분 → 당류)는 갈색변화가 크고 질척거린다.

(4) 감자와 아크릴아마이드(acrylamide)

① 아크릴아마이드 : 아미노산과 당이 열에 의해 결합하는 마일라드 반응 시 생성된 물질로 아스파라긴이 주 원인물질이다. 전분질이 높은 식품을 높은 온도에서 가열 시 발생한다.

② 침지시간 : 감자를 조리하기 전에 오래(장시간, 30분 이상 등) 물에 담가둔다. 감자 표면의 당과 아미노산이 물에 의하여 씻겨 나가기 때문에 표면에서 가장 많이 일어나는 마일라드 반응을 감소시킬 수 있다.

③ 저장방법 : 감자를 보관할 때는 상온에서 보관한다. 감자를 저온(냉장, 10℃ 이하)보관할 경우 보관 중에 전분이 분해되어 포도당과 과당의 함량이 높아져 마일라드 반응이 촉진되기 때문이다. 이때 질감도 물러진다. 따라서 10~21℃에서 통풍이 잘 되는 상자나 바구니에 감자를 넣어 저장하는 것이 전분 함량을 잘 유지할 수 있다.

 기출 2016

다음은 감자의 침지 시간과 저장 조건에 따른 아크릴아마이드(acrylamide)의 생성량에 대한 그래프이다. (가), (나)를 활용하여 감자 조리 시 아크릴아마이드 생성을 줄이기 위한 방법 2가지를 순서대로 쓰고, 그와 같은 방법에서 아크릴아마이드 생성량이 변화하는 이유를 각각 설명하시오. [4점]

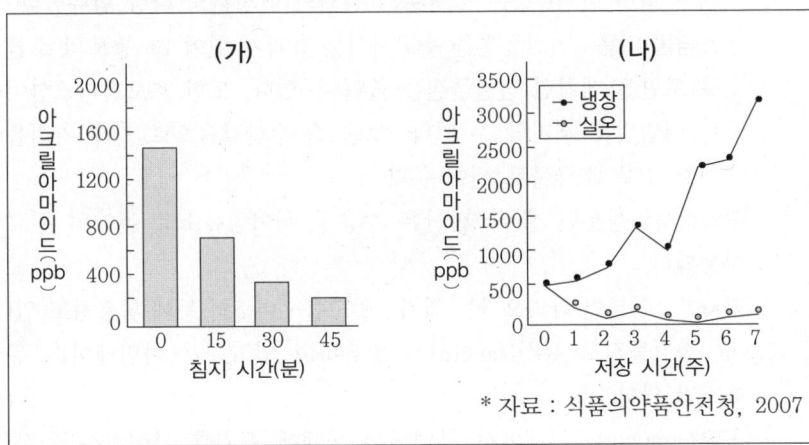

* 자료 : 식품의약품안전청, 2007

ANSWER

❷ 고구마와 기타 서류

(1) 고구마
  ① 특성
    • 조리 시 수분 첨가가 필요하지 않다.
    • 저장 : 아밀레이스의 작용으로 전분이 당으로 분해된다.
  ② 조리(화덕) : 아밀레이스 당화효과가 커진다.

(2) 기타 서류
  ① 돼지감자(뚱딴지)
    • 이눌린 : 과당(β-1,2)중합체인 프럭탄(Fructan) / 인체 내 분해 효소가 없는 난소화성 섬유소(수용성 섬유소)로 기능한다. 혈당을 안정화시키며 당뇨합병증의 원인인 당화혈색소의 수치를 낮출 수 있는 것으로 알려져 있다.
  ② 토란
    • 갈락탄(galactan) : 점질물질로 가열 조리 중 국물에 거품이 생겨 끓어 넘치는 원인이다. 갈락틴은 중합된 갈락토스를 구성하는 다당류이며 가수분해로 갈락토스를 생성한다. 가장 순수한 것으로는 달팽이의 단백선 및 달걀에서 얻은 갈락탄이 있다. 식물의 펙틴질, 홍조의 갈락탄(한천) 등은 갈락토스 이외의 당성분도 다량 함유한다.
    • 소금물 이용 : 점질물질을 응고시키는 효과가 있어 1% 농도의 소금물로 토란을 데치면 점질물질을 줄일 수 있다. 또한 호모젠티스산이라는 아린맛도 제거할 수 있다. 토란 속 수산칼슘으로 인해 가려움이 생길 경우 소금물로 씻어 준다.
  ③ 구약감자 : 성분인 글루코만난은 수용성 식이섬유소로 곤약의 원료로 사용된다.
  ④ 카사바 : 성분인 타피오카는 과자·알코올·버블티 등에 활용하고 있다.
  ⑤ 마 : 점질물질로 뮤신(mucin)을 함유하고 있고, α-아밀레이스 등의 효소가 많다.
    • 뮤신(mucin) : 인체에서 분비되는 점액에 끈기를 부여하는 물질로, 단백질의 흡수를 촉진시키고 위벽을 보호하며 장내 윤활제 역할을 하는 당단백질이다. 위점막뮤신·소장뮤신·기관뮤신·자궁경관뮤신 등이 있다. 이 중 소화기관의 뮤신은 기관의 보호 및 소화운동의 윤활제 역할을 하고, 위점막뮤신은 위산과다와 위궤양 치료에 사용된다.

CHAPTER 03 채소류, 과일류

01 종류와 특징

1 종류와 성분

채소류	① 종류 • 과채류 : 열매 이용 • 엽경채류 : 줄기, 잎 • 근채류 : 뿌리 • 화채류 : 꽃 ② 성분 • 섬유소와 아스코르브산이 풍부하다. • 무기질과 비타민 : 녹색채소의 잎사귀에는 철분, 비타민 B_2, 아스코르브산 비타민 A의 전구체인 카로틴이 함유되어 있다. • 유기산 : 채소류는 세포의 대사산물인 유기산을 함유한다. • 시금치 : 옥살산은 칼슘과 결합하여 옥살산 칼슘염을 생성한다(결석의 원인). • 무즙의 아밀레이스 : 효소로 소화를 돕는다. 효소의 최적 조건은 pH 5.2~5.8, 온도 55~58℃이며, 소금과 간장에 비교적 안정적이다. 식초에서는 그 활성을 잃으므로 무생채를 만들 때 식초는 먹기 직전에 넣는다.
과일류	• 아스코르브산이 풍부하다. • 과일은 채소에 비하여 조리에 의한 아스코르브산 손실이 적은 이유 : 과일에 들어 있는 유기산이 산화를 억제한다. • 펙틴 : 산, 설탕과 가열하여 잼, 젤리를 만든다.

해조류	① 종류 • 미역 : 미역국 끓일 때 기름에 볶아야 비린 맛을 휘발시키고 색을 유출시켜 진한 색을 낸다. • 다시마 : 흰 분말(만니톨 설탕의 60% 감미를 가짐), 글루탐산(구수한 맛) • 김 : 피코에리트린(홍색)은 저장 중 광선, 수분, 산소 등에 의해 발현되면 김색을 붉게 만든다. • 우뭇가사리 : 한천 원료 ② 성분 • 주성분은 탄수화물로 건조물의 40~60%를 차지하나 녹말은 없고 알긴산(갈조류), 갈락탄(홍조류) 등을 포함한다. • 비타민 A의 선구물질인 카로틴이 있으며, 비타민 C, 비타민 D를 포함한다. • 무기질로는 칼슘, 철, 요오드 등이 있다. • 알긴산 : 갈조류로부터 추출되는 복합다당류, 만뉴론산 주성분 • 카라기난 : 홍조류 추출 다당류, 갈락토오스 주성분
버섯류	• 섬유소, 리보플래빈, 비타민 D(에르고스테롤)가 풍부하다. • 수분이 90%이고 섬유소가 많다.

❷ 과일의 숙성

(1) 과일 숙성 시 변화

① 성분의 변화
   ㉠ 프로토펙틴 → 펙틴 → 펙틴의 가수분해로 조직의 연화, 휘발성 방향화합물 합성, 유기산 감소
   ㉡ 변색 : 엽록소 → 안토시아닌, 카로티노이드
   ㉢ 기타 성분의 변화 : 유기산 감소, 타닌 감소, 전분 → 당
   ㉣ CO_2 발생속도 : 큰 것(호흡속도가 큰 것)은 저장성이 떨어진다.

② 바나나 저온장해 : 열대나 아열대 원산의 과일 중에는 저온 상태로 두면 생리적 기능의 균형이 깨져서 장해를 일으키게 되어 연화되고 반점이 나타나며 내부가 변색된다. 바나나의 경우 12~13℃에서 껍질이 흑변되기 시작한다. 저온장해가 일어나는 이유는 바나나에 있는 효소 중에 저온에서 활성화되는 효소의 활성이 강해지고 반대로 고온에서 활성화되는 효소의 활성이 저조해져 물질대사의 불균형이 일어나게 되고, 미토콘드리아 내의 효소활성이 중단되면서 호기적 호흡이 저해되는 것도 저온장해의 원인으로 작용한다.

(2) 과일의 호흡속도 변화

① 호흡작용별 과일분류
- 클라이막테릭(climacteric, 호흡기, 급등형) 과일 : 수확 후 일정기간 후 호흡의 돌발적 상승을 나타내는 것으로 계속적으로 숙성이 이루어진다. 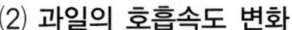 바나나, 사과, 살구, 자두, 앵두, 토마토, 배, 복숭아, 망고, 무화과, 아보카도, 파파야 등
- 비클라이막테릭(nonclimacteric, 비호흡기, 비급등형) 과일 : 호흡상승을 나타내지 않은 것으로 충분히 숙성된 과일을 수확하는 것이 좋다. 예 포도, 수박, 오이, 감귤류, 딸기, 레몬, 파인애플, 멜론, 리찌, 버찌, 체리, 올리브, 카카오 등

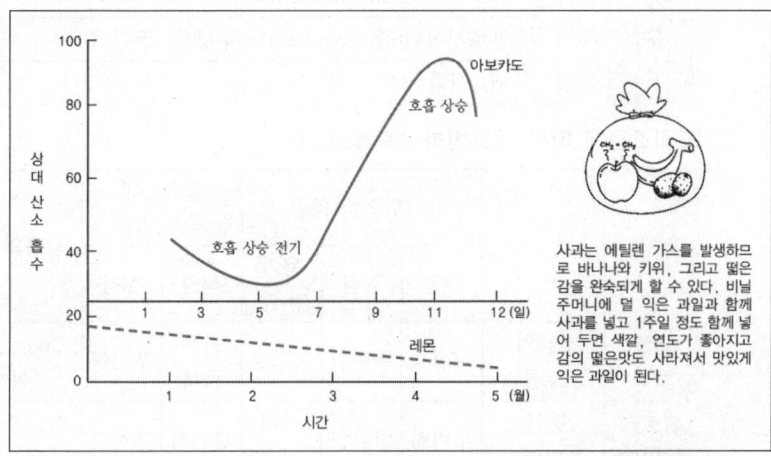

〈호흡형식이 다른 두 종류의 과실(아보카도, 레몬)의 수확 후 저장기간 동안 호흡속도의 변화〉

② 에틸렌(ethylene) : 숙성호르몬으로 호흡상승을 촉발하는 물질이다.

❸ 색소

(1) 식물성 색소와 조리조건에 따른 색변화

① 식물성 색소의 종류

용해성	색소			
지용성	클로로필 : 녹색, 녹갈색, 갈색			
지용성	카로티노이드	카로틴(carotene) : 노란색, 주황색	α, β, γ-카로틴, 라이코펜	
지용성	카로티노이드	잔토필(xanthophyll) : 등황색, 빨간색	루테인(녹차), 캡산틴(고추) 등	
수용성	플라보노이드	안토잔틴(anthoxanthin) : 무색, 노란색		
수용성	플라보노이드	안토시아닌(anthocyanin) : 주황색, 빨간색		
수용성	타닌 : 무색, 산화하면 갈색			

② 조리조건에 따른 색소변화 22 / 15 / 03 / 01

색소	채소류	산에 의한 영향			알칼리에 의한 영향		금속의 영향
		색깔	질감	용기 뚜껑	색깔	질감	
클로로필	시금치, 브로콜리	녹황색	단단함	불필요	밝은 초록	푸석함	Cu / 선명한 녹색
카로티노이드	당근, 루타바가	무변화	단단함	차이 없음	무변화	푸석함	Cu, Fe, Al, Sn / 녹색, 청색
안토잔틴	콜리플라워	흰색	단단함	필요	노란색	푸석함	Fe / 어두운 색 Al / 노란색
안토시아닌	적양배추, 팥	붉은색	단단함	필요	푸른색	푸석함	Al / 황색 Cu, Fe / 흑갈색

- 알칼리는 채소류에 항상 비타민 B_1과 다른 영양소의 손실을 가져온다.
- 안토시아닌 15 : 색소가 산성상태에서 붉은색을 띠기 때문이다(분자구조에 $-OCH_3$가 증가할수록 붉은색을 띤다. 이때 수소이온을 산이 공급한다).
- 카로티노이드 18 : 가열조리 및 pH에 안정적이지만 이중결합이 많아 장시간의 가열, 빛 노출, 산에 의한 산화되거나 이성질화되어 황색이 엷어지며 비타민 A 활성이 감소된다. 특히 건조식품의 이중결합 산화가 쉽게 발생한다.

(2) 효소적 갈변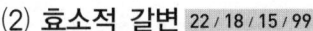

① 원인 : 공기 중에 조직이 노출되면 페놀화합물(플라본, 타닌 등)이 폴리페놀옥시다아제(감자-티로시나아제)에 의해 갈색 색소인 멜라닌으로 전환된다.

- 폴리페놀옥시다아제 : 페놀화합물 + 폴리페놀옥시다아제 + 산소 → 퀴논(암적색) → 멜라닌
- 티로시나아제 : 티로신(아미노산) + 티로시나아제 + 산소 → 퀴논 → 멜라닌

② 갈변 억제 방법

가열처리	• 산화효소의 본체는 단백질이므로 열에 의해 불활성화됨	• 데쳐서 채소 냉동보관
pH 조절	• pH3 이하에서 효소의 변성으로 작용이 억제됨	• 구연산이나 사과산 용액에 침지
기질 제거	• 갈변기질과 효소는 수용성이므로 물에 침지시키면 물에 용해됨	• 물에 침지 • 소금물(Cl^- 역할)
산소 제거	• 산소가 존재하면 효소적 갈변이 촉진되므로 산소 제거	• 분유 등 밀폐용기에 N_2 가스나 CO_2 가스 등 불활성가스 충전 • 설탕이나 소금 용액이나 물에 침지
환원성 물질 첨가	• 갈색화반응은 산화반응이므로 환원성 물질 첨가	• 비타민 C, SO_2, 아황산염
금속이온 제거	• 산화효소 내 금속이온이 Fe, Cu 등에 의해 활성화되는 것을 방지하기 위해 금속용기 피함 • 폴리페놀옥시다아제는 분자 속에 구리를 함유하고 있으므로, 구리와 닿으면 더욱 활성화됨	• 대나무나 스테인리스, 범랑제 그릇 사용

Q 우엉이나 연근을 더 희게 조리하려면?

기출 2003

금속으로 된 냄비에 물을 끓여 가지를 데쳤더니, 가지의 색이 짙은 청색으로 변했다. 그 원인은 무엇이며, 이를 방지하기 위한 조리시의 주의점을 쓰시오. [총 3점]

ANSWER

기출 1999

식품의 갈변 반응은 본래 무색인 tannin, flavonoid, 당, 아미노산 등이 화학 반응이나 효소반응에 의해서 유색 물질을 생성하는 과정이다. 이 중 식품의 효소적 갈변 반응을 억제하기 위한 방법과 그 원리를 설명하고, 구체적인 적용의 예를 쓰시오. [총 6점]

ANSWER

③ 차와 갈변
  ㉠ 차의 분류
  - 비발효차 : 찻잎을 가열하여 조직 중의 산화효소를 불활성화시킨 다음 비벼주면서 건조시킨 것
  - 발효차 : 찻잎을 건조시키는 동안에 산화효소를 이용하여 발효시키고 비벼주면서 건조시킨 것

■ 제조법에 따른 차의 종류

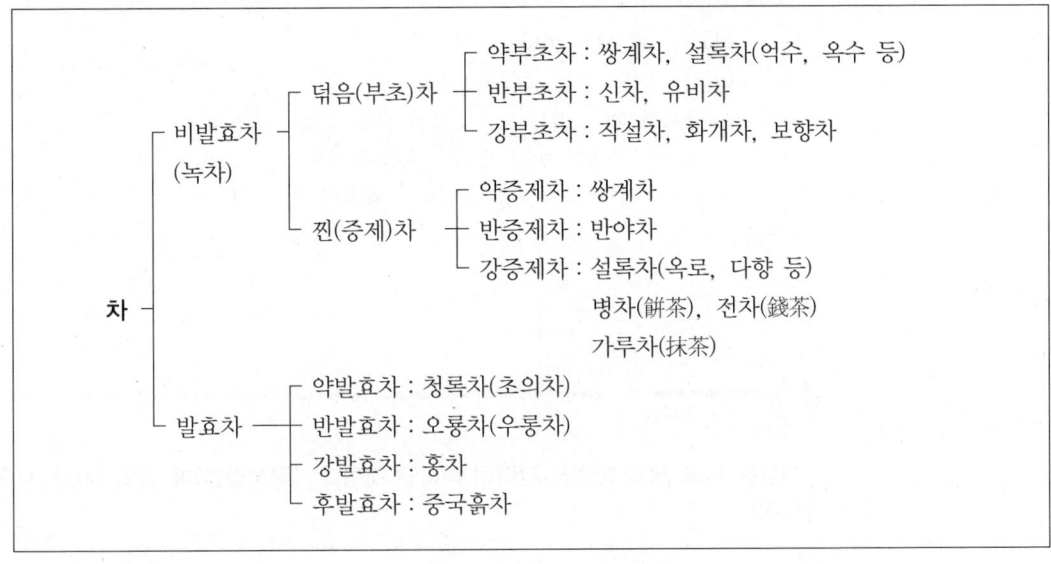

ⓛ 차 성분
- 타닌(Tannin) : 온화한 떫은 맛 / 카데킨(catechin)류는 항산화, 항돌연변이, 항암, 항균, 항바이러스, 혈중콜레스테롤 저하, 충치예방, 소취 등의 기능이 있다.
- 카페인(Caffeine) : 더운 물에 거의 100% 용출 / 대뇌중추신경에 흥분·이뇨 및 혈관 확대작용 등 효과(차가 커피보다 완만하고 지속시간 짧다.)
- 아미노산 및 질소화합물 : 60℃ 정도에서 잘 용출된다.
- 사포닌 : 찻잎 중 0.1% 함유되어 있다. 거담, 항균, 항암, 용혈작용을 하며 차에 쓴맛과 떫은 맛을 내는 성분이다.

■ 차 성분

성분 종류	타닌 (%)	카페인 (%)	단백질 (%)	아미노산 (mg)	비타민 C (mg)	비타민 B_1 (mg)	비타민 A (mg)	비타민 E (mg)	엽록소 (mg)
녹차	10~14	2~4	31~32	2~5	300~500	0.3~0.6	7,500	24~80	350
홍차	7	2~3	22~23	–	0	0.9	1,300	0	0
커피	4.9	2~2.5	13.8	–	0	0.05	0	0	0

커피

- 카페인 : 자극성, 쓴맛
- 방향성 물질 : 볶는 과정에서 많이 생성됨
  - 클로로겐산 : 떫은 맛, 방향성 물질 생성 – 휘발성
  - 카페놀(카페인 변화 물질), 초산(유기산, 에스테르류 등)
  - 타닌 : 타닌 유사물질이 있으나 함량이 적음

Q 기출 2020

다음은 음료 제조 방법을 간략히 나타낸 것이다. 〈작성방법〉에 따라 서술하시오. [4점]

- 찻잎 → 위조 → ㉠ 발효 → 건조, 가열 → 추출 → 우롱차
  (withering)
- 커피 생두 → 건조 → ㉡ 배전 → 분쇄 → 추출 → 커피
  (roasting)
- 대두 → 수침 → ㉢ 마쇄 → 가열 → 여과 → 두유
- 원유 → 여과, 청징 → ㉣ → 살균 → 냉각 → 우유

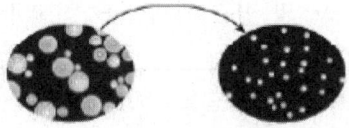

작성방법

- ㉠, ㉡ 과정을 통해 맛, 향, 색이 증진되는 기전(mechanism)의 공통점과 차이점을 각각 1가지씩 쓸 것
- ㉢ 과정에서 비린내가 나는 이유를 1가지 설명할 것
- ㉣ 과정을 거친 후 발생하는 단점을 1가지 쓸 것

ANSWER

02 조리 및 가공

1 가열 조리 시 변화

(1) 일반적인 변화

① 조직

㉠ 가열 : 식물에 있는 섬유소는 조리에 의하여 약간 부드러워진다. 펙틴 성분은 가열하면 가수분해되어 세포분리가 일어나며 몇 단계의 화학적 반응을 거치면서 용해되기 쉬운 물질로 변화되기 시작한다. 헤미셀룰로오스 역시 열을 가하면 좀 더 부드러워진다.

㉡ pH
- 알칼리 조건 : 헤미셀룰로오스와 펙틴이 분해되어 연화된다.
- 산성 조건 : 펙틴의 가수분해가 억제되어 단단한 질감이 유지된다. 단, 강산성에서는 펙틴도 가수분해된다.

㉢ 소금 등 : 칼슘(염화칼슘, 수산화칼슘)을 첨가하면 펙틴과 불용성 칼슘염을 형성하여 채소의 질감저하를 억제할 수 있다. 정제염보다 천일염을 채소를 절일 때 사용하면 천일염에 포함된 마그네슘이나 칼슘이 펙틴과 결합하여 좋은 씹힘성을 준다.

② 향기(냄새)의 변화 – 황화합물

㉠ 마늘류(파과 채소) : 마늘, 파, 양파, 부추, 달래 등
- 시스테인 유도체인 황화합물 : 조직이 파괴되어 효소가 황화합물과 접촉하면 자극적인 냄새를 형성한다.
- 마늘 : 알린(황화합물)의 조직이 파괴되면 알리네이즈에 의해 알리신이 되고 알리신이 분해되어 마늘 특유의 향과 맛(다이알릴설파이드 등)이 생성된다.

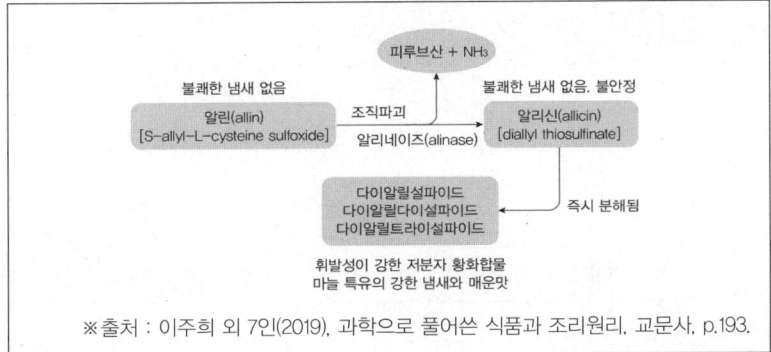

※ 출처 : 이주희 외 7인(2019), 과학으로 풀어쓴 식품과 조리원리, 교문사, p.193.

ⓛ 배추류(십자화과 채소) : 배추, 양배추, 무, 브로콜리 등 십자화과 채소와 겨자, 고추냉이(와사비) 등의 가공품
- 배추 : 시니그린은 조직이 파괴되면 미로시네이즈에 의해 독특한 매운맛을 내는 겨자유가 생성된다. 겨자유는 가열에 의해 분해되어 독특한 냄새(황화수소, 다이메틸다이설파이드)가 난다.

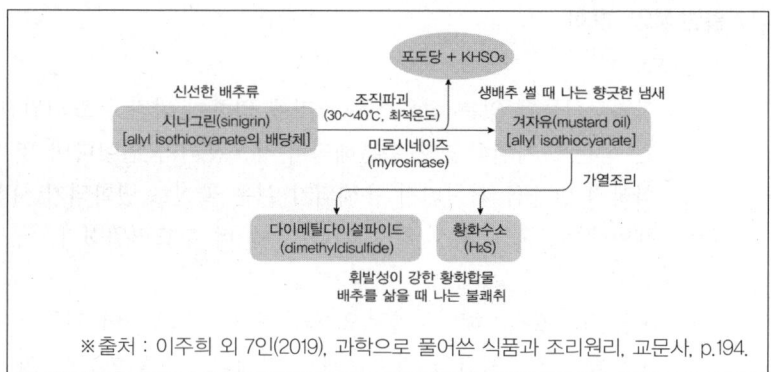

※출처 : 이주희 외 7인(2019), 과학으로 풀어쓴 식품과 조리원리, 교문사, p.194.

(2) **클로로필의 조리 시 변화** 17/07/01

① 구조 : 기본 구조는 포르피린핵과 피톨로 되었다. 포르피린 핵은 4개의 피롤(Ⅰ~Ⅳ)과 4개의 메틴기($α$~$δ$)를 갖고, 그 질소 원자는 마그네슘과 결합한다. 이 마그네슘은 클로로필색의 요인이 된다. 마그네슘은 산성에서 2원자의 수소와 치환해서 갈색의 페오피틴(pheophytin)을 만든다.

※출처 : 이주희 외 7인(2019), 과학으로 풀어쓴 식품과 조리원리, 교문사, p.180.

② 산성 또는 가열 시 변화
- 산을 첨가하거나 유기산에 노출되는 경우 : 클로로필 → 페오피틴, 클로로필 내부의 마그네슘이 수소이온으로 치환된다.
- 단시간 조리 시(또는 블렌칭) : 클로로필라아제에 의해 지용성 클로로필 → 수용성 클로로필라이드 형성된다(피톨기 제거). 세포 간 공기층이 제거되고, 녹색이 선명해진다(초록색 조리수 생성).

③ 알칼리의 첨가에 따른 변화
- 식소다 : 엽록소가 클로로필라이드를 거쳐 클로로필린(메탄올 제거)의 선명한 녹색으로 변하게 한다. 비타민 C의 파괴가 크고 헤미셀룰로오스가 쉽게 끊겨서 채소가 뭉크러질 수 있다.

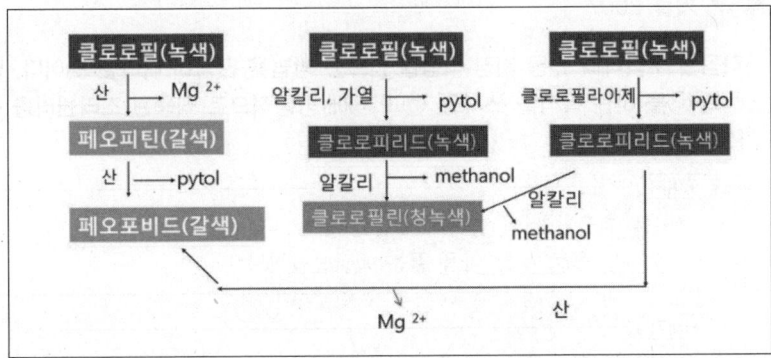

④ 색을 유지하는 조리방법
㉠ 조리수 : 5배 이상의 충분한 물로 유기산의 농도를 희석하고 조리수의 온도저하를 막아 단시간 조리한다.
- 조리수가 적을 경우에는 채소로 인해 물의 온도가 낮아져 클로로필라아제의 영향을 많이 받는다. 클로로필라아제에 의해 지용성의 클로로필이 수용화되어 물에 많이 용출된다. 이때 조리수에 유기산이 있을 경우 클로로필이 변색될 수 있다. 또한 조리수의 온도를 올리기 위해 가열시간이 길어져 유기산의 영향을 많이 받는다.
- 조리수가 많을 경우에는 클로로필라아제의 제거 및 유기산의 희석에 유리하지만 수용성 성분(특히 비타민 C)의 손실이 크다.
㉡ 소금(중성) : 엽록소를 안정화시키고, 산화효소에 의한 비타민 C의 산화를 억제한다.
㉢ 데친 후 처치 : 비타민 C는 분해효소 없이도 다양한 요인에 의해 분해된다. 찬물에 헹구어 비타민 C의 자기분해현상을 방지한다.

> **오이지**
> - 소금물을 끓여 식히지 않은 상태로 사용한다. : 펙틴을 분해하는 폴리갈락투로나아제 불활성화, pectinesterase효소는 활성화
> - 소금물을 붓고 돌로 눌러 놓는다. : 호기성 효모에 의한 연부현상 억제하기 위함

Q 기출 2007

다음은 우리나라 전통 저장 식품을 만드는 방법을 간략히 나타낸 것이다. 밑줄 친 ㉠과 ㉡을 하는 목적을 쓰시오. ㉠과 ㉡에 공통적으로 적용된 조리원리를 쓰시오. [3점]

오이지
1. 오이를 깨끗이 씻어 항아리에 담는다.
2. ㉠무거운 돌로 누른 다음 끓는 소금물을 붓는다.

시래기
① ㉡충분한 양의 끓는 물에 무청을 데친다.
② 줄에 꿰어 그늘에서 말린다.

ANSWER

기출 2017

다음은 시금치를 데치는 과정에서 클로로필의 변화를 나타낸 것이다. (가)에서 알칼리를 넣고 시금치를 데칠 때 파괴되는 영양소 중 황(S)을 포함하고 있는 비타민을 쓰시오. (가)와 (나)에서 유리되는 성분 ㉠과 (나)에서 유리되는 무기질 ㉡을 쓰시오. 그리고 시금치의 변색방지를 위해 뚜껑을 열고 데치는 이유를 쓰시오. [4점]

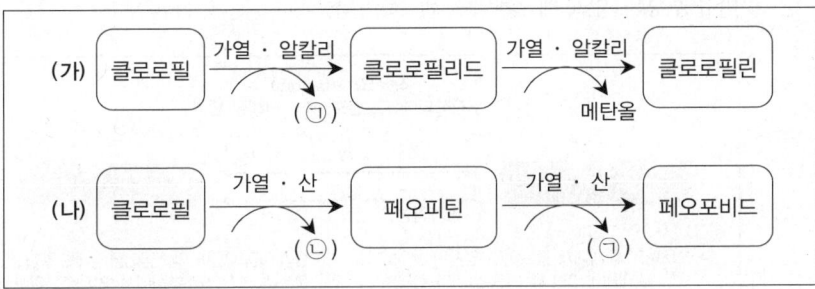

ANSWER

 기출 2001

시금치와 열무에 들어 있는 ① 색소의 명칭과 이를 산성수에 넣었을 때 ② 어떤 색상으로 변하며, ③ 색상이 변하는 이유를 제시하시오. [3점]

ANSWER

❷ 겔화

(1) 특징

① **겔(gel)** : 고체상과 액체상이 공존하는 두 가지 물질의 분산계로서 긴 직쇄상분사(고분자, 고체상)가 서로 연결되고 가교를 형성하여 3차원의 망상구조를 만들고 그 망상구조 속에 액체를 포함하여 계 전체가 비유동성의 반고체 상태로 된 것이다.

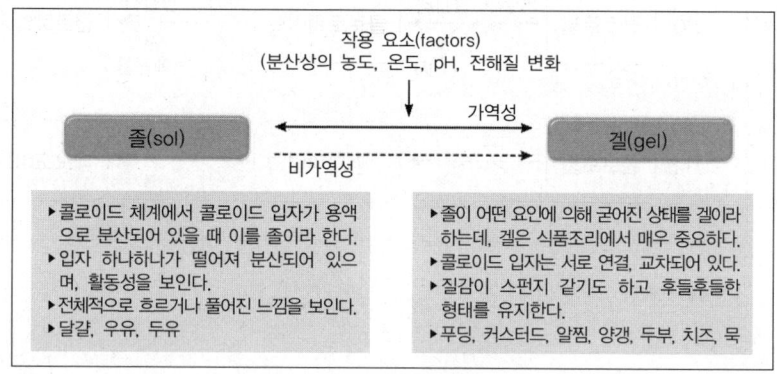

〈졸과 겔의 특징〉

② **이장현상(이액현상)** : 망상구조를 형성하고 있는 성분의 흡수성이 약화되어 액체의 일부가 분리되는 현상으로 이때 액체는 미량의 성분을 함유하고 있다.

(2) 펙틴질

① **구조** : 갈락투론산의 직선상의 중합체로, 갈락투론산의 카르복시기 일부가 메틸에스테르화되고 일부는 염기에 의해 중화되어 있는 복합물이다.

〈펙틴의 구조〉

② 종류 : 미숙한 과일은 프로토펙틴이 많아 물에 녹지 않으므로 겔 형성이 되지 않는다. 과숙한 과일은(펙틴 분해효소에 의해) 펙틴이 분해되어 겔 형성이 되지 않는다. 또, 펙틴 함량이 적은 과일로 잼을 만들 때에는 산을 첨가하여 pH를 낮추어야 한다.
  ㉠ 프로토펙틴 : 불용성, 프로토펙티나제의 작용으로 가용성 펙틴으로 가수분해된다.
  ㉡ 펙틴산(Pectinic acid, 일명 펙틴) : 펙틴산의 카르복실기는 메틸 에스테르, 유리 형태, 염 형태($-COOCa^{2+}$) 등으로 존재한다. 메톡실기의 함량에 따라 고메톡실펙틴과 저메톡실펙틴으로 구분된다.
  ㉢ 펙트산(Pectic acid) : 카르복실기에 메틸에스테르가 전혀 존재하지 않은 폴리갈락투론산. 유리 카복실기를 가지고 있기 때문에 Ca(불용성의 칼슘펙테이트로 침전)이나 Mg과 결합하며 염을 형성한다.

과일의 숙성 중 펙틴 형태

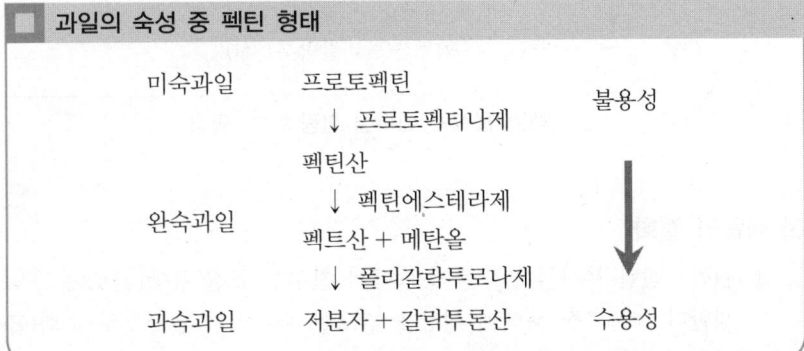

펙틴분해효소 22

종류	특성
프로토펙티나제	• 프로토펙틴(불용성) → 펙틴산(수용성) • 식물 조직의 연화
펙틴 에스테라아제 (펙타제, 펙틴 메틸 에스테라제)	• 펙틴의 메틸에스테르기 절단 • 채소와 과일을 단단하게 함
펙틴 폴리갈락투로나아제 (폴리갈락투로나아제, 펙티나아제)	• 펙틴의 갈락토시드 결합을 가수분해 → 갈락투론산 생성 • 절임식품의 연부현상의 원인 • 과즙 청정화에 활용됨

③ 고메톡실펙틴, 저메톡실펙틴 : 메톡실기(CH_3O)는 카르복실기(-COOH)가 메탄올과 에스테르화 반응을 하여 형성한 것이다. 천연 펙틴은 메톡실기(CH_3O)의 함량이 7% 이상인 고메톡실펙틴(high methoxyl pectin)이다. 과실에 들어 있는 천연 펙틴의 카르복실기는 전체 카보닐기 그룹 중 70~75% 정도가 에스테르화되어 있다. 저메톡실펙틴은 카르복시기의 50% 미만이 에스테르화되어 있고, 나머지 자유 카르복시기는 용액 중에서 음전하를 띤다.

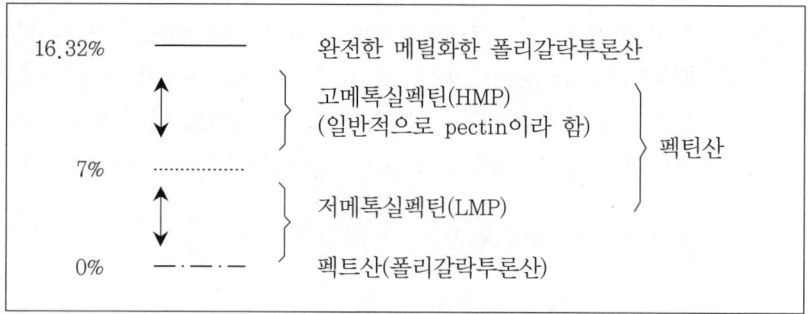

〈펙틴 물질의 메톡실 함량과 그 명칭〉

(3) 펙틴의 겔화

① 원리 : 펙틴 분자들은 수용액 속에서 친수성 교질 용액(콜로이드)을 형성한다. 이 교질 용액에 설탕을 넣으면 물분자가 설탕으로 수화(흡수)되면서 펙틴 분자끼리 결합하여 침전되기 쉬워진다. 이때 산이 존재하면 산의 수소이온(+)이 펙틴의 전하(-)를 중화시켜 펙틴 분자 간의 결합과 침전이 용이해진다. 이렇게 침전된 펙틴 분자 간의 수소결합에 의해 3차원의 망을 형성한다.

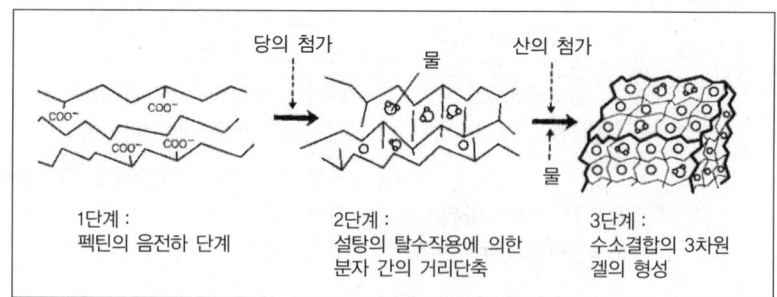

〈펙틴, 산, 당에 의한 겔의 형성〉

② 펙틴의 종류와 겔화
  ㉠ 고메톡실펙틴

젤리화 요건	펙틴	설탕	산
상태(함량) 범위	0.5(1)~1.5%	60~65%	0.27~0.5%(pH 3.0~3.5)

- 분자량이 큰 펙틴 : 펙틴의 분자량이 클수록 젤 형성할 때 당과 산이 소량 필요하다.
- 이액현상(syneresis) : 펙틴 젤에 수화되었던 물분자가 분리되는 현상으로 분자량이 큰 펙틴과 고메톡실펙틴은 수화력이 커서 이액현상이 적다.

  ㉡ 저메톡실펙틴 : 가용성 고형분의 함량이나 pH의 영향을 받지 않고 칼슘 이온에 의한 다리 결합으로 겔을 형성한다. 2가 양이온인 칼슘 이온은 자유 카르복시기와 결합함으로써 펙틴 사슬들을 마치 다리를 걸치듯이 연결시켜 그물 구조를 이룬다. 따라서 당류의 함량이 30~45% 정도로 낮아도 바람직한 조직을 가진 잼을 만들 수 있다. 그러나 저당도 잼은 삼투압이 낮아 미생물의 오염을 막지 못하므로, 알맞은 보존료를 넣어야만 한다.

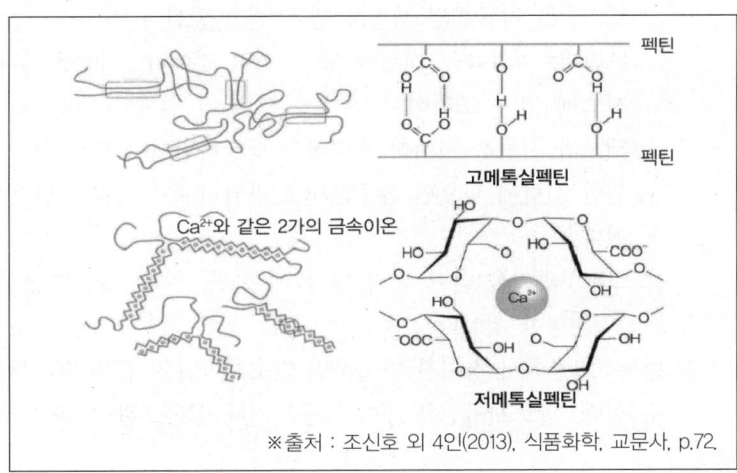

※출처 : 조신호 외 4인(2013), 식품화학, 교문사, p.72.

③ 젤리화 완성점을 결정하는 방법
  ㉠ 컵법(cup test) : 농축된 시료를 찬물을 넣은 컵 속에 떨어뜨렸을 때 농축액이 밑바닥까지 흩어지지 않고 가라앉으면 충분히 조려진 것으로 간주할 수 있으나, 도중에서 흩어지면 아직 덜 조려진 것이므로 더 조려야 한다.
  ㉡ 스푼법(spoon test) : 농축액을 나무주걱으로 떠내어 주걱을 기울이면 흘러내리는데, 이때 충분히 조려진 것은 점도가 높기 때문에 잘 흘러내리지 않지만 불충분한 것은 주르륵 흘러내린다.
  ㉢ 온도계법 : 비등점은 용액 중의 용질의 농도가 짙을수록 높아지므로, 65~70% 설탕액의 비등점에 해당하는 104~106℃에 이르면 농축이 끝난 것으로 간주한다.
  ㉣ 당도계법 : 빛의 굴절을 이용한 굴절당도계를 사용하여 농축액의 당도가 65% 정도가 되면 충분한 것으로 간주한다. 뜨거울 때 측정한 것은 상온에서 측정한 것보다 2~3% 낮은 값을 나타내므로 주의하여야 한다.
④ 젤화 제품
  ㉠ 마멀레이드 : 펙틴질이 많은 과일을 설탕조림한 것을 일컫는 것으로, 주로 감귤류의 껍질로 만든 잼을 말한다.
  ㉡ 프리저브 : 과육을 시럽에 넣고 조린 것이다. 과육을 물이나 묽은 시럽에 먼저 조리하여 연하게 한 후에 진한 시럽을 넣어야 과일 세포가 시럽을 서서히 흡수하여 팽창하면서 투명해진다. 처음부터 진한 시럽에 넣으면 삼투압으로 과일이 쭈그러지고 단단하며 질겨진다.
  ㉢ 과편 : 과일을 삶아 걸러 낸 즙에 한천, 설탕, 꿀, 소금 등을 넣은 후 성형한 것이다.
⑤ 변색 : 고온에서 장시간 가열하면 안토시아닌은 점차 적갈색으로 변할 수 있다. 안토시아닌은 빛에 노출되거나 실온보관 시 퇴색하기 쉽다.

기출 2018

다음 (가)는 젤(gel) 형성 과정을 나타낸 것이고, (나)는 영양소의 기능과 흡수에 대한 설명이다. (가)와 (나)를 읽고 〈작성방법〉에 따라 서술하시오. [5점]

(가) 특정 다당류를 물에 잘 분산시켜 만든 졸(sol) 상태의 용액에 (㉠)을/를 첨가하면 젤(gel)을 형성하는데, 이런 방식으로 저열량 잼과 젤리를 만들 수 있다.

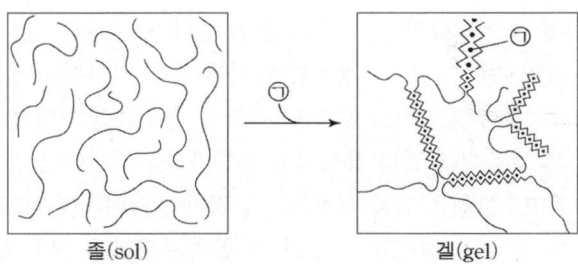

(나) (㉠)은/는 근육의 수축과 이완, 신경 전달, 혈액 응고 등에 관여하는 영양소이며, 함께 섭취하는 식이 성분에 따라 흡수율이 달라진다. 이 영양소의 흡수를 도와주는 식이 성분에는 유당, 단백질, 비타민 C, 비타민 D 등이 있다. 그리고 부갑상선 호르몬도 이 영양소의 흡수에 관여한다.

〔작성방법〕
- ㉠의 명칭을 쓸 것
- ㉠에 의한 젤(gel) 형성 원리를 다당류의 구조적 특성과 연결하여 서술할 것
- 비타민 C가 ㉠의 흡수를 촉진하는 원리를 서술할 것

ANSWER

(4) 한천의 겔화 [19]

① **한천의 급원과 성분** : 한천 또는 우뭇가사리(agar)는 홍조류에서 추출된 다당류(식이섬유)로서, 한천의 중요한 성분은 갈락탄(galactan)이다. 아가로오스와 아가로펙틴이 7 : 3 정도로 구성되어 있다.

② **한천의 성질과 이용**
- **흡수·팽윤** : 물에 담그면 부피가 약 20배 정도로 커진다. 팽윤에 영향을 미치는 요인으로 수질, 한천의 종류, 물의 온도, 침지시간, pH(중성 > 알칼리성 > 산성) 등이 있다.
- **가열·용해** : 흡수·팽윤한 한천에 물을 가하여 가열 용해하는 것으로, 물에 침지시킨 후 80% 정도를 흡수하면 가열한다. 한천의 농도가 낮을수록 빨리 용해되고 농도가 2% 이상이면 용해되기 힘들다.
- **응고** : 한천은 젤을 형성하는 능력이 강하여 낮은 온도에서의 보수성이 큰 젤을 형성할 수 있다. 한천의 수용액은 30℃ 부근에서 굳어져 탄력성이 있는 젤이 되며 열가역적인 젤을 형성한다.
- **이액 현상** : 한천 젤이나 젤라틴의 젤은 시간이 경과하면 망상구조 사이에 있던 액체의 일부가 분리되어 나오는 이액(이장) 현상이 일어난다. 이액을 방지하기 위해서는 고농도의 한천, 긴 가열시간, 낮은 젤상온도, 설탕(60% 이상), 소금(3~5%), 짧은 방치시간 등이 필요하다.

③ **첨가물 및 응고조건의 영향**
- **설탕** : 설탕의 탈수작용으로 한천분자 간의 결합을 증가시켜 젤의 점성과 탄력성, 경도와 투명도가 증가된다. 설탕의 농도가 높을수록 젤의 강도도 증가된다. 이액현상을 방지하는 효과가 있다.
- **소금** : 3~5% 첨가하면 젤의 강도가 증가하고 이액현상이 감소한다.
- **과즙을 넣을 경우** : 유기산에 의해 가수분해가 발생하므로 한천용액을 60~70℃ 정도 가열한 다음 식힌 후 과즙을 첨가한다.
- **우유를 첨가하는 경우** : 우유 중의 지방, 단백질이 한천 젤의 젤화를 저해한다.

④ **한천의 이용** : 의약품 원료나 미생물 배양배지의 재료로 이용된다. 젤화제, 안정제, 증점제, 노화방지제로 사용된다.

기출 2019

다음은 한천과 설탕을 이용하여 겔과 캔디를 조리·가공하는 과정이다. 〈작성방법〉에 따라 서술하시오. [4점]

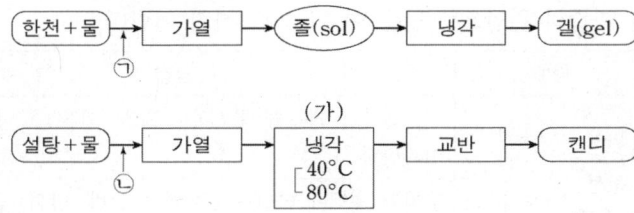

작성방법
- ㉠ 과정에 레몬쥬스를 첨가할 때 일어나는 겔의 물성 변화를 쓰고, 그 이유를 설명할 것
- (가) 단계에서 냉각 온도에 따른 캔디 결정 구조의 차이를 쓸 것
- ㉡ 과정에 다량의 한천을 첨가할 경우, 이것이 캔디의 결정 구조에 미치는 영향을 쓸 것

ANSWER

③ 과일음료 22

(1) 과일주스 일반공정

① 여과 및 청징 : 교질상태로 존재하는 펙틴질, 단백질, 미세과육은 혼탁한 과즙의 원인으로 단순 여과로 제거하기 어렵다.

종류		방법
침전 보조제	난백	건조난백을 과즙에 첨가하여 교반, 가온 후 냉각, 침전, 여과한다.
	젤라틴 및 타닌	젤라틴 용액에 타닌을 첨가하여 교반, 방치, 침전 후 분리한다.
	흡착제	규조토, 산성백토, 활성탄 등을 사용해 분리한다.
펙틴분해효소		pectinase, polygalacturonase 등의 효소를 첨가하여 펙틴질을 분해시킨다. 효소 처리 후에는 주스를 가열하여 효소를 파괴해야 저장 중 침전물이 생기지 않는다.

② 탈기 : 비타민 C의 산화 방지, 지방 성분의 산패 방지, 색 유지 및 호기성균의 증식 억제

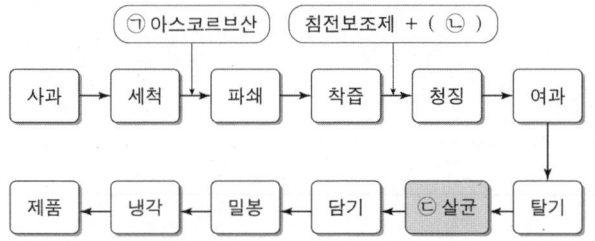

포도주스 주석

주석이 저장 중 석출, 침전되어 맛과 상품가치 하락, 산도(pH)저하, 색소침착 등의 문제를 발생시킨다. 주석을 제거하는 방법으로는 자연침전법, 이산화탄소법, 동결법 등이 있다.

(2) 기타 과일음료

① 농축과일주스 : 천연과즙주스를 농축한 것
② 당이나 향료 등을 첨가한 과일음료
③ 분말과일주스 : 농축과일주스를 건조하여 수분함량 1~3%의 분말로 가공한 것

④ 김치

(1) 기원과 영양

① **기원** : 고려 후기에는 고춧가루를 사용하지 않은 동치미의 형태였다가 조선 후기 고추가 도입되었다.

② **영양** 04

㉠ 원료 유래 영양 : 김치는 소금에 절인 배추나 무, 오이 등의 여러 가지 채소에 젓갈류, 양념 및 향신료 등을 가미하여 만든 식품으로, 채소에 함유된 칼슘, 구리, 인, 철분, 소금 등의 무기질 성분과 풍부한 식이섬유(dietary fiber)를 섭취할 수 있고, 동물성 젓갈로부터 아미노산과 칼슘을 섭취할 수 있으며, 카로틴(carotene), 비타민 B 복합체와 비타민 C 등 각종 비타민이 원료 채소에 함유되어 있거나, 김치발효 중 미생물에 의해서 생성되어 인체에 흡수된다. 또한 김치는 당과 지방 함량이 낮아 저칼로리 식품이다.

재료	영양
배추	• 메틸메치오닌(methylmethionine) : 메티오닌의 생물학적 활성형으로 동맥경화증 치료에 효과가 있다.
무	• 비타민 C : 겨울철 비타민 공급원 • 디아스타아제(diastase) : 생식하면 소화 촉진의 효과가 있다.
고추	• 카로티노이드와 비타민 C 등을 제공한다. • 캡사이신 : 매운맛 성분, 살균 및 정균작용을 하고 타액이나 위액분비를 촉진시켜 소화 작용을 돕는다.
마늘	• 알린 성분 : 강력한 살균효과를 가지고 있고 비타민 B의 체내합성을 증대시키며 혈전 형성 억제 및 소화액 분비 촉진효과도 가지고 있다. • 알릴설파이드 : 살균력이 탄산의 15배에 달하며 신진대사를 원활하게 하고 진통, 변비방지, 해독작용 등의 효과가 있다.
파	• 녹색부분 : 비타민 A와 C를 제공한다. • 황함유 알릴화합물 : 자극성분, 살균, 살충효과
생강	• 무기질을 많이 함유하고 있다. • 진저롤 : 특유의 향과 매운맛, 진저롤 성분은 혈액순환을 촉진시키고 발한, 항균 작용을 한다. • 음식에서는 강한 매운맛을 내며 비린내나 나쁜 냄새를 없애준다.

ⓒ 젖산 발효 : 김치는 자연의 젖산 발효식품으로, 살아 있는 젖산균이 풍부하여, 맛있게 익은 김치의 경우 우유 발효제품보다 10배 내지 100배의 많은 젖산균을 섭취할 수 있다. 또한 김치 발효 중 이들 젖산균에 의해 생성되는 젖산, 구연산 등 각종 유기산은 칼슘, 철 등 무기질 성분의 인체 내 대사를 도와준다.

(2) 김치 절이기

- 소금 양은 재료의 약 10~15%가 적당하다. 소금을 많이 써 오랜 시간 절이면 수분이 너무 빠져 김치가 질기고 간이 짜며 잘 익지 않는다. 소금이 너무 적게 들어가면 김치의 빛깔은 좋으나 쉽게 물러진다. 천일염에는 마그네슘이나 칼슘이 함유되어 펙틴질과 결합하여 아삭아삭한 맛을 더해 주어 씹는 맛을 좋게 해 준다.
- 절임과정에서 대부분의 호기성 세균들이 제거되고 김치발효에 관여하는 젖산균들이 생육하게 된다.
- 삼투압 작용으로 김치의 맛을 내게 할 뿐 아니라 방부 작용으로 김치를 보존할 수 있다.

(3) 발효숙성 단계

① 숙성 기간 : pH가 급격히 낮아지고 산도와 환원당이 증가하는 시기
② 유지하는 기간 : pH가 완만하게 떨어지면서 산도가 점진적으로 증가하고 환원당이 감소하는 기간
③ 산패와 연부현상이 일어나는 기간 : pH와 산도의 변화는 거의 없으나 표면에 산막이 형성되고 당의 함량이 점차로 감소하는 시기
- 일반적으로 pH 4.0 정도일 때 가장 맛이 좋으며 젖산, 구연산, 옥살산, 식초산 등이 생성된다.

> **연부현상**
> - 김치가 물러지는 것으로서 배추나 무의 조직을 구성하고 있는 펙틴질의 긴 사슬이 폴리갈락투로나아제에 의해 분해되기 때문에 일어나는 현상
> - 방지법 : 호기성균에 의해 효소가 생성되므로 공기가 들어가지 않도록 꼭꼭 눌러 담는다. 배추나 무가 공기에 노출되지 않도록 국물을 충분히 부어야 한다. 김치를 덜어 내고 나서도 건더기가 국물 밖으로 나오지 않도록 꼭꼭 눌러준다.

(4) 발효 중 변화

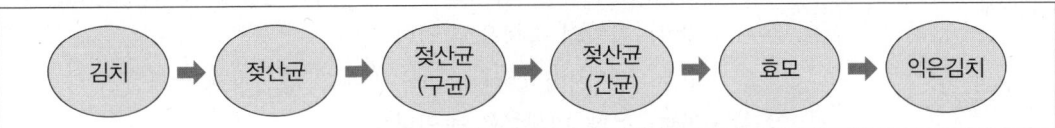

〈김치 발효과정〉

① **세균 증가와 사멸** : 금방 담근 김치는 일반세균이 최대 10배까지 급속히 증식하다가 다시 급속히 사멸해버린다. 이유는 세균이 급격하게 증가하면서 만들어내는 이산화탄소가 포화상태에 이르러 더 이상 세균이 살 수 없는 상태가 되는 것으로 이때쯤 공기가 없어도 살 수 있는 혐기성 미생물인 젖산균이 활동을 시작하게 된다.
② **젖산균 활동** : 시큼한 젖산을 만들며 배추·무를 서서히 김치로 무르익게 만든다. 이때가 젖산균만이 살 수 있는 환경이 되는데, 젖산균은 박테리오신이라는 항생물질을 만들어 이때 생겨나는 다른 미생물을 자라지 못하게 방어한다.
③ **효모 활동** : 점차 신맛이 강해지면서 젖산균조차 적응을 하지 못하고 사멸하게 되는데 이때가 되면 효모가 증식하게 되고 흔히 말하는 '군내'가 나기 시작하는 것이다.

> **걸쭉한 김칫국물**
>
> 발효균이 덱스트란 슈크라아제라는 효소물질을 분비하여 설탕을 덱스트란(dextran)으로 분해한다. 덱스트란은 몸에서 분해가 안 되는 섬유질과 비슷한 비소화성 식이섬유로서 섭취하여도 안전하며 오히려 변비에는 도움이 될 수 있다. 깍두기를 먹다 보면 끈적끈적하게 국물이 딸려올 때가 있는데 그것이 바로 덱스트란이다.

④ **성분 변화**
- 젖산, 구연산, 옥살산, 식초산 등이 생성된다.
- 비타민 B_1, B_2, 니아신, B_{12}가 숙성 기간이 경과됨에 따라 증가하여 최고에 달한 후 감소한다.
- 비타민 C는 초기에 일단 감소하나 배추 성분이 분해되어 생성된 당으로부터 비타민 C가 합성되어 다시 증가하며 최고에 달한 후 감소한다.

⑤ 부재료에 따른 영향
- **젓갈류** : 단백질, 아미노산 등 미생물 성장에 필요한 질소원을 다량 함유, 김치의 숙성을 촉진한다.
- **고추** : 캡사이신(capsaicine) 성분이 항산화제 역할을 한다.
- **마늘** : 유해 미생물을 죽인다.
- **소금** : 해로운 미생물의 침입과 번식을 막아주는 역할을 한다.
- **삼투압** : 세포 간 물질교류가 활발해지고 효소의 작용이 활성화되기 때문에 조직감이 좋아지고 젖산이 잘 발효될 수 있도록 한다.

> **김치 숙성 조건**
> - 온도 : 고온일 경우 단시간, 저온일 경우 장시간 소요
> - 소금농도 : 3% 미만일 때에는 발효를 촉진하고 김치의 색도 좋으나 연부현상이 일어나기 쉽다. 4% 이상에서는 발효가 억제되며, 6% 이상이면 색과 맛이 모두 좋지 않다.
> - 양념 : 마늘, 고추, 젓갈 등은 촉진, 생강은 억제요인이다.

Q 기출 2004

김치는 우리의 대표적인 저장·발효 식품으로서 국제 식품 규격으로 승인 받아 세계적으로 그 우수성을 인정받고 있다. 김치가 발효되면서 맛을 내는 성분 2가지를 쓰고, 김치의 영양적 장점을 1가지만 쓰시오. [총 3점]

ANSWER

04 CHAPTER 고기·생선·달걀·콩류

01 종류와 특징

1 종류

고기	① 근육 조직 　• 단백질 : 미오신, 액틴, 미오겐, 미오 알부민 등 　• 탄수화물 : 글리코겐으로 간(10%), 근육(2%)에 들어 있다. 　• 비타민 : 간과 내장에는 비타민 A가 풍부하고, 돼지고기에는 티아민이 풍부하다. 　• 무기질 : 붉은 색 육류에는 철분이 다량 함유되어 있을 뿐만 아니라 흡수율도 높다. ② 결합 조직 : 콜라겐과 엘라스틴으로 구성되어 있고, 콜라겐은 물과 함께 가열하면 젤라틴화된다. ③ 지방 조직 : 지방 함량은 육류의 종류나 부위에 따라 다르며, 주로 포화 지방산으로 구성되어 있다.
생선	① 탄수화물 : 1% 미만, 조개류 글리코겐 3~5% 함유(단맛, 겨울철 굴의 맛 성분) / 키토산 ② 단백질 : 육류보다 길이가 짧고 굵으며, 결합 조직이 적어서 연하기 때문에 회로 먹을 수 있으며 가열하면 쉽게 부스러진다. ③ 지방 : 함량은 계절과 종류에 따라 차이가 있다. 생선의 지방은 대부분 불포화 지방산으로 산패가 빠르나, 필수 지방산(등푸른 생선-DHA, EPA)이 많다. ④ 칼슘 : 멸치, 뱅어포, 생선 통조림, 어묵 등은 뼈째 먹는 생선으로 칼슘이 풍부하다.
달걀	필수 아미노산을 거의 함유한 이상적인 단백질 식품(단백가 100) ① 흰자 : 주요 단백질은 오브알부민, 콘알부민, 오보뮤코이드, 글로불린 ② 노른자 : 지방함량은 단백질 함량의 2배로 인지질이 30%를 차지하고 있다. 무기질, 비타민이 많고, 콜레스테롤을 함유하고 있다. ③ 기타 : 유화지방, 칼슘, 철, 비타민 A, 비타민 D, 티아민, 리보플래빈이 풍부하다.
콩류	① 우수한 단백질 풍부 : 글리시닌은 물에 잘 녹지 않으나 약 염기에 잘 녹는다. 이를 이용하여 탄산수소나트륨(중조)을 사용하면 쉽게 무르지만 티아민이 파괴되므로 소금을 이용한다. ② 지방, 칼슘, 티아민, 리보플래빈이 풍부하다.

❷ 단백질의 변성과 등전점

(1) 단백질의 변성 13 / 09 / 06

① 의미 : 단백질의 활성 형태인 3차원적 입체구조에서 급격히 저어주거나 가열, 산·알칼리용액으로 처리했을 때 1차 구조로 풀어지면서 활성(고유한 기능)을 잃게 되는 과정이다. 단백질의 물리적, 화학적, 생물학적인 성질이 천연의 것과 다른 상태로 되는 현상을 변성이라고 한다.

② 변성된 단백질의 성질
- 생물학적 특성 상실 : 본래 가지고 있는 효소 활성이나 독성, 면역성 등의 생물학적 특성을 잃게 된다.
- 효소에 의한 단백질 분해 : 변성으로 인해 효소의 작용을 받을 수 있는 반응 장소가 증가하여 변성된 단백질은 소화가 잘 된다.
- 반응성 증가 : 변성으로 인해 다양한 활성기가 표면으로 나타나 반응성이 커진다.
- 용해도 변화 : 불용화, 응고 또는 겔화한다.
- 기타 : 구상 단백질인 경우 변성으로 구조가 풀리면 점도가 증가한다.

Q 기출 2013

식품의 조리와 가공 과정에서 단백질의 변성을 일으키는 주요 요인이 동일한 식품으로 묶인 것은? [2점]

① 두부, 어묵
② 육포, 치즈
③ 수란, 아이스크림
④ 요구르트, 삶은 달걀
⑤ 달걀찜, 스펀지케이크

ANSWER ①

(2) 등전점 10

① 개념 : 아미노산, 단백질, 핵산 등 양쪽성 전해질용액의 전기이동현상에서 용질입자 또는 분자의 이동도(移動度)는 pH와 관계가 있으며, 적당한 pH에서 이동도가 0이 된다. 이때의 pH를 양쪽성 전해질의 등전점이라고 하며 단백질에서는 약 pH 4~6인 값이 된다.

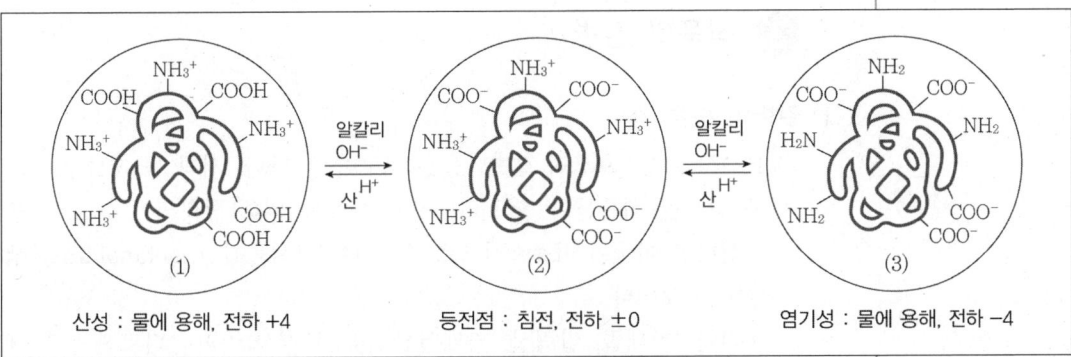

<단백질의 등전점>

② 단백질 조리와 등전점 : 아미노산의 분자구조는 독특해서 분자가 있는 주변 환경의 pH 조건에 따라 분자 전체의 전하가 중성, 플러스 혹은 마이너스가 될 수 있다. 소위 말하는 주피터 이온 형태이다. 그런데 특정한 pH에서는 어떤 분자(단백질 역시 마찬가지)는 플러스 혹은 마이너스 전하가 완전히 동등하기 때문에 마치 중성 분자처럼 행동을 한다. 전기장 내에서는 플러스 전하를 띤 분자는 마이너스 전극으로 이동을 하게 되고, 마이너스 전하를 띤 분자는 플러스 전극으로 이동하게 된다. 이런 상황에서는 분자의 겉보기 전하가 중성이므로 분자를 포함한 용액에 전기장을 걸어준다 해도 분자는 어느 전극(플러스 극과 마이너스 극)으로도 이동하지 않는다. 그 pH를 등전점(isoelectric point, 혹은 등전 pH)이라 부른다.

■ 각종 식품 단백질의 등전점

소재	단백질	등전점	소재	단백질	등전점
우유	Lactalbumin	5.1	달걀	Egg albumin	4.5~4.7
	Lactoglobulin	4.5~5.5	콩	Glycinin	4~5
	Casein	4.6	옥수수	Zein	5.8
육류	Myogen	6.3	밀	Glutenin	5.2~5.4
	Myosin	5.4		Gliadin	6.5

③ 등전점에서의 단백질의 변화
- 최소가 되는 특징 : 용해도, 점도, 삼투압, 팽윤
- 최대가 되는 특징 : 흡착성, 기포력, 탁도, 침전

3 식품의 갈변

(1) 갈변의 종류 13

① 효소적 갈변 : 효소적 갈변반응은 고구마, 바나나, 사과 등 페놀성 물질을 함유한 식품들이 Polyphenoloxidase에 의해 산화되어 quinone을 형성하고 이들이 비효소적으로 중합하여 갈색물질인 melanoidin을 생성하는 것이다.
- 기질 : 카테콜, 갈릭산, 카페인산, 클로로겐산(커피), 티로신 등의 페놀화합물

② 비효소적 갈변 : Maillard reaction, Caramelization, 아스코르브산의 산화에 의한 갈변
  ㉠ Caramelization : 고온에서 당류 또는 당류수용액의 가열에 의하여 형성된 가열산화물 또는 가열분해물 등에 의한 갈색화 반응이다.
  ㉡ 아스코르브산 산화 : 아스코르브산이 중성과 알칼리 조건에서 중합 또는 축합반응을 일으키거나 질소화합물과 반응하여 갈색물질을 형성한다. 과일 가공 중의 주된 갈변반응의 원인이다.
    예 오렌지주스, 분말 오렌지, 가공과일의 변색

(2) Maillard reaction

① 반응 : 거의 모든 식품에서 자연발생적으로 일어나는 반응으로 아미노산의 아미노기와 환원당의 카르보닐기가 축합하는 초기단계와 중간단계 및 최종단계를 거쳐서 갈색물질인 melanoidin을 생성하는 것으로 일명 Amino-carbonyl 반응이라고도 한다. 이 반응은 식품의 품질 저하를 가져오는 단점이 있으나 커피, 홍차, 식빵, 간장, 된장 등 식품의 경우는 이 반응 없이는 고유의 색깔, 풍미, 방향을 얻을 수 없다.

- 카르보닐기(알데히드기, 케톤기)를 가진 환원당
- 가수분해되어 환원당을 만들 수 있는 당류

\+ 유리 아미노기나 아미노기를 가진 질소화합물(아미노산, 펩티드, 단백질) → 멜라노이딘

- **멜라노이딘** : 아미노-카르보닐 반응의 최종 생성물(갈색 색소), 불포화도 매우 크며, 강한 형광[빛을 받아 발광(≠반사)하는 것]성을 가진다. 저분자 화합물의 흡착작용, 지질의 항산화작용, 항균성, 항돌연변이성 등의 기능이 있다.
- **환원당** : 환원력을 나타내는 당으로 단당류는 모두 환원당이다. 환원력이 없는 당류를 비환원당이라고 하며 이당류 중 설탕, 트레할로오스가 이에 해당한다.

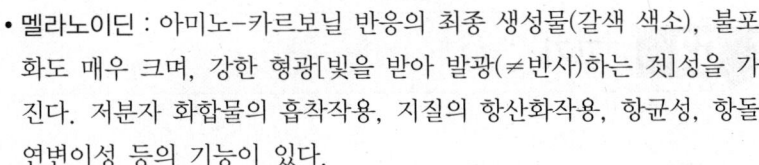

환원당 + Cu^{2+} + $5OH^-$ → Cu_2O + $3H_2O$ + 당, 산의 혼합물
당 ← Cu^{2+} → Cu (전자를 얻음, 환원임)

② Amino-carbonyl 반응 영향요인

증가요인	억제요인
아미노기와 카르보닐기의 존재, 광선, 온도, pH, 수분, 당의 종류, 당의 농도, 금속류의 존재 등 • 아미노기의 존재 : 많을수록 갈변촉진 • 카르보닐기의 존재 : 많을수록 갈변촉진 • 온도 : 10℃ 상승에 3~5배 갈변촉진 • 금속류의 존재 : Cu, Fe 등의 존재가 갈변촉진 • 수분 : 10~15%에서 갈변촉진 • 당의 농도 : 농도에 비례	저온저장, 수분조정, 반응 활성물질 제거, 화학적 방지제인 아황산염 첨가 등의 방법이 있다.

02 고기

❶ 특징

고기 단백질

① 육장 단백질
- 구상 단백질 : 미오겐, 글로불린, 미오글로빈
- 섬유상 단백질 : 액틴, 미오신, 액토미오신

② 육기질 단백질 : 콜라겐, 엘라스틴

(1) 사후강직

도살 직후의 근육은 부드러우나 근육에 젖산이 쌓이면서 pH가 낮아져 근육의 신축성이 없어져 단단해진다.

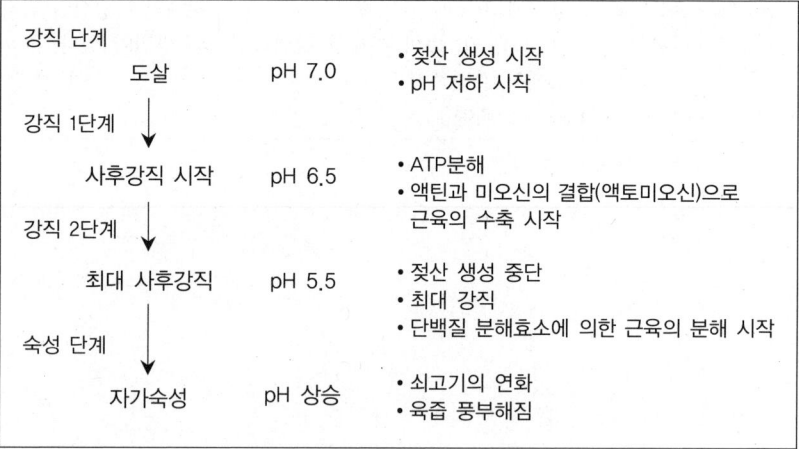

〈육류의 강직과 숙성 단계〉

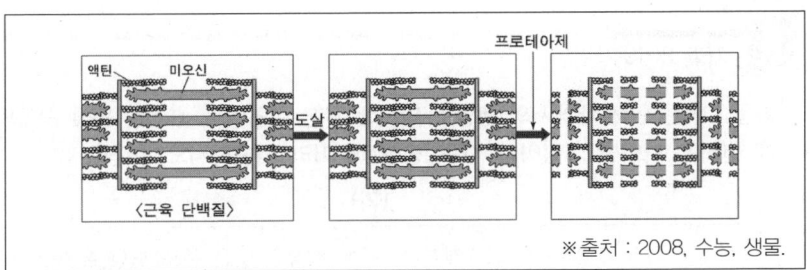

※출처 : 2008, 수능, 생물.

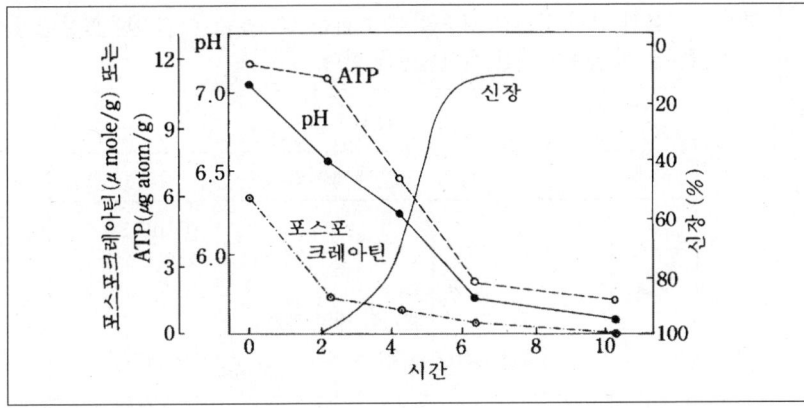

(2) 숙성 19

① 사후강직과 근육의 수축 : ATP가 미오신 머리에 결합해야 액틴이 미오신으로부터 분리되어 근육이 이완된다. 도살로 인해 혐기적 상태가 되면 ATP가 결핍되어 ADP가 미오신 머리에 결합된 강직복합체가 형성된다.
② 숙성과정 : 젖산 생성이 계속된다. → pH 5.3까지 떨어진다. → 젖산 생성이 중지된다. → 산성 단백질 분해효소(카텝신)가 활성화된다. → 근섬유질이 분해된다. → 근육조직을 분해한다. → 경직 상태가 풀린다.
③ 숙성 전후 비교

	탄력성	질감	색상	맛	보수성
사후 경직	떨어짐	뻣뻣함	미오글로빈 (암적색)	맛이 별로 없음	감소
숙성	증가	부드러워짐	옥시미오글로빈 (선홍색)	맛 성분생성 : 아미노산, 핵산	증가

Q 기출 2019

다음 (가)는 인체 내에서의 영양소 대사에 관한 설명이고, (나)는 동물 근육의 사후 변화를 나타낸 그림이다. 〈작성방법〉에 따라 서술하시오. [5점]

(가)

(㉠)은/는 간과 근육에 존재한다. 간에 저장된 것은 주로 혈당 유지에 이용되고, 근육에 저장된 것은 근육 활동을 위한 에너지원으로 사용된다. 운동선수 특히 마라톤과 같이 장시간 경주를 해야 하는 선수들은 ㉡경기력 향상을 위해 (㉠)을/를 확보하기 위한 식사요법을 한다.

(나)

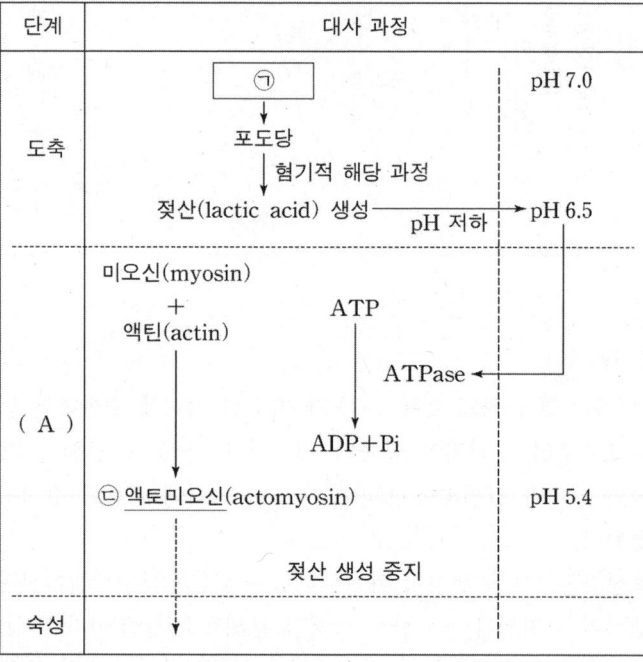

작성방법
- (가)와 (나)의 ㉠에 공통으로 해당하는 물질의 명칭을 쓸 것
- 혈당이 감소되었을 때 인체 내에서 일어나는 ㉠의 대사를 설명할 것
- 밑줄 친 ㉡에 해당하는 식사요법 1가지를 서술할 것
- (A) 단계의 밑줄 친 ㉢이 숙성단계에서 나타나는 변화를 설명하고, 이 현상이 육질(texture)에 미치는 영향 2가지를 쓸 것

ANSWER

(3) 육류의 색상
① 색소물질 : 미오글로빈(암적색, Fe^{2+})이 근육의 색상을 결정한다. 미오글로빈은 가운데에 산소와 결합할 수 있는 철을 보유하고 있다.
② 숙성 시 : 산소화를 통해 미오글로빈은 선홍색을 띠는데 이를 옥시미오글로빈(Fe^{2+})이라고 한다.
  • 산소화(oxygenation) : 전자의 이동 없이 단순히 산소의 흡수만 나타나는 경우로 산화와 구분된다.
③ 저장 시 18
  • 산소가 떨어져 나가면서 철이 2가에서 3가로 산화된다. 어두운 갈색으로 메트미오글로빈(Fe^{3+})이라고 한다. 2가 이온상태의 철을 헤모크롬, 3가 이온상태의 철을 헤미크롬(또는 헤마틴)이라고 부른다.
  • 헤미크롬(Fe^{3+})에 OH기가 결합되면 헤마틴(Fe^{3+})이 되고, 이것은 유리라디칼을 생성하여 자동산화를 촉진한다. 헤미크롬(Fe^{3+})이 계속 가열 및 산화되면 Fe^{3+}이 제거된 산화된 포르피린이 된다.
④ 염장육 제품을 만들 때 아질산염($NaNO_2$)을 첨가하면 선홍색으로 고정, 좋은 풍미를 가진다.
  ㉠ 미오글로빈 + NO(산화질소 – 육류 근육 내부에서 아질산염이 환원되어 형성) → 산화질소 미오글로빈(분홍색)
  ㉡ 산화질소 미오글로빈 $\xrightarrow{가열}$ 니트로실 헤모크롬(선홍색)
    • 니트로소아민(산화질소아민) : 니트로소기, 즉 산화질소기(-NO)를 가진 아민류

> **아질산나트륨의 역할**
> • 니트로소미오글로빈(산화질소NO 미오글로빈, 일산화질소 미오글로빈)을 형성하여 붉은색(분홍색, 선홍색)을 유지한다. – 발색제
> • 보툴리누스균을 살균한다.
> • 니트로소아민(산화질소아민)을 형성하여 발암물질이 된다(헤모글로빈의 철을 산화시켜 메트헤모글로빈을 생성한다).

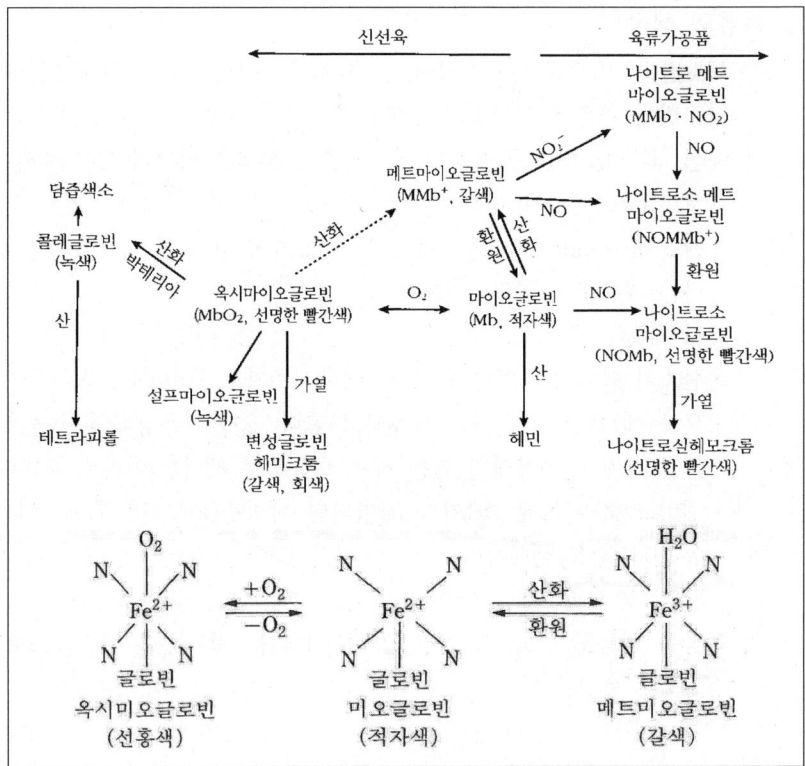

〈가열 조리 및 가공과정 중 미오글로빈의 변화〉

❷ 육류의 조리

(1) 육류의 연화

① **숙성** : 단백질 분해로 생성된 아민 등이 pH 상승시켜 최대 강직 pH 5.5 벗어나게 한다.

② **기계적 방법** : 근섬유와 직각 방향으로 썬다. 두드리거나 저민다. 결합조직을 제거한다.

③ **단백질 분해 효소** 12 : 파파야(파파인), 파인애플(브로멜린), 무화과(피신), 키위(액티니딘), 배(프로테아제), 동물의 펩신과 트립신 등

④ **산** : 등전점인 pH 5~6을 벗어나는 것이 좋다. 와인, 맥주, 토마토 페이스트, 식초, 레몬, 야쿠르트, 과일즙 등을 사용한다.

⑤ **염** : $NaCl$, KCl, $CaCl_2$, $MgCl_2$ 등의 염이 근섬유를 둘러싸고 있는 염용성 단백질을 분해시켜 단백질 극성 분자들이 바깥으로 재배열되면서 수분결합력을 증가시킨다. 단, 5% 이상이 되면 탈수될 우려가 있다.

⑥ **설탕** : 단백질에 설탕이나 포도당을 넣고 가열하면 응고온도가 높아지며 설탕의 양이 많아질수록 응고온도는 점점 상승한다. 이것은 설탕 등이 응고단백질을 어느 정도 용해시키기 때문이며, 이 현상을 단백질의 해교(peptization)작용이라 한다.

> **Q** 불고기 조리 시 양념을 다음과 같이 넣는 이유는?
> • 설탕 → 단백질 분해효소가 함유된 과일즙 → 간장과 마늘, 파 등의 양념 → 참기름

(2) 가열 시 변화

① **근육 단백질의 변화** : 액틴과 미오신은 각각 50℃, 55℃에서 응고하므로, 이 온도 이상으로 장시간 가열되면 고기가 수축되고 질감이 나빠진다.

② **결합 조직의 변화** 10/06/02 : 고기를 미리 찬물에 넣고 센 불로 가열하여 끓기 시작한 후 약불로 오래 끓이면 고기가 수축하지 않아 부드럽고, 맛 성분이 많이 우러나와 국물 맛이 좋다. 콜라겐은 물과 함께 가열하면 80℃에서 용해되어 젤라틴으로 변하면 물에 분산되어 액체 상태를 유지한다. 젤라틴화(sol)된 것을 냉각시키면 젤(gel) 상태로 바뀌어 굳고, 다시 가열하면 졸(sol) 상태로 되돌아간다. 국물을 이용하는 식품의 경우 결합조직이 많은 부위를 활용하면 국물 맛이 좋아진다. 젤라틴은 수용성이며, 약산과 약알칼리에 용해된다.

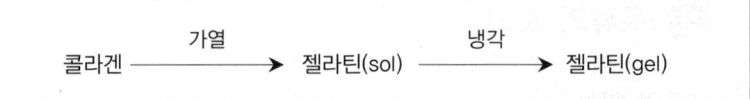

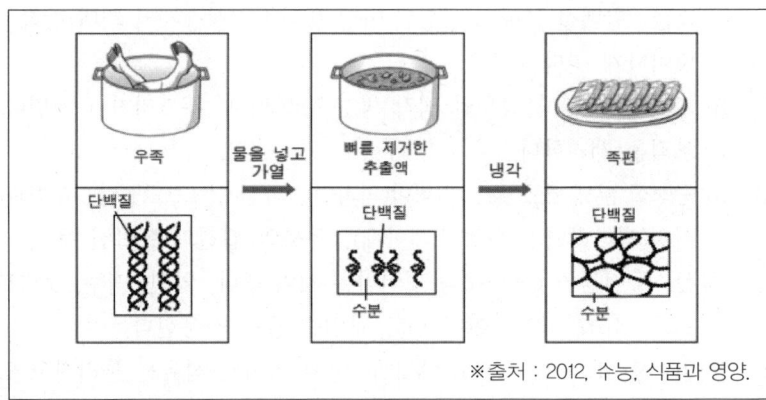

※출처 : 2012, 수능, 식품과 영양.

③ **색상** : 옥시미오글로빈 상태에서 회갈색의 변성글로빈 헤미크롬 상태가 된다. 철의 색상은 헤미크롬 또는 헤마틴 상태이다. 가열을 계속할 경우 헤마틴에 염이 결합하여 헤민을 형성한다.

④ **지방성분** : 고기 사이에 녹아서 독특한 맛과 향기를 제공한다.

⑤ **맛과 영양** : 표면의 단백질이 일단 응고하면 내부에서 맛 성분과 수분이 덜 빠져나와 맛이 좋고, 부드러우며, 영양 성분의 손실이 적다. 따라서 고기를 구울 때에는 센 불에서 표면을 빨리 익히는 것이 좋다. 그러나 고기의 내부 온도가 80℃ 이상이 되면 수분이 많이 빠져나와 질겨진다.

쇠고기 조리방법

- **사골국** : 이물질은 걷어내고 뽀얀 국물을 만들기 위해 뚜껑 close(휘발하던 지방구가 다시 육수 속에 분산됨)
- **장조림** : 끓은 설탕물 + 고기(연화) → 간장(약한 불)
- **편육** : 식은 후 썰어야 부서지거나 육즙 유출 적음
- **불고기** : 콜라겐의 젤라틴 과정 없어서 결합조직 적은 부위 선택, 먹기 전 양념하는 것이 바람직함(삼투압으로 인한 수분 손실)
- **햄버거** : 햄버거 패티, 섭산적, 육완전은 많이 치대는 이유 – 염기 첨가되면 미오겐이 녹아나와 근육을 결합시키기 때문

(3) 젤라틴의 겔화

① 젤라틴의 성질과 이용
- **흡수·팽윤** : 물에 담그면 6~10배의 물을 흡수하여 팽윤한다. 조리 시에는 약 10배의 물에 담그는데, 이때 분말로 된 젤라틴은 흡수표면적이 크기 때문에 흡수가 촉진되므로 약 5분 담그면 되며, 판상의 젤라틴은 20~30분간 담가야 한다.
- **가열·용해** : 흡수·팽윤된 젤라틴을 35℃ 이상으로 가열하면 녹는다. 다시 냉각시키면 젤을 형성하고 가열하면 기포를 형성한다.
- **응고** : 용해된 젤라틴 용액을 냉각시키면 응고된다. 젤라틴 젤은 매우 낮은 온도에서 단단한 젤을 형성하며 이 젤은 또한 투명한 특징을 가지고 있다.
- **기포형성** : 젤라틴은 등전점에서 점도가 최저로 되어 기포형성이 잘 되며 탄력성과 점착성도 높아진다. 젤라틴 젤을 교반하여 원래 부피의 2~3배로 증가시킬 수 있는데 교반 시기는 젤라틴 용액이 생난백처럼 되었을 때이다.

② 젤라틴의 응고에 영향을 미치는 요인
- **시간** : 온도가 낮을수록 빨리 최대 경도에 도달하게 된다. 저온에서 5~6시간 또는 하룻밤을 두어야 최대 경도에 이른다.
- **농도** : 대체로 젤라틴 3~4%의 농도에서 젤을 형성하며, 젤라틴의 함량이 클수록 형성된 젤의 굳기 내지는 견고성도 강하다. 농도가 높으면 빨리 응고되며 단단하게 응고되나 너무 농도가 높으면 오히려 끈적끈적한 느낌을 준다.
- **온도** : 3~15℃에서 응고되며 온도가 낮을수록 빨리 응고된다. 온도가 낮을수록 형성된 젤의 견고성은 크다(냉장고나 얼음물 등).
- **산**  : 과일즙, 토마토주스, 레몬주스, 식초 등을 첨가하면 젤라틴 응고를 방해한다. 젤라틴의 등전점인 pH 4.7을 벗어나면 응고물이 더 부드러워지지만 지나치게 사용하면 전혀 응고되지 않는다.
- **효소** : 파인애플 중에 포함된 브로멜린은 젤라틴을 분해하여 응고를 방해한다. 생 파인애플을 사용할 경우 2분 정도 가열한 후에 사용한다.
- **설탕** : 첨가량이 많을수록 부드러운 젤이 형성된다.
- **염류나 경수** : 물의 흡수를 막아 단단한 젤이 형성된다. 우유를 첨가할 경우 Ca^{2+}이 응고를 도와준다.

③ **젤라틴의 이용** : 젤리 과자류, 식품의 건조를 방지하기 위한 피막이나 코팅제, 과즙의 타닌 제거용, 유화제, 안정제, 응고제, 결정 방해물질 등으로 이용된다.

Q 젤라틴 젤리에 파인애플을 생으로 넣으면 잘 굳지 않는 것은 왜일까?

겔상식품 15 / 12 / 07

특성 종류	한천	젤라틴 겔	녹말 겔	펙틴 겔
형성에 필요한 재료	우뭇가사리	콜라겐	전분 (아밀로오스)	펙틴, 산, 당
첨가물의 영향	설탕, 염에 의해 겔이 안정화됨/ 산, 팥앙금 등에 의해 구조가 약화된다.	설탕에 의해 겔 강도가 감소되고 산, 효소 등에 의해 형성이 방해되며 염에 의해 강도가 상승된다.	설탕에 의해 겔 강도가 상승되고 산에 의해 감소된다.	적정농도의 산(pH 3 정도)과 고농의 설탕(60~65%)은 겔 형성을 촉진한다. (저메톡실의 경우 칼슘 등의 다가 염류가 겔 형성을 촉진한다.)
해당 식품	팥양갱, 우무	족편	묵	딸기잼, 마멀레이드

(4) 고기부위와 조리 09

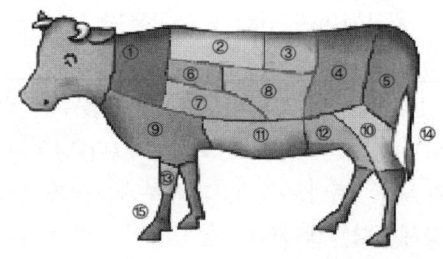

① 머리 : 편육
② 등심 : 구이, 산적, 전골
③ 채끝살 : 구이, 산적
④ 우둔살 : 포, 구이, 조림
⑤ 홍두깨살 : 장조림, 산적, 국, 육회
⑥ 갈비 : 구이, 찜, 국
⑦ 쇠악지 : 조림, 장국
⑧ 안심 : 구이, 전골
⑨ 양지머리 : 편육, 장국
⑩ 대접살 : 포, 산적, 회
⑪ 업진육 : 편육, 국
⑫ 중치살 : 구이, 전골
⑬ 사태 : 장조림, 찜, 족편
⑭ 꼬리 : 탕, 조림, 곰국, 찜
⑮ 족 : 족편, 국

 기출 2010

다음은 족편과 치즈의 제조 과정을 나타낸 것이다. (가)와 (나)에 대한 설명으로 옳은 것을 <보기>에서 고른 것은? [2점]

우족 ➡ (가) ➡ 냉각 ➡ 굳히기 ➡ 썰기 ➡ 족편
원료유 ➡ (나) ➡ 커드절단 ➡ 유청분리 ➡ 압착·성형 ➡ 숙성 ➡ 치즈
(치즈 종류에 따라 숙성 과정은 생략 가능함)

보기
ㄱ. (가) 단계에서 섬유상 가닥이 풀리면서 수용성 물질로 변화하여 졸(sol)을 형성한다.
ㄴ. (가) 단계는 고기를 연화시키는 방법의 하나로 결합조직이 적은 부위의 조리법으로 적당하다.
ㄷ. (나)의 경우 효소를 첨가하는 것이 산을 첨가하는 것보다 치즈의 칼슘의 함량이 높다.
ㄹ. (나) 단계에서 젖산균을 첨가하면 pH가 저하되어 카제인(casein)이 등전점(isoelectric point, pI)에서 응고된다.
ㅁ. (가)와 (나) 단계에서는 단백질의 펩티드 결합(peptide bond)이 분해된다.

① ㄱ, ㄴ, ㄷ　② ㄱ, ㄴ, ㅁ　③ ㄱ, ㄷ, ㄹ
④ ㄴ, ㄷ, ㅁ　⑤ ㄷ, ㄹ, ㅁ

ANSWER ③

 기출 2002

쇠고기의 사태 부위로 찜을 할 경우와 안심 부위로 찜을 할 경우를 비교하여 설명하고, 찜을 할 때 가열에 의해서 연하게 조리하는 방법을 서술하시오. [총 3점]

ANSWER

03 생선

1 특징

생선 근육단백질 분류

구분	용해성	종류
근원섬유질(구조) 단백질	염용액	미오신, 액틴, 액토미오신
근원질 단백질	수용액	미오겐, 글로불린
기질 단백질	염과 물용액	콜라겐, 엘라스틴

(1) 생선 분류와 사후강직

① 지방함량에 따른 생선의 종류
  ㉠ 흰살 생선 : 지방 5% 미만 함유. 물속 깊이 살고 있으며, 운동량이 적고 담백하다.
    예) 도미, 광어, 조기, 민어 등
  ㉡ 붉은살 생선 : 지방 5~20% 함유. 물 표면에 살며, 운동량이 많다. 흰살 생선보다 사후경직이 빠르고 지속시간도 짧다(= 자기소화로 인한 변패가 빠름).
    예) 꽁치, 고등어, 청어 등

② 생선의 사후강직
  • 어패류는 조직이 연약하여 자기 소화 속도가 빨라 맛이 저하되기 쉬우며, 표피·아가미·내장 등에 있는 세균 번식으로 오염되기 쉽다.
  • 장기간 보관 시 냉동하여 자가 소화를 지연시킬 수 있지만 참치나 고등어같이 지방을 많이 함유한 생선은 저온 보관도 지방 분해효소의 작용을 억제할 수 없으며, 결국 산패로 인한 품질 저하가 일어나게 된다.
  • 생선은 사후강직 중의 것이 신선하고 맛도 있으며, 근육이 단단하여 씹는 맛이 좋다. 그러나 예외적으로 농어 같은 생선은 경직기를 지나 자가 소화를 시작할 때가 더 맛있다고 하는데 지미 성분이 형성되기 때문이다.

(2) 생선냄새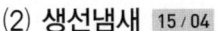
① 성분
　㉠ 해수어 냄새성분 : 해수어의 경우 신선한 생선의 맛 성분인 트리메틸아민 산화물(TMAO)이 공기 중 세균에 의해 환원되어 비린내 성분인 트리메틸아민(TMA)을 형성한다. 사후강직 경과 후 세균이 혈관을 통하여 근육 내부로 침투한다. 담수어의 냄새 성분은 피페리딘과 아세트알데히드의 축합체이다. 선도가 떨어지면 암모니아, 황화수소, TMA, 지방산 등이 섞여서 나는 것이다.

$$CH_3 \diagdown \atop CH_3 - N = O \atop CH_3 \diagup \quad \xrightarrow{환원} \quad CH_3 \diagdown \atop CH_3 - N \atop CH_3 \diagup$$

(TMAO) → (TMA)

〈트리메틸아민(trimethylamine, TMA)의 생성〉

　㉡ 기타 생선냄새
　　• 담수어 : 리신 → 피페리딘
　　• 악취 : 암모니아, 인돌, 스카톨, 메틸머캅탄, 황화수소 등
　　• 홍어, 가오리, 상어의 암모니아 냄새 : 체내에 다량의 요소가 효소에 의해 → 암모니아

② 제거법
　㉠ 물로 씻기 : 트리메틸아민은 수용성으로 조리 전에 물에 씻어 준다. 구수한 맛 성분의 용출을 막기 위해서는 토막 내기 전에 씻는다.
　㉡ 산 첨가 15 : 과즙이나 식초를 첨가하면 산성분이 알칼리성인 트리메틸아민과 결합하여 무취물질을 형성한다.
　㉢ 단백질 용액
　　• 간장, 된장, 고추장 : 양념간장에 생선을 담가두면 비린내가 용출된다. 된장이나 고추장의 강한 향미가 어취를 감춘다.
　　• 우유 : 카제인은 흡착성이 강해 트리메틸아민을 흡착한다. 신선로의 천엽전, 간전 등을 할 때 우유에 담구어 냄새를 제거한다.

ㄹ. 매운 성분
- **양파나 마늘**: 포함되어 있는 휘발성 황화합물(황화아릴류)이 비린내를 가린다. 매운맛 성분으로 인해 미뢰세포가 둔감해진다.
- **생강**: 매운맛인 진저론(zingerone)과 쇼가올(shogaol)이 미각을 둔화시킨다. 산과 마찬가지로 TMA와 결합하여 무취물질로 변화시킨다. 탈취작용을 크게 하려면 가열을 통해 단백질을 변성시킨 후 생강을 넣는 것이 효과적이다.
- **겨자, 고추, 고추냉이, 후추**: 겨자의 알릴 머스터드 오일(allyl mustard oil), 고추의 캡사이신(capsaicin), 고추냉이의 알릴이소티오시아네이트(allyl isothiocyanate), 후추의 피페린(piperin)의 매운맛으로 인해 혀를 마비시킨다.
- **미나리, 쑥갓, 파슬리, 풋고추, 피망**: 방향과 강한 맛을 지녀서 비린내을 약화시킨다.

ㅁ. 술: 알코올이 조리과정에서 휘발되면서 비린내를 제거한다.
ㅂ. 소금: 냄새나는 물질을 빠져 나가게 한다.

Q 기출 2004

생선의 식용 가치는 신선도와 영양성에 달려 있다. 갓 잡은 생선에서는 비린내가 나지 않지만 시간이 경과할수록 생선에서 비린내가 나는 이유를 쓰고, 조리 시 비린내 제거를 위해 식초나 레몬즙을 넣는 원리를 쓰시오. 수조육류와 달리 생선은 경직 상태가 풀리기 전에 섭취해야 하는 이유를 쓰고, 생선 기름의 영양적 장점을 쓰시오.

ANSWER

❷ 조리 시 변화

(1) 생선다듬기

① 소금물로 씻기 : 짠맛, 단백질의 일부를 응고시켜 수용성 맛 성분 용출 방지, 오래 담그지는 말 것

② 패류의 해감 : 2% 소금물 1~2시간, 3%보다 짠 경우 삼투압 발생

(2) 가열조리

① 성분변화
- 근육 단백질의 변화 : 생선을 가열하면 생선의 근육 단백질이 응고, 수축하여 살이 단단해진다. 또한 생선 단백질은 산에 응고되므로 조리 시 식초나 레몬즙을 넣으면 살이 단단해진다.
- 결합 조직의 변화 : 생선을 구울 때는 껍질에 콜라겐이 많으므로 껍질에 칼집을 주면 수축되는 것을 막을 수 있다. 생선을 가열하면 콜라겐이 물을 흡수하여 팽윤하고 젤라틴화된다.

② 조리방법별 특징
- 찌개 : 국물이 끓을 때 넣어야 한다. 표면의 단백질이 즉각 열에 응고하여 맛 성분 용출을 방지하고 모양을 유지하는 효과가 있다. 처음에는 뚜껑을 열어 비린내 성분을 휘발시킨 후 뚜껑을 닫는다.
- 구이 : 미오겐의 열응착성이 나타난다.
- 오징어 : 콜라겐이 근육섬유와 직각으로 교차하여 근육을 고정하기 때문에 가열하면 수축한다.

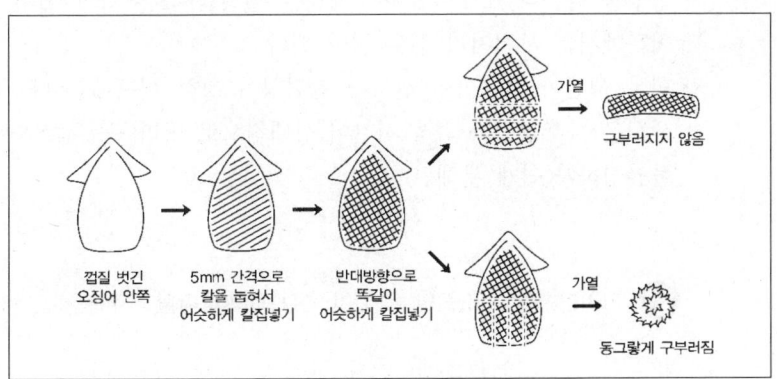

〈오징어 칼집내기〉

③ **열 응착성** : 가열할 때 생선이 석쇠나 프라이팬과 같은 금속에 달라붙는 성질로 미오겐의 펩티드 결합이 끊기면서 활성기가 생성되어 금속이온과 반응하기 때문이다.
- 석쇠(판)가 달구어진 후에 굽는다.
- 석쇠(판) 표면에 기름칠을 한다.
- 실리콘 수지로 코팅이 된 용구를 사용한다.

(3) 어묵 만들기

① **원리** : 어묵이나 인조 게맛살을 만들기 위해서는 대구나 명태 등의 흰살 생선의 껍질을 벗기고 뼈를 발라 낸 후 3% 정도의 소금물 이용하여 염용성 단백질인 미오신과 액틴이 용출시켜 액토미오신(≠사후강직)을 형성한다. 용출된 액틴과 미오신은 변성에 의해 작용기들이 활성화되어 액토미오신을 형성하기 쉽다. 액토미오신은 복잡한 구조를 가진 실 모양의 분자로서 그 표면에 수분이 흡착하여 서로 엉김으로써 점도가 높은 졸이 된다. 이것이 입체적 망상구조를 형성하여 단백질 젤이 된다. 소금과 설탕, 달걀흰자 또는 전분 등을 넣으면 결합력과 향미가 향상되고 보다 안정된다.

② **관련 요인의 영향**
- 어육의 pH를 6.5~7.0으로 조절하면 탄력성이 높은 젤을 형성한다. pH가 단백질의 등전점인 pH 5.5 이상이 될 때 단백질의 음전하가 증가하게 되고 전하 간의 반발로 인해 근육의 입자구조가 열리면서 물을 흡수하게 된다. 적절한 물의 흡수는 어묵의 품질에 적절한 젤 형성을 돕는다. pH가 8 이상에서는 젤리와 같은 약한 젤이, pH 6 이하에서는 부서지기 쉬운 젤이 된다.
- 흰살 생선이 붉은살 생선보다 탄력성이 강한 어묵이 된다. 붉은살 생선은 사후강직과 숙성 시간이 상대적으로 빨라 근원섬유단백질이 불안정하다(쉽게 분해됨).

Q 고기전이나 어묵을 만들 때 미리 잘 치대어 주물러 주는 것은 왜일까?

③ 소금농도와 생선조리

소금농도에 따른 생선의 변화

농도	생선의 변화	음식
1% 이하	• 미오겐 용출되나 용출량이 적어 투명하고 점도 낮은 용액형성	국
2% 초과	• 2% 넘으면 미오신과 액틴이 급격히 용출되고 서로 결합하여 액토미오신 형성되어 점성이 생김	찌개, 구이
2% 초과	• 2~6%의 소금을 첨가하면 액토미오신의 복잡한 구조의 실 모양 분자로 표면에 수분을 흡착하여 엉김으로써 고점도 졸(sol) 형성. 냉각되면 서로 엉겨 입체적 망상구조 형성하여 겔(gel)형성	어묵
15% 이상	• 생선 단백질 표면에 흡착되어 있는 수분이 소금으로 대치되면서 단백질은 응고되고 용출량 감소	젓갈

Q 기출 2012

다음은 서로 다른 식품의 겔 형성 과정이다. (가)~(마)에 해당하는 설명으로 옳은 것은? [2점]

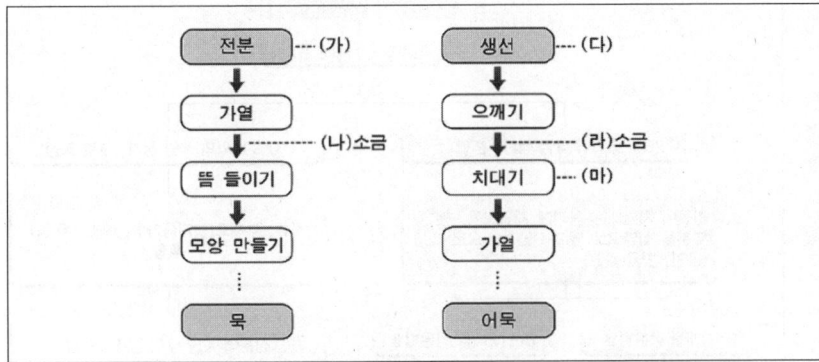

① (가) – 메전분보다 찰전분을 이용했을 때 겔이 잘 형성된다.
② (나) – 소금은 겔의 점도를 감소시킨다.
③ (다) – 흰살 생선보다 붉은살 생선을 이용했을 때 탄력성이 강한 어묵이 된다.
④ (라) – 어육 중량의 0.5~1.0%의 소금을 첨가하였을 때 겔이 잘 형성된다.
⑤ (마) – 어육의 pH를 6.5~7.0으로 조절하면 탄력성이 높은 겔이 형성된다.

ANSWER ⑤

③ 젓갈류

(1) 젓갈

① 저장법 : 어패류에 소금을 넣어 저장하여 부패를 방지하고, 원료 자체 내에 있는 효소의 작용으로 어패류가 분해되어 좋은 풍미를 가진다.

② 특징
- 영양 : 단백질(아미노산)의 급원이며 칼슘 및 기타 무기질과 비타민 B군을 공급한다.
- 염도가 높아 고혈압환자의 경우 섭취에 주의하여야 한다.

(2) 식해(食醢)

어패류에 곡류와 소금, 누룩을 혼합해서 발효시킨 것이다. 곡식의 식(食) 자와 어육으로 담근 젓갈 해(醢)자를 합쳐 표기한 것으로 한국·중국·일본 등지에 고루 분포하는 음식이다. 기본재료는 엿기름·소금·생선, 좁쌀이나 찹쌀 등이다. 여기에 고추·마늘·파·무·생강 등 매운 양념이 첨가된다. 한국에서는 17세기 초부터 음식문헌에 소개되기 시작하였다.

예) 가자미식해, 도루묵식해, 북어식해

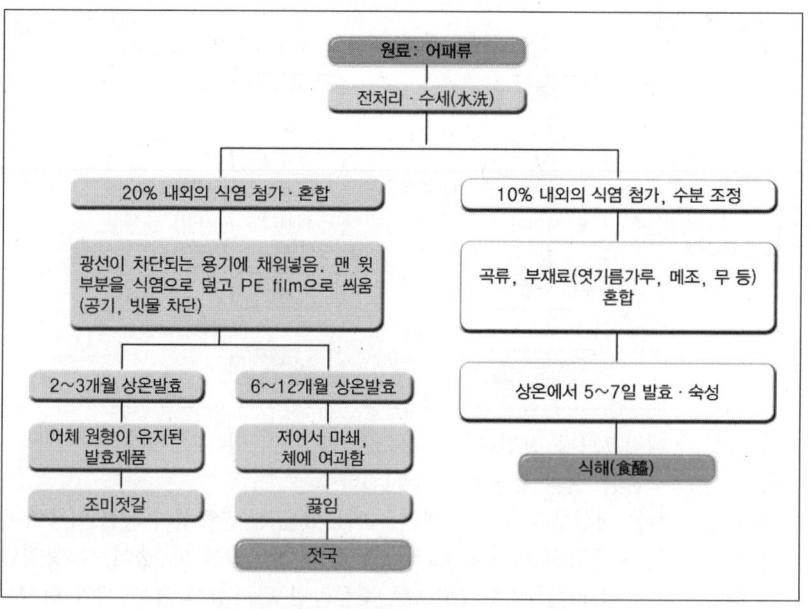

〈재래식 젓갈과 식해의 일반적인 제조 공정도〉

04 달걀

1 달걀 특성

(1) 달걀의 구조 및 성분 11

① 구조와 성분

구조	성분	특징
난백	단백질	• 담황색(리보플래빈) • 은수저 : 흑색 변색(황화수소, 유기화합물) • 트립신 : 자가소화
난황	• 인단백질 + 지방(리보비텔린, 리포비텔레닌) • 레시틴, 철분, 비타민 A	• 에렙신 : 자기소화
난각	칼슘	• 내부 보호 • 큐티클 : 잡균 오염 방지, 거친 상태가 신선함

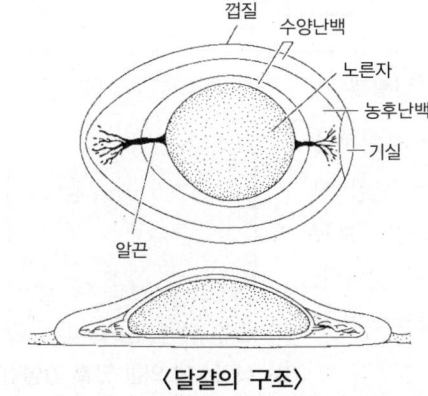

〈달걀의 구조〉

난황과 난백의 조성표

성분	난백	난황
수분	87.9	48.7
고형분	12.0	51.3
단백질	10.6	16.6
지방	0.03	32.6
탄수화물	0.9	1.0
회분	0.6	1.1

② 난백 단백질
- 오브알부민 : 난백의 대부분을 차지하는 당단백질
- 콘알부민 : 금속이온(철, 구리)과 결합하는 수용성 당단백질
- 오보글로블린 : 거품형성에 기여하는 단백질
- 오보뮤신 : 된 난백의 성분이며 난백의 기포안정성에 기여하는 단백질
- 라이소자임 : 항균성, 된 난백 구성성분
- 오보뮤코이드 : 트립신 저해물질

(2) 품질(선도)평가

① 외관판정법 [20] : 달걀껍질이 까실까실하고, 균열이 없으며, 타원형인 것으로 튼튼한 것을 선택한다.

② 투광판정법(투시법, 캔들링, candling) : 강한 광선을 달걀에 비치고 공기집의 크기와 위치, 난백의 맑은 정도, 난황의 위치와 움직이는 정도 등을 판정한다.

③ 깨뜨려 보는 방법 : 난황과 난백의 모양과 크기를 살펴본다.
  - 난백계수 : 신선란 0.14~0.17 기준
  - 난황계수 : 신선란 0.36~0.44 기준

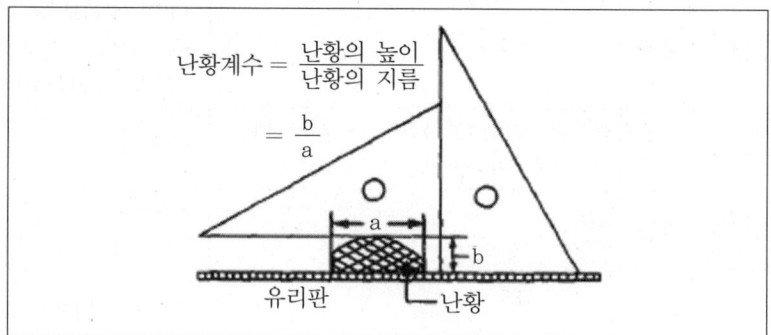

〈난황계수〉

④ 비중 : 약 6% 소금물에 담가 보아 가라앉는 것이 좋다. 옆 그림에서 A는 산란 직후의 것, B는 1주일 지난 것, C는 보통 상태, D는 오래된 것, E는 상한 것이다. 신선란 비중 1.08~1.09를 기준으로 비교한다.

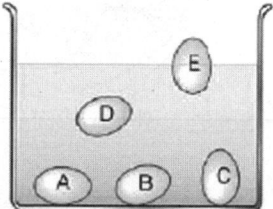

〈6% 식염수에 의한 달걀 감별법〉

달걀 난각 표시내용

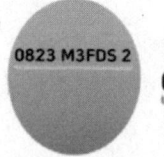

계란 표시사항 확인법
0823 M3FDS 2
산란일자　생산자 고유번호　사육환경번호

- 산란일자(4자리) : 산란일이 8월 23일이면 0823으로 표시
- 생산자 고유번호(5자리) : 가축사육업 허가・등록증에 기재된 고유번호
- 사육환경번호(1자리) : 1(방사), 2(평사), 3(개선 케이지), 4(기존 케이지)

※출처 : 식품안전나라(http://www.foodsafetykorea.go.kr/portal/fooddanger/eggHazardList.do)

2 저장 중 변화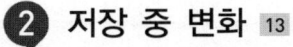

(1) 외관상(물리적) 변화

① 공기집 커짐 : 공기 유입, 수분증발과 이산화탄소 방출 등이 원인이다.
- 달걀 보관방법 : 공기주머니가 위치하는 둥근 쪽을 위로, 뾰족한 부분을 아래로 향하도록 하면 노른자가 안정되어 오래 보관할 수 있다.

② 난백의 수양화 : 농후난백(난황주변의 점도가 큰 난백) 중의 ovomucin에서 당함량이 많은 부분이 수양난백(농후난백 주변의 점도가 낮은 난백)으로 옮겨간다.
- 신선란에 대한 저장란의 조리성 변화 : 기포의 양은 많지만 안정성은 작다. 유화성이 작다.

③ 난황계수 감소 : 난백에서 난황으로 수분이 이동하기 때문이다.

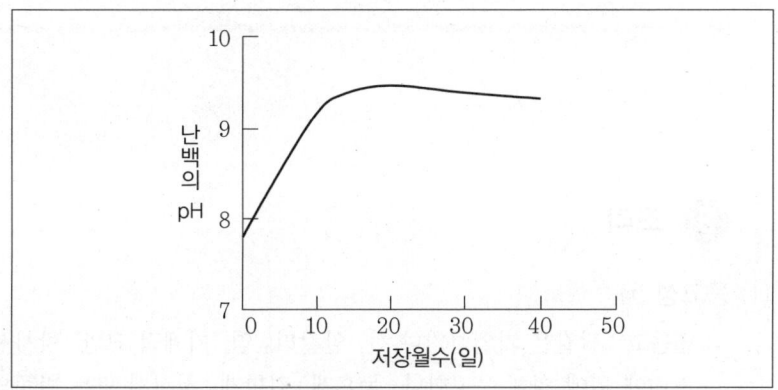

〈저장일수와 난백의 pH〉

(2) 화학적 변화(성분 조성 변화)

① 단백질 분해 : 유리아미노산 증가, 단백질 분해에 따른 암모니아와 같은 비단백 질소가 증가한다.
② 수분 : 기공을 통해 증발하기 때문에 달걀의 무게가 감소하고, 난백의 수분이 난황으로 이동한다.
③ pH : 난백에서 방출되는 이산화탄소가 외부로 방출되므로 난백의 pH가 상승한다. [pH 7.6 → 9.0(9.7)] pH가 알칼리로 기울어지면 된 난백이 묽어지고 색은 담황색을 띠게 된다.
④ 난황지방 난백으로 이동 : 난황의 비타민이 감소한다.

기출 2013

달걀을 저장하는 동안 나타나는 변화에 대한 설명으로 옳은 것을 〈보기〉에서 고른 것은? [2.5점]

보기
ㄱ. 난백의 중성지질이 난황으로 이동한다.
ㄴ. 난백의 pH는 CO_2 증발로 6.0~6.7이 된다.
ㄷ. 유리 아미노산과 비단백질소의 함량이 증가한다.
ㄹ. 묽은 난백이 많아지므로 거품의 안정성이 높아진다.
ㅁ. 난백의 수분이 난황으로 이동하여 난황계수는 감소한다.

① ㄱ, ㄴ ② ㄱ, ㄹ ③ ㄴ, ㄷ
④ ㄷ, ㅁ ⑤ ㄹ, ㅁ

ANSWER ④

조리

(1) 응고성
① 열응고 : 달걀은 가열하거나 산, 알칼리, 염, 기계적 교반, 방사선 등의 처리에 의에 의해 응고한다. 농후제, 결합제, 청정제 또는 반죽의 세포벽의 강도를 높이는 데 이용된다. 예 달걀찜, 맑은 장국, 과자 등
② 반숙란의 소화성 : 달걀 단백질은 펩티드사슬이 수소결합, -ss- 결합에 의해 단단히 결합한 형태이나 가열하면 일부 결합이 깨지면서 소화효소가 접근하기 쉬운 헐거운 형태로 되기 때문에 소화가 잘 된다. 그러나 과도하게 가열하면 오히려 새로운 -ss- 결합이 증가되어 더 단단해지므로 오히려 소화성은 감소된다.
③ 황화제일철(FeS) 형성 : 노른자의 철(Fe)과 흰자의 황(S)이 결합하여 형성되는 것으로 오래 익히면 노른자와 흰자 사이의 표면이 푸른색으로 변화한다. 가열에 의해 껍질주변은 고압이 되고 중심부는 저압이 된다. 열에 불안정한 난백의 황이 황화수소(H_2S)가 되어 난황쪽으로 이동하여 난황의 철과 결합하여 불용성 물질을 생성한다. 이를 황화제일철(FeS)이라고 한다. 달걀이 상할수록, 온도가 높을수록, 가열시간 길수록 많이 형성되며 삶은 즉시 찬물에 담그면 형성이 감소된다.

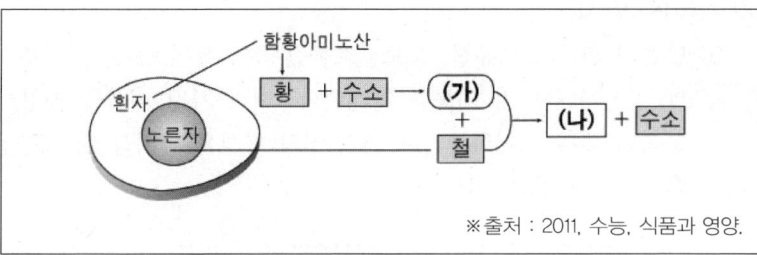

※출처 : 2011. 수능. 식품과 영양.

④ 열응고 관련 요인의 영향(열변성 참고)
- 희석 정도 : 물을 많이 넣으면 응고성이 감소하여 질감이 부드러워진다.
- pH : 달걀 단백질의 등전점 부근인 pH 4.8 부근에서 응고성이 가장 커진다.
- 소금이나 칼슘이온 : 물속에서 반대이온을 흡착하여 전기적으로 중화시킴으로써 응고를 촉진한다.
- 설탕 : 해교작용으로 응고한 것은 부드럽고 폭신하게 탄력성을 가진다. 첨가량이 많을수록 응고물이 연하고 기공이 적으며 매끄러워진다.
- 온도와 시간 : 낮은 온도에서 서서히 가열하면 부드러운 질감을 얻을 수 있다.

⑤ 음식
  ㉠ 수란 : 소금과 식초를 첨가하면 흰자의 응고 시간을 단축시킬 수 있다.
  ㉡ 피단 : 신선도를 유지하기 힘든 재료 중 하나인 조류의 알(오리알, 달걀)을 장기 보관하기 위한 수단에서 비롯한 음식이다. 새알에 석회 성분이 있는 진흙을 바르고 겨에 묻어서 발효시킨다. 이렇게 알을 삭히면 몇 개월 이상 장기 보관할 수 있어 오랫동안 먹을 수 있는 데다, 알 특유의 비린내도 없앨 수 있다. → 응고, 난백(흑갈색 젤리화 변성), 난황(청흑색, 황 + 철)

Q 맥반석 달걀이 황갈색인 이유는?

(2) **기포성** 16/11

① 달걀의 흰자(오보뮤신, 오보글로불린, 콘알부민 등)를 저어주면 그 속에 공기가 들어가 기포를 형성한다. 여러 가지 식품을 팽창시키거나 음식의 질감에 변화주거나 큰 결정의 형성을 방지할 때 이용된다.
   예) 스펀지케이크, 샤벳

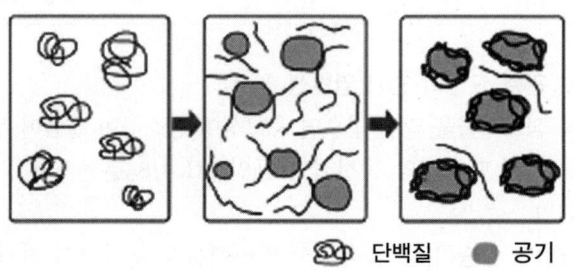

② 기포 형성에 영향을 미치는 인자 : 난백의 농도, 온도(실온), 교반기의 종류, 그릇의 모양, 교반의 정도, 첨가물질(지방, 산, 소금, 설탕) 등이다.
   - **온도** : 높은 온도에서 기포의 양이 많고 부피가 커지지만 표면이 마르기 쉽고 안정성이 떨어진다. 저온의 경우 반대효과가 나타난다. 보통 30℃ 전후에서 거품을 내는 것이 좋다.
   - **난백의 점도** : 묽은 난백은 점도가 낮아 기포의 양이 많지만 안정성은 떨어진다. 된 난백은 반대효과가 나타난다.
   - **설탕** : 난백의 점성 증가와 단백질 변성 억제로 기포양이 감소된다. 형성된 기포에 추가할 경우 광택이 나고 기포 표면의 수분증발을 억제하여 기포의 안정성에 기여한다.
   - **산** : 오브알브민의 등전점 부근인 pH 4.8 부근에서 기포성(= 양과 안정성)이 가장 크다. 등전점에서 난백의 점도가 낮아져 거품이 쉽게 만들어지며 단백질 거품이 표면막을 형성하기 쉬워지므로 안정성도 커진다(= 표면장력과 점도 저하).
   - **소금** : 기포형성 및 안정성을 감소시키지만 사용량이 적어 영향이 크지 않다.
   - **물** : 기포의 양이 증가하지만 안정성은 떨어진다.
   - **기름** : 기포생성을 저해한다.

기출 2020

다음 (가)는 달걀의 신선도를 판정하는 그림이고, (나)는 수란과 커스터드(custard)를 만드는 방법에 대한 그림이다. 〈작성방법〉에 따라 서술하시오. [4점]

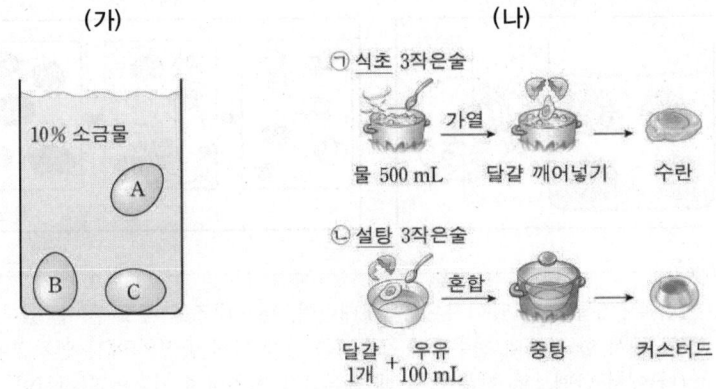

작성방법
- (가)의 달걀 A~C 중 난백의 기포안정성이 가장 큰 것과 완숙란 난황 표면의 암녹색이 가장 짙은 것을 각각 쓰고, 그 이유를 각각 설명할 것
- (나)의 밑줄 친 ㉠이 수란의 응고를 돕는 원리를 쓸 것
- (나)의 밑줄 친 ㉡이 커스터드의 겔(gel) 형성에 미치는 영향을 쓸 것

ANSWER

Q 기출 2011

다음은 식품의 콜로이드(colloid) 상태를 도식화한 것이다. (가)와 (나)에 해당하는 설명으로 옳은 것을 〈보기〉에서 고른 것은? [2점]

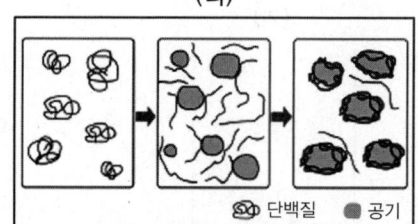

보기
ㄱ. (가)는 기름 중에 물이 분산된 상태이며, 마요네즈를 예로 들 수 있다.
ㄴ. (가)에서 한 분자내 친수기와 소수기를 함께 가진 물질의 예는 인지질이다.
ㄷ. (나)에서 난백으로 거품을 낼 때 레몬즙을 첨가하면 기포의 안정성이 증가된다.
ㄹ. (나)의 초기 단계에서 설탕을 첨가하면 첨가하지 않았을 때보다 기포 형성 시간이 길어진다.
ㅁ. (나)의 예에 의해 졸(sol)이 젤(gel)로 변화되는 과정이며, 달걀찜을 예로 들 수 있다.

① ㄱ, ㄴ, ㄷ ② ㄱ, ㄴ, ㅁ ③ ㄱ, ㄹ, ㅁ
④ ㄴ, ㄷ, ㄹ ⑤ ㄷ, ㄹ, ㅁ

ANSWER ④

(3) **유화성** 10
 ① 레시토프로테인(레시틴 + 지단백질) : 물과 기름의 계면장력을 저하시키고 유화과정에서 표면변성을 일으켜 분산상의 계면보호막이 되어 유화의 안정성을 유지하는 역할을 한다. 난백의 유화성은 난황의 1/4 정도이다.
 ② 마요네즈 : 달걀 노른자와 식물성 기름을 유화시킨 소스이다. 달걀 노른자를 계속 저으면서 기름을 조금씩 넣어주면 걸쭉한 크림상태가 되는데, 여기에 레몬즙, 겨자, 식초를 첨가해서 맛을 낸다.

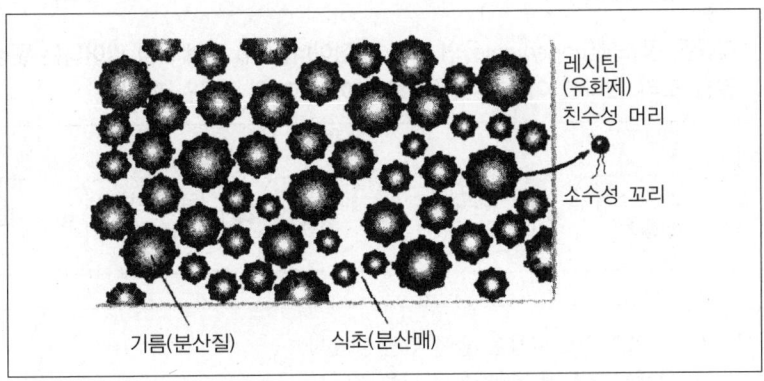

- **혼합방법** : 첫 단계에서 적은 양의 기름을 넣고 신속하게 저어주어 완전히 유화가 일어난 다음 조금씩 기름을 첨가하여야 분리가 일어나지 않는다. 즉, 처음에 넣는 기름의 양이 적을수록, 천천히 첨가할수록 안정된 유화상태를 이루며 기름방울의 직경이 작아진다.
- **마요네즈의 분리원인** : 처음에 첨가한 기름의 양이 많은 경우, 난황의 신선도가 저하된 경우, 기름의 온도가 낮아 제대로 분산되지 않은 경우, 첨가하는 기름의 양과 젓는 속도가 균형을 이루지 못한 경우, 냉동저장으로 지방구를 둘러싸고 있는 유화제 막이 터진 경우, 고온에 저장하여 물과 기름의 팽창계수가 다를 경우에 발생한다.
- **분리된 마요네즈의 재생** : 새로운 난황 한 개에 분리된 마요네즈를 조금씩 넣어 저어주거나 이미 잘 만들어진 마요네즈 1~2테이블스푼에 분리된 마요네즈를 조금씩 넣어 주며 젓는다.

(4) **기타 특성**
- 특유의 색과 향기 : 음식에 독특한 색과 향을 부가한다. ⓔ 알지단
- 청징제 12 : 냄비 속에서 대류가 일어나 탁한 성분과 부유물들이 위쪽으로 올라가면서 난백에 의해 흡착되어 서서히 열응고가 되므로 국물은 맑은 상태가 된다.

Q 기출 2012

다음은 콩소메(consommé)의 조리 과정이다. (가) 단계에서 일어나는 현상과 동일한 조리 원리를 이용한 것을 〈보기〉에서 고른 것은? [2점]

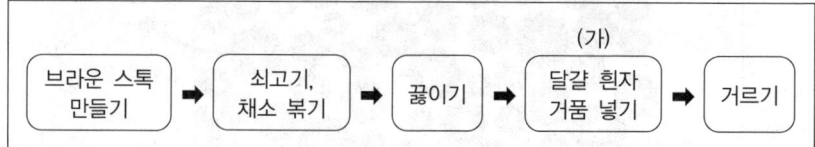

〈보기〉
ㄱ. 짠 북엇국에 달걀을 풀어 간을 맞춘다.
ㄴ. 쇠간을 우유에 담근 후 간전을 만든다.
ㄷ. 된장찌개를 끓일 때 쌀뜨물을 이용한다.
ㄹ. 두유(콩물)에 바닷물을 넣어 두부를 만든다.
ㅁ. 달걀흰자를 거품 내어 스펀지케이크를 만든다.

① ㄱ, ㄴ   ② ㄱ, ㄹ   ③ ㄴ, ㅁ
④ ㄷ, ㄹ   ⑤ ㄷ, ㅁ

ANSWER ①

05 콩류

❶ 대두의 성분

(1) 기능성 성분

① 함유성분 : 이소플라본, 대두단백, 올리고당, 식이섬유, 사포닌, 피트산, 피니톨 등의 기능성 성분 함유
② 이소플라본 [22] : 이소플라본은 에스트로겐과 비슷한 구조로 되어 있어 에스트로겐 수용체와 결합하면 그 작용이 활성화된다. 이와 같이 에스트로겐과 유사한 에스트로겐 작용(estrogenic effect)을 나타내기 때문에 식물성 에스트로겐(phytoestrogen)이라고도 한다. 즉, 폐경으로 체내 에스트로겐이 고갈되는 경우 이소플라본은 뼈조직이나 혈관 조직에 분포되어 있는 에스트로겐 수용체(β-estrogen receptor)에 결합하여 마치 에스트로겐과 같은 효과를 나타낸다.

(2) 사포닌과 유해물질

① 사포닌 : 두류를 물에 담그거나 삶을 때 거품을 생성하는 성분이다. 사포닌의 어원은 그리스어인 Sapona다. 이 단어를 영어로 직역하면 Soap 즉, 비누라는 뜻이다. 사포닌은 친유기와 친수기를 동시에 가지고 있어 계면활성제와 같이 거품이 생성된다.
② 유해물질
   - 안티트립신(트립신 저해제) : 트립신(단백질 분해효소)의 작용을 방해하여 콩의 소화흡수를 어렵게 한다.
   - 헤마글루티닌 : 적혈구의 응고를 촉진하는 물질로 가열 시 변성되어 그 기능이 상실된다.

❷ 대두의 조리 특성

(1) 가열 조리 시 변화

① **흡수성** : 흡수속도는 콩의 저장기간(묵은 콩 오래 걸림), 보존상태, 수온(고온) 등에 영향을 받는다. 알킬리성인 식소다(0.3%)나 탄산칼슘은 콩의 헤미셀룰로오스와 펙틴질을 연화 및 팽윤시킨다. 하지만 수용성 비타민(주로 티아민)이 파괴되는 단점이 있다. 소금(1%)을 사용하면 소금의 나트륨이 펙틴의 마그네슘을 대체하여 흡수성이 증가한다.

② **염용과 두유**
- **염용** : 저농도의 염류용액에서 단백질 분자가 이온에 둘러싸여 화학적 활성이 감소하고 단백질 분자 사이의 정전기적 인력이 감소하여 용해도가 증가하는 현상을 의미한다. 글리시닌은 글로불린의 일종으로 약한 염류 및 소금물에 녹는다. 콩을 삶기 전에 소금물에 담가 두면 소금물이 콩에 침투하여 콩 단백질인 글리시닌을 어느 정도 녹여서 조직을 연하게 하기 때문에 빨리 삶을 수 있다.
- **두유** : 콩을 물에 충분히 불려 분쇄기에 간 다음 물을 넣어 끓이면서 대두 단백질을 물에 용출시킨 후 거르면 두유를 얻게 된다. 두유는 우유에 비하여 칼슘은 부족하지만 철을 더 많이 함유하고 있으며, 불포화 지방산 함량이 높고 콜레스테롤이 전혀 없다.

③ **가열** 23 / 17 / 16
- 안티트립신이 파괴되어 단백질의 이용률이 향상된다(소화 흡수율 증가).
- 콩에 포함된 사포닌(과 대두단백질)에 의해서 거품이 난다. 이때 기름을 사용하면 친수성 거품이 감소하게 된다.
- 맛 18 : 콩비린내는 효소(lipoxygenase)에 의한 지질의 산화에 의한 것으로, 콩국을 만들 때 살짝 삶아 지방 산화효소를 불활성화시킨 후 조리하면 냄새가 억제된다.

> **Q** 콩나물을 데칠 때 뚜껑을 닫아야 하는 이유?

(2) **응고성** 17 / 15

① 등전점에서의 변성 : 글리시닌은 등전점인 pH 4~5 정도에서 침전한다. 산성분이나 글루콘산의 델타락톤(물에 녹아 글루콘산 생성)을 사용한다.

② 염석 : 단백질 용액에 고농도의 무기염류를 넣으면 단백질의 용해도가 감소하여 응고하는 현상인 염석을 이용한 방법이다. 두유에 적당한 응고제를 첨가하여 대두 단백질을 응고·성형시켜 만든 것이 바로 두부이다. 이때 이용되는 응고제로는 칼슘염이나 마그네슘염의 묽은 용액이다(염화칼슘이나 염화마그네슘 = 간수).

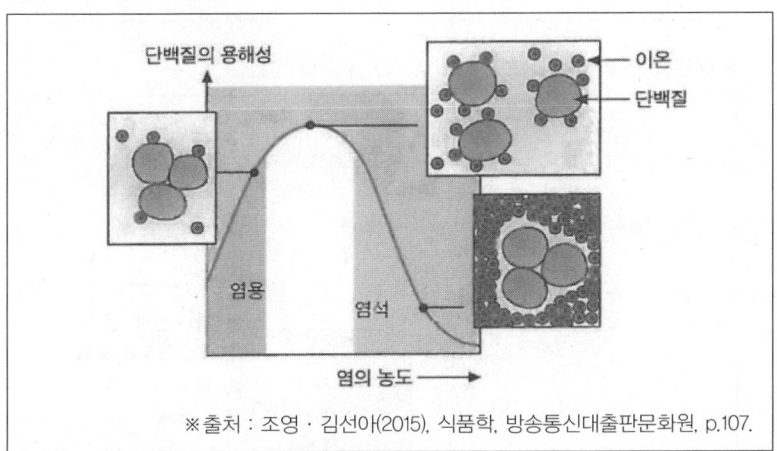

※출처 : 조영·김선아(2015), 식품학, 방송통신대출판문화원, p.107.

〈단백질의 염용과 염석〉

두부 제조용 응고제와 특징(콩 100g 기준)

응고제	첨가량	용해성	특징	단점
황산칼슘 (CaSO$_4$)	3.2g(2%)	불용성	단단한 물성	사용 어려움 거친 맛
염화칼슘 (CaCl$_2$)	2.1g(1%)	수용성	짧은 응고시간 압착 시 물 빠짐	보수성 낮음 거친 두부
염화마그네슘 (MgCl$_2$)	3.2g(2%)		응고 빠름 보수성 우수	물 빠짐 적음
글루코노 델타락톤 (glucono delta lactone) 식초(초산 5%)	3.25g(2%) 10mL(0.5%)		응고력 우수 보수성 우수	신맛 연한 조직

③ 두부제조 공정

■ 대두의 조리성과 용도

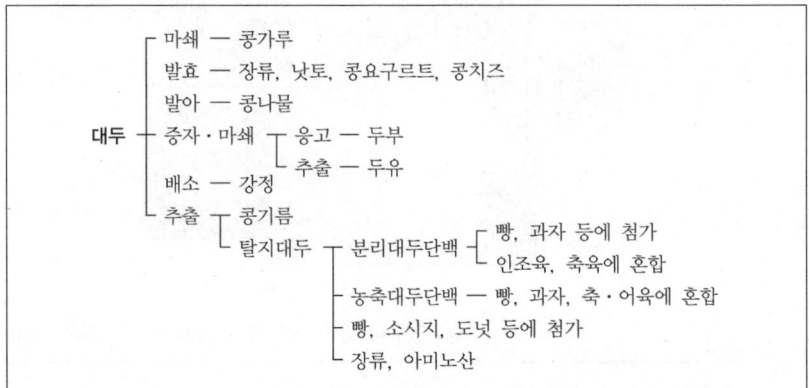

■ 대두박

콩에서 기름을 짜고 남는 것, 단백질 함량이 50%나 되며, 인조고기의 원료

Q 기출 2023

다음은 두부에 대한 설명이다. 괄호 안의 ㉠과 ㉡에 해당하는 용어를 순서대로 쓰시오. [2점]

두부는 콩을 물에 불려 삶은 후 마쇄, 여과한 두유에 응고제를 넣어 콩의 주단백질인 (㉠)을/를 응고시켜 성형한 것이다. 날콩 속에는 단백질 가수분해효소의 활성을 저해하는 (㉡)이/가 있어 소화를 방해하지만 이것은 보통 100℃에서 30분 정도 가열하면 파괴되므로 두부의 소화는 문제가 되지 않는다.

ANSWER

기출 2017 일부

다음은 두부의 제조공정이다. (나)의 가열과정에서 불활성화되어 콩단백질의 소화율을 높일 수 있는 성분을 쓰시오. 그리고 두부의 단백질 응고원리를 첨가물질과 관련지어 쓰시오.

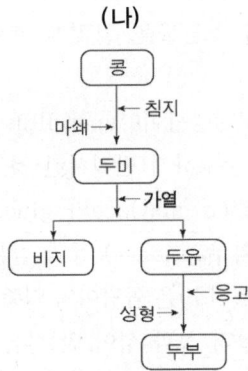

ANSWER

 기출 2016

다음은 두유와 머랭 쿠키의 조리 과정이다. ㉠, ㉡ 과정에서 거품이 발생하는 원인을 순서대로 쓰고, 각 단계에서 첨가한 기름과 설탕의 역할에 대해 설명하시오. [4점]

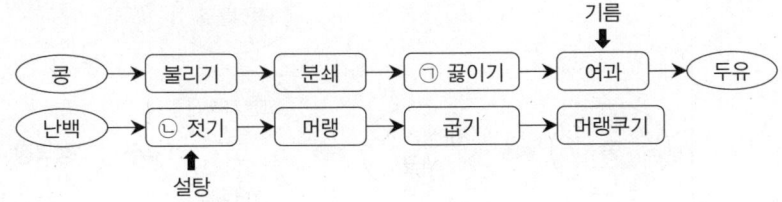

ANSWER

③ 장류

(1) 된장

① 분류

㉠ 재래식 : 간장을 담가서 장물을 떠내고 건더기 사용하는 것

㉡ 개량식 : 메주에 소금물을 알맞게 부어(콩 + 코지) 장물을 떠내지 않은 것

- **코지(koji)** : 코지곰팡이(Aspergillus oryzae 등)를 쌀, 보리쌀, 콩 등의 곡류에 순수하게 번식시킨 것. 코지곰팡이를 곡류에 번식시키면 당화효소(α-amylase와 glucoamylase)와 단백질분해효소(proteinase와 peptidase) 등과 같은 효소력이 센 코지가 생성됨

㉢ 미소 : 일본 된장(미소)은 곰팡이의 일종인 코지균(Aspergillus oryzae)을 쌀에 미리 길러 콩과 섞어 만든다. 우리의 전통된장에는 자연에 사는 여러 복합균이 작용하고 일본 된장은 배양하여 접종시킨 단일균이 작용한다.

㉣ 청국장 : 볏짚을 이용한다. 볏짚에 부착된 고초균(Bacillus subtilis-바실루스 서브틸 리즈, 간상균 분해효소)는 단백질 분해효소(protease) 활성이 강해 콩단백질을 분해하여 아미노산을 생성한다. 또한 당화 작용력이 강해(α-amylase) 균에 의해 당이 생성된다. 이 당분의 계속적 발효로 이산화탄소와 알코올이 형성되며, 알코올과 유기산이 결합하여 에스테르를 형성한다. 또한 subtilin이란 항생물질도 생성된다. **05**

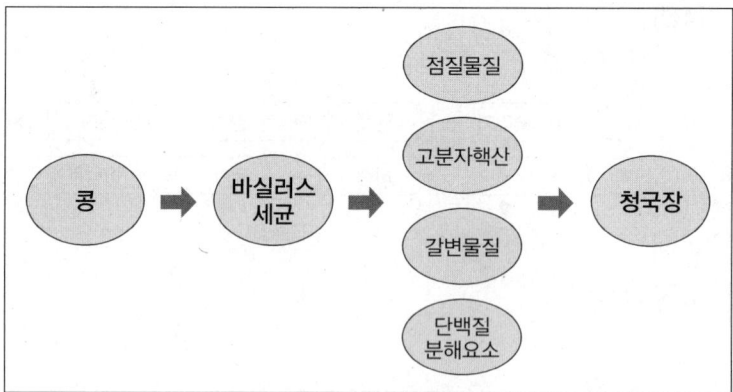

〈청국장 발효과정〉

- 항암효과가 있는 점질물질(폴리 글루타메이트, 프룩탄-콩의 당질과 단백질 결합물) 및 면역증강효과가 있는 고분자 핵산, 항산화물질인 갈변물질, 혈전용해 효과가 있는 단백질 분해효소 등을 생성한다.
- 미생물 : 주로 바실러스(Bacillus)라는 세균이 하게 되는데 이 미생물은 대두에 존재하는 단백질을 분해하여 작은 조각의 아미노산으로 만들어 주기 때문에 인체에서 청국장의 대두 소화흡수율이 매우 높아지게 되고 장내 부패균의 활동을 약화시키고 병원균에 대한 항균작용을 하게 한다.
- 비타민 B_2 : 콩에 100g당 0.3mg으로 많이 함유돼 있지만, 이것을 삶으면 0.05mg으로 격감된다. 그러나 이것을 다시 발효시켜 청국장으로 만들면 0.56mg으로 원래 콩보다 훨씬 급증한다. 간의 해독 기능을 좋게 한다.

Q 기출 2005

우리나라 전통식 간장이나 된장을 만드는 과정에서 메주에 볏짚을 깔거나 묶어서 발효시킨다. 메주가 볏짚으로 인하여 발효되는 과정을 3줄 이내로 설명하시오. [3점]

ANSWER

② 된장과 풍미 22

당화작용	원료의 녹말 →(아밀레이스(메주)) 당분(단맛)
단백질 분해 작용	원료의 단백질 →(프로테아제(메주)) 펩티드, 아미노산(감칠맛)
유기산 발효	생성된 당분 →(유기산균(메주~또는~공기중)) 유기산(신맛)
알코올 발효	생성된 당분 →(효모(메주~또는~공기중)) CO_2 + 알코올(향기성분)
소금의 용해작용	소금 → 용해(짠맛) + H_2O

③ 된장의 효능

	영양	• 우수한 식물성 단백질 : 리신 많이 함유 • 지방 : 불포화지방산
생리적 기능	고혈압	• 히스타민-류신 아미노산 : 단백질의 생리 활성이 뛰어나 두통을 경감시키고, 혈압을 저하시키면서 고혈압에 효험이 있으며, 콜레스테롤을 제거해줌으로써 혈관을 탄력 있게 해준다.
	간 기능 강화	• 간 독성 지표인 아미노기 전이효소의 활성을 떨어뜨려 간 기능을 강화시킨다.
	항산화 효과	• 콩에 함유된 polyphenol류에 속하는 물질 • melanoidin : 된장 내에 존재하는 지질류의 산화를 막아 된장이 안전한 식품으로서의 가치를 지니도록 한다.
	노인성 치매 예방효과	• 레시틴 : 뇌기능 향상 효과 • 사포닌 : 기능성 물질로 혈중 콜레스테롤 수치를 낮추고 과산화지질의 형성을 억제하여 노화 및 노인성 치매를 예방 • 항산화물질 : 노화 억제
	골다공증 예방	• 이소플라본의 유도체 : 일명 식물성 에스트로겐으로 뼈의 재흡수를 막고 뼈를 형성하여 여성의 골다공증도 예방할 수 있다.
	소화제	• 전분 분해효소(amylase)와 단백질 분해효소(protease) 등의 작용

(2) 간장

① 분류

재래간장	우선 메주를 제조하여야 하는데 콩을 삶아서 식기 전에 으깨서 구형 또는 입방형의 덩어리를 만들고 23일간 건조하여 균열이 생기면 이것을 짚을 이용하여 27~28℃에 2주간 방치하면 균류와 곰팡이 등에 의한 효소작용이 시작되며 이를 햇볕에 건조시키는 과정을 거쳐 메주로 만들어진다. 이에 씻어 말린 메주를 식염수를 넣은 항아리에 메주를 뜰 정도로 넣고 여과하여 불순물을 제거한 후 숯, 대추, 고추 등을 넣어 햇볕이 잘 드는 곳에서 발효시킨다. 숙성 약 40~50일이 지나면 즙액을 분리한 후 이를 간장으로하여 액을 장달임하여 만들어지는 간장을 말한다.
개량간장	순수 미생물을 이용한 것으로 삶은(증자한) 탈지대두와 볶아 쪼갠 소맥을 동량으로 혼합하고 국균(Asp. Oryzae)을 접종하여 제국실에서 30±3℃를 유지시키면서 국균이 잘 생육 번식하도록 온도와 습도를 조절한 후 원료를 18~21Be°의 염수와 혼합하여 탱크에 넣고 품온(중심온도)을 유지시키면서 6개월간 발효 숙성시켜 압착기로 압착하여 박과 액으로 분리하는데 이를 생간장이라 부르며 이 생간장에 당류 등 식품첨가물을 첨가한 후 살균하여 여과하여 제품으로 한 것을 말한다.
화학간장	단백질의 분해를 산으로 가수분해하여 짧은 시간에 제조할 수 있다. 발효기간에 비해 맛이나 향기가 좋지 않지만 값이 싼 장점이 있다. 탈지대두나 소맥전분의 부산물인 Gluten에 일정량의 분해제인 염산을 가하여 가수분해하여 Amino acid를 생성시키고 식품첨가물인 중화제(Na_2CO_3)로 pH 4.8~5.2로 중화시킨 후 걸러 박과 액으로 분리하여 산분해간장으로 한다. 최근에는 분해제인 염산의 농도를 저염산으로 하여 저온 또는 중온 분해하여 분해 시 생성되는 3-MCPD를 저감화하는 방법으로 제조하고 있다. * 3-MCPD : 탈지대두를 염산 가수분해해 단백질 가수분해물을 제조하는 공정에서 지방이나 유지가 염산과 고온 반응해 생성되는 물질. 생식능력 저하, 신장종양, 고환종양 유발 가능

- **종국** : 국균(코지균)을 배양하여 포자를 형성시킨 후 건조시킨 것. 누룩곰팡이를 순수 배양해서 만든 것

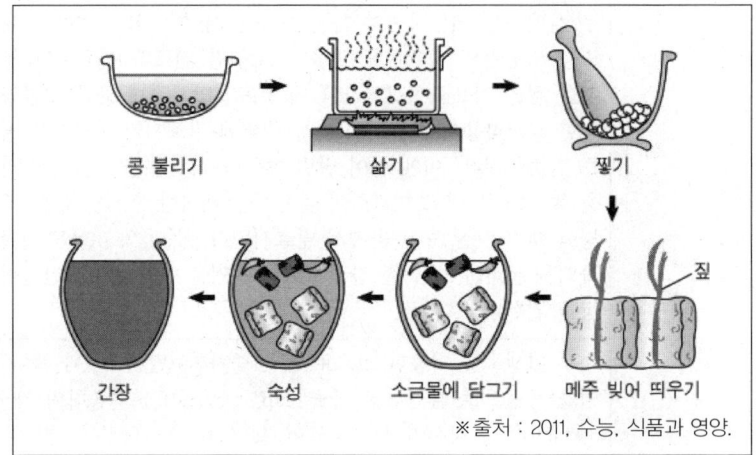

※ 출처 : 2011, 수능, 식품과 영양.

② 간장의 성분
- 전통간장은 콩만으로 메주를 만들기 때문에 원료 콩 속에 함유되어 있던 sucrose, stachyose 및 raffinose 등의 가용성 탄수화물은 메주 제조과정 중 고초균, 젖산균, 효모, 곰팡이 등의 메주 미생물들에 의하여 이용되어 완성된 메주 내에는 당의 함량이 아주 낮다.
- 소금물로 희석된 간장 내에는 발효성 탄수화물 함량이 아주 낮기 때문에 젖산은 0.7% 정도 함유되나 알코올 발효는 거의 일어나지 않으며 원료 콩 중의 단백질은 메주 미생물의 protease, peptidase의 분해 작용에 의하여 분해되어 peptide 질소, amino 질소함량이 상당히 높고, 특히 glutamicacid 함량이 높다.

Q 간장을 만들 때 펄펄 끓이는 목적은?

(3) 고추장

① 제조과정

㉠ 엿기름 제조

㉡ 호화 : 찹쌀가루로 풀을 쑨다.

㉢ 당화 : ㉡을 75℃ 정도로 식혀 ㉠을 넣고 60℃ 정도의 온도(중탕)로 3시간 당화한다.

㉣ 농축 : 당화가 끝나면 강한 불로 가열하여 1/2로 농축한다.

㉤ 혼합 : ㉣에 고춧가루, 메줏가루, 소금 등을 혼합한다.

㉥ 발효 : 살균된 독에 넣고 발효한다.

② 기능성

- 메주로부터 유래된 고활성의 전분 분해효소(amylase)와 단백질 분해효소(protease) 등의 작용으로 소화를 촉진시켜준다.
- 고추와 고추씨의 함유성분인 capsaicin은 Bacillus subtilis균에 대한 항균작용이 있다고 하며, 베타카로틴, 비타민 C가 다량 함유된 고춧가루는 항돌연변이 및 항암작용이 있다.
- 자연에서 유래된 다양한 균종의 미생물은 정장작용 효과를 발휘한다.
- 고추의 매운 맛을 내는 capsaicin 성분이 체지방을 감소시킬 뿐 아니라 고춧가루 외에 고추장 재료인 메주나 숙성 때 생긴 성분이 체지방을 태운다.

CHAPTER 05 우유·유제품류

01 특성과 조리

1 영양소

(1) **단백질**

① 유청 단백질 : β-락토글로불린, α-락트알부민 등으로 60℃ 정도에서 변성된다.

② 카제인 : 82% 정도이며 인단백질로 레닌과 산에 응고한다. 칼슘과 인이 결합된 복합체인 칼슘 포스포카제인 미셀상태로 콜로이드용액을 형성한다.

- 카제인 미셀 : 소수성 카제인(α, β)은 내부에, 친수성 카제인(κ)은 외부에 위치하는 구조이다. 칼슘 포스포카제인은 음전하를 띠어 서로 반발하기 때문에 큰 덩어리를 형성하지 않는다.

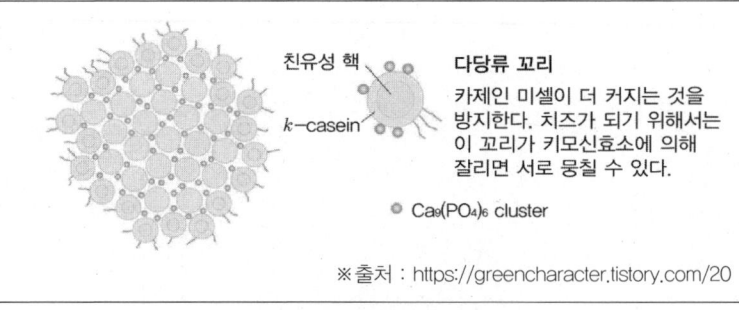

〈우유의 카제인 미셀 구조〉

(2) **기타 영양소**
　① 지방 : 유화상태로 소화·흡수가 용이하다. 지용성 비타민을 함유하고 있으며 주로 유화상태의 중성지방이다.
　② 탄수화물 : 젖당을 주로 함유하고 있다(정장작용, 뇌 신경조직 구성, 칼슘흡수 용이 등).
　③ 무기질 : 무기질은 칼슘과 인, 마그네슘, 칼륨, 나트륨, 염소, 유황 등이며 철분과 구리를 제외한 필요한 무기질을 골고루 함유하고 있다.
　④ 비타민
　　• 지용성 비타민은 지방구 내 용해되어 있다(비타민 A, D).
　　• 수용성 비타민 유청 단백질 내에 있다(리보플래빈, 아스코르브산).

② 조리

(1) **가열에 의한 변화**
　① 단백질의 응고 : 우유 단백질 중 락트알부민, 락토글로불린은 가열 시 응고(65.5℃)되어 백색으로 침전되는 반면에(지방, 무기질, 젖당이 흡착된다.) 카제인은 열에 응고하지 않고 산이나 레닌에 의해 응고된다.
　② 막형성(Ramsden현상) : 가열 시 유청 단백질과 염, 지방구가 엉겨서 막을 형성한다. 막으로 인해 수분 증발이 어려워져 우유가 끓어 넘칠 수 있다.
　③ 색과 맛의 변화 : 유당의 캐러멜화 및 마일라드 반응으로 갈변하고 향미가 증가한다.

> **우유의 조리**
> • 토마토수프 만들 때 : 토마토를 먼저 가열하여 산을 휘발시킨 후 더운 우유를 가해 혼합한다.
> • 단백질 식품을 넣은 국물이 끓어 넘치는 이유 : 수용성 단백질이 열 응고를 하면서 피막을 형성 → 피막이 수분의 증발을 억제하여 증기압 상승 → 증기압이 한계를 초과하면 끓어 넘침
> • 우유 오랜 시간 가열 : 젖당의 캐러멜화, 마일라드 반응
> • 치즈 가열 : 지방 용해(영양가 문제 없음), 섬유질 형태로 변화(단백질의 과도한 응고로 인해 단백질에서 지방과 수분 분리)

(2) 기타 응고변화
① 폴리페놀 물질에 의한 응고
- **폴리페놀 물질** : 구조에 OH기를 가지고 있는 카테친, 갈산, 루코안토시아닌 같은 타닌에 응고한다.
- 아스파라거스 크림스프가 버물 덩어리지는 것은 폴리페놀 물질이 들어 있기 때문이다.

② 효소에 의한 응고 10
- 위에서 분비되는 펩신, 곰팡이의 프로테이즈, 레닌(rennin) 등이 우유의 카제인을 응고시킨다.
- 레닌 등은 카제인 미셀 구조를 안정화시키는 친수성 카제인(κ)을 분해한다. 그 결과 미셀이 불안정해지고 분해산물인 소수성 카제인(파라-κ)이 서로 결합하여 응고된다.
- 레닌에 의한 우유 응고물은 산에 의한 것보다 단단하고 질기나, 칼슘을 더 많이 함유하고 있다.

③ 산에 의한 응고 10 / 06
- 우유를 실내온도에 방치해 두면 유산균에 의하여 유산이 생기고 이 산은 카제인을 응고·침전시킨다.
- 우유에 산이 많이 존재하면 H^+ 이온이 포스포카제인(-전하)과 결합하여 전하를 띠지 않는 등전상태가 되어 침전된다. 이때 카제인에 있는 칼슘이온은 분리되고 유청에 남게 되어 산응고 카제인 물질에는 칼슘의 함량이 낮아진다.

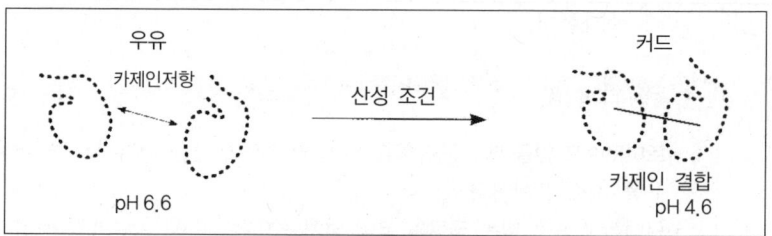

〈등전점에서의 치즈 생성〉

 기출 2010

다음은 족편과 치즈의 제조 과정을 나타낸 것이다. (가)와 (나)에 대한 설명으로 옳은 것을 〈보기〉에서 고른 것은? [2점]

우족 ➡ (가) ➡ 냉각 ➡ 굳히기 ➡ 썰기 ➡ 족편

원료유 ➡ (나) ➡ 커드절단 ➡ 유청분리 ➡ 압착·성형 ➡ 숙성 ➡ 치즈
(치즈 종류에 따라 숙성 과정은 생략 가능함)

〈보기〉
ㄱ. (가) 단계에서 섬유상 가닥이 풀리면서 수용성 물질로 변화하여 졸(sol)을 형성한다.
ㄴ. (가) 단계는 고기를 연화시키는 방법의 하나로 결합조직이 적은 부위의 조리법으로 적당하다.
ㄷ. (나)의 경우 효소를 첨가하는 것이 산을 첨가하는 것보다 치즈의 칼슘의 함량이 높다.
ㄹ. (나) 단계에서 젖산균을 첨가하면 pH가 저하되어 카제인(casein)이 등전점(isoelectric point, pI)에서 응고된다.
ㅁ. (가)와 (나) 단계에서는 단백질의 펩티드 결합(peptide bond)이 분해된다.

① ㄱ, ㄴ, ㄷ   ② ㄱ, ㄴ, ㅁ   ③ ㄱ, ㄷ, ㄹ
④ ㄴ, ㄷ, ㅁ   ⑤ ㄷ, ㄹ, ㅁ

ANSWER ③

 기출 2006

다음은 각 식품의 조리 과정을 간략하게 나타낸 것이다. 밑줄 친 부분에 해당하는 조리 원리의 공통점을 쓰고, 각 조리 과정에서 일어나는 현상을 구체적으로 쓰시오. [3점]

곰국	치즈(Cottage Cheese)
재료 : 양지머리 600g, 사골, 물 방법 : ① 양지머리와 사골을 찬물에 넣고 끓인다. ② 물이 끓기 시작하면 불의 세기를 줄이고, ③ <u>약한 불에서 장시간 끓인다.</u>	재료 : 우유 400mL, 레몬즙 30mL 방법 : ① 냄비에 우유를 넣고 50~55℃로 따뜻하게 데운다. ② 데운 우유를 30~40℃ 정도로 식히고 pH를 측정한다. ③ <u>레몬즙을 넣어 고루 섞은 후 방치한다.</u>

ANSWER

02 가공

① 일반가공

(1) 균질화 01

① **가공방법** : 우유의 지방은 불균일한 덩어리로 2.5~5.0 μm의 비교적 큰 지방구가 약 75%가 되는데, 유화상태가 불완전하여 쉽게 떠올라 크림 상태가 된다. 우유를 높은 압력(13,790~17,238Pa) 하에서 극히 작은 구멍을 통과시키면 대부분 1μm 이하의 작은 지방구로 분할시키는 것을 균질화라고 한다.

② **균질화의 특징**

장점	단점
• 더 희게 보이며, 점성이 증가한다. • 미세한 지방구가 인지질과 단백질의 막으로 둘러싸여 지방 분리가 방지된다. • 단백질 연화로 인해 단백질 흡수율이 높아진다. • 지방구가 작아져 지방의 소화흡수가 증진된다.	• 지방구의 표면적이 증가하여 산화가 쉽다.

기출 2001

우유를 40~65℃에서 140~175kg/cm² 에 통과시켜 균질하게 만들었다. 이러한 우유의 처리법과 목적을 설명하시오. [4점]

ANSWER

(2) 우유 살균처리법
① 저온(장시간)살균법(LTLT, Low-Temperature Long-Time) : 62(63)~65℃에서 30분간 / 저렴, 다른 방법에 비해 비병원성 세균이 가장 많이 남는다.
② 고온(단시간)살균법(HTST, High-Temperature Short-Time) : 70(72)~75℃에서 15~16초간 살균 / 저온살균법에 비해 생균수가 상당히 감소한다.
③ 초고온살균법(UHT, Ultra-High-Temperature) : 130 이상(135~150℃)에서 1~10(0.2~2)초간 살균 / 국내에서 가장 널리 사용, 완전멸균도 가능하다.

2 유제품류

(1) 크림과 버터
① 크림 : 균질화하지 않은 우유로부터 지방구를 분리한 것이다. 수중유적형의 유화액으로 교반하여 거품을 생성할 수 있다. 거품은 지방함량이 높을수록, 냉장온도일 때 잘 형성된다.
② 버터 : 우유를 크림 분리기에 걸어 원심력으로 비중이 가벼운 우유지방을 주로 함유하는 크림을 분리한다. 크림을 살균하고 5℃ 정도로 냉각하여 하룻밤 숙성시킨다. 이것을 천이라는 장치에 넣어 교반하면 지방입자가 수분과 분리된다. 이때 얻는 지방 덩어리를 버터 입자, 수분을 버터밀크라 한다. 버터밀크를 제거한 버터 입자는 2~3회 수세(水洗)한 후 기계적으로 연압(練壓)시키고 다시 소금을 가하여 균일한 조직으로 만든다.

(2) 기타 유제품
① 치즈 : 우유를 레닌 효소나 젖산균에 의하여 굳어지게 한다. 젖산균이 생성하는 산에 의하여, 또는 가열에 의하여 응고된 우유(커드라고 함)를 가늘게 절단하고 점차적으로 수축시키면서 수분(유청, Whey)을 제거한다. 수축된 응유(凝乳)를 판에 채워 압착하고 배수시키면서 예비발효를 계속시킨다. 일정한 온도를 유지하는 장소에 수주일~수개월, 종류에 따라서는 1년 이상을 두어 발효미생물의 작용에 의하여 특유한 풍미와 조직을 가지게 한다.

② 분유 : 우유를 분무건조(식품 등 어떤 재료의 액체를 열풍 속에 분무시켜, 1mm 이하의 미세한 물방울 상태로 기류에 동반시키면서 건조시키는 방법)하여 수분을 제거한다.
③ 요구르트 : 지방을 제거한 탈지유를 젖산 발효한 것이다.
④ 연유 : 진공상태에서 우유의 수분을 증발시켜 농축시킨 것이다.

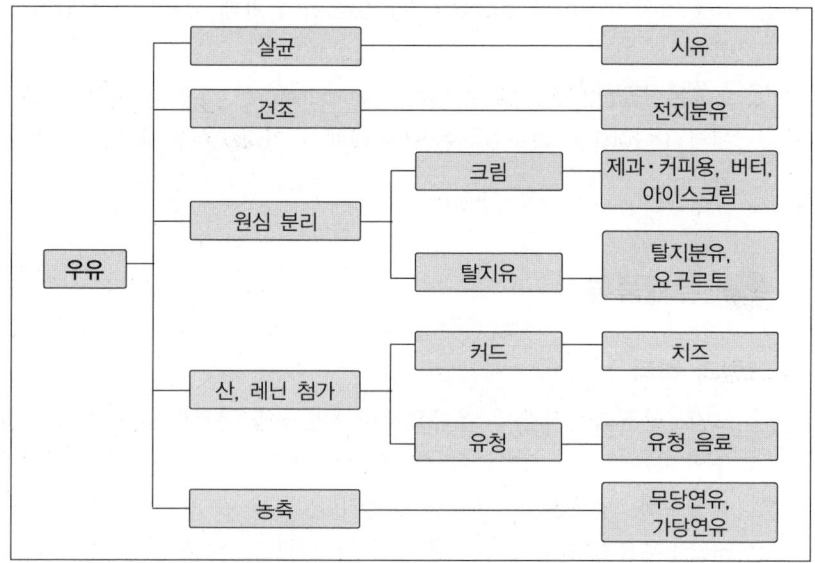

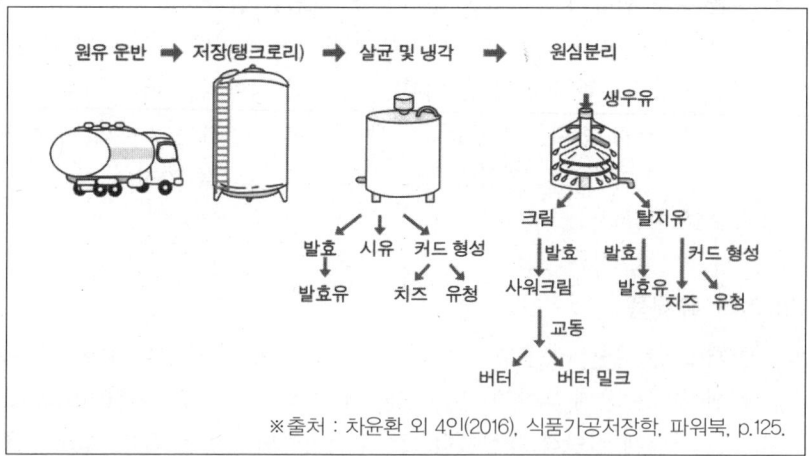

〈유제품의 가공〉

(3) **아이스크림**

① 구조 : 기포와 얼음결정이 그물구조 형태를 이루는 것으로, 기포는 단백질막으로 유화된 지방구에 둘러싸여 있다.

② 성분
- 지방 : 풍미와 매끄러운 질감을 준다.
- 유단백질 : 수분을 흡수하여 팽창하므로 아이스크림의 부피를 증가시킨다. 공기방울을 작고 고르게 하는 유화제 역할을 한다. 유화제는 지방구를 고정시켜 지방구와 얼음결정체가 커지는 것을 방지하며, 기포의 크기를 작게 하여 질감을 부드럽게 한다.
- 당류 : 단맛을 주며 빙점을 낮추어 아이스크림의 단단한 정도에 영향을 준다.

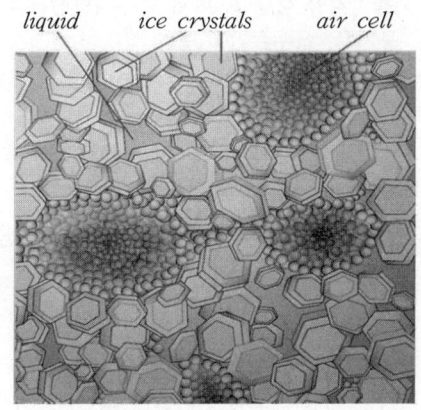

CHAPTER 06 유지·당류

01 종류와 특성

1 종류

유지	① 식물성 기름 : 지방 함량 100%로 필수지방산과 비타민 E가 풍부하다. 참기름, 콩기름, 옥수수기름 등 ② 동물성 지방 : 80%의 지방과 20%의 수분으로 구성되며, 비타민 A와 D가 풍부하다. 쇠기름, 돼지기름, 버터 등 ③ 경화유 : 유지를 구성하는 불포화지방산의 이중결합에 수소를 첨가시키는 반응을 수소화라 하며, 이렇게 생성된 유지를 경화유라고 한다. 경화유는 불포화지방산이 포화지방산으로 되면서 융점이 높아지고 고체화가 되며 산패를 방지한다. • 마가린 : 15% 수분을 함유한 유화액이다. 경화유 + 첨가물의 형태로 인조버터라고도 한다. • 쇼트닝 10 : 라드 대용으로 마가린과 비슷하나 마가린과 달리 유화액이 아니다. 물 대신 질소나 공기를 혼입한다. 이로 인해 크리밍성과 가소성이 증진된다. 모노글리세라이드와 다이글리세라이드의 인공유화제를 첨가하여 쇼트닝성이 뛰어나다. ※ 참기름이 들기름에 비해 산패가 적은 이유 : 참기름에는 산화를 방지하는 항산화성분 세사민(sesamin)이 있기 때문이다.
당류	① 설탕, 포도당, 엿당, 과당, 꿀 등 ② 올리고당 : 장내 비피더스균의 증식 촉진, 충치의 원인인 글루칸의 합성 억제한다.

❷ 유지의 성질

(1) 유지의 물리적 성질

① 융점(melting point) : 유지는 구성 지방산의 종류에 따라 녹는점이 달라진다. 불포화지방산을 많이 함유하고 있는 식물성 유지는 녹는점이 낮아서 상온에서 액체이고, 포화지방산의 함량이 많은 동물성 유지는 상온에서 고체이고 식물성 유지보다 녹는점이 높다. 유지를 조성하고 있는 탄소수가 증가할수록 트랜스형이 시스형보다, 포화지방산이 불포화지방산보다 융점이 높다.

② 동질다형현상(동질이상현상, polymorphism) [21] : 천연유지는 여러 종류의 트리글리세리드(triglyceride) 혼합물이므로 융점이 명확하지 않다. 액체 속에 지방의 결정체가 혼합된 형태로 존재한다. 유지의 결정형이 달라짐에 따라 융점도 변하게 된다.

항목	결정형		
	α	β'	β
결정모델	(결정 모형도)	(결정 모형도)	(결정 모형도)
크기(μm)	5 정도	1 이하	25~30
분자의 배열형채	느슨함	중간	치밀
융점	낮다	중간	높다
안정성	불안정	중간	안정
제과특성	-	크림성 우수 쇼트닝성 우수	크림성 양호 쇼트닝성 불량
예	녹인 버터	쇼트닝, 마가린	쵸콜릿, 라드
결정을 얻는 방법	녹인 유지를 방치해서 응고시킴	녹인 유지를 온도조절하면서 숙성(aging)시켜 안정한 결정을 선택적으로 석출시킴	

※ 출처 : 손종연(2018), 최신 식품화학, 도서출판 진로, p.85.

③ 가소성(plasticity) : 가소성이란, 고체에 가해지는 외부의 스트레스가 어느 한도를 넘었을 때 변형이 일어나고, 스트레스가 제거된 후에도 그 변형이 회복되지 않는 성질을 말한다. 유지는 온도에 따라 액체 또는 고체로 존재하는데, 고체상의 유지를 가열하면 차츰 액체상으로 변하면서 고체-액체상이 공존하는 영역이 있다. 이 영역에서 유지는 부드럽고 가소성 및 탄성을 가지게 된다. 버터, 마가린, 초콜릿 등과 같은 유지가 가소성을 가지는 것은 바람직한 성질이며, 이는 매우 중요하다.

낮은 온도		높은 온도
완전 고체인 영역 (solid region)	가소성을 나타내는 영역 (Plastic region)	완전 액체인 영역 (liquid region)
녹기 시작하는 온도		완전히 투명하게 녹은 온도

〈유지류의 융점 및 가소성 영역〉

④ 발연점(smoke point), 인화점(flash point), 연소점(fire point)
  ㉠ 발연점 : 유지를 가열할 때 유지의 표면에서 엷은 푸른 연기가 발생할 때의 온도를 말한다. 발연점에서 생기는 연기는 고온으로 유지를 가열할 때 유지가 분해되어 발생하는 것이므로, 이 연기들이 튀김식품과 같은 유지를 사용해서 만든 식품에 흡수되면 좋지 못한 맛이나 냄새를 주므로 가급적이면 발연점이 높은 유지를 사용함이 바람직하다. 일반적으로 유지에 유리지방산 함량이 많을수록, 노출된 유지의 표면적이 커질수록, 유지의 사용횟수가 많을수록, 그리고 유지 중에 외부에서 들어간 미세한 입자모양의 물질들이 많이 존재할수록 발연점은 내려간다.
  ㉡ 인화점 : 유지에서 발생되는 연기가 공기와 섞여서 발화되는 온도를 말하며, 일반적으로 발연점이 높은 유지는 인화점도 높다.
  ㉢ 연소점 : 유지가 계속적인 연소를 지속하는 온도를 말하며, 유지의 발연점이 높을수록 대개 연소점도 높다.
⑤ 유화성(emulsifying agent) : 지방질 중에서 그 분자 중에 친수성기와 소수성기를 가지고 있는 것이 있어 지방을 유화시키는 성질을 가진다. 이러한 성질을 가지고 있는 물질을 유화제라고 한다. 유화상태에는 두 가지 형태가 있다. 하나는 수중 유적형(우유, 아이스크림, 마요네즈), 다른 하나는 유중 수적형(버터, 마가린)이다.

기출 2021

다음 (가)와 (나)는 유지의 물리적 특성에 대한 자료이다. 〈작성방법〉에 따라 서술하시오. [4점]

(가)

천연유지는 여러 종류의 트리글리세리드(triglyceride) 혼합물이므로 융점이 명확하지 않다. 이는 유지가 두 가지 이상의 결정형을 갖기 때문이며, 결정형이 달라짐에 따라 융점도 변하게 된다. 이와 같은 현상을 (㉠)(이)라 하며 유지 제품의 이용 및 물성 측면에서 매우 중요하다. 예를 들어, ㉡쇼트닝 제조 시 β' 결정형을 갖도록 하는 것이 바람직하다.

(나)

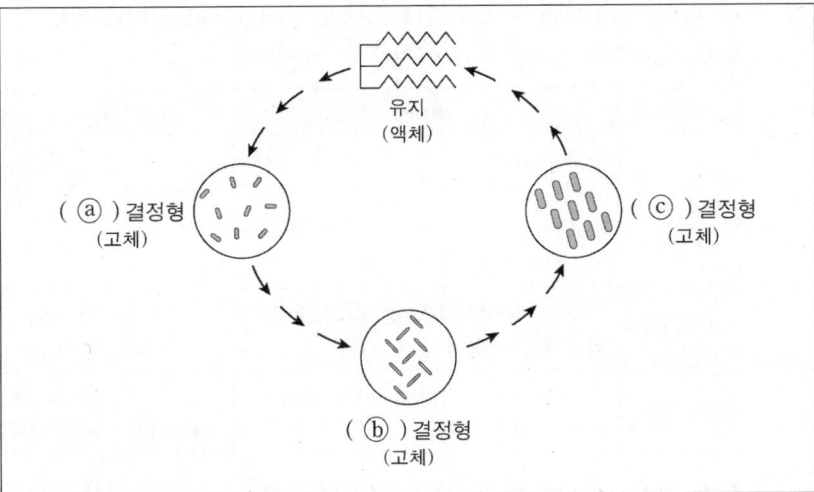

〔작성방법〕
- 괄호 안의 ㉠에 해당하는 용어를 쓸 것
- 밑줄 친 ㉡의 이유를 서술할 것
- 괄호 안의 ⓐ~ⓒ 결정형의 명칭을 순서대로 쓰고, 각 결정형을 융점이 높은 것부터 순서대로 쓸 것

ANSWER

(2) 유지의 화학적 성질

① **비누화(saponification)-검화가** : 유지는 산, 알칼리, 과열 증기, lipase에 의하여 분해되는데, 이것 중 알칼리에 의한 분해를 비누화라 한다. 유지 1g을 비누화하는 데 필요한 KOH의 mg수를 비누화 값(검화가, saponification value)이라 한다. 지방산의 탄소길이를 간접적으로 추측하는 지표로 검화가가 클수록 저급지방산 함량이 많다.

② **첨가(addition)-요오드가** : 유지를 구성하고 있는 불포화지방산의 이중결합에는 수소나 halogen이 쉽게 첨가될 수 있다. 액체 유지에 수소를 첨가하는 반응을 경화라 하고, 생성된 고체 지방을 경화유라 한다. 유지를 구성하고 있는 불포화지방산의 이중결합에는 요오드도 잘 첨가되어 유지의 불포화도를 나타내는 수치로 이용된다. 유지 100g에 첨가되는 요오드의 g수를 요오드 값(요오드가, iodine value)이라 한다. 불포화도가 클수록 요오드가가 커진다.

요오드가	분류	예
130 이상	건성유(drying oil) : 공기에 방치하면 표면이 말라 막이 형성되는 것으로 리놀레산, 리놀렌산 등 다가 불포화지방산 함량이 많은 기름	아마인유, 호두기름, 정어리기름, 들기름
100~130	반건성유(semi-drying oil) : 올레산, 리놀레산 함량이 많은 기름	참기름, 대두유, 면실유, 미강유
100 이하	불건성유(non-drying oil) : 올레산 함량이 많은 기름	올리브유, 땅콩기름, 피마자유, 동물성기름

③ **중화(neutralization)-산가** : 유지 1g 중에 존재하는 유리지방산을 중화하는데 필요한 KOH의 mg수를 산값(산가, acid value)이라 한다. 유지의 정제도, 저장 상태를 나타내는 지표로 산가가 클수록 불량한 유지이다.

> **수소화(hydrogenation), 경화(Hardening of Oil) 09**
>
> 천연의 액체기름을 가열하고 Ni 촉매 하에 수소 가스를 통하면 불포화지방산의 이중결합에 수소가 첨가되어 융점이 높은 고형지방이 얻어지는 현상을 '수소화'라 하고, 이렇게 얻어진 유지를 경화유(hardened oil)라 한다. 수소화 과정에서 일어나는 변화로는 다음과 같은 것들이 있다.
> - 불포화도의 감소(요오드가 저하, 융점 상승, 고체지방 증가)
> - 이중결합의 위치 이동
> - 이성화현상(시스지방산이 트랜스지방산으로 이성화)
> - 물리적 성질 개선, 산화 안정성 증대, 향미 개선

③ 유지의 용도

(1) 연화작용(shortening)
① 원리 : 물에 용해되지 않는 성질을 가진 지방이 밀가루 반죽에 들어가서, 글루텐 표면에 흡착된 수분 위에 얇은 막을 형성하거나 작은 덩어리로 흩어져서 글루텐이 길게 성장하거나 서로 연결되는 것을 방해한다.
② 영향인자(연화작용 증가 요인)
- 유지의 종류 : 가소성이 큰 지방
- 지방의 양 : 많을수록
- 지방의 온도 : 낮은 온도보다는 높은 온도
- 반죽의 방법 : 반죽과정 중 크리밍과정
- 첨가물질 : 난황은 유화제를 포함하고 있어 쇼트닝 효과 감소시킴

> **크리밍 작용**
> 교반을 통해 공기를 함유하고 하얗게 변하는 현상

(2) 유화작용 [11]
① 천연유화제
- 레시틴(인지질), 식품 중 포함된 모노글리세라이드, 다이글리세라이드, 단백질 등(모노글리세라이드, 다이글리세라이드-인공유화제로 첨가하기도 함)
- 식품에 포함된 형태가 아닌 것 : 담즙산, 콜레스테롤, 고급 지방산의 금속염

② 유화상태의 종류

	수중유적형(oil-in-water)	유중수적형(water-in-oil)
유화 상태	기름방울이 물속에 분산된 상태 • 일시적 유화액 : 프렌치드레싱 • 반영구적 유화액 : 크림수프 • 영구적 유화액 : 마요네즈	물방울이 기름 속에 분산된 형태
식품	우유, 마요네즈, 드레싱 소스, 크림수프	버터, 마가린

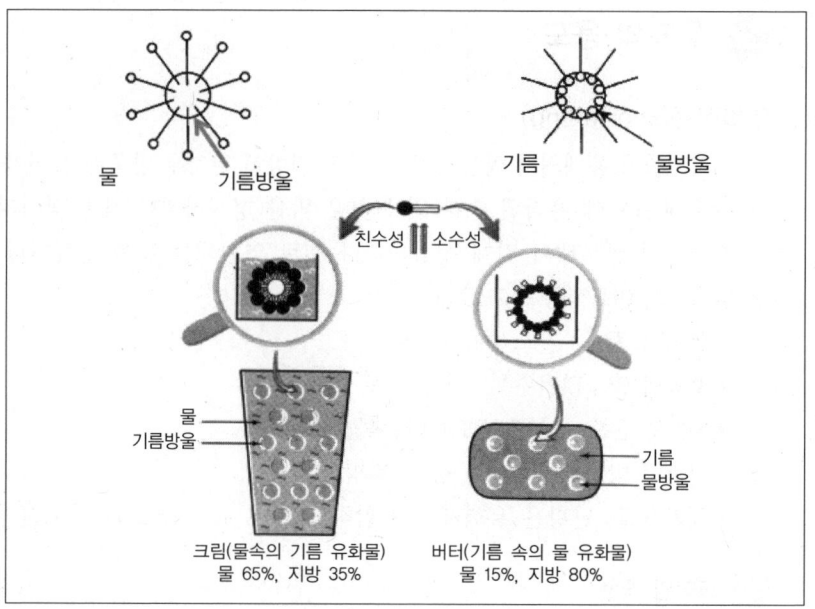

(3) 기타 용도
① 열전달 매체 : 고온으로 단시간에 식품을 조리하여 영양소의 손실이 적다.
② 독특한 향미와 부드러운 맛을 제공하며 음식물의 용기 부착을 방지한다.

02 유지의 산패와 조리

❶ 산패

(1) 산패의 종류

① 가수분해 : 가수분해는 물분자가 첨가되어 화학적 결합이 깨지는 반응으로, 중성지방이 가수분해되면 유리 지방산과 글리세롤로 분해된다.
② 산화에 의한 산패 : 산화적 산패를 받기 쉬운 것은 주로 불포화지방산으로 공기 중의 산소를 흡수하여 산화된다.
③ 기타 : 미생물의 작용, 외부의 냄새 흡수 등

▍다른 분류

산화형 산패 (산소 흡수)	• 비효소적 : 일반적인 산화(자동산화, 가열산화) • 효소적 : 지질 산화효소 + 산소
비산화형 산패	• 가수분해형 : 물, 산, 알칼리, 효소에 의해 유리 지방산과 글리세롤로 분해됨 • 케톤형성형 : 저급지방산(야자유, 팜유, 유지방 등)인 경우 미생물의 산화 효소작용 → 케톤산 → 메틸 케톤으로 가수분해

(2) 산화에 의한 산패

① 자동산화 : 상온에서 공기 중의 산소에 의해 서서히 산화된다. 온도, 빛, 수분 등은 산화속도를 촉진한다.
 ㉠ 개시단계 : 유리라디칼이 생성되는 단계. 산소, 열, 빛, 금속, 리폭시게네이즈 등에 의해 촉진된다.
 ㉡ 전파단계 : 생성된 유리라디칼이 산소를 흡수한 후 다른 지방산을 과산화물로 만들고, 이 과정에서 새로 생성된 유리라디칼로 인해 이 반응이 연속된다. 과산화물은 독성이 있으며, 알코올, 알데히드, 산, 케톤 등으로 분해되어 불쾌한 냄새를 생성한다.
 ㉢ 종결단계 : 유리라디칼이 서로 반응하여 카르보닐화합물을 형성한다.

1. 초기반응

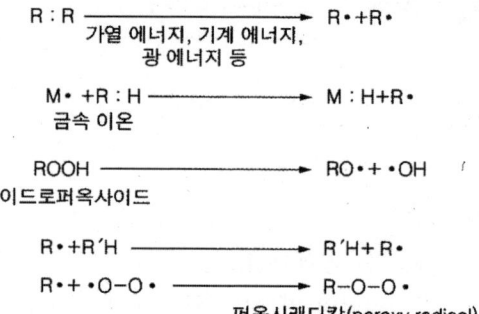

2. 연쇄반응

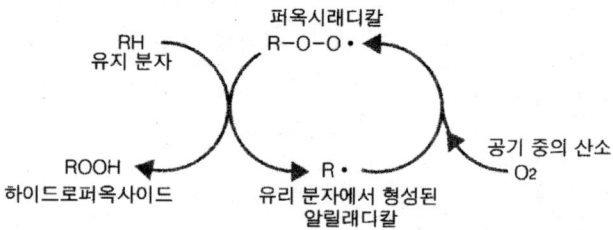

3. 종결반응

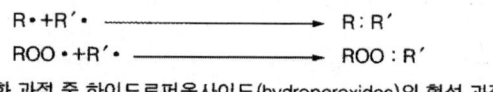

〈자동산화 과정 중 하이드로퍼옥사이드(hydroperoxides)의 형성 과정〉

RH : 지방산
R• : 지방산라디칼(fatty acid radical)
RO• : 알콕시라디칼(alkoxy radical)
ROO• : 퍼옥시라디칼(peroxy radical)
HO• : 수산기라디칼(hydroxyl radical)
ROOH : 과산화물(hydroperoxide)

- 라디칼(radical, free radical, 유리기) : 원자 간의 공유결합과 같은 경우 공유전자쌍이 있는데 이 결합이 균일 분해과정(균등하게 전자를 나눠 가짐, 이로 인해 양쪽 모두 전하를 띠지는 않음)을 거치면서 각각의 원자는 홀전자를 갖게 되는 데 이렇게 생성된 원자를 라디칼이라고 한다.

$$Cl_2 \rightarrow Cl\bullet + Cl\bullet$$

〈자동산화 과정의 3단계〉

② **가열산화** : 고온 가열 중의 산소에 의해 단시간에 산화된다. 튀김 기름의 불쾌한 냄새, 갈변, 점성을 형성한다.
- **가열 시 변화** : 산패, 발연점 하락, 중합, 거품생성, 마이야르반응에 의한 변색 등이 나타난다.
- **아크롤레인** : 기름을 가열하여 온도가 상승하면서 기름 표면에서 자극성 있는 푸른색의 연기(글리세롤의 탈수로 형성된)를 형성한다. 발연점은 지방의 종류, 가열횟수, 이물질의 유무, 가열표면적 등에 영향을 받는다. 자극성이 강한 냄새를 가지고 있으며 그 냄새가 음식에 흡수되어 음식의 질을 떨어뜨린다.
- **중합** : 여러 번 사용한 기름은 불포화지방산의 이중결합 부분이 중합하는 것(과산화물의 중합)으로 중합된 기름은 점성이 생겨서 끈끈하고 색이 진해지며 나쁜 향이 생성되고 소화율이 떨어진다.
- 철제 팬에 동물성 식품을 튀긴 다음에는 곧바로 기름을 다른 그릇에 옮겨야 한다. 식품 속에 있는 헤모글로빈과 철화합물이 산화촉매 작용을 하여 산화를 촉진하기 때문이다.

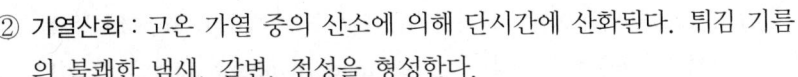

※출처 : 조영·김선아(2015), 식품학, 방송통신대출판문화원, p.78.

〈아크롤레인의 생성〉

(3) **산패방지법**
① **포화도가 높은 기름 권장** : 기름의 불포화도가 높을수록 산패율도 높다.
② **광선 차단** : 빛은 산화과정을 촉진하는 역할을 한다. 광선차단 포장재, 그늘진 곳에 보관한다.
③ **낮은 온도에서 보관** : 고온 또는 가열 시 산화반응을 촉진한다.

④ 금속불활성제 이용 : 산화를 촉진하는 금속류(Cu, Fe, Mn 등)를 불활성화는 금속불활성제에는 amino acid, hydroxy acid 등이 있다.
⑤ 밀봉 : 공기의 침입을 막는다.
⑥ 항산화제 이용 : 비타민 E, 비타민 C

> **유지의 항산화제**
>
> - 천연 항산화제 : 토코페롤, 세사몰(참기름), 고시폴(면실유), 레시틴, 식물성 식품(폴리페놀-갈릭산, 플라보노이드-루틴, 카테킨 등), 향신료(생강의 커큐민, 로즈마리, 세이지 등), 타닌
> - 합성 항산화제 : BHT, BHA, TBH, PG, EP
> - 상승제 : 항산화력이 약하거나 없는 물질 중 항산화제의 효력을 증가시키는 것으로(식품 중의 금속이온과 결합하여 금속의 영향 차단) 비타민 C, 구연산, 인산, 주석산, 피트산 등

❷ 유지류의 조리

(1) 튀김상식

① **튀김에 적당한 기름** : 콩기름, 옥수수기름, 면실유 등 강한 향이 나지 않으며, 불순물이 없는 기름을 이용한다.
② **튀김 재료 준비** : 기름에 물이 들어가면 기름이 튀어 화상을 입을 수 있으므로 모든 재료에 겉도는 물기를 제거한다.
③ **튀김옷** : 재료에 밀가루나 녹말 반죽, 마른 밀가루, 달걀, 빵가루 등의 튀김옷을 입히면, 식품에 열이 직접 전달되지 않아 질감이 단단해 지지 않는다(육류, 어패류는 반드시 튀김옷을 입혀야 하지만, 감자나 고구마 등은 그냥 튀겨도 된다).
④ **기름의 온도** : 채소류는 160℃, 육류는 170℃ 정도가 적당하며, 조리용 온도계로 기름의 온도를 잰다.
⑤ 재료를 한꺼번에 넣지 않는다.

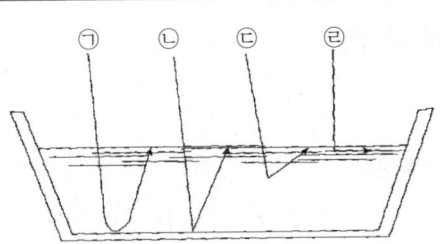

- ㉠ 150℃ : 바닥에 가라앉아 좀처럼 표면으로 떠오르지 않는다.
- ㉡ 160℃ : 바닥에 가라앉자마자 곧 표면으로 떠오른다.
- ㉢ 170℃ : 중간 정도까지 가라앉았다가 곧 표면으로 떠오른다.
- ㉣ 180℃ : 가라앉지 않고 표면에 튀김옷이 퍼진다.

(2) 튀긴 기름의 보관

① 튀긴 후 기름이 뜨거울 때 거르는 이유 : 기름 안에 여러 가지 물질들이 용해되어 있는데 시간이 경과되면 이러한 물질의 냄새나 성분이 흡수되기 때문에 가능하면 빨리 걸러 보존용기에 옮긴다.

② 튀김 기름을 깨끗하게 하는 법
- 기름 거름기를 이용하여 거른다.
- 튀김 기름이 뜨거울 때 양파 1개를 채 썰어 넣고 튀겨 낸다. 양파가 기름 냄새와 불순물을 빨아들인다.
- 조개껍데기 등의 석회를 기름에 넣고 끓인 다음 체에 걸러 내면 불순물이 제거된다.

03 당류의 변화

❶ 당류의 특징

(1) 당의 종류

① 설탕, 꿀, 물엿
② 시럽 : 설탕의 결정형성을 방해하고 빵의 수분을 유지시킨다.
  • 종류 : 설탕 시럽, 콘시럽(옥수전분을 묽은 산으로 처리한 것), 당밀(설탕 제조 과정 중 나오는 액체 농축), 메이플 시럽(단풍나무 즙액 증발)

(2) 당류의 성질

① 감미성
② 용해성 : 유당은 과당보다 용해도가 낮아 아이스크림이 사탕보다 텁텁하게 느껴진다(유화안정제 젤라틴의 영향도 있음).
③ 흡습성 : 과당이 가장 크다.
④ 보습성 : 당류의 -OH기는 친수기이다. 꿀편은 백설기의 일종으로 쌀가루를 꿀로 비빈다(보습성 유지).
⑤ 가수분해 : 올리고당과 전분은 묽은 산과 효소에 의해 가수분해된다./ 잼의 설탕 일부는 유기산에 의해 전화당이 되고, 전화당 때문에 냉장 보관 시 결정 형성이 방지된다.
⑥ 갈변
  • 마일라드
  • 캐러멜화 : 설탕용액을 고온에서 지속적으로 가열하면 설탕 중의 수분이 탈수되면서 갈색(휴민)을 띠게 된다. 이 갈색물질은 식품의 색상을 좋게 하는 장점이 있다.
⑦ 용도 : 펙틴 젤의 강도 증가, 전분의 노화지연, 단백질의 응고 억제, 항산화성, 방부효과, 이스트의 발효촉진, 흰자의 거품 안정성 증진 등의 용도로 사용된다.

■ 달고나 조리원리

- 설탕의 캐러멜화
- 식소다의 열분해 : 식소다가 수분과 열에 반응하여 이산화탄소(팽창)를 방출하고 물과 탄산나트륨(씁쓸한 맛)을 생성한다. 이 과정에서 달고나 내부에 다공층을 만들어 지나치게 단단하지 않고 부드러운 질감을 유지하게 한다.
- 주의점 : 가열을 지속해서 수분이 완전히 증발해버리면 산화반응으로 일부가 아세트산과 탄화수소로 변하면서 딱딱하고 쓰고 시큼한 덩어리가 된다.

㉮ 170℃ 이상의 온도에서 설탕을 녹인다. → ㉯ 식소다를 첨가하면서 젓는다. → 철판 위에 붓는다. → ㉰ 모양 틀로 찍는다.

―〈 보 기 〉―

ㄱ. ㉮에서는 설탕의 캐러멜화가 일어난다.
ㄴ. ㉯에서는 설탕이 식소다에 의해 당화된다.
ㄷ. ㉯에서 식소다는 이산화탄소를 발생시킨다.
ㄹ. ㉰에서 만들어진 제품은 식소다에 의해서 질감이 단단해진다.

① ㄱ, ㄴ ② ㄱ, ㄷ ③ ㄴ, ㄷ ④ ㄴ, ㄹ ⑤ ㄷ, ㄹ

※ 출처 : 2013. 수능. 식품과 영양.

❷ 설탕의 결정화

설탕의 과포화용액은 용해될 수 있는 이상의 설탕이 녹아 있어서 저어주거나 어떤 자극을 가하면 쉽게 결정 상태로 돌아가게 된다.

(1) 캔디의 종류
① 결정형 : 쉽게 깨물 수 있고 설탕 결정이 질서정연하게 널리 분포된 캔디 예 디비니티(누가), 폰당, 퍼지
② 비결정형 : 당 농도가 높고 결정형성 방해물질이 많아 끈적거리는 캔디 예 캐러멜, 태피(농도 진한 캐러멜), 토피(하드캐러멜), 마시멜로

(2) 결정형성 10
① 과포화용액 : 주어진 온도에서 포화상태를 이루는 양 이상의 용질이 용해되어 있으면 여분의 용질은 침전하여 결정체를 형성한다.
② 결정형 캔디를 만들 때 설탕용액을 필요한 온도까지 가열한 후 시딩(seeding)을 하고 저어주면 일시에 다량의 결정체가 생기며 결정체의 크기는 작아진다.

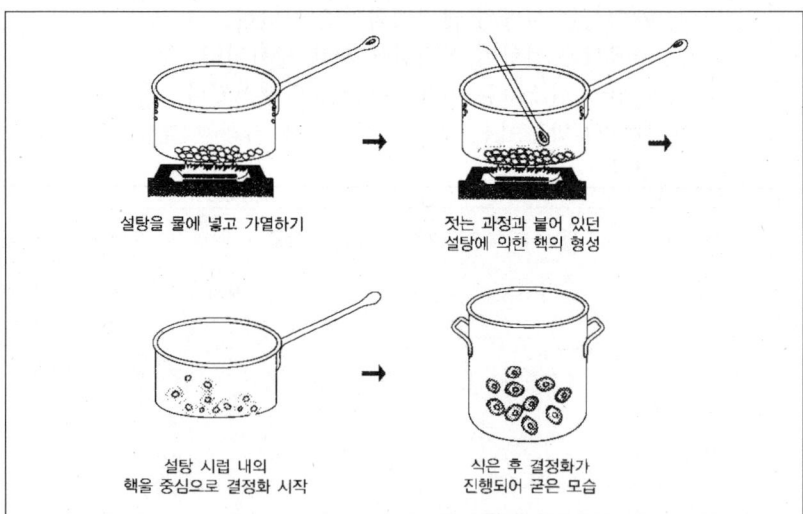

〈설탕의 결정화 과정〉

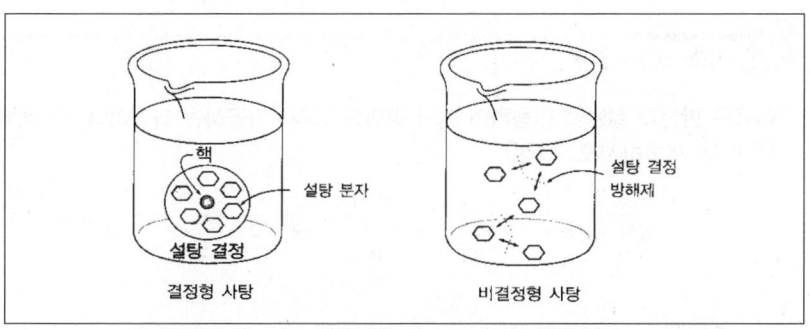

〈결정형 사탕과 비결정형 사탕의 구조 차이〉

(3) 결정형성에 영향을 주는 요인

① 불순물의 존재 : 불순물이 극소량이라도 존재하면 설탕결정의 성장을 저지한다.
② 젓기 : 작은 결정이 많이 생기기를 원하면 설탕용액의 과포화도를 높여 주고 시럽을 저어 주어야 한다.
③ 설탕시럽을 식히는 속도 : 급속히 식히면 설탕이 결정화하지 않고 비결정 상태로 굳어 버린다.
④ 결정이 생기기 시작할 때의 시럽의 온도(= 냉각 후 교반시작 온도) : 온도가 높으면 과포화 정도가 낮기 때문에 결정의 수가 적고, 결정의 크기는 커지고 질이 거칠어진다.
⑤ 설탕용액의 농도 : 용액의 과포화도가 높을수록 작은 결정이 많이 생긴다. 결정이 형성되기 시작할 때 더 많은 수의 핵이 형성되기 때문이다. 또한 당용액의 점성이 증가하여 결정표면으로 설탕분자의 이동이 느려지기 때문이다.

결정화 관련요소의 영향

	농도	가열온도	식히는 온도	젓기	첨가물
수가 많은 작은 결정	고농도	서서히 일정 온도	낮은 온도	많이, 빠르게	방해물질 첨가
수가 적고 큰 결정	저농도		높은 온도	적게, 천천히	첨가하지 않음

Q 기출 2019 일부

다음은 한천과 설탕을 이용하여 겔과 캔디를 조리·가공하는 과정이다. 〈작성방법〉에 따라 서술하시오. [4점]

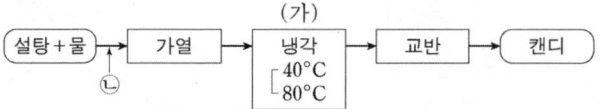

┌─ 작성방법 ─────────────────────────────────
• (가) 단계에서 냉각 온도에 따른 캔디 결정 구조의 차이를 쓸 것
• ㉡ 과정에 다량의 한천을 첨가할 경우, 이것이 캔디의 결정 구조에 미치는 영향을 쓸 것
─────────────────────────────────────

ANSWER

Q 기출 2010

다음은 설탕을 주재료로 하는 캔디의 조리 과정이다. (가)~(마) 단계에서의 조건 변화에 따른 생성물에 대한 설명으로 옳은 것은? (단, 제시된 변경 단계 이외의 모든 조건은 고정함) [2점]

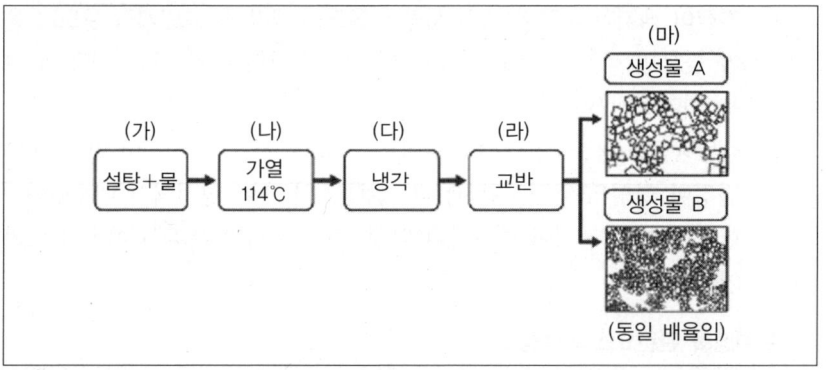

① (가) 단계에서 소량의 버터를 첨가하면 첨가하지 않았을 때보다 생성물 A에 가까워진다.
② (나) 단계에서 105℃로 가열하면 114℃로 가열할 때보다 생성물 B에 가까워진다.
③ (다) 단계에서 40℃로 냉각하면 80℃로 냉각할 때보다 생성물 B에 가까워진다.
④ (라) 단계에서 빠른 속도로 저을수록 생성물 A에 가까워진다.
⑤ (마) 단계에서의 생성물 B는 생성물 A보다 입안에서 느껴지는 감촉이 거칠다.

ANSWER ③

CHAPTER 07 식품 저장 및 가공

01 식품저장

1 냉장, 냉동 및 해동

(1) 냉장

① 움저장법 : 움이나 지하실에서 10℃ 전후의 온도를 유지하며 저장하는 방법이다. 무, 우엉, 고구마, 감자, 배추 등 겨울철 저장에 주로 이용하였다.

② 냉장법(교과서의 냉장고 참고) : 냉장고를 이용하여 0~10℃에서 단기간 식품을 저장하는 것이다. 식품의 맛, 조직, 영양가를 거의 변화시키지 않고 저장이 가능하다.
  - 채소, 과일(10℃ 전후) : 폴리에틸렌 필름으로 싸서 저장

(2) 냉동

① 냉동법 : 냉동고에서 −15~−20℃로 급속 동결시키면 미생물의 생육저지효과와 함께 조직의 수분활성을 감소시켜 저장성이 크게 향상된다. 장기저장이 가능하다.

② 냉동 저장 중 품질의 변화
  - 재결정 : 최초 얼음 형성 후에 얼음이 변화한다.
  - 냉동화상(freezer burn) : 동결저장 중 발생하는 건조(승화현상)에 의해서 탈수가 많이 된 표면에 나타나는 갈변현상
  - 건조·효소에 의한 적·갈변현상이 나타난다.
  - 지방의 산화가 나타난다.

③ 채소 blanching(데치거나 삶거나 찜)의 이유
  - 식품 속의 효소를 파괴한다.
  - 미생물 중 상당수를 살균할 수 있다.
  - 식품 중에 있는 공기를 제거한다.
  - 식품의 부피를 줄인다.
  - 녹색채소의 녹색을 유지한다.

④ 급속동결과 완만동결

차이점		급속동결	완만동결
얼음결정	크기	70μm 이하	70μm 이상
	수	다수	소수
	성장	거의 없음	수분이동으로 성장
세포파손		원형 유지 가능	파손
효소 억제		빠름	느림
영양성분 및 식품보존		유리	불리

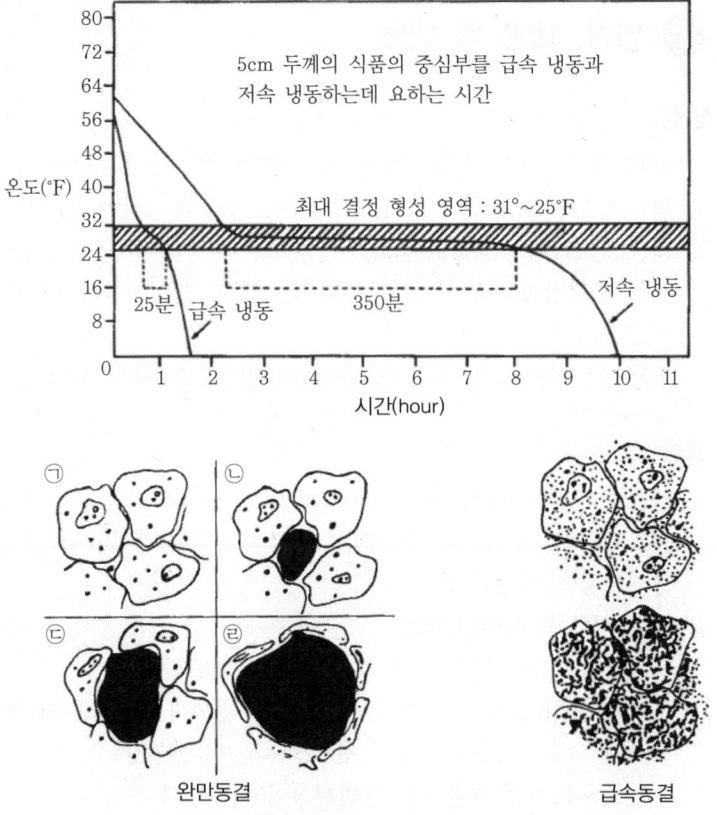

완만동결 / 급속동결

- 완만동결의 경우 그림처럼 ㉠~㉣의 순으로 얼음결정이 생성된다. 처음에 세포의 외측에 생성된 작은 얼음결정이 성장하면서 큰 얼음결정으로 되고, 주위 세포들은 큰 얼음결정에 의해 압축된다.

■ 냉장고 속 풍수지리

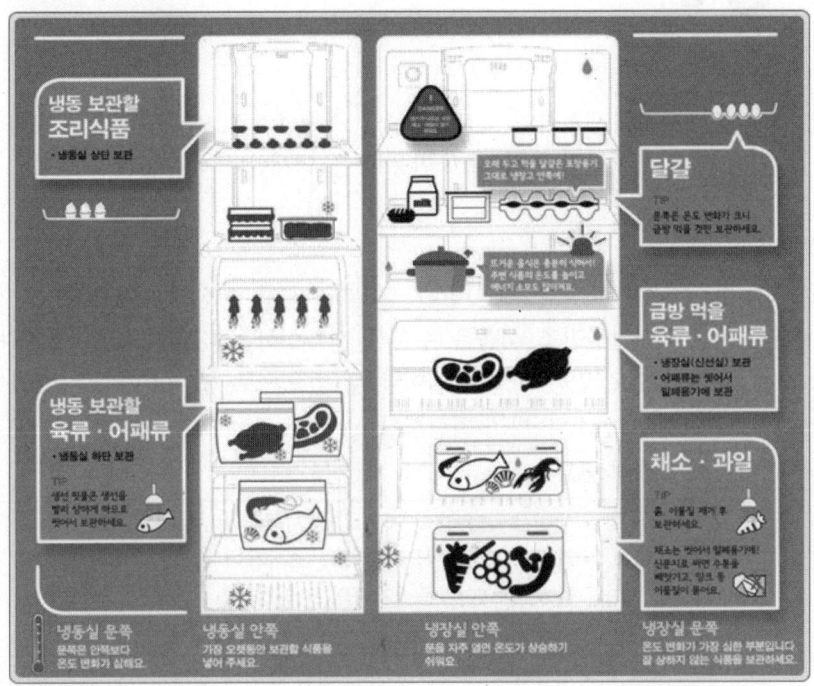

(3) 해동

① 드립(drip) : 식품으로부터 나온 국물. 특히, 고기를 가열 조리할 때 나오는 육즙이나 지방이 녹기 시작한 것, 냉동육이나 물고기를 해동할 때 나오는 국물
  • 해동과 드립 : 드립성분은 동결과정 중 손상된 식품조직의 액즙에 함유된 영양성분 및 풍미성분으로 해동 시 드립은 적을수록 좋다.

② 드립요인
  • 냉동 : 동결속도가 빠르고, 동결온도가 낮을수록, 동결저장기간이 짧을수록 드립이 적음
  • 식품 : 수분 함량이 많고, 지방 함량이 적을수록, 식품의 절단이 많을수록 드립이 많음
  • 식육류 : 저온에서 완만하게 해동하는 것이 드립이 적음
  • 야채류 : 열탕으로 급속히 해동하는 것이 드립이 적음

② 탈수

(1) 효과
식품의 수분을 제거하여 수분활성도를 저하시키고, 식품부패나 변패의 원인이 되는 미생물의 증식, 효소반응 등을 억제한다(※ 수분활성 참고).

(2) 방법 09
① 건조법 : 수분 함량(15% 이하), 과일류, 곡류 저장에 이용한다.
　㉠ 주의사항 : 건조 식품은 수분을 재흡수하는 경향이 있어 공기와의 접촉으로 인한 산화가 일어날 수 있으므로, 습기차단 포장재가 필요하며 산소와 빛을 차단한다.
　㉡ 건조법의 종류

천일건조	• 햇볕을 이용하여 자연 건조시키는 방법 • 간단하고 비용이 적으나 건조시간이 길고, 날씨의 영향을 심하게 받으며, 품질저하의 우려가 있다. • 건포도, 곶감, 태양초 고추, 건어물, 말린 나물
열풍건조	• 적당하게 가열된 공기를 식품 표면에 접촉시켜 수분을 증발시킨다. • 주로 고체 식품들에서 이용된다.
분무건조	• 액체 상태의 식품을 열풍이 있는 상태에서 안개모양으로 분무하여 건조시킨다. • 건조시간이 짧으며, 영양 성분 파괴가 적고, 입자가 물에 잘 녹는다. • 분유, 분말 커피, 분말 과즙, 이유식 등
배건법	• 식품을 불에 직접 볶아서 건조시킨다. • 장작불 이용시 향기 물질과 항산화물질로 인해 독특한 향과 유지의 산화방지 효과가 있다. • 커피 원두나 녹차를 볶는 경우, 보리차, 옥수수차
동결건조	• 기압을 낮추어(감압) 냉동 건조한다. • 향기성분이 보존되고, 얼음상태에서 수분이 증발해 조직이 뭉치지 않아 미세한 구멍이 많이 생성되어 물속에서 빠른 시간 내에 원상태로 복원된다. • 라면의 건더기 수프

② 염장법(10~15%) : 삼투압에 의한 탈수현상을 이용한다.
　㉠ 원리 : 식염이 조직에 침투되면서 저장성을 갖는 것은 조직 내의 삼투압 변화에 의해 수분이 탈수되어 미생물 생육에 필요한 수분 함량 및 수분 활성이 감소되고 식품에 부착된 미생물도 원형질 분리 현상이 나타나 사멸되기 때문이다. 또한 식염수는 산소의 용해도를 적게 하여 호기성 세균의 발육을 저지시키면서 염산 이온이 직접 미생물에 작용하여 생육저지 효과와 함께 단백질 분해효소의 작용을 저지시키기 때문이다.
　㉡ 단점 : 가용성 단백질, 추출물, 무기질, 수용성 비타민의 손실이 크다.
　㉢ 방법 : 건염법(소금을 뿌려 저장, 굴비), 침염법(소금물에 절여 저장, 젓갈)
③ 당장법(50~60%) : 고농도의 설탕액에 절임으로써 탈수현상을 이용한다.
　 잼, 젤리

③ 살균

(1) 가열살균
① 가열 : 미생물의 생존가능 온도 이상보다 고온으로 처리하여 미생물과 그 효소를 불활성화시키는 방법
② 열전달 현상과 냉점
- 냉점(cold point) : 냉점은 가장 늦게 가열되는 부위이다. 냉점의 위치는 전도형 식품은 공간의 중심, 대류형 식품은 중심보다 아래에 있다.
- 전도형 식품 : 고체 식품, 반고체 식품, 점도가 높은 액체 식품(잼, 어묵, 육가공품 등)
- 대류형 식품 : 액체 식품 중 주스, 맥주는 신속한 가열이, 넥타, 과실 통조림은 느린 가열이 이루어진다.

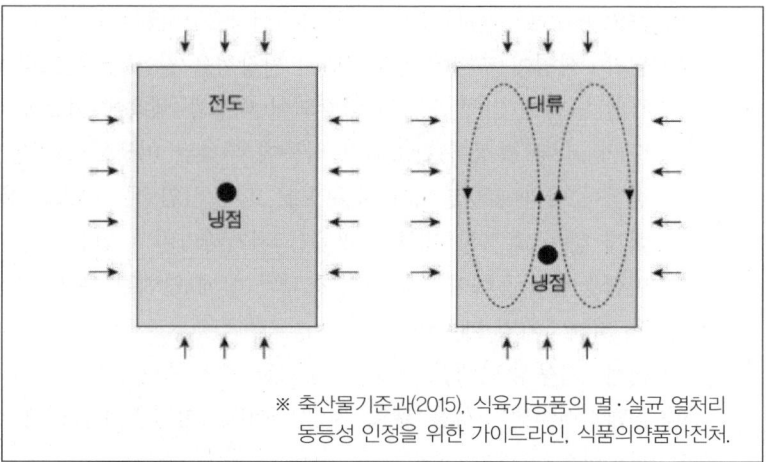

〈전도형 식품과 대류형 식품의 냉점 위치〉

③ 가열살균의 종류
　㉠ 저온(장시간)살균법(LTLT, Low-Temperature Long-Time) : 62(63)~65℃에서 30분간, 술, 간장, 주스류
　㉡ 고온(단시간)살균법(HTST, High-Temperature Short-Time) : 70(72)~75℃에서 15~16초간 살균, 우유
　㉢ 초고온살균법(UHT, Ultra-High-Temperature) : 130 이상(135~150℃)에서 1~10(0.2~2)초간 살균, 우유
　㉣ 우유의 멸균처리 : 단백질이 변성되고 유지방이 분리되며, 장기 저장 시 단백질이 분해되어 쓴맛이 나기도 함

기출 2022

다음 (가)는 사과주스의 제조공정이고, (나)는 통조림의 냉점을 나타낸 그림이다. 〈작성방법〉에 따라 서술하시오. [4점]

(가)

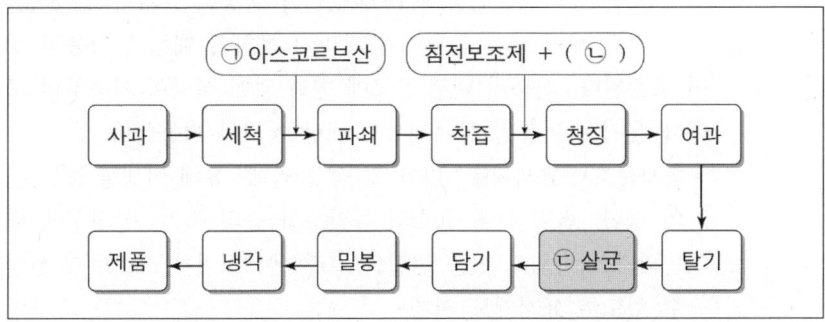

(나)

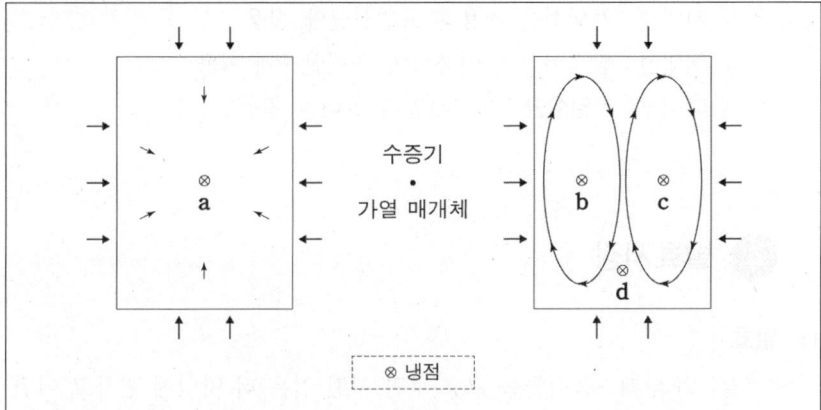

┌─ 작성방법 ─────────────────────────────────┐
• ㉠을 해당 단계에 첨가하는 이유를 쓸 것
• 괄호 안의 ㉡이 주스의 투명도를 증가시키는 원리를 서술할 것
• ㉢ 단계의 냉점을 (나)의 a~d 중 찾아 쓰고, 냉점의 의미를 서술할 것
└──────────────────────────────────────┘

ANSWER

(2) 냉살균
  ① 냉살균 : 가열처리를 하지 않는 살균
  ② 종류
    ㉠ 방사선조사(또는 식품조사) : 식품에 감마선(γ선)이나 엑스선(X선), 전자선 등 전리방사선을 쬐면 살균이나 살충의 효과가 있을 뿐 아니라, 식물체의 싹이나 뿌리가 자라지 못하기 때문에 식품의 성분이 보존된다. 식품의 내부 온도에 변화 없이 살균이 가능하며 포장이나 용기로 밀봉된 상태에서도 대량 처리가 가능하다.
      • 방사선조사 표시제도 : 발아 및 숙성 억제, 유해 미생물 또는 곤충의 사멸, 변질 관여 효소의 불활성화 등의 목적. 안정성에 대한 논의가 지속되고 있는 현실을 고려하여 소비자 스스로가 선택할 수 있도록 표시제도 시행
      • 대상 : 감자, 양파, 마늘, 밤, 버섯, 생강 등 농산물
    ㉡ 자외선 : 자외선을 활용해 표면살균에 활용
    ㉢ 적외선 : 원적외선을 이용하여 표면살균에 활용
    ㉣ 마이크로가열살균 : 유전가열의 원리를 활용한 것

4 발효저장

(1) 발효
  ① 발효와 부패 : 음식물을 그냥 두면 어떤 것은 더 맛있게 변하고 어떤 것은 악취를 내며 썩는다. 전자는 발효로 유기물이 미생물에 의해 분해되어 그 결과 우리에게 이로운 중간 산물이 생기는 것을 말하며, 후자는 부패로 유기물이 미생물에 분해되면서 우리에게 해로운 물질로 변하는 것을 말한다. 우유의 경우 부패되면 인체에 해가 되는 물질이 만들어져 식중독을 유발할 수 있지만 발효되면 맛있는 치즈나 유산균 음료를 만들 수 있다. 김치나 술, 간장, 된장, 빵 등이 발효식품의 예이다.

② 발효의 종류

발효 종류

발효의 종류	발효 과정	이용
젖산 발효	포도당 —전산균→ 이산화탄소+에너지+젖산	요구르트, 김치
낙산 발효	포도당 —낙산균→ 이산화탄소+에너지+낙산	치즈
알코올 발효	포도당 —효모→ 이산화탄소+에너지+에탄올	술
초산발효	에탄올 —초산균→ 물+에너지+초산	식초

혐기성 발효와 호기성 발효

혐기성 발효	산소를 차단하는 발효 의미
호기성 발효	산소를 공급해주는 발효로 초산(식초) 발효 의미

(2) 약주

① 술의 제조 원리 08

㉠ 녹말질 원료에 당화효소인 아밀레이스를 많이 함유하고 있는 누룩을 혼합하면 녹말질이 당분으로 분해되고, 이 당분을 누룩 속에 존재하는 효모가 작용하여 술의 주성분인 에틸알코올과 이산화탄소를 생성한다.

```
녹말질 물질 ─────→ 당분 ─────→ 에틸알코올 + 이산화탄소
           누룩(아밀레이스)    누룩(효모)
```

㉡ 누룩의 종류 : 밀을 거칠게 부순 다음 체를 쳐서 고운가루를 쓰는 분곡(약주나 청주용)과 체로 치지 않는 조곡(탁주용)이 있다.

② 약주 제조과정 08

㉠ 기구 및 담금물 살균

㉡ 술밑(주모) 제조 : 물누룩(누룩 + 살균된 물)을 만들어 쪄서 식힌 멥쌀밥과 혼합하여 20~25℃에서 10~20일간 발효시킨다.

㉢ 술덧 제조 : 찐 찹쌀밥을 식혀 술밑에 넣고 담금물을 넣어 혼합시킨다. 약간의 누룩가루를 뿌리고 20~25℃에서 10~20일간 2차 발효시킨다.

㉣ 완성 : 발효가 완성되면(술덧 표면에 성냥불을 켜 보아 꺼지지 않음) 탁주는 바로 체로 걸러 완성하고 약주는 용수를 술덧에 박아 안에 스며든 맑은 술을 떠내어 완성한다.

③ 소주의 제조공정

> 알코올 농도 10% 이상의 술덧 → 가열(70~80℃) → 증발(알코올) → 냉각 → 응축 → 소주

Q 기출 2008

다음은 우리나라 전통 발효주의 제조방법이다. 밑줄 친 ③의 과정에서 작용하는 주요 미생물 1가지를 쓰고, ⑤의 결과로 만들어지는 발효주를 쓰시오. [2점]

① 쌀을 깨끗하게 씻어 고두밥으로 찐다.
② 밥과 누룩을 섞어 잘 버무린 후 물을 첨가하여 항아리에 담는다.
③ 20℃에서 약 1주일간 둔다.
④ 항아리에 용수를 받아서 맑은 액을 떠낸다.
⑤ 떠내고 남은 것에 물을 섞어 거칠게 거른다.

• 미생물 : _____
• 발효주 : _____

④ 술의 종류

㉠ 양조주 : 쌀, 보리, 밀 등 곡물 원료와 포도, 사과 등 과일을 알코올 발효시켜 만든 술로 탁주, 양주, 청주, 맥주, 포도주 등이 있다.

㉡ 증류주 : 알코올이 혼합된 양조주를 가열하면 끓는점이 약 75℃로 물보다 낮은 알코올이 먼저 증류되고, 이것을 다시 냉각시키면 알코올의 농도가 높은 증류주가 만들어진다. 민속소주, 위스키, 고량주, 럼주, 보드카, 브랜디 등이 있다.

㉢ 합성주 : 주정이라 불리는 순알코올을 원료로 하여 여기에 물, 향료, 감미료, 조미료, 색소 등을 넣어 희석시켜 만들 술로 재제주라고도 불린다. 여기에는 희석식 소주, 감미 포도주, 합성 청주, 리큐어(예 인삼주, 매실주 등) 등이 있다.

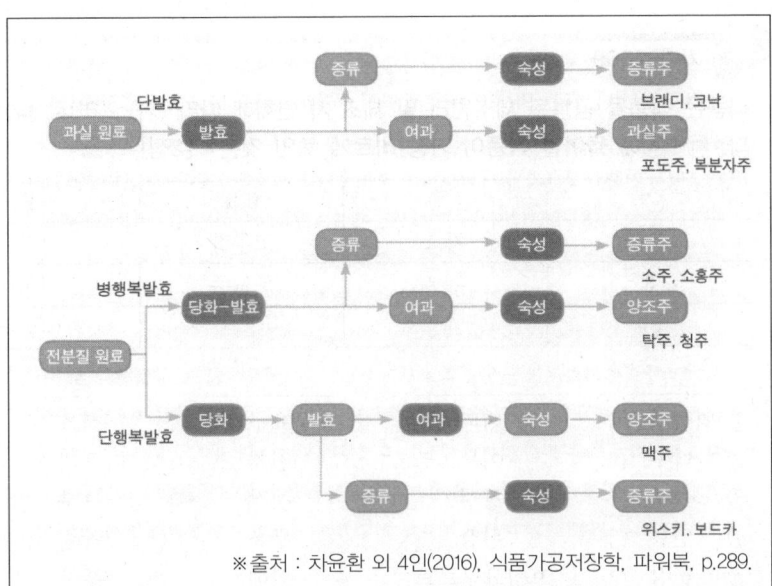

〈술의 분류〉

(3) 발효식품의 특징

① 건강증진효과
- 소화성 증대 : 소화방해물질의 분해 및 파괴, 수용성 단백질 증가
- Bioavailability 증가 : 생체 내 소화 영양성분의 흡수 및 이용성 증가, 항산화활성의 증가
- 미량 영양성분의 합성 : 주로 비타민 합성
- Probiotic, Prebiotic : 살아 있는 유익한 미생물(Probiotic)과 그 미생물 생장을 돕는 물질(Prebiotic) 함유 / 장내 감염 예방, 면역기능 향상 / 감염균 및 식중독균 길항작용
- 면역기능 개선 : 장세포 내 면역기능 개선, 인터페론 생성

② 조리특징
- 맛의 개선 : 불용성 고분자물질(전분, 단백질)을 수용성 저분자물질로 전환한다. 콩이나 어류 단백질을 아미노산으로 분해
- 향의 개선 : 휘발성 저분자물질 생성, 발효산물의 상호작용으로 향기 생성
- 저장성 개선 : 채소류, 육류, 우유 등
- 소화성 향상 : 고분자물질 분해, 다양한 생리활성 기능 개선
- 미생물 대사산물 : 효소, 항생물질 생성

기출 2009

다음은 식품을 공통된 제조원리 및 제조 시 변화에 따라 (가)~(라)로 나눈 것이다. ㉠~㉣에 들어갈 식품이 가장 바르게 묶인 것은? [2점]

(가)	(나)	(다)	(라)
분유	치즈	고추장	간장
잼	두부	포도주	커피
㉠	㉡	㉢	㉣

	㉠	㉡	㉢	㉣
①	염장생선	버터	호상요구르트	식초
②	탁주	어묵	김치	마요네즈
③	육포	양갱	젓갈	녹차
④	연유	된장	두유	탁주
⑤	곶감	호상요구르트	식해	홍차

ANSWER ⑤

❺ 기타 저장

(1) 훈연 및 훈증

① 훈연의 목적 : 수분을 제거하여 건조 상태로 만드는 동시에 연기 속에 있는 방부성분을 침투시켜서 보존성을 가지게 하는 것이다. 다른 하나는 어육류의 악취를 연기의 향미로 제거하여 재료의 맛을 돋우는 일이다.

② 성분 : 아세트산, 포름알데히드, 메탄올, 아세톤, 페놀 등이 포함되어 있는데, 포름알데히드, 페놀에는 살균력이 있다. 훈연 중에는 초산, 개미산 등의 산성 물질이 고기에 흡수되어 pH가 저하되고 저장성이 증대된다.

③ 대상 : 햄, 소시지, 베이컨

④ 훈연방법

종류	특징
냉훈법	• 장기저장을 위해서 10~30℃의 낮은 온도에서 1~3주일간 훈연한다. • 풍미가 온훈법보다 떨어지고 육색도 좋지 않다.
온훈법과 열훈법	• 온훈법(80~50℃, 1~3일), 열훈법(50~80℃, 5~12시간) • 저장성은 적지만 제품에 독특한 풍미를 준다.
배훈법	• 100℃ 내외의 온도에서 2~4시간 정도 짧은 시간 동안 훈연한다. • 저장성은 없다(3~4일 이내에 사용해야 함).
속훈법	• 훈연액법 : 목재 건류액으로 훈연액을 만들어 훈연실에 넣어 훈연 • 전훈법 : 전기를 이용하는 훈연법 • 액훈법 : 연기성분을 가진 액체를 고기에 침투(담근다.)

(2) 산 저장

① 방법 : 미생물 및 효소의 적정 pH를 멀리하여 식품을 저장하는 방법이다(pH 4~4.5). 주로 열매채소류나 양파, 콜리플라워 등에 이용된다. 소금이나 설탕을 섞어서 사용하면 저장성이 더욱 커진다. 채소의 단기저장에 주로 이용된다.

② 피클류(pickles)
- 간이피클 : 햄버거에 넣는 피클. 식초를 이용함
- 발효피클 : 식염을 이용. 오이지

(3) 가스저장

① 저장원리 : 기체조성을 변경하는 가스치환포장에 의해 식품의 저장기간을 연장하는 방법이다. 호흡작용이 큰 식품의 산소 농도를 저하시켜 과일이나 채소류의 호흡률을 감소시키고 호기성 미생물의 생육을 억제하며, 또 산소에 의한 산화 반응을 감소시킨다. 밀폐된 용기 내에 CO_2 (5% 정도) 또는 질소나 불활성 가스를 충전시킨다.

② 유형
- CA저장(Controlled Atmosphere Storage) : 공기의 조성을 일정하게 유지하기 위해 인위적으로 공기조정을 변화시키는 공기조절장치를 이용하는 것이다. 대량저장에 유용하다.
- MAP저장(Modified Atmosphere Packaging) : 기계장치 없이 포장 내에서 호흡에 의해 발생하는 기체를 용기나 포장의 가스 투과성을 통해 조절하는 것이다. 소포장 단위에 적합하다.

02 식품가공

온도, 수분, pH도, 산소 등을 변화시켜 미생물이나 효소활동을 억제한다.

(1) 가공식품의 종류

① 통조림 및 병조림 : 식품을 주석관이나 유리병에 넣고 탈기, 밀봉, 살균하여 장기간 변패되지 않도록 처리하는 것이다.
  ㉠ 데치기 : 세포 내 호흡가스 제거, 효소의 불활성화 및 식품 수축(통에 잘 충진됨)
  ㉡ 충진(stuffing) : 캔 등에 내용물을 채워 넣는 것
    • 헤드 스페이스(head space) : 용기 윗부분에 일정 공간을 남겨두어 멸균 시 재료의 부피팽창에 대비
  ㉢ 탈기 : 산소의 농도를 낮추어 호기성 세균을 억제하고, 내용물의 화학적 변화와 관내면의 부식을 억제한다.
  ㉣ 밀봉
  ㉤ 가열살균

② 레토르트
  ㉠ 가공방법 : 조리 가공한 여러 가지 식품을 일종의 주머니에 넣어 밀봉한 후 고압 가열살균솥(retort)에 넣어 고온 가열살균하여, 공기와 광선을 차단한 상태에서 식품을 장기간 보관할 수 있도록 만든 포장법
  ㉡ 레토르트 식품의 특징
    • 통조림이나 병조림에 비하여 얇고 편평한 모양으로 살균시간이 단축되어 식품이 지닌 색, 질감, 풍미 및 영양가의 손실이 적다.
    • 냉장이나 냉동할 필요가 없으며, 방부제 등을 첨가하지 않아도 된다.
    • 통조림이나 병조림 식품에 비하여 저장 공간이 작으며, 용기의 개봉과 폐기처분이 용이하다.
    • 레토르트 식품은 가열하지 않고 그대로 이용할 수 있으므로 시간과 연료가 절약된다.
    • 가벼워서 유통이나 휴대가 간편하며, 포장에 다양성을 띨 수 있다.
    • 단, 금속 캔이나 유리병보다 포장강도가 약해서 유통이나 저장 중 충격에 의한 파손 우려가 있다.

③ 인스턴트식품 : 단시간에 손쉽게 조리할 수 있고, 저장이나 보존도 간단하며, 수송·휴대가 편리한 식품
  ㉠ 종류 : 열탕·물·우유 등을 가해서 만드는 인스턴트 커피·분말주스나 잠깐 동안 가열하는 즉석면(라면 등)·인스턴트 수프 등이 포함되며, 버터·치즈·소시지·포 등은 본래 조리를 하지 않고 먹을 수 있으므로 이 정의에서 제외된다. 분말식품·건조식품·농축식품·냉동식품 외에 통조림·포장식품 등이 포함될 때도 있다.
  ㉡ 인체에 미치는 영향
    • 텅 빈 칼로리 : 도정, 정제에 의해 당분 대사를 안정적으로 조절하는 섬유질과 대사 영양소인 비타민, 미네랄이 거의 제거되어 있는 상태이다.
    • 식품첨가물 : 첨가물들은 우리 몸의 대사과정을 교란시키고 있으며 발암물질로서 작용하는 것들도 있다.
    • 소금의 문제 : 글루탐산나트륨, 아질산나트륨 등 첨가물에 함유된 염의 형태의 나트륨들은 소금을 먹은 경우와 똑같은 경로로 미네랄 균형을 깨뜨린다.
    • 지방 변질의 우려 : 가공 도중에 첨가되는 불포화지방산의 경우 열과 압력, 유통과정 중에 산화되어 과산화지질이라는 강력한 발암물질을 생성하기 때문이다.

(2) **식품가공의 특징**
  ① 장점
    • 기호성의 향상 : 식품의 색, 맛, 냄새 등을 향상시킴으로써 소비자의 기호를 만족시킬 수 있다.
    • 저장성의 향상 : 식품 원재료는 장기 저장이 어려우나, 냉동·건조식품 등으로 가공함으로써 저장성을 높인다.
    • 간편성 : 이용이 간편하므로 가사노동을 경감시키고 일손을 덜어 준다.
    • 운반성 : 원료의 부피가 감소되고 여러 가지 형태로 포장되므로 운반성이 좋아진다.
    • 영양가치의 보강 : 기존 영양소를 보존하고, 부족한 영양소를 강화하며, 소화성을 높인다.
    • 경제성 : 수확된 식품을 가공처리하면 저장성이 높아져서 출하 시기나 유통량을 조절할 수 있으므로 가격이 안정된다.

② 단점
- 영양과잉문제 : 열량, 탄수화물(특히 단순당), 지방 등이 과잉되기 쉽다.
- 영양불균형 문제 : 무기질과 비타민 및 섬유소의 양이 부족하다.
- 불안전한 성분 : 첨가물의 안전성 및 사용된 원료의 안전성이 확인되지 않았다.
- 가공 및 저장 중 영양성분의 변질문제가 발생할 수 있다.

> **정크푸드, 영양밀도**
>
> - 정크푸드 : 높은 열량을 갖고, 약간의 기본 영양소는 포함하고 있으나 영양가 없는 인스턴트 음식이나 패스트푸드를 총칭하는 단어이다. 충치를 유발하는 당분이 많이 첨가되어 당뇨의 원인이 되거나, 지방, 염분 등과 같은 식품첨가물을 많이 포함하고 있어 성인병, 비만을 유발시키는 등의 건강에 좋지 않은 음식도 포함한다. 대표적인 정크푸드로는 탄산음료, 감자튀김, 햄버거 등이 있다.
> - 영양밀도(nutrient density)와 에너지밀도(energy density) [16] : 영양밀도는 식품이 함유한 에너지량에 비교한 다른 영양소의 함량을 의미한다. 영양밀도가 높은 식품이란 같은 양의 에너지를 공급하는 식품이라도 비타민, 무기질 등의 미량영양소를 충분히 함유한 식품을 말한다. 에너지밀도는 음식의 양 혹은 무게당 칼로리로 에너지 밀도가 적은 식품으로 섭취하는 것이 바람직하다.

(3) 가공방법의 종류

① 물리적 방법 : 성분은 그대로인 채 형태만 변화
② 화학적 방법 : 형태와 성분 모두를 변화
③ 미생물학적 방법 : 인체에 유용한 미생물로 발효

분류	형태	예	특징
물리적 가공법	도정	백미	곡류의 도정으로 현미에서 백미가 되며, 이때 티아민의 손실이 있다.
	분쇄	밀가루	곡물을 부수어 분말로 한다.
	압착	참기름	들깨, 참깨와 같은 기름을 가진 종자에서 기름을 짜내거나 사탕수수에서 액을 짜내는 경우 등으로 압력을 가하는 조작이다.
화학적 가공법	가수분해	포도당	녹말을 염산 또는 당화 효소로 가수분해한다.
	응고	두부	대두 단백질이 간수($MgCl_2$), 황산칼슘($CaSO_4$), 염화칼슘($CaCl_2$) 등에 의해 응고되는 성질을 이용한 것이다.
미생물학적 가공법	발효	된장	누룩곰팡이(황국균)가 콩 단백질을 분해시켜서 발효숙성시킨다.
		식빵	밀가루에 효모인 이스트를 넣어 생육 증식시킴으로써 발효시켜 구운 것이다.
		쌀초	양조초는 주로 초산 발효에 의해 제조된다.

(4) 가공식품의 품질확인 방법
- 불룩한 과자봉지 : 질소충전-내용물의 파손과 변질 방지/스낵에 사용된 기름은 공기 중의 산소와 결합하면 산패되어 스낵의 맛과 신선도를 떨어뜨린다. 질소는 기름과 화학반응을 일으키지 않기 때문에 상당 기간 동안 같은 맛을 유지해준다.
- 햄, 소시지, 어묵 : 제조 연월일, 유통기한, 포장상태를 확인한다.
- 냉동식품 : -18℃ 이하에서 냉동보관된 것 선택, 포장 안에 얼음조각이 많은 것은 피함, 포장파손 여부 확인, 내용물이 서로 엉겨 붙어 있는지 확인한다.
- 즉석·레토르트식품 : 유통기한 확인, 유통기한이 많이 남은 것을 선택한다.
- 통조림 : 통이 찌그러져 있거나 불룩 나온 것, 녹슨 것은 피함, 유통기한과 첨가물을 확인한다.

(5) **식품첨가물**(※ 부록 참고)

사용 목적	종류	역할	사용 식품
변질되거나 상하는 것을 막는다.	보존료	미생물 증식 방지	장류, 절임식품, 잼
	산화방지제	산화를 막는다.	마가린, 버터, 마요네즈
먹음직스럽게 한다.	감미료	단맛을 낸다.	청량음료, 아이스크림, 식탁용 감미료
	착색료	색을 낸다.	알사탕, 추잉껌, 분말식품, 마가린, 초코볼
	발색제	색을 안정시킨다.	햄, 소시지, 젓갈
	착향료	향을 낸다.	빙과, 주스, 캐러멜
품질을 개량한다.	유화제	기름과 물을 섞이게 한다.	마요네즈, 샐러드드레싱, 아이스크림, 초콜릿
	품질 개량제	결착성을 높여 씹는 맛을 주고, 맛과 풍미를 높인다.	어묵, 소시지
영양을 보충한다.	강화제	비타민, 아미노산, 칼슘 등의 강화	스포츠 음료, 기능성 음료, 조제분유, 추잉껌, 과자, 사탕류

식영역　Home Economics

PART 03

식생활 관리

CHAPTER 01 식사구성안과 식단
CHAPTER 02 식품 마련과 식문화
CHAPTER 03 식품 안전

CHAPTER 01 식사구성안과 식단

01 식사구성안 13 / 10 / 09

❶ 식사구성안의 이해와 활용

(1) 식사구성안의 필요성

식사구성안은 복잡한 영양가 계산을 하지 않고도 영양소 섭취기준을 충족할 수 있도록 식품군별 대표 식품과 섭취 횟수를 이용하여 식사의 기본 구성을 제안한 것이다.

■ 식사구성안 영양목표와 일반적 개념의 목표

식사구성안 영양목표			
섭취 허용		섭취 주의	
에너지	100% 에너지필요 추정량	지방	1~2세 총 에너지의 20~35%
단백질	총 에너지의 약 7~20%		
비타민 무기질	100% 권장섭취량 또는 충분섭취량 상한섭취량 미만		3세 이상 총 에너지의 15~30%
식이 섬유	100% 충분섭취량	당류	설탕, 물엿 등의 첨가당 최소한으로 섭취

일반적 개념의 목표
1. 건강인의 건강 증진을 위한 것이다. 2. 과학적인 근거를 기반으로 식사구성안을 개발해야 하며, 그러기 위해서는 최신 연구의 결과와 국민건강 영영조사의 최신 조사 결과를 반영해야 한다. 3. 식사구성안은 한국인의 식생활지침에도 부합되도록 전반적인 식생활을 포함하는 내용으로 권장한다. 4. 식사구성안은 일반인들이 사용하기 쉽고 간편해야 한다. 5. 식사구성안은 영양소 섭취기준의 목표가 실제 식생활에 적용이 가능해야 한다. 6. 식사구성안은 사용자의 개인 선호 식품에 따라 동일한 식품군 내에서는 식품의 변화를 주고자 할 때 식품의 대체가 용이하며, 변경한 식품은 식품 간의 영양소가 충족되어야 한다.

(2) 권장식사패턴
① 권장식사패턴의 정의 : 일반인이 복잡한 영양가 계산을 하지 않고서도 자신의 성별, 연령을 기준으로 영양소 섭취기준에 적합하게 식사구성안을 작성할 수 있도록 제시한 식사형태를 의미함
- 대표 에너지를 제시하고 각 열량별로 식품군별 섭취 횟수를 제시하여 자신에게 적절한 식품을 선택하여 식단을 작성할 수 있도록 안내함
- 하루에 필요한 식품군별 섭취 횟수에 따라 식단을 구성하여 작성된 식사를 통해 하루에 필요한 영양소 섭취량을 충족할 수 있음
- 성장기 어린이 및 청소년의 특징을 반영하여 하루에 우유를 2컵 섭취하는 A타입과 우유를 1컵 섭취하는 B타입으로 구분하여 제시함

② 권장식사패턴의 내용 : 연령별, 성별 에너지 권장기준을 기반으로 6개 식품군별 섭취 횟수에 따른 권장식사 패턴을 제안함
  ㉠ 곡류군 : 곡류는 탄수화물의 주공급원인 밥, 국수, 빵, 떡 등을 주재료로 하는 음식들을 포함. 식이섬유 섭취를 늘리기 위해 잡곡류 사용을 권장함(1회 분량 기준 에너지 300kcal 기준)
  ㉡ 고기·생선·달걀·콩류군 : 단백질 공급원인 고기, 생선, 달걀, 콩을 주재료로 하는 음식들을 포함. 고기의 경우 살코기 기준, 지방 함량이 높은 식품을 이용할 경우에는 유지류를 추가 사용하는 것으로 간주해야 함(1회 분량 기준 에너지 100kcal 기준)
  ㉢ 채소류군 : 비타민, 무기질, 섬유소의 주요 공급원으로서 채소, 버섯, 해조류 등을 주재료로 하는 음식을 포함. 소금 5.75g 이하의 영양 목표를 달성하기 위해 가능한 싱겁게 조리하도록 함(1회 분량 기준 에너지 15kcal 기준)
  ㉣ 과일류군 : 비타민 C, 칼륨 등을 포함. 식이섬유 섭취를 높이기 위해 주스보다는 생과일 섭취를 권장함(1회 분량 에너지 50kcal 기준)
  ㉤ 우유·유제품류군 : 칼슘의 주 공급원으로 단순당이 적게 함유된 제품을 권장함(1회 분량 에너지 125kcal 기준)
  ㉥ 유지·당류 : 조리 시 사용되는 양도 섭취 횟수 범위 내에서 사용함(1회 분량 에너지 45kcal 기준)

생애주기별 권장식사패턴 A(우유·유제품 2회 권장, A타입)

에너지(kcal)	곡류	고기·생선·달걀·콩류	채소류	과일류	우유·유제품	유지·당류
900	1	1.5	4	1	2	2
1,000	1	1.5	4	1	2	3
1,100	1.5	1.5	4	1	2	3
1,200	1.5	2	5	1	2	3
1,300	1.5	2	6	1	2	4
1,400	2	2	6	1	2	4
1,500	2	2.5	6	1	2	5
1,600	2.5	2.5	6	1	2	5
1,700	2.5	3	6	1	2	5
1,800	3	3	6	1	2	5
1,900	3	3.5	7	1	2	5
2,000	3	3.5	7	2	2	6
2,100	3	4	8	2	2	6
2,200	3.5	4	8	2	2	6
2,300	3.5	5	8	2	2	6
2,400	3.5	5	8	3	2	6
2,500	3.5	5.5	8	3	2	7
2,600	3.5	5.5	8	4	2	8
2,700	4	5.5	8	4	2	8
2,800	4	6	8	4	2	8

생애주기별 권장식사패턴 B(우유·유제품 1회 권장, B타입)

에너지(kcal)	곡류	고기·생선·달걀·콩류	채소류	과일류	우유·유제품	유지·당류
1,000	1.5	1.5	5	1	1	2
1,100	1.5	2	5	1	1	3
1,200	2	2	5	1	1	3
1,300	2	2	6	1	1	4
1,400	2.5	2	6	1	1	4
1,500	2.5	2.5	6	1	1	4
1,600	3	2.5	6	1	1	4
1,700	3	3.5	6	1	1	4
1,800	3	3.5	7	2	1	4
1,900	3	4	8	2	1	4
2,000	3.5	4	8	2	1	4
2,100	3.5	4.5	8	2	1	5
2,200	3.5	5	8	2	1	6
2,300	4	5	8	2	1	6
2,400	4	5	8	3	1	6
2,500	4	5	8	4	1	7
2,600	4	6	9	4	1	7
2,700	4	6.5	9	4	1	8

③ 생애주기별 권장식사패턴 : 영유아·청소년의 성장기 특징을 반영하여 하루 우유 2컵을 섭취하는 형태의 권장식사패턴 A와 하루 우유 1컵을 섭취하는 형태의 권장식사패턴 B를 제시하였다.

타입	연령(세)		기준 에너지	식품군					
				곡류	고기·생선·달걀·콩류	채소류	과일류	우유·유제품류	유지·당류
A	1~2 영아		900	1	1.5	4	1	2	2
	3~5 유아		1,400	2	2	6	1	2	4
	6~11	여	1,700	2.5	3	6	1	2	5
		남	1,900	3	3.5	7	1	2	5
	12~18	여	2,000	3	3.5	7	2	2	6
		남	2,600	3.5	5.5	8	4	2	8
B	19~64	여	1,900	3	4	8	2	1	4
		남	2,400	4	5	8	3	1	6
	65~74	여	1,600	3	2.5	6	1	1	4
		남	2,000	3.5	4	8	2	1	4
	75이상	여	1,500	2.5	2.5	6	1	1	4
		남	1,600	3	2.5	6	1	1	4

- 만성질환 위험감소를 위한 섭취기준 Chronic Disease Risk Reduction intake ; CDRR) 고려 : 나트륨 / 한국인의 만성질환 위험감소를 위한 나트륨 섭취기준을 성인 기준 일일 2,300mg으로 설정하고, 이를 바탕으로 생애주기별 나트륨 CDRR의 경우 나트륨의 충분섭취량 설정과 동일한 방식으로 에너지 섭취량을 이용하여 설정하였다. 따라서 2020 KDRIs 생애주기별 권장식사패턴 구성 과정에서도 만성질환 위험감소를 위해 나트륨의 만성질환 위험감소를 위한 섭취기준을 생애주기별 권장식사패턴 구성 시 고려하였다.

(3) 식사구성안을 활용한 식단 작성
① 1단계 : 자신에게 적합한 1일 에너지필요량 확인
  • 자신의 체중과 신장을 이용하여 체질량지수(BMI)를 확인하고 에너지필요량 계산 시 반영한다.

> **예** 만 31세 여자, 신장 160cm, 체중 52kg, BMI 20.3,
> 신체활동단계 : 저활동적 : 에너지필요량 : 1,900kcal

② 2단계 : 에너지필요량에 적절한 권장식사패턴 선택
  • 제시된 권장식사패턴 중에서 자신에게 필요한 에너지 섭취량과 가장 비슷한 식사패턴을 선택하여 각 식품군별 섭취횟수 확인
  • 에너지조절이 필요한 경우(활동량 변화, 다이어트, 비만 등)에는 에너지필요량을 기준으로 하여 에너지를 감소/증가할 수 있다.
  • 제시된 권장섭취 패턴에서 음식량을 조절하여 에너지 섭취량을 개인에 맞게 조절할 수 있다.

> **예** 성인, B타입
> 100kcal 감소 : 밥 1/3 공기(밥 70g) 감소 또는 우유 1회 분량(125kcal) 감소

③ 3단계 : 각 식품군별 식품의 섭취횟수 확인 및 세 끼 배분(간식 포함)

	섭취횟수	아침	점심	저녁	간식
곡류	3	1	1	1	
고기·생선·달걀·콩류	4	1.5	1	1.5	
채소류	8	2.5	2.1	2	1
과일류	2		1		1
우유·유제품류	1				1
유지·당류	4	유지 및 당류는 조리 시 가급적 적게 사용할 것을 권장함			

④ 4단계 : 식품섭취량 계산 및 메뉴 결정

메뉴	분량	아침	점심	저녁	간식
		쌀밥 닭곰탕 돼지고기브로콜리볶음 미역줄기나물 깍두기	열무비빔국수 삶은달걀 채소튀김 동치미 오렌지	잡곡밥 대구탕 두부조림 숙주나물 배추김치	방울토마토 키위 우유
곡류	3회	쌀밥 210g(1)	소면 90g(1)	잡곡밥 210g(1)	
고기·생선· 달걀·콩류	4회	닭고기 60g(1) 돼지고기 30g(0.5)	달걀 60g(1)	대구 70g(1) 두부 40g(0.5)	
채소류	8회	파 35g(0.5) 브로콜리 35g(0.5) 미역줄기 35g(0.5) 깍두기 40g(1)	열무김치 20g(0.5) 당근 35g(0.5) 양파 35g(0.5) 동치미 40g(1)	무 35g(0.5) 숙주나물 35g(0.5) 배추김치 40g(1)	방울토마토 70g(1)
과일류	2회		오렌지 100g(1)		키위 100g(1)
우유·유제품류	1회				우유 200mL(1)
유지·당류	4회	유지 및 당류는 조리 시 가급적 적게 사용할 것을 권장함			

∗ 총 에너지(Kcal) : 1882.3kcal ; 탄수화물, 단백질, 지방 섭취비율(%) : 탄수화물(55.3%), 단백질(19.2%), 지방(25.5%)

⑤ 식단 예시

㉠ 12~18세 여성 권장 식단(2,000kcal, A타입)

- 12~18세 여성의 에너지필요추정량은 1일 2,000kcal로 유아·소아·청소년에 해당하므로 A타입 권장식사패턴을 적용하여, 곡류 3회, 고기·생선·달걀·콩류 3.5회, 채소류 7회, 과일류 2회, 우유·유제품류 2회를 제공함
- 끼니별로 각 식품군의 제공 횟수가 가능한 균등하게 배분되도록 고려하여 식사와 간식별 각 식품군의 제공 횟수는 곡류 1회, 고기·생선·달걀·콩류는 부재료로 사용 시 0.5회 이하, 주재료로 사용 시 1회, 채소류는 주·부재료에 따라 0.5~1회, 과일류는 1회, 우유·유제품류는 1회를 기준으로 3끼 식사와 간식에 배분함

| 12~18세 여성 권장 식단(2,000kcal, A타입)

메뉴	분량	아침 쌀밥 호박된장국 갈치조림 새송이버섯구이 콩나물무침 배추김치	점심 현미밥 미역국 소불고기 부추치커리무침 배추김치	저녁 잡곡밥 순두부국 달걀장조림 마늘종볶음 오이소박이	간식 블루베리 사과 호상요구르트 우유
곡류	3회	쌀밥 210g(1)	현미밥 210g(1)	잡곡밥 210g(1)	
고기·생선·달걀·콩류	3.5회	갈치 70g(1)	소고기 60g(1)	순두부 100g(0.5) 달걀 60g(1)	
채소류	7회	애호박 21g(0.3) 새송이버섯 30g(1) 콩나물 35g(0.5) 배추김치 40g(1)	미역(마른 것) 5g(0.4) 부추 28g(0.4) 치커리 35g(0.5) 배추김치 40g(1)	양파 21g(0.3) 마늘종 35g(0.5) 오이소박이 40g(1)	
과일류	2회				블루베리 100g(1) 사과 100g(1)
우유·유제품류	2회				요구르트(호상) 100g(1) 우유 200mL(1)
유지·당류	6회	유지 및 당류는 조리 시 가급적 적게 사용할 것을 권장함			

※ 총 에너지(kcal) : 1921.0kcal ; 탄수화물, 단백질, 지방 섭취비율(%) : 탄수화물(54.1%), 단백질(16.6%), 지방(29.2%)

ⓒ 12~18세 남성 권장식단(2,600kcal, A타입)
  • 12~18세 남성의 에너지필요추정량은 1일 2,600kcal로 유아·소아·청소년에 해당하므로 A타입 권장식사패턴을 적용하여, 곡류 3.5회, 고기·생선·달걀·콩류 5.5회, 채소류 8회, 과일류 4회, 우유·유제품류 2회를 제공함

■ 12~18세 남성 권장 식단(2,600kcal, A타입)

메뉴	분량	아침	점심	저녁	간식
		현미밥 참치김치국 돼지고기완자 숙주나물 오이소박이	우동 멸치견과류주먹밥 단호박튀김 토마토케일샐러드 배추김치 파인애플	잡곡밥 소고기무국 낙지볶음 표고버섯잡채 상추사과무침 백김치	포도 배 호상요구르트 우유
곡류	3.5회	현미밥 210g(1)	우동면 200g(1) 쌀밥 63g(0.3)	잡곡밥 189g(0.9) 당면 30g(0.3)	
고기·생선· 달걀·콩류	5.5회	참치통조림 30g(0.5) 돼지고기 42g(0.7) 두부 24g(0.3)	어묵 30g(1) 멸치 15g(1) 아몬드 10g(0.3)	소고기 60g(1) 낙지 65g(0.7)	
채소류	8회	배추김치 40g(1) 숙주나물 35g(0.5) 오이소박이 40g(1)	단호박 35g(0.5) 토마토 35g(0.5) 케일 35g(0.5) 배추김치 40g(1)	무 56g(0.8) 표고버섯 15g(0.5) 당근 7g(0.1) 양파 7g(0.1) 시금치 7g(0.1) 상추 28g(0.4) 백김치 40g(1)	
과일류	4회		파인애플 100g(1)	사과 100g(1)	포도 100g(1) 배 100g(1)
우유· 유제품류	2회				요구르트(호상) 100g(1) 우유 200mL(1)
유지·당류	8회	유지 및 당류는 조리 시 가급적 적게 사용할 것을 권장함			

※ 총 에너지(kcal) : 2533.6kcal ; 탄수화물, 단백질, 지방 섭취비율(%) : 탄수화물(55.9%), 단백질(14.4%), 지방(29.7%)

(4) **식품군별 1인 1회 분량(serving size)**

통상적으로 대부분의 국민들이 한 번에 섭취하는 것으로 추정되는 양

① 곡류의 주요 식품과 1인 1회 분량

품목		식품명	1회 분량(g)[1]	횟수[2]
곡류 (300kcal)	곡류	백미, 보리, 찹쌀, 현미, 조, 수수, 기장, 팥, 귀리, 율무	90	1회
		옥수수	70	0.3회
		쌀밥	210	1회
	면류	국수/메밀국수/냉면국수(말린 것)	90	1회
		우동/칼국수(생면)	200	1회
		당면	30	0.3회
		라면사리	120	1회
	떡류	가래떡/백설기	150	1회
	빵류	식빵	35	0.3회
	시리얼류	시리얼	30	0.3회
	감자류	감자	140	0.3회
		고구마	70	0.3회
	기타	묵	200	0.3회
		밤	60	0.3회
		밀가루, 전분, 빵가루, 부침가루, 튀김가루(혼합)	30	0.3회
	과자류	과자(비스킷, 쿠키)	30	0.3회
		과자(스낵)	30	0.3회

1) 1회 섭취하는 가식부 분량임
2) 곡류 300kcal에 해당하는 분량을 1회라고 간주하였을 때, 해당 1회 분량에 해당하는 횟수

② 고기·생선·달걀·콩류의 주요 식품과 1인 1회 분량

품목		식품명	1회 분량(g)[1]	횟수[2]
고기·생선·달걀·콩류 (100kcal)	육류	쇠고기	60	1회
		돼지고기	60	1회
		닭고기	60	1회
		오리고기	60	1회
		돼지고기가공품(햄, 소시지, 베이컨)	30	1회
	어패류	고등어, 명태/동태, 조기, 꽁치, 갈치, 다랑어(참치), 대구, 가자미, 넙치/광어, 연어	70	1회
		바지락, 게, 굴, 홍합, 전복, 소라	80	1회
		오징어, 새우, 낙지, 문어, 쭈꾸미	80	1회
		멸치자건품, 오징어(말린 것), 새우자건품, 뱅어포(말린 것), 명태(말린 것)	15	1회
		다랑어(참치통조림)	60	1회
		어묵, 게맛살	30	1회
		어류젓	40	1회
	난류	달걀, 메추리알	60	1회
	콩류	대두, 녹두, 완두콩, 강낭콩, 렌틸콩	20	1회
		두부	80	1회
		두유	200	1회
	견과류	땅콩, 아몬드, 호두, 잣, 해바라기씨, 호박씨, 은행, 캐슈넛	10	0.3회

1) 1회 섭취하는 가식부 분량임
2) 고기·생선·달걀·콩류 100kcal에 해당하는 분량을 1회라고 간주하였을 때, 해당 1회 분량에 해당하는 횟수

③ 채소류의 주요 식품과 1인 1회 분량

품목		식품명	1회 분량(g)[1]	횟수[2]
채소류 (15kcal)	채소류	파, 양파, 당근, 풋고추, 무, 애호박, 오이, 콩나물, 시금치, 상추, 배추, 양배추, 깻잎, 피망, 부추, 토마토, 쑥갓, 무청, 붉은고추, 숙주나물, 고사리, 미나리, 파프리카, 양상추, 치커리, 샐러리, 브로콜리, 가지, 아욱, 취나물, 고춧잎, 단호박, 늙은호박, 고구마줄기, 풋마늘, 마늘종	70	1회
		배추김치, 깍두기, 단무지, 열무김치, 총각김치, 오이소박이	40	1회
		우엉, 연근, 도라지, 토란대	40	1회
		마늘, 생강	10	1회
	해조류	미역(마른 것), 다시마(마른 것)	10	1회
		김	2	1회
	버섯류	느타리버섯, 표고버섯, 양송이버섯, 팽이버섯, 새송이버섯	30	1회

1) 1회 섭취하는 가식부 분량임
2) 채소류 15kcal에 해당하는 분량을 1회라고 간주하였을 때, 해당 1회 분량에 해당하는 횟수

④ 과일류의 주요 식품과 1인 1회 분량

품목		식품명	1회 분량(g)[1]	횟수[2]
과일류 (50kcal)	과일류	수박, 참외, 딸기	150	1회
		사과, 귤, 배, 바나나, 감, 포도, 복숭아, 오렌지, 키위, 파인애플, 블루베리, 자두	100	1회
		대추(말린 것)	15	1회

1) 1회 섭취하는 가식부 분량임
2) 과일류 50kcal에 해당하는 분량을 1회라고 간주하였을 때, 해당 1회 분량에 해당하는 횟수

⑤ 우유·유제품류의 주요 식품과 1인 1회 분량

품목		식품명	1회 분량(g)[1]	횟수[2]
우유· 유제품류 (125kcal)	우유	우유	200	1회
	유제품	치즈	20	0.5회
		요구르트(호상)	100	1회
		요구르트(액상)	150	1회
		아이스크림, 셔벗	100	1회

1) 1회 섭취하는 가식부 분량임
2) 우유·유제품류 125kcal에 해당하는 분량을 1회라고 간주하였을 때, 해당 1회 분량에 해당하는 횟수

⑥ 유지·당류의 주요 식품과 1인 1회 분량

품목		식품명	1회 분량(g)[1]	횟수[2]
유지·당류 (45kcal)	유지류	참기름, 콩기름, 들기름, 유채씨기름, 올리브유, 해바라기유, 포도씨유, 미강유, 버터, 마가린, 들깨, 흰깨, 깨, 커피크림	5	1회
		커피믹스	12	1회
	당류	설탕, 물엿, 꿀	10	1회

1) 1회 섭취하는 가식부 분량임
2) 유지·당류 45kcal에 해당하는 분량을 1회라고 간주하였을 때, 해당 1회 분량에 해당하는 횟수

❷ 식품구성자전거

(1) 식품구성자전거의 이해

〈식품구성자전거〉

① 식품구성자전거의 의미 : 우리가 주로 먹는 식품들의 종류와 영양소 함유량, 기능에 따라 비슷한 것끼리 묶어 6가지 식품군으로 구분하고, 자전거 바퀴 모양을 이용하여 6가지 식품군의 권장식사패턴에 맞게 섭취 횟수와 분량에 따라 면적을 배분하여 일반인들의 이해를 돕기 위해 개발된 식품모형임
   - 앞바퀴 : 충분한 물의 섭취를 강조함
   - 뒷바퀴 : 식품군별 면적 = 2,000kcal 기준 권장섭취횟수 × 식품군별 대표식품의 1회 분량(중앙값)
   - 앉아있는 사람 : 규칙적인 운동을 일상생활에서 실천한다는 의미

   ■ 식품구성자전거의 기본 개념
   - 적절한 영양 및 건강 유지를 위한 한국인 영양섭취기준을 충족함
   - 다양한 식품 섭취를 통해 균형잡힌 식사를 할 수 있도록 도움
   - 충분한 수분 섭취와 적절한 운동을 통한 비만 예방에 기여할 수 있도록 함

② 식품구성자전거의 바퀴 면적 : 2020 한국인 영양소 섭취기준에 따른 권장식사패턴의 섭취 횟수를 사용하여 총 42개의 대표식품에서 식품군별 해당 식품들을 이용하여 식품구성자전거의 바퀴 면적비율을 계산함
- 생애주기별 권장식사패턴 중에서 하루 권장 섭취열량 2,000kcal을 기준으로 두 가지(A, B 타입) 식단을 사용하여 자전거 원의 면적비율을 아래와 같이 계산함

식품구성자전거 바퀴 면적 비율 산출

식품군	2,000kcal(A, B타입)			
	권장횟수	1회 분량[1]	횟수 분량	면적 비율(%)
곡류	3.25	210	682.5	37.8
고기·생선·달걀·콩류	3.75	60	225	12.4
채소류	7.50	70	525	29.0
과일류	2.00	100	200	11.1
우유·유제품류	1.50	100	150	8.3
유지·당류	5.00	5	25	1.4
총합			1,807.5	100

1) 1회 분량은 식품군별 가장 대표적인 식품(예를 들어 곡류에서는 쌀밥 1회 분량 210g, 우유·유제품류에서는 우유 1회 분량 200mL, 유지·당류에서는 설탕 1회 분량 10g을 선정) 또는 많은 품목을 나타낸 식품들의 1회 분량을 중심으로 선정함

(2) 식품구성자전거의 활용 – 식생활 평가

① 1단계 : 자신에게 적합한 1일 에너지필요량 확인하기

> 예) 31세, 신장 160cm, 체중 52kg 여성 → 1,900B타입 선택

② 2단계 : 1일 에너지필요량에 따라 적절한 권장식사패턴을 선택
- 각 식품군의 단위 수 확인히기

③ 3단계 : 섭취한 음식 또는 섭취하고자 하는 음식 기록하기
  ㉠ 섭취한 음식을 식사기록표에 기록
  ㉡ 각 식품별 음식의 단위 수를 확인
  ㉢ 「식품구성자전거」의 바퀴에 섭취한 식품군의 횟수를 표시하여 식사 내용을 평가하기
    • 에너지필요량별 〈식품구성자전거〉 바퀴의 칸 수 제시하고 모형으로 쉽게 이해할 수 있도록 함
    • 〈식품구성자전거〉 바퀴 칸 수 = 식품군별로 섭취해야 되는 식품의 양 : 곡류는 1칸이 0.5단위이며, 다른 식품군은 1칸이 1단위임

- 식사기록표(권장식사패턴 　타입)

작성일　월　일

음식명	권장량	곡류군	고기·생선·달걀·콩류	채소류	과일류	우유류
		회	회	회	회	회
아침						
점심						
저녁						
간식						
계						

예 : 1,900kcal, B타입

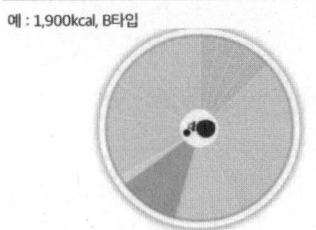

메모(운동, 식사일기 기록)

Q 기출 2013

다음은 한국인 영양섭취기준(2010년 개정)에 제시된 식품구성자전거와 남자 중학생의 식단이다. (가)~(마)에 대한 설명으로 옳은 것을 〈보기〉에서 고른 것은? [2점]

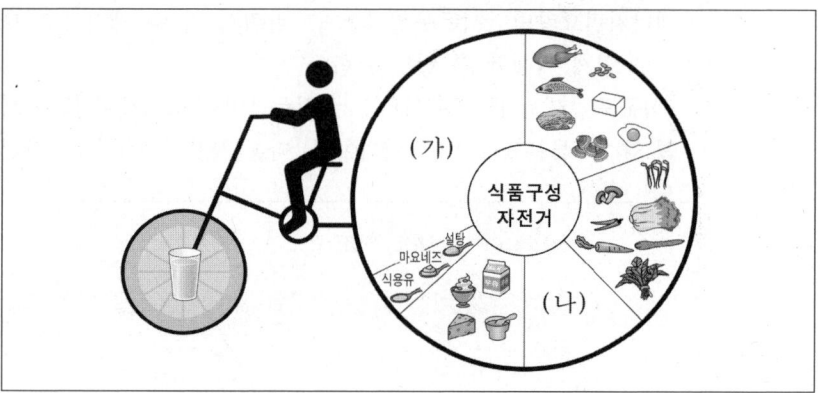

구분	남자 중학생의 식단
아침	잡곡밥, 두부된장국, 어묵야채볶음, 양배추샐러드, 오이생채, 우유
점심	쌀밥, 콩나물국, 갈치구이, 배추김치, 김구이, (다) 삶은 땅콩
간식	계란샌드위치, (라) 호상요구르트
저녁	현미밥, 미역국, (마) 제육볶음, 호박나물, 무생채, 오렌지

〈보기〉
ㄱ. (가)식품군은 주식으로 가장 많이 섭취하는 곡류 및 전분류이다.
ㄴ. (나)식품군의 1인 1회 분량의 열량은 50kcal이다.
ㄷ. (다)를 포함하는 식품군은 유지, 견과 및 당류에 해당한다.
ㄹ. (라)를 포함하는 식품군의 상징색은 파란색이다.
ㅁ. (마)를 포함하는 식품군의 돼지고기 1인 1회 분량은 60g이다.

① ㄱ, ㄴ, ㄹ ② ㄱ, ㄷ, ㄹ ③ ㄱ, ㄷ, ㅁ
④ ㄴ, ㄷ, ㅁ ⑤ ㄴ, ㄹ, ㅁ

ANSWER ⑤

기출 2010

다음 권장식사패턴의 예에서 (가)~(라)에 대한 설명으로 옳은 것을 〈보기〉에서 모두 고른 것은? [2점]

▍권장식사패턴(식품군별 1일 (가) 권장섭취횟수)의 예

(나) 식사패턴(kcal)	1,000	1,200	~	2,400	2,600	2,800
곡류 및 전분류 Ⅰ	1.5	2		4	4.5	5
(다) 곡류 및 전분류 Ⅱ	0	0		1	0	0
고기, 생선, 달걀, 콩류	2	2		5	6	6
채소류	4	5		7	7	8
과일류	1	1		3	3	3
우유 및 유제품	1	1		1	1	1
(라) 유지, 견과 및 당류	2	3		5	6	6

〈보기〉

ㄱ. (가)는 식품군별 1교환 단위의 양을 기준으로 제시되었다.
ㄴ. (가)는 개인의 기호도를 고려하여 식품군의 배분 횟수를 조정할 수 있다.
ㄷ. (나)의 각 열량에는 70~90kcal 정도의 포함되어 있다.
ㄹ. (다)의 주요 식품으로는 식빵, 국수, 떡, 감자, 고구마가 있다.
ㅁ. 조리 시 사용되는 유지 및 당류의 경우에는 (라)의 배분 횟수 범위 내에서 사용하도록 한다.

① ㄱ, ㄴ
② ㄷ, ㄹ
③ ㄹ, ㅁ
④ ㄱ, ㄷ, ㄹ
⑤ ㄴ, ㄷ, ㅁ

ANSWER ⑤

기출 2009

다음은 1일 2,400kcal의 권장식사패턴과 이를 이용하여 작성한 식단이다. (가)~(바)에 대한 설명으로 옳은 것을 〈보기〉에서 모두 고른 것은? [2.5점]

(가) 권장식사패턴 : 2,400kcal	
식품군	섭취횟수
곡류 및 전분류 Ⅰ	4
(나) 곡류 및 전분류 Ⅱ	
고기, 생선, 계란 및 콩류	5
채소류	6
과일류	2
우유 및 유제품	2
유지, 견과 및 당류	5

1인 1회 분량

쌀밥 1공기(210g), 감자(중) 1개(130g), 아욱 70g, 시금치 70g, 콩나물 70g, 호박 70g, 배추김치 40g, 열무김치 40g, 깍두기 40g, 무 70g, 풋고추 70g, 귤 100g, 오렌지주스 100g, 육류 60g, 생선 1토막(50g), 두부 80g, 달걀 1개(50g), 우유 200g, 호상 요구르트 110g, 유지류 5g

(다) 식단

끼니	음식명	주재료명	분량(g)	끼니	음식명	주재료명	분량(g)
아침	쌀밥		210	점심	쌀밥		210
	쇠고기무국	(라)쇠고기	30		동태찌개	동태	50
		무	35			무	35
	두부조림	두부	80		시금치나물	시금치	35
	콩나물무침	콩나물	35			참기름	5
		참기름	5		달걀찜	달걀	50
	열무김치		20		풋고추감자조림	풋고추	35
	우유		200			(마) 감자	65
(바) 저녁	쌀밥		210			식용유	5
	아욱국	아욱	35		배추김치		40
	삼치구이	삼치	50		오렌지주스		100
		식용유	5	간식	귤		100
	호박전	호박	35		호상 요구르트		110
		달걀	25				
		식용유	5				
	깍두기		40				

보기
ㄱ. (가)는 우유 2컵을 기본으로 식품군 횟수를 배분하고, 청소년의 식사 양상을 반영한 것이다.
ㄴ. (나)는 부식 또는 간식으로 이용될 수 있다.
ㄷ. (다)는 제시된 식품군 섭취횟수에 맞게 작성되었고, 에너지와 에너지 적정 비율이 영양섭취기준을 만족한다.
ㄹ. (라)는 선명한 붉은 색을 띠고 지방이 가늘게 섞여있는 우둔 부위를 구입한다.
ㅁ. (마)는 전분이 많이 함유된 분질감자를 사용한다.
ㅂ. (바)는 도라지생채, 탕평채, 풋고추멸치볶음이 추가되면 5첩 반상이 된다.

① ㄱ, ㄴ   ② ㄴ, ㅂ   ③ ㄱ, ㄷ, ㅁ
④ ㄱ, ㄹ, ㅂ   ⑤ ㄴ, ㄷ, ㅁ

ANSWER ①

Q 기출 2004

청소년기는 급격한 성장 발달로 인하여 특별한 영양이 요구되는 시기이다. 최근 우리나라 청소년들은 빈혈, 비만, 섭식장애, 소화불량 등과 같은 영양·건강 문제를 가지고 있는 것으로 나타났다. 16~19세 청소년을 위한 영양권장량을 충족시키는 올바른 식사 구성을 할 수 있도록 식품군별 1일 권장 섭취 횟수(1회 분량 수)를 쓰시오.

16~19세 청소년의 식품군별 1일 권장 섭취 횟수(1회 분량 수)

성별 (1일 필요열량)	식품군	곡류 및 전분류	채소 및 과일류	고기, 생선, 달걀, 콩류	우유 및 유제품	유지, 견과 및 당류
㉠ 남						
㉡ 여						

02 식단

❶ 식단의 의의

(1) **식단 작성의 이점 – 식생활 관리 목표** 13
① 영양면 – 영양상 균형 있는 식사를 할 수 있다.
    가족의 연령과 성장 발달에 따라 알맞은 영양을 제공할 수 있다.
② 경제면 – 경제적이며 질 좋은 식사를 할 수 있다.
    작성된 식단에 따라 식비의 예산 범위 내에서 식품 선택을 할 수 있으며, 계절 식품, 대체 식품을 이용할 수 있어 경제적이다.
③ 능률면 – 시간과 노력 및 음식(자원)을 절약할 수 있다.
    식품 구입 시간을 절약할 수 있고, 여러 가지 간편 식품을 활용함으로써 조리 시간을 단축할 수 있다.
④ 기호면 – 가족에게 만족감을 준다.
    가족의 기호를 충분히 반영할 수 있으므로 즐겁고 만족스러운 식사를 할 수 있다.
⑤ 좋은 식습관을 형성하게 한다.
    균형 잡힌 규칙적인 식사를 통해 가족에게 좋은 식습관을 길러 줄 수 있다.

(2) **식단작성 방법**
① 식사구성안을 이용하는 방법
② 식품교환법 : 식사계획을 위한 수단의 하나로 식품을 탄수화물, 단백질, 지방, 열량의 조성이 비슷한 식품끼리 몇 가지 군으로 묶고, 각 군의 특징적인 영양소인 탄수화물, 단백질, 지방이 비슷한 양이 되도록 하는 1회 분량을 식품별로 제시해 놓은 것이다. 처음에는 당뇨병 학회에서 당뇨병 환자를 위해 고안했으나 일상생활에서도 손쉽게 이용할 수 있는 자료이다. 곡류군이면 곡류군, 채소군이면 채소군 같은 식품군 내에서 영양소 함량이 동일한 기준단위량이 설정되어 있는데, 이를 1교환단위라고 한다. 같은 식품군 내에서 같은 교환단위끼리 서로 바꾸어 먹을 수 있다는 것이다.

식품교환단위

식품군		영양소(g)			열량(kcal)
		당질	단백질	지방	
곡류군		23	2		100
어육류군	저지방군		8	2	50
	중지방군		8	5	75
	고지방군		8	8	100
채소군		3	2		20
과일군		12			50
우유군	일반	10	6	7	125
	저지방	10	6	2	80
지방군				5	45

❷ 식생활 조사법과 식사평가

(1) 식생활 조사법 – 영양소 섭취량 추정방법

① **24시간 회상법** : 지난 하루(또는 일정 기간) 동안 섭취한 식품의 종류와 양을 기억해 내도록 하는 방법(자기기록이나 인터뷰 등 활용)
  - 조사에 소요되는 시간이 짧아 대상자의 호응도가 높고 빠른 시간에 많은 대상자를 조사할 수 있음
  - 기억에 의존하여 오류를 범하기 쉬우므로 어린이나 노인을 대상을 하는 경우에는 적합하지 않음

② **식사기록법** : 조사대상자 본인이 일정기간 동안 섭취한 음식의 종류와 양을 일기를 쓰듯 기록하도록 하는 것이다.
  - 조사일수는 보통 3~7일 정도이며, 섭취한 모든 음식의 종류와 양, 조리방법, 가공식품섭취 등에 대해 기록한다.
  - 기억에 의존하지 않으므로 자세하고 정확한 섭취정보를 얻을 수 있지만 대상자의 참여태도에 영향을 많이 받는다.

③ 식품섭취 빈도법 : 긴 시간 동안의 특정 식품이나 영양소 섭취상태를 파악하기 위하여 식품의 목록을 섭취빈도와 함께 제시하여 조사하는 방법
  - 단시간인 경우 많은 집단에 실시 가능하고, 장기간인 경우 평소의 식품과 영양소 섭취패턴 파악이 가능함
  - 기록법이나 24시간 회상법에 비해 섭취량에 대한 자세한 정보가 부족해 정확도가 떨어짐
④ 식사력 조사법 : 식사력은 1개월 또는 1년 등 오랜 기간의 과거 식품 섭취빈도, 조리상태, 레시피, 식단 등 끼니 내용에 관한 정보를 수집하는 방법
  - 24시간 회상법을 이용할 경우 : 전체적인 식이섭취 행태를 조사하고 보조적으로 식품목록에 기호도나 구매빈도 또는 섭취빈도를 표시하게 하는 방법

(2) 식사평가 05

① 개인의 식사평가 : 식사섭취 조사 결과가 있는 경우

㉠ 특정 개인의 성별, 연령, 기준 체위 확인 및 활동 수준 점검

> 저활동 수준, 신장 161cm, 체중 50kg의 22세 여대생

㉡ 에너지 필요량 계산 : 에너지 필요추정량 공식 활용
  - 신장, 체중, 성별, 활동량 고려
  - 에너지 필요추정량은 정상체중 범위에서의 에너지 소비량으로 대상자의 비만도를 계산하여 정상체중 여부를 확인해야 함

> [여자] : $354 - 6.91 \times A + PA[9.36 \times 체중(kg) + 726 \times 신장(m)]$
> $354 - 6.91 \times 22(세) + 1.12[9.36 \times 50(kg) + 726 \times 1.61(m)]$
> $= 2,035.26kcal ≒ 2,000kcal$

㉢ 일상적인 섭취량(3일간 평균)과 영양소 데이터베이스를 비교하여 영양소 섭취량 평가
  - 다량 영양소(탄, 단, 지)는 에너지 적정비율을 기준으로 평가
  - 비타민, 무기질 : 영양소 섭취기준과 비교하여 평가
② 집단의 식사평가 : 한국인의 영양소 섭취기준 활용 참고

③ 식습평가기준 또는 식사마련 기준

구분	평가항목
영양면	하루 필요한 열량을 적절하게 섭취했는가?
	매 끼니마다 기초 식품군이 골고루 포함되었는가?
	식품군별 섭취 횟수를 만족시켰는가?
	하루 필요 단백질량을 적절하게 섭취했는가?
기호면	조리법을 다양하게 이용하였는가?
	음식을 남기지 않고 모두 먹었는가?
	모든 가족원이 식사에 대하여 만족하였는가?
경제면	식비 예산에 맞았는가?
	계절 식품을 적절히 이용했는가?
	대체 식품을 탄력적으로 활용했는가?
	외식비의 지출이 적절한가?
능률면	조리에 소요되는 시간이 적절했는가?
	조리와 뒷정리가 능률적으로 행해졌는가?
	가족원의 협조와 분담이 잘 이루어졌는가?

Q 기출 2005

균형 잡힌 식사가 이루어졌는지 성인의 1일 식단을 평가하고자 한다. 식단을 영양적 측면에서 평가하는 방법을 3단계로 구분하여 설명하시오. [3점]

ANSWER

02 CHAPTER 식품 마련과 식문화

01 식품의 선택

❶ 식품구매 계획과 천연식품의 선택

(1) 식품구매 계획 시 고려사항
  ① **계획성 있는 식품의 구입** : 매일 구입할 식품, 2~3일에 한 번 구입할 식품, 일주일·한 달에 한 번 구입할 식품 등 식품구입 시기와 분량을 계획해 두고 구입하면 시간적으로나 경제적으로 도움이 된다. 한 번에 많이 사게 되는 저장식품은 유통경로를 알아서 공동 구입하거나 도매시장을 이용하는 것이 좋다.
  ② **계절식품 이용** : 식품은 제철일 때 맛이 좋고 영양이 풍부하며 값이 싸므로, 계절식품을 이용하는 것이 좋다. 요즈음은 비닐하우스 재배로 채소와 과일이 대체로 계절에 관계없이 쉽게 생산되지만 제철보다는 값이 비싸므로, 계절식품을 이용하는 것이 경제적이다.
  ③ **대체식품 이용** : 식품은 종류에 따라 영양소의 함량에 차이가 있으며, 비싼 식품이 반드시 영양가가 높은 것은 아니다. 특히, 육류, 생선, 알류는 단백질의 함량과 질에는 큰 차이가 없지만 종류에 따라 값의 차이가 크다.
  ④ **식품의 폐기율 고려** 11 : 식품을 구입할 때는 식품을 조리하는 과정에서 손실되는 양을 미리 생각하여야 한다. 즉, 재료를 구입한 후 실제 사용되는 양은 각 식품마다 다른데, 이때 손실되는 비율을 폐기율이라 한다. 식품은 구입 상태에 따라 폐기율에 큰 차이가 있다. 특히, 생야채는 구입하는 당시의 신선도에 따라 폐기율에 큰 차이가 날 수 있으므로, 구입할 때 신선한 것을 구입해야 한다. 식품구입 계획을 세울 때는 폐기율을 제외한 가식부율을 기초로 하여 세운다.

기출 2011

다음은 바나나와 오렌지 주스의 식품 성분 함량을 제시한 표이다. 표의 내용에 대한 설명으로 옳은 것만을 〈보기〉에서 모두 고른 것은?

식품명	에너지	단백질	비타민 A	레티놀	β 카로틴	콜레스테롤	폐기율
바나나	80	1.2	2	0	9	(가)	40%
오렌지 주스	36	0.7	11	0	68	(나)	0%

보기
ㄱ. 에너지와 영양소의 양은 가식부 100g당 함량이다.
ㄴ. 단백질 양은 질소를 정량하고 질소계수를 적용하여 산출한다.
ㄷ. 비타민 A, 레티놀, β 카로틴은 함량 단위가 동일하다.
ㄹ. 바나나와 오렌지 주스의 콜레스테롤 함량 (가)와 (나)는 각각 0이다.
ㅁ. 바나나 1개(껍질 포함 120g)는 오렌지 주스 1컵(200g)보다 에너지 함량이 많다.

① ㄱ, ㄴ ② ㄴ, ㅁ ③ ㄷ, ㄹ
④ ㄱ, ㄴ, ㄹ ⑤ ㄱ, ㄷ, ㄹ

ANSWER ④

(2) 천연식품의 선택 – 선도판정법

① 쌀
- **종류** : 껍질만 벗겨낸 상태의 현미와 현미를 도정하여 소화율을 높인 백미
- **선택** : 낟알의 크기가 고르고 부서진 것이 없으며, 윤기가 나는 것

② 감자
- 충분히 여물고 알이 굵은 것이 좋다.
- 껍질이 녹색을 띠는 것은 태양의 직사광선을 받은 것으로, 속까지 푸른 것은 좋지 않다.
- 봄철의 저장 감자는 상처가 나지 않은 것, 싹이 나지 않은 것을 고르는 것이 좋다.
- 상처가 없고 껍질에 흙이 적당히 말라 있으며, 껍질이 푸르게 변하거나 싹(솔라닌 독성분)이 나 있지 않은 것

③ 고구마 : 고구마는 단단하고 상처가 없으며, 껍질이 적자색을 띠는 것
④ 쇠고기
- 선명한 붉은 색으로 숙성된 고기가 연하고 맛이 좋다.
- 지방의 색이 흰 것을 선택한다.
- 고기의 결이 곱고 윤기가 나며 탄력이 있는 것이 좋은 고기이다.
⑤ 생선
- 사후 경직 중에 있는 것이 좋다.
- 눈이 맑고 밖으로 약간 나와 있는 것이 좋다.
- 아가미가 선홍색 또는 검은 자주색이며, 점액이 있어야 한다.
- 신선한 생선은 내장이 터지지 않고, 비늘이 고르게 밀착되어 있다.
- 살이 단단하고 탄력이 있으며 반투명하고 맑다.
- 비린내가 심하지 않은 것을 선택한다.
⑥ 콩류
- 콩 : 낟알이 고르고 껍질에 광택이 나며, 벌레 먹지 않은 것
- 두부 : 용도에 맞는 것으로 표면이 미끈거리지 않고 시큼한 냄새가 나지 않는 것
⑦ 유지, 당류, 견과류의 선택
- 유지류 : 색이 지나치게 진하거나 이물질이 가라앉아 있지 않은 것
- 당류 : 만들려는 음식에 적합한 것
- 견과류 : 수확한 지 오래되지 않은 햇것, 알맹이의 크기가 고르고 벌레 먹은 것이 섞여 있지 않은 것

■ 콜드 체인 시스템

- 저온관리를 필요로 하는 식품(냉동식품, 청과물 및 가공식품 등)이 유통, 판매되는 과정에서 저온이 유지되도록 관리하는 유통 시스템이다.
- 어류·육류·청과물 등의 신선한 식료품을 생산지에서 가정까지 저온을 유지함으로써 선도(鮮度)를 떨어뜨리지 않고 배송하는 방식을 말한다. 신선식품은 생산자로부터 소비자까지 도달하려면 여러 단계를 거치게 된다. 따라서 소비자의 손에 들어갈 때까지는 오랜 시간이 걸려 선도가 떨어지거나 유통경비가 겹쳐 값이 비싸지며 가격의 변동 또한 심하여 이 불편을 해결하기 위한 수단으로 등장한 것이 콜드 체인이다.

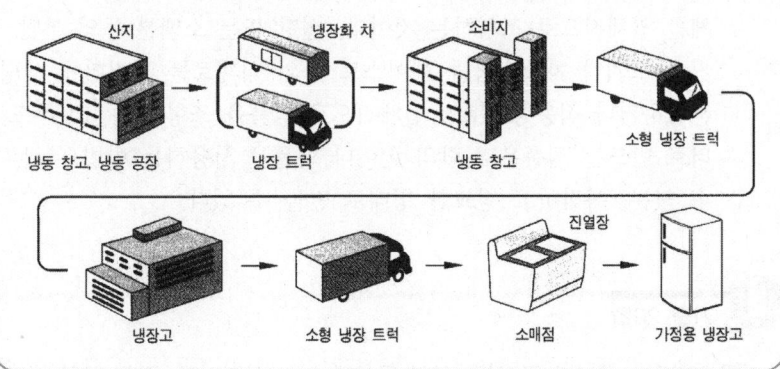

(3) 식생활의 변화

① HMR(Home Meal Replacement) : 도시락 등 조리가 완료된 제품을 구입해서 가정이나 사무실에서 소비할 수 있는 제품을 의미하는데, 우리나라에서는 백화점이나 대형 식품 매장을 중심으로 HMR형태의 식품이 판매되고 있다.

② Community Kitchen : 소가족 형태, 노인 가족, 독신 가족이 증가하면서 지역 내에 공동 식당의 필요성이 요구되고 있다. 이렇게 같은 지역 내에서 가족이 아닌 다른 사람들이 공동으로 모여 식사할 수 있는 공간을 Community Kitchen이라고 하는데 현대의 협동 주택(cohousing)에서는 Community Kitchen을 만들어 공동으로 식사함으로써, 식생활 비용을 감소시킨다.

③ **식용곤충** 21 : 국제연합식량농업기구(FAO)에 따르면, 곤충은 쇠고기에 비해 단백질뿐만 아니라 미네랄, 비타민, 그리고 섬유질의 함량이 높다. 더불어 포화지방보다 불포화지방산 함량이 높은 음식으로, 영양학적 가치가 매우 크다고 할 수 있다. 곤충은 냉온동물로 체온을 유지하는데 적은 에너지를 소모하므로 적은 양의 사료를 필요로 하며 물발자국과 온실가스 발생량이 기존 가축보다 현저히 낮다. 식용 곤충은 전통적인 가축보다 기하급수적으로 빠른 성장과 번식주기를 보여주고 필요한 토지공간이 적은 것도 장점이라 할 수 있다.

④ **3D 식품프린터** 21 : 페이스트 상태로 만든 식재 등을 사용하여 식품 자체를 입체적으로 조형하는 것이다. 설탕 또는 소맥분 등의 분말, 체에 거른 고기나 채소, 곡물 페이스트 등의 식재료를 실린더에 세팅하고 혼합하거나 적층함으로써 입체적으로 식품을 조형한다. 3D 푸드 프린터로 만드는 식품은 사람의 손이나 형틀을 사용하는 방법으로는 만들 수 없는, 복잡하고 정교한 형태로 만들 수 있다.

Q 기출 2021

다음 (가)와 (나)는 최근 식품 산업 동향에 대한 설명이다. 괄호 안의 ㉠과 ㉡에 해당하는 용어를 순서대로 쓰시오. [2점]

(가)

> 2013년 유엔식량농업기구(FAO)는 인류의 식량난과 환경파괴를 해결해 줄 식량 자원으로 (㉠)을/를 제안하였으며, 최근 국내에서도 해당 식량 자원 중 9종이 식품 원료로 인정되었다. 이것은 동일한 중량의 쇠고기 또는 돼지고기 등의 육류와 비교했을 때 단백질 함량이 더 높은 장점이 있어 다양한 식품의 제조·가공·조리에 활용되고 있다.

(나)

> 최근 국내 식품 산업에서도 4차 산업 혁명에 발맞춰 (㉡)을/를 이용한 기술이 도입되었다. 이 기술의 장점은 동일한 설계를 바탕으로 하여 음식의 맛을 똑같이 재현할 수 있다는 점과 개인의 기호에 따라 영양소, 감미료 및 향신료 등의 함량을 자유롭게 조절하여 맞춤형 식품 제조가 가능하다는 점이다. 덩어리를 깎아 가며 모양을 만드는 방식과 가루나 액체를 굳혀 가며 한 층씩 쌓는 방식 중 식품 분야에서는 주로 후자의 방식이 사용된다.

ANSWER

❷ 식품영양표시

(1) 기능 05

① 소비자 보호 수단 : 식품제조업자나 판매업자는 소비자가 알아야 할 최소한의 정보를 제품의 포장이나 용기에 표기하여 식품의 안전성을 확보할 뿐 아니라 소비자가 쉽게 경쟁상품과 비교하여 합리적 선택을 할 수 있도록 한다.

② 소비자의 영양교육측면 : 식품표지에 제시된 계몽적 영양정보를 잘 활용함으로써, 영양성분표시제도는 국민이 건전한 식생활을 하기 위한 훌륭한 영양교육으로서의 역할을 수행할 수 있다.

③ 건전한 식품의 생산을 유도하기 위한 수단 : 소비자가 건강을 위해 영양적 가치가 높은 식품을 선택할 경우 제조업자는 소비자의 요구에 따라 건전한 식품을 생산하지 않을 수 없게 된다.

④ 식품산업의 국제화에 대처하기 위한 수단 : 개방화와 함께 식품의 수입과 수출물량이 증가하는 현 상황에서 국제적인 교역증대를 위해서 뿐만 아니라 자국의 식품 관리를 위해서도 식품 및 영양표시 규정이 필요하다.

(2) 식품표시

식품에는 제품명·제조자·원재료·날짜표시 등 주요 사항들을 표시해야 하며 그중 날짜표시는 해당 제품의 판매와 섭취가 가능한 기한을 과학적으로 설정한 것이다.

① 식품 등의 표시기준[시행 2023. 1. 1.]에 따른 날짜표시

㉠ 제조연월일 : 포장을 제외한 더 이상의 제조나 가공이 필요하지 아니한 시점(포장 후 멸균 및 살균 등과 같이 별도의 제조공정을 거치는 제품은 최종공정을 마친 시점)을 말한다. 다만, 캅셀제품은 충전·성형완료시점으로, 소분판매하는 제품은 소분용 원료제품의 제조연월일로, 포장육은 원료포장육의 제조연월일로, 식육즉석판매가공업 영업자가 식육가공품을 다시 나누어 판매하는 경우는 원료제품에 표시된 제조연월일로, 원료제품의 저장성이 변하지 않는 단순 가공처리만을 하는 제품은 원료제품의 포장시점으로 한다. (제조연월일의 영문명 및 약자 예시 : Date of Manufacture, Manufacturing Date, MFG, M, PRO(P), PROD, PRD)

ⓒ 소비기한 : 식품 등에 표시된 보관방법을 준수할 경우 섭취하여도 안전에 이상이 없는 기한을 말한다. (소비기한 영문명 및 약자 예시 : Use by date, Expiration date, EXP, E)
ⓒ 품질유지기한 : 식품의 특성에 맞는 적절한 보존방법이나 기준에 따라 보관할 경우 해당식품 고유의 품질이 유지될 수 있는 기한을 말한다. (품질유지기한 영문명 및 약자 예시 : Best before date, Date of Minimum Durability, Best before, BBE, BE)

■ 유통기한

식품의 제조·유통업자가 소비자에게 식품을 유통하거나 판매하는 것을 허용하는 최종일을 의미한다. 보관 및 관리가 잘 된 유통기한 내의 식품은 품질과 안전성이 보장된다는 것을 뜻한다.

② **원재료명** : 식품 제조에 사용한 재료를 모두 표시하도록 규정하고 있으며, 식품첨가물로 다른 재료와 구별 없이 표시
③ **영양표시** 11/10/09 : 표시 대상 영양성분은 열량, 나트륨, 탄수화물, 당류[식품, 축산물, 건강기능식품에 존재하는 모든 단당류(單糖類)와 이당류(二糖類)를 말한다. 다만, 캡슐·정제·환·분말 형태의 건강기능식품은 제외한다], 지방, 트랜스지방(Trans Fat), 포화지방(Saturated Fat), 콜레스테롤(Cholesterol), 단백질이다.

영양정보	총 내용량 00g 000kcal
총 내용량당	1일 영양성분 기준치에 대한 비율
나트륨 00mg	00%
탄수화물 00g	00%
당류 00g	00%
지방 00g	00%
트랜스지방 00g	
포화지방 00g	00%
콜레스테롤 00mg	00%
단백질 00g	00%
1일 영양성분 기준치에 대한 비율(%)은 2,000kcal 기준이므로 개인의 필요 열량에 따라 다를 수 있습니다.	

■ 식품 등의 표시·광고에 관한 법률 시행규칙 [별표 5] 〈개정 2022.11.28.〉

1일 영양성분 기준치(제6조 제2항 및 제3항 관련)

영양성분	기준치(단위)	영양성분	기준치(단위)	영양성분	기준치(단위)
탄수화물	324g	비타민 E	11mg α-TE	인	700mg
당류	100g	비타민 K	70μg	나트륨	2,000mg
식이섬유	25g	비타민 C	100mg	칼륨	3,500mg
단백질	55g	비타민 B_1	1.2mg	마그네슘	315mg
지방	54g	비타민 B_2	1.4mg	철분	12mg
리놀레산	10g	나이아신	15mg NE	아연	8.5mg
알파-리놀렌산	1.3g	비타민 B_6	1.5mg	구리	0.8mg
EPA와 DHA의 합	330mg	엽산	400μg DFE	망간	3.0mg
포화지방	15g	비타민 B_{12}	2.4μg	요오드	150μg
콜레스테롤	300mg	판토텐산	5mg	셀레늄	55μg
비타민 A	700μg RAE	바이오틴	30μg	몰리브덴	25μg
비타민 D	10μg	칼슘	700mg	크롬	30μg

※ 비고
1. 비타민 A, 비타민 D 및 비타민 E는 위 표에 따른 단위로 표시하되, 괄호를 하여 IU(국제단위) 단위를 병기할 수 있다.
2. 위 표에도 불구하고 영유아(만 2세 이하의 사람을 말한다. 이하 같다)용으로 표시된 식품등의 1일 영양성분 기준치에 대해서는 「국민영양관리법」 제14조 제1항의 영양소 섭취기준에 따른다. 다만, 만 1세 이상 2세 이하 영유아의 탄수화물, 당류, 단백질 및 지방의 1일 영양성분 기준치에 대해서는 탄수화물 150g, 당류 50g, 단백질 35g 및 지방 30g을 적용한다.

기출 2004

생선의 식용 가치는 신선도와 영양성에 달려 있다. 생선으로 제조된 수산 가공 식품을 구입하려고 한다. 품질 좋고 안전한 가공 식품을 구매하기 위해서는 식품영양 표시를 반드시 확인해야 하는데, 이러한 식품영양 표시 제도의 기능을 2가지만 쓰시오. [2점]

ANSWER

 기출 2010

(가)와 (나)의 식품 표시 내용에 대한 설명으로 옳지 않은 것은? [1.5점]

(가) 제품

식품유형 : 발효유
내용량 : 150mL
원재료명 : 원유, 포도농축과즙(포도과즙 20%),
  ……
  폴리덱스트로스, 결정과당, 펙틴,

영양성분 [1회제공량(150ml)] : 열량130 kcal, 탄수화물23g(7%)-식이섬유2.6g(10%), 당류20g, 단백질3g(5%), 지방3.5g(7%)

(나) 제품

식품유형 : 과자
내용량 : 150g(5봉입)
원재료명 : 소맥분, 쇼트닝, 땅콩분말,
  ……
  덱스트린,가공유장분(우유),전란액(계란),유청분말,물엿,레시틴

영양성분	1회제공량(31g)	
1회 제공량 당 함량		*%영양소기준치
열 량	160kcal	

① (가)의 폴리덱스트로스는 식이섬유와 유사한 작용을 한다.
② (가)의 유산균은 장 건강을 위한 프리바이오틱스(prebiotics)로 작용한다.
③ (나)의 쇼트닝은 글루텐 표면을 둘러싸서 과자에 바삭바삭한 질감을 준다.
④ (나)의 레시틴은 분자 중 친수성기와 소수성기를 함께 가지고 있다.
⑤ (나) 제품을 3봉지 먹으면 480kcal의 열량을 섭취하게 된다.

ANSWER ②

 기출 2009

다음은 ○○유제품에 표시되어 있는 영양표시이다. (가)~(마)에 대한 설명으로 옳은 것을 〈보기〉에서 모두 고른 것은?

```
영양성분
1회분량1개(150ml)
총1회분량(150ml) 1회분량당함량 : 열량165kcal, 탄수화물28g(9%)*
(가) 식이섬유3g(12%)・당류18g, 단백질5g(8%),
지방4.5g(9%) 포화지방3g(20%)・ (나)  0g, 콜레스테롤5mg(2%),
(다)  95mg(5%), (라) 칼슘168mg(24%), 비타민C17mg(17%)
*(  ) 안의 수치는  (마)
```

〈보기〉
ㄱ. (가)의 종류 중 난용성 식이섬유는 겔 형성력이 높고 장내 미생물에 의해 분해되어 포도당 흡수를 지연시키며, 혈청 콜레스테롤 수준을 낮춘다.
ㄴ. (나)는 성장 증진과 피부의 정상적 기능에 필요한 성분으로서, 관상동맥질환 예방을 위해 가공식품에 의무적으로 표기된다.
ㄷ. (다)는 삼투압과 수분을 조절하는 전해질로서, 만성질환을 예방하기 위해 한국인의 1일 상한섭취량이 2,000mg으로 설정되어 있다.
ㄹ. (라)의 항상성은 부갑상성 호르몬, 비타민D, 칼시토닌 등에 의해 조절된다.
ㅁ. (마)는 1일 영양소 기준치에 대한 비율로서, 소비자들에게 영양에 관한 정보를 제공한다.

① ㄱ, ㄴ   ② ㄷ, ㅁ   ③ ㄹ, ㅁ
④ ㄱ, ㄹ, ㅁ   ⑤ ㄴ, ㄷ, ㄹ

ANSWER ③

❸ 품질표시의 종류 22/05

(1) 친환경관련 인증제

① **저농약농산물** : 유기합성농약의 살포횟수는 1/2 이하, 최종 살포일은 2배수를 적용하고 화학비료는 권장시비량의 1/2 이하로 사용하여 재배한 농산물 ☞ <u>2016년부터 신규인증 중단함</u>
② **무농약농산물** : 유기합성농약은 사용하지 않고 화학비료는 권장시비량의 1/3 이하를 사용하여 재배한 농산물
③ **유기농산물** : 유기합성농약과 화학비료를 사용하지 않고 재배한 농산물
④ **무항생제축산물** : 항생제·합성항균제·호르몬제가 포함되지 않은 무항생제 사료를 급여하여 사육한 축산물
⑤ **유기축산물** : 항생제·합성항균제·호르몬제가 포함되지 않은 유기사료를 급여하여 사육한 축산물
⑥ **유기가공식품** : 유기농축산물을 원료 또는 재료로 하여 제조·가공한 식품
⑦ **농산물우수관리제도(GAP)** : 농산물의 안전성을 확보하기 위하여 생산단계에서 농약과 비료 등의 사용 제한은 물론이고 유통단계에서 식중독 등을 유발할 수 있는 위해 요소까지 관리하는 제도이다. 소비자가 안전한 농산물을 먹을 수 있게 인증해 주는 제도이다.
⑧ **동물복지 축산농장 인증제** : 쾌적한 환경에서 동물의 고통과 스트레스를 최소화하는 등 높은 수준의 동물복지 기준에 따라 인도적으로 동물을 사육하는 농장에 대해 인증하는 제도
⑨ **저탄소 농축산물 인증제** : 농축산물 생산 전 과정에서 온실가스 배출량을 줄이는 '저탄소 농업기술'을 적용하여 생산한 농산물임을 인증하는 제도

(2) 기타 식품품질 인증제
　① **전통식품품질인증제도** : 국내산 농수산물을 주원(재)료로 하여 제조·가공·조리되어 우리 고유의 맛·향·색을 내는 우수한 전통식품에 대하여 정부가 품질을 보증하는 제도로 생산자에게는 고품질의 제품생산을 유도하고, 소비자에게는 우수한 품질의 우리 전통식품을 공급하는 데 있다.
　② **지리적 표시제도** : 명성·품질 기타 특징이 본질적으로 특정 지역의 지리적인 특성에 기인하는 경우 해당 농산물 또는 가공품을 표현하기 위하여 사용되는 지역, 특정 장소(예외적인 경우 국가도 포함)의 명칭을 의미한다.
　③ **식품이력추적제도** : 식품을 제조·가공단계부터 판매단계까지 각 단계별로 이력추적정보를 기록·관리하여 소비자에게 제공함으로써 안전한 식품선택을 위한 '소비자의 알권리'를 보장하고, 해당 식품의 안정성 등에 문제가 발생할 경우, 신속한 유통차단과 회수조치를 할 수 있도록 관리하는 제도이다.
　④ **가공식품산업표준(KS인증제도)** : 합리적인 식품 및 관련 서비스의 표준을 제정·보급함으로써 가공식품의 품질 고도화 및 관련 서비스의 향상, 생산기술 혁신을 기하여 거래의 단순·공정화 및 소비의 합리화를 통하여 식품산업 경쟁력을 향상시키고 국민 경제발전에 이바지하고자 하는 제도이다.

(3) 어린이와 식품표시(어린이 식생활안전관리 특별법)

① 목적 : 어린이들이 올바른 식생활 습관을 갖도록 하기 위하여 안전하고 영양을 고루 갖춘 식품을 제공하는 데 필요한 사항을 규정함으로써 어린이 건강증진에 기여함을 목적으로 한다.

② 용어
  ㉠ "고열량·저영양 식품"이란 식품의약품안전처장이 정한 기준보다 열량이 높고 영양가(營養價)가 낮은 식품으로서 비만이나 영양불균형을 초래할 우려가 있는 어린이 기호식품을 말한다.
  ㉡ "고카페인 함유 식품"이란 「식품 등의 표시·광고에 관한 법률」 제4조의 표시기준에 따라 고카페인 함유로 표시된 식품을 말한다.

③ 주요 조항
  ㉠ 제5조(어린이 식품안전보호구역 지정) : 안전하고 위생적인 식품판매 환경의 조성으로 어린이를 보호하기 위하여 학교와 해당 학교의 경계선으로부터 직선거리 200미터의 범위 안의 구역을 어린이 식품안전보호구역(이하 "어린이 식품안전보호구역"이라 한다)으로 지정·관리할 수 있다.

  ```
  GREEN FOOD ZONE
  여기부터는 어린이 식품안전보호구역입니다.
  -○○○ 시·군·구-
  ```

  ㉡ 제8조(고열량·저영양 식품 등의 판매 금지 등)
  ㉢ 제9조(정서저해 식품 등의 판매 금지 등) : 어린이 기호식품 중 사행심을 조장하거나 성적인 호기심을 유발하는 등 어린이의 건전한 정서를 해할 우려가 있는 식품이나 그러한 도안이나 문구가 들어있는 식품에 대하여 판매나 판매 목적의 제조·가공·수입·조리·저장·운반 및 진열을 금지할 수 있다.
  ㉣ 제10조(광고의 제한·금지 등) : 어린이 기호식품 중 고열량·저영양 식품 및 고카페인 함유 식품을 제조·가공·수입·유통·판매하는 자는 방송, 라디오 및 인터넷을 이용하여 식품이 아닌 장난감이나 그 밖에 어린이의 구매를 부추길 수 있는 물건을 무료로 제공한다는 내용이 담긴 광고를 하여서는 아니 된다. 텔레비전방송을 이용하여 고열량·저영양 식품과 고카페인 함유 식품을 광고하는 경우 그 광고시간의 일부를 제한하거나 광고를 금지하게 할 수 있다.

ⓜ 제12조(영양성분의 함량 색상·모양 표시) : 어린이 기호식품 중 총리령으로 정하는 식품에 들어 있는 총지방, 포화지방, 당(糖), 나트륨 등 영양성분의 함량에 따라 높음, 보통, 낮음 등의 등급을 정하여 그 등급에 따라 어린이들이 알아보기 쉽게 녹색, 황색, 적색 등의 색상과 원형 등의 모양으로 표시(이하 "색상·모양 표시"라 한다)하도록 식품 제조·가공·수입업자에게 권고할 수 있다.

ⓑ 제12조의2(고카페인 함유 식품의 색상 표시) : 고카페인 함유 식품에 어린이들이 알아보기 쉽게 눈에 띄는 적색의 모양으로 표시하도록 식품 제조·가공·수입업자에게 권고할 수 있다.

Q 기출 2022

다음은 식품품질관리제도에 대한 설명이다. 괄호 안의 ㉠, ㉡에 해당하는 용어를 순서대로 쓰시오. [2점]

> 식품 산업 및 외식 산업의 발달로 소비자들이 선택할 수 있는 식품의 종류는 다양해진 반면, 식품의 안전성에 대한 논란은 증가하고 있다. 이와 같은 문제를 해결하고 소비자들의 '알고 선택할 권리'를 보장하기 위해 식품 표시와 식품 인증 제도를 통하여 다양한 정보를 제공하고 있다.
> (㉠)은/는 농산물 안전과 관련된 국제 동향에 적극 대응하고, 생산 농가의 경쟁력을 확보하며, 농촌의 자연환경 보호 및 농업의 지속성 확보를 위해 도입되었다. 이 제도는 농산물의 생산단계에서 농약과 비료 등의 사용 제한은 물론이고 유통단계에서 식중독 등을 유발할 수 있는 위해 요소까지 관리하는 제도이다. 또한, 2017년에 발생한 국내산 달걀의 살충제 검출 파동을 계기로 축산물 위생 관리법에 따라 달걀 껍데기에 '산란일자, 생산농장의 고유번호, (㉡)' 순으로 관련 정보를 제공하여 달걀의 안전성을 강화하고 있다.

기출 2005

아래 〈보기〉는 우리나라 각종 농산물에 대한 품질인증마크의 예이다. 이 품질인증마크의 의미를 농약과 화학비료 사용의 측면에서 각각 쓰시오. [3점]

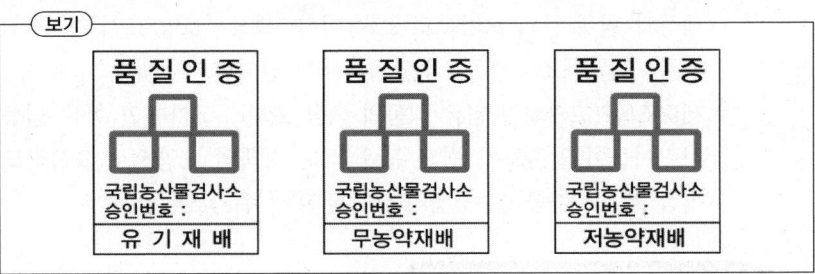

ANSWER

02 식문화

① 한국 음식문화

(1) **특징** 03

① 곡물의 가공, 조리법 발달
② 주식, 부식, 후식의 발달
③ 조미료와 향신료의 사용
④ 저장식품의 발달
⑤ 숟가락과 탕문화의 발달
⑥ 약식동원(藥食同源)의 조리법
⑦ 명절음식과 계절음식의 풍습
⑧ 유교의 영향을 받는 식문화형성

> **한국 음식문화의 특징**
> - 음식 자체의 특징 : 주·부식 분리, 부식의 다양한 가공조리법, 저장식품, 양념, 계절음식, 약식동원
> - 식생활 규범상의 특징 : 계급의식, 장유유서, 남녀차별의 서열의식으로 인해 독상 발달, 일인용 반상 발달, 공간전개형식사법(중국, 서구 시간전개형식사법), 식사분량은 그릇 중심

(2) **서양식사와 비교**

① 식생활 비교

우리나라	서양
• 콩류와 채소 발효 식품의 발달 • 쌀을 주식으로 하면서 영양 보충을 위한 김치, 국 등의 부식발달 • 채소나 곡식을 이용한 다양한 음식 발달 • 균형 잡힌 영양 섭취가 쉬움 • 찬의 가짓수가 많고 조리법이 복잡 • 아침식사를 중시 • 계절음식, 의례음식의 발달 • 열량비율 = 탄 : 단 : 지 = 65 : 20 : 15	• 육류나 우유 가공 식품의 발달 • 주식과 부식의 구분이 명확하지 않음 • 유목 문화의 영향으로 육류위주의 음식이 발달 • 동물성 지방과 나트륨 섭취가 높아 비만과 동맥경화, 심장병의 발병률이 높음 • 조리법이 간편 • 열량비율 = 탄 : 단 : 지 = 40 : 20 : 40

② 상차림 비교

우리나라	서양
• 음식을 한꺼번에 상에 차려 놓고 먹는다. • 수저를 사용한다. • 좌식과 입식의 상차림이 혼용된다. • 사용하는 그릇은 모두 오목하다. • 물 컵(또는 숭늉그릇)이 식사 후에 나온다.	• 음식을 먹는 순서에 따라 음식을 내온다. • 포크, 나이프, 스푼을 사용한다. • 입식 상차림 • 그릇이 납작한 접시가 대부분이다. • 물 컵이 처음부터 나온다.

(3) 한국 음식문화의 형성과 변천

시기	특징
원시 시대	• 수렵을 다니다가 농업을 시작한다.
삼국, 통일 신라 시대	• 일상식으로 주식과 부식이 분리되어 정착되었다. • 벼농사가 전 지역으로 파급되었다. • 불교의 영향으로 육식을 금하였다.
고려 시대	• 곡류 음식의 발달 : 떡, 한과류, 국수, 술 등 • 김치(동치미)의 등장 : 고춧가루를 사용하지 않은 김치가 등장하였다. • 불교의 영향으로 육류음식을 삼갔으나 중기 이후 숭불사상의 폐지로 육류사용이 증가하였다. • 다도발달
조선 시대	• 향토음식의 발달 • 온돌보급과 좌식 상차림 • 현대 유형의 된장 • 반상의 기본구조 확립 • 가부장권 대가족제도의 강화와 의례음식의 발달 • 조선 후기 고추 도입(고추를 넣은 김치 등장)
근·현대 (경제성장기 이후)	• 식품 섭취량의 변화 : 섭취량이 증가하고 식물성 식품에서 동물성 식품으로 변화 • 영양소 섭취량의 변화 : 탄수화물을 주로 하던 것에서 단백질과 지방의 섭취 증가 • 가공식품의 이용증대 • 외식산업의 성장 • 가사노동의 사회화

② 전통 상차림

(1) 반상 상차림
① 반상 차림의 첩수 : 밥, 국, 김치, 조치, 장류 외에 쟁첩에 담는 반찬 수
② 상차림의 원칙
- 밥그릇 : 왼쪽
- 국그릇 : 오른쪽
- 덜어 먹는 그릇 : 국그릇의 오른쪽
- 장류 : 중심
- 수저 : 숟가락은 앞쪽, 젓가락은 뒤쪽
- 김치 : 외상(뒷줄 중앙), 겸상(중심)
- 나머지 반찬 : 김치를 중심으로 돌아가며 놓음
- 오른쪽 : 동물성 음식, 국물 있는 음식, 더운 음식
- 왼쪽 : 식물성 음식, 마른 반찬류, 차가운 음식

③ 첩수 `20/09`

구분			첩수				
			3	5	7	9	12
기본음식	주발, 사발	밥	1	1	1	1	2
	탕기	국	1	1	1	1	2
	보시기	김치	1	2	2	3	3
	종지	장류	1	2	3	3	3
	조치보	찌개	×	1	1	2	2
	합	찜	×	×	1	1	1
	전골틀	전골	×	×	1	1	1
쟁첩에 담는 반찬	쟁첩	생채	1	1	1	1	1
		숙채			1	1	1
		구이(더운)		1	1	1	1
		구이(찬)	1	1	1	1	1
		조림		1	1	1	1
		장아찌				1	1
		마른찬	1	1	1	1	1
		젓갈				1	1
		전	×	1	1	1	1
		회	×	×	1	1	1
		편육	×	×	1	1	1
		수란	×	×	1	1	1

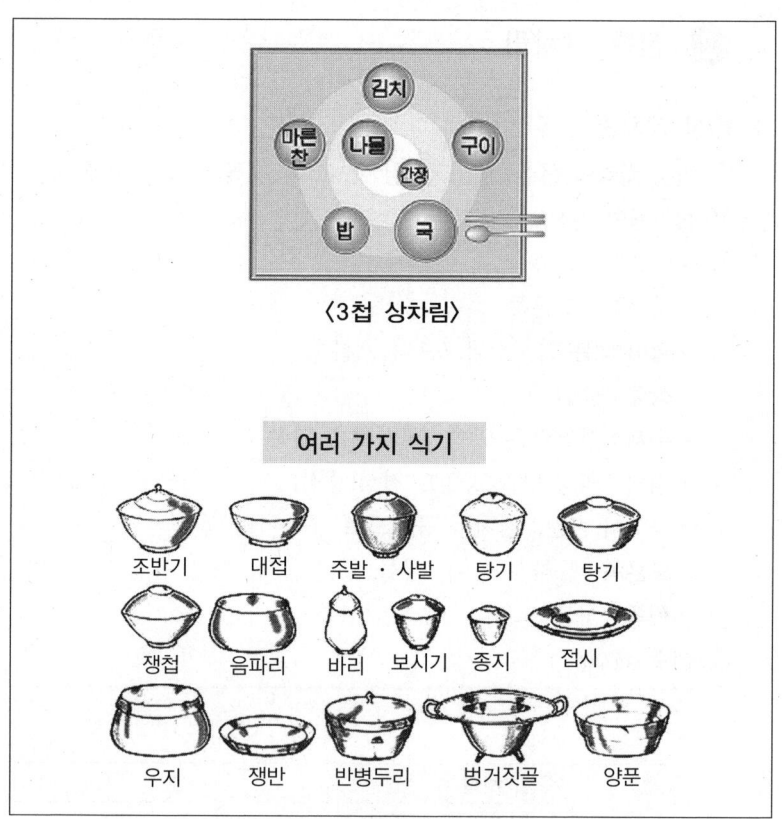

④ 그릇의 종류
- **쟁첩** : 전, 구이, 나물, 장아찌 대부분의 반찬을 담고, 작고 납작하며 뚜껑이 있다. 반상기의 그릇 중에서 가장 많은 수를 차지한다. 반상의 첩수에 따라 올리는 숫자가 정해진다.
- **조치보** : 찌개를 담는 그릇으로 주발과 같은 모양이며 탕기보다 한 치수 작다.
- **종지** : 간장, 초장, 초고추장 등의 장류와 꿀을 담는 그릇
- **접시** : 납작한 그릇으로 반찬, 과실, 떡 등을 담는다.
- **대접** : 위가 넓은 그릇으로 국, 숭늉, 국수를 담는 그릇
- **탕기** : 주발과 같은 모양으로 국을 담는 그릇
- **보시기** : 김치류를 담는 그릇
- **주발** : 남성용 밥그릇
- **바리** : 여성용 밥그릇

기출 2020

다음은 조선 시대 식생활 문화에 대한 설명이다. 〈작성방법〉에 따라 쓰시오. [2점]

> 유교적 격식과 법도를 중시한 조선 시대에는 상차림에도 엄격한 질서를 부여하였다. 이 시대에 정립된 반상차림은 음식의 재료와 조리법의 중복을 피하고 조화를 중시하였으며, 밥과 반찬의 내용과 형식에 따라 3첩, 5첩, 7첩, ㉠9첩, ㉡12첩으로 구분하였다.
> 조선 시대 궁중 음식 문화는 『경국대전』에 상세하게 기록되어 있다. 수라상은 군주의 권위가 음식으로 표현되어 화려하고 다채롭게 구성되었다. 궁중에서 먹던 음식 중 ㉢물에 불린 쌀을 곱게 갈아 되직하게 쑤다가 우유를 부어 끓인 죽은 임금이 보양식으로 먹던 음식이다. 『지봉유설』, 『규합총서』에 기록되어 있는 이 음식은 왕이 가까운 신하들에게 보양식으로 하사하기도 하였다

〈작성방법〉
- 반상차림의 기본 음식에서 밑줄 친 ㉠, ㉡의 차이를 쓸 것
- 밑줄 친 ㉢에 해당하는 전통 명칭을 쓸 것

ANSWER

⑤ 수라상 : 왕과 왕비, 왕대비, 대왕대비에게 평소에 올리는 진짓상이다. 수라상은 12첩이다. 점심은 낮것이라 하여 가벼운 음식을 올리고 손님이 오면 면상을 차렸다.

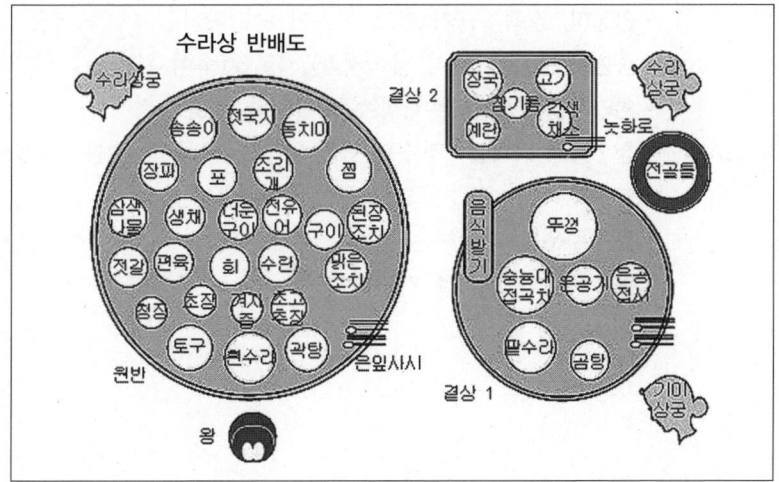

(2) **특별 상차림**
  ① 면상(장국상) : 간단한 점심상이나 경사스러운 날
    - 주식 : 면, 떡국, 만두국, 수제비 등
    - 부식 : 김치류, 잡채, 전, 찜 등
    - 후식 : 떡류, 생과류, 식혜 등
  ② 주안상
    - 진안주 : 전, 편육, 찜, 신선로, 전골 등
    - 마른안주 : 육포, 어포, 은행 등
  ③ 교자상 : 생일, 환갑, 결혼 등
    - 기본음식 : 밥, 국, 떡국, 만두국 등과 김치류, 장류
    - 부식(찬품) : 신선로, 전골, 찜, 전, 적, 회, 마른 찬, 구이, 편육 또는 족편, 채 등
    - 후식 : 생과, 화채 등
  ④ 돌상
    ㉠ 음식 : 흰밥, 미역국, 청채(푸른)나물
    ㉡ 돌상 : 수수경단(수수팥떡), 백설기(기타 : 인절미, 송편, 무지개떡), 대추, 과일, 쌀(국수)
      - 쌀 : 식복이 많은 것을 기원하는 뜻
      - 면 : 장수를 기원하는 뜻
      - 대추 : 자손의 번영을 기원하는 뜻
      - 백설기 : 무궁한 발전, 아기의 신성함과 정결하기 기원, 장수의 의미
      - 수수팥떡 : 무병장수기원(귀신을 쫓는 의미)
      - 인절미, 찰떡 : 끈기 있고 마음이 단단해라
      - 송편 : 빈 것(마음이 넓어져라), 든 것(속이 차라)
      - 흰타래실 : 면과 같이 장수를 기원하는 뜻
      - 청·홍색 타래실 : 장수와 함께 앞으로 금실이 좋기를 기원하는 뜻
      - 붓, 먹, 벼루, 책 : 앞으로 문운을 비는 뜻
      - 활 : 무운을 기원하는 뜻
      - 돈 : 부귀와 영화를 기원하는 뜻

> **돌빔**
>
> 남자아이는 보라색 바지에 분홍 저고리를 입히며 그 위에 남색 조끼, 색동마고자나 색동두루마기를 입혀 가죽띠를 매고 복건을 쓴다. 여자아이는 빨간 치마에 색동저고리를 입히며 색동마고자나 색동두루마기를 입혀 조바위를 쓰고 비단 실띠를 맨다. 이 날, 남자아이나 여자아이에게 모두 두루주머니를 채우고 그 속에 오색실을 넣어주며 무병장수를 빌고, 동전 세 개를 넣어주며 부귀복록을 빈다.

⑤ 명절음식
  ㉠ 설날 : 떡국, 만두
  ㉡ 한식 : 과일, 포
  ㉢ 동지 : 팥죽, 동치미
  ㉣ 추석 : 송편, 햇과일, 토란국
  ㉤ 정월 대보름 : 오곡밥, 아홉 가지 묵은 나물, 김구이, 부럼, 복쌈 (복을 싸먹는다는 의미)
  ㉥ 단오 : 차륜병, 수리취떡, 애호박전, 준치국

기출 2023 일부

다음은 학생 A는 e-박물관을 통해 '우리나라 전통 가정생활 문화' 상설전시관을 관람 중이다. 괄호 안의 ⓒ에 해당하는 음식을 쓰고, 이 음식을 먹는 의미를 서술하시오.

| 혼례문화 | 식생활문화 | 의생활문화 |

조상들은 제철에 나는 식품으로 음식을 만들어 먹는 시식(時食)과 명절에 특별한 음식을 만들어 친척이나 이웃과 나누어 먹는 절식(節食)을 즐겼습니다. 특히 정월 대보름에는 절식의 하나로 취나물을 볶고 구워 오곡밥을 싸서 먹는 (ⓒ)을/를 먹었습니다. 처음에는 김에 밥을 싸서 먹는 것으로 시작해서, 차츰 삶은 취나물, 배춧잎, 토란잎, 피마자잎 등 잎이 넓은 채소에 밥을 싸서 먹었다고 합니다.

작성방법
- 괄호 안의 ㉠에 해당하는 용어를 쓸 것
- 밑줄 친 ㉢에 해당하는 의복의 명칭을 쓸 것

ANSWER

03 CHAPTER 식품 안전

01 식품위해요소

1 유전자변형식품 GMO(Genetically Modified Organism)

(1) 유전자변형식품의 특징
① 개념 : 유전자재조합기술을 활용하여 재배·육성된 농·축·수산물(GM) 등으로 제조·가공된 식품 또는 식품첨가물(GMO)을 말한다.
② 장점
- 병충해 및 자연재해에 대한 내구성이 우수하여 수확량이 증가한다.
- 화학 비료 및 농약, 제초제 등의 사용을 감소시킨다.
- 저장성이 높다.
- 높은 저장성 및 생산성으로 농산물의 가격을 낮출 수 있다.

③ GMO의 위험성 : 항생제에 대한 내성 증가, 기존에 있던 식품 중 유독성분의 증가, 새로운 독성 성분의 생성, 알레르기 물질의 발현, 영양성분의 변화 및 새로운 품종의 유전적 안전성 문제

(2) 유전자변형식품 등의 표시기준
① 유전자변형식품 등의 표시 : 인위적으로 유전자를 재조합하거나 유전자를 구성하는 핵산을 세포 또는 세포 내 소기관으로 직접 주입하는 기술과 분류학에 따른 과(科)의 범위를 넘는 세포융합기술을 활용하여 재배·육성된 농산물·축산물·수산물 등을 원재료로 제조·가공한 식품 또는 식품첨가물(이하 "유전자변형식품 등"이라 함)은 유전자변형식품임을 표시해야 한다.
※ 다만, 제조·가공 후에 유전자변형 디엔에이(DNA, Deoxyribonucleic acid) 또는 유전자변형 단백질이 남아 있는 유전자변형식품 등에 한정한다.

② 표시사항
- 유전자변형식품의 표시는 소비자가 잘 알아볼 수 있도록 해당 제품의 주표시면에 "유전자변형식품", "유전자변형식품첨가물", "유전자변형건강기능식품" 또는 "유전자변형 포함 식품", "유전자변형 포함 식품첨가물", "유전자변형 포함 건강기능식품"으로 표시하거나, 해당 제품에 사용된 원재료명 바로 옆에 괄호로 "유전자변형" 또는 "유전자변형된"으로 표시해야 한다.
- 유전자변형여부를 확인할 수 없는 경우에는 해당 제품의 주표시면에 "유전자변형 포함가능성 있음"으로 표시하거나, 제품에 사용된 해당 제품의 원재료명 바로 옆에 괄호로 "유전자변형 포함가능성 있음"으로 표시할 수 있다.

2 내분비계 장애물질(환경호르몬)

(1) 환경호르몬의 특징

① 의미
  ㉠ 내분비계 장애물질 : 내분비계(생체의 항상성 유지, 생식 등에 관여하는 각종 호르몬을 생산·분비하는 기관)의 정상적인 기능을 방해해 악영향을 나타낼 수 있는 화학물질들
  ㉡ 환경호르몬 : 농약, 살충제, 식품첨가물, 공업원료, 플라스틱 원료, 페인트로 사용되는 물질들이 식품이나 생활용기의 형태로 섭취된다. 생체의 항상성, 생식, 발생, 행동 관련 여러 호르몬의 합성과 저장, 분비, 체내수송, 결합작용 등과 같은 여러 과정을 저해하는 외래성 물질이다.

② 환경성 내분비 교란물질 [11] : 다이옥신, PCB, DDP, 농약 등 합성 화학물질

내분비계 장애물질의 발생원 또는 용출 우려가 되는 생활용품

- 다이옥신 : 쓰레기 소각장, 월남전 당시 고엽제의 성분
- 폴리염화비페닐(PCB) : 전기 절연제
- 비스페놀 A : 합성수지 원료, 식품·음료용 캔의 안쪽 코팅
- 노닐페놀 : 세제 분해산물
- 프탈레이트류 : 플라스틱 가소제
- 트리부틸주석(TBT) : 선박용 페인트
- PBDE : 브롬화난연제 성분
- DDT : 살충제
- 아트라진, 엔도설판, 아미놀 등 : 농약으로 사용
- 브로모프로페인 : 실리콘웨이퍼 세척작업
- 폐건전지 : 수은

※ 출처 : NIHS(National Institute of Health Science), 일본 국립의약품식품위생연구소

(2) 환경호르몬에 대한 방안

- 오염된 지역의 생선이나 육류를 먹지 않는다.
- 농약에도 대부분이 내분비계 교란 물질이 있으므로 과다 사용을 피한다.
- 고구마류, 우엉, 다시마, 미역 등 섬유소가 많은 채소 및 해조류는 다이옥신의 흡수를 억제하므로 많이 이용한다.
- 전자레인지의 사용 시 플라스틱 용기나 랩을 이용하지 않는다.
- 캔이나 통조림 뚜껑 내부 도장된 물질도 환경호르몬을 배출하므로 오래된 캔이나 통조림은 먹지 않는다.
- 설거지나 빨래에 사용되는 합성세제의 양을 줄인다. 합성세제 중 유해물질은 어패류를 통해 사람에게 옮겨진다.
- 쓰레기를 집에서 태울 경우 연소과정에서 발생하는 다이옥신을 그대로 마시므로 위험하다.

③ 식중독, 경구전염병과 기타 식품위해요소

(1) 식중독과 자연독

① 식중독

종류	원인균	오염원	증상 및 특징	예방법
감염형	살모넬라균	쥐, 가축, 바퀴벌레, 파리	급성위장염, 발열, 구토, 두통	• 파리, 쥐, 바퀴벌레 접근 차단 • 가열처리(60℃, 30분간 가열)
	장염비브리오균	조개류, 오징어, 어패류 등 3~5% 식염 농도에서 번식 왕성	설사, 복통, 권태	• 어패류의 생식을 금하고 가열처리
독소형	포도상구균	입, 코, 손 등의 곪은 상처	메스꺼움, 구토, 설사, 의식 장애	• 화농 환자의 조리 금지
	보툴리누스균	살균이 불가능한 어육류, 통조림, 소시지, 햄 등	구토, 복통, 신경마비, 호흡곤란	• 음식을 저온 저장 • 가열처리(80℃ 이상, 10분간)

② 자연독 11

종류	독성분	감염원	중독증상	예방법
복어	테트로도톡신	알, 내장	지각 마비, 발성 불능, 호흡곤란	산란기 섭취제한, 전문가가 제거
감자	솔라닌	싹과 주변의 녹색 부분	구토, 복통, 두통, 의식장애	싹과 녹색부분 제거
독버섯	무스카린	버섯(식용 제외)	복통, 혼수상태, 호흡곤란, 환각증상	색이 선명하고 악취가 나며 점액 물질이 있는 것은 독버섯임
곰팡이	아플라톡신, 마이코톡신	곡물의 생산·보관 시 번식	간장독, 간세포 파괴, 신장독	곡물의 곰팡이 번식 방지
조개	베네루핀	산란기 조개류	불쾌감, 권태, 두통, 피하출혈	산란 조개 등의 내장 제거

- 곰팡이독소, 마이코톡신 : 곰팡이독소(mycotoxin)는 진균류가 생산하는 2차 대사산물 중 사람을 포함한 척추동물에 독성을 일으키는 화합물의 총칭으로 농산물의 생육기간 및 저장, 유통 중에 곰팡이에 의해 생성되는 독소이다. 곰팡이독소는 열에 안정하여 조리, 가공 후에도 분해되지 않으며 신장, 간장, 신경장애를 일으키며 간암, 식도암의 발암성과 관련이 있다. 곰팡이독소는 곡류 목초 등 탄수화물이 풍부한 농산물에서 많이 발생하고 원인 식물이 곰팡이에 오염되어 있으며 계절과 관계가 깊다. 곰팡이독소는 항생물질 및 약제치료는 효과가 없고 사람, 동물 사이에서는 전파되지 않는다.
- 아플라톡신, 오크라톡신 : 아플라톡신(aflatoxin)은 Aspergillus flavus 등에 의해 생성되는 맹독성의 간장 독소로 주로 땅콩, 보리, 밀, 옥수수, 쌀 등에서 검출되며 동물에 대해 간암을 유발하는 것으로 알려져 있고, 오크라톡신(ochratoxin)은 Penicillium, Aspergillus속 곰팡이에 의해 생성되는 간장 독소로 밀, 옥수수 등 곡류와 육류, 가공 제품 등에서 검출되며 신장에 치명적인 손상을 주는 것으로 알려져 있다.

교차오염(Cross Contamination)

식재료나 기구, 용수 등에 오염되어 있던 미생물이 오염되지 않은 식재료나 기구, 용수 등에 접촉 혹은 혼입되면서 전이되는 현상

(2) 경구전염병

음식물에 의해서 매개되는 전염병을 경구전염병 또는 소화기계 전염병이라고 한다. 경구전염병은 전염병 환자나 보균자로부터 배출된 병원 미생물에 의하여 오염된 음식물을 섭취함으로써 일어나는 것이다.

① 세균성이질 : 2~3일의 잠복기를 거쳐 처음에는 전신의 권태감, 식욕부진, 두통 등의 초기 증상을 거쳐 오한, 발열, 복통, 설사가 일어난다. 처음에는 물 같은 변이 많고 점점 점액, 혈변이 된다. 식품으로 매개되어 대량의 균에 의한 감염인 경우에는 잠복기가 짧고 구토가 극심하다. 환자 및 보균자의 격리, 위생적인 음료수 공급, 배설물의 위생적 처리, 식품 취급자의 위생적 습관 등을 들 수 있다.

② 장티푸스(Typhoid fever) : 7~14일의 긴 잠복기를 거쳐 발병해서 처음에는 오한의 증상이 반복되면서 점점 열이 높아진다. 두통, 전신권태, 식욕부진, 오열 등의 증상이 나타난다. 환자의 격리, 보균자의 적발과 관리, 급수 시설의 위생적 개선, 오염의 우려가 있는 식품은 섭취 전 가열하도록 한다.
③ 콜레라(Cholera) : 3일 정도의 잠복기를 거쳐 발병. 심한 설사와 구토 체내에서의 수분 부족으로 구갈, 근통, 피부건조, 무뇨증을 일으키고 체온은 떨어진다. 외래 전염병이기 때문에 공항이나 항만 검역을 철저히 해야 한다.

(3) 기타 식품위해요소 13

① 에틸 카바메이트(우레탄) : 발효 과정 중 생성된 에탄올과 카바밀기가 식품 내에서 화학반응을 일으켜 생성되는 화합물로 암을 유발한다. 발효주, 간장, 김치에서 생성된다.
② 아크롤레인 19 : 화학명 propenal(C_3H_4O=CH-CHO), 자극적인 냄새를 갖는 액상의 불포화알데히드이다. 유지의 고온가열에 의해서 발생하며, 튀김할 때 기름에서 나오는 자극적인 냄새 성분의 하나이다.
③ 아크릴아마이드 : 아미노산과 당이 열에 의해 결합하는 마일라드 반응 시 생성된 물질로 아스파라긴이 주 원인물질이다. 분질이 높은 식품을 높은 온도에서 가열 시 발생한다.
④ 니트로사민 11 : 니트로사민은 하나의 화합물이 아니라, 아민기에 니트로소 기(基)(-N = O)가 결합된 형태의 물질이다. 현재까지 실험된 니트로사민 중 80%가 동물 실험에서 암을 발생시키는 것으로 알려져 있다. 아질산은 햄, 베이컨, 소시지의 발색제로 사용되며, 질산염으로부터 인체 내에서 환원되어 니트로사민이 발생한다.
⑤ 다환방향족탄화수소(PAH) : 벤조피렌이 대표적이다. 조리 중 식품, 배기가스, 굴뚝의 가스 등에 존재하며, 식품을 훈연 또는 직화구이 조리법(돼지고기 바비큐, 구운 소시지 등)에서 발생한다.

⑥ 중금속과 건강 – 환경부 건강 위해성 우선평가 항목
  ㉠ 카드뮴(Cd) : 간, 신장, 생식기 및 폐에 축적되어 장기를 손상시키고, 심혈관에도 축적되며, 기존의 연구에서는 카드뮴 노출이 많을수록 심혈관 질환 발병에 영향을 미친다고 보고하였다. 예 이타이이타이병
  ㉡ 납(Pb) : 신경, 신장, 내분비계 등에 해로운 영향을 주고, 낮은 농도의 납으로도 혈압을 상승시키는 작용을 하며, 심장질환의 위험도를 증가시킨다.
  ㉢ 수은(Hg) : 체내에 유기수은 형태로 축적되는데, 유기수은은 지용성 물질로 소화관으로 90% 이상 흡수되며, 반감기가 길어서 체외 배설이 쉽게 되지 않아 인체 내에 축적된다. 수은의 노출이 심할 경우에는 중추신경계 손상을 일으키고, 심혈관 질환, 관상심장질환 등의 유병률 증가와 이로 인한 사망률이 증가한다.

Q 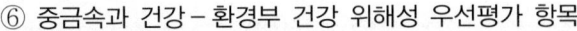 기출 2019

다음은 식품의 조리·가공 과정을 통해 만들어지는 기능성 물질과 유해 성분에 대한 설명이다. 괄호 안의 ㉠, ㉡에 해당하는 용어를 순서대로 쓰시오. [2점]

> 식품 산업이 발달하면서 새로운 기능성을 갖춘 다양한 제품이 등장하고 있다. (㉠)은/는 2개의 아미노산으로 구성된 인공감미료이며 설탕보다 약 200배의 단맛을 더 내고 물에 잘 녹는다. 여러 나라에서 식품첨가물로 승인되어 식품 산업에서 광범위하게 사용되고 있으나 열안정성이 낮아 고온으로 처리하는 제품에는 적합하지 않다. 특히 페닐알라닌(phenylalanine) 대사에 이상이 있는 사람은 주의를 요한다.
> 한편, 식품의 조리·가공 과정 중에 독성을 가진 여러 가지 유해 성분들이 생성되기도 한다. 그중 (㉡)은/는 유지를 고온에서 장시간 가열할 때 지방이 분해되면서 유리된 글리세롤에서 2분자의 물이 빠져나와 형성되는 자극성이 강한 물질이다.

ANSWER

기출 2013

그림은 정수네 가족의 식사 장면이다. 대화 중 (가)에 대한 설명으로 옳은 것은? [2점]

① 에탄올과 카바밀기에 의해 생성되는 발암물질이다.
② 글리세롤의 탈수로 생성되는 강력한 발암물질이다.
③ 아미노산과 당이 반응하여 생성되는 발암물질이다.
④ 아질산염과 2급 아민이 반응하여 생성되는 발암물질이다.
⑤ 탄화수소화합물의 열분해 반응에 의해 생성되는 발암물질이다.

ANSWER ⑤

 기출 2011

식품의 위해요소에 대한 설명으로 옳지 않은 것은? [1.5점]
① 아플라톡신(aflatoxin)은 곰팡이가 생성하는 독소로 땅콩, 옥수수, 쌀 등에서 주로 발견된다.
② 다이옥신(dioxin)은 동물이나 사람의 몸에 들어가 내분비계의 기능을 방해하거나 교란시키는 환경호르몬으로 작용하는 물질이다.
③ 테트로도톡신(tetrodotoxin)은 복어에서 발견되는 독소로 독성의 강도는 복어의 종류와 부위에 따라 차이가 있으나 계절별로는 차이가 없다.
④ 솔라닌(solanine)은 신선한 감자에 미량 존재하지만 발아 시 함량이 크게 증가하고, 감자내 솔라닌 양이 일정량 초과하면 식중독을 유발할 수 있다.
⑤ 나이트로사민(nitrosamine)은 아질산염으로부터 생성되는 유해물질이며, 햄 등을 제조할 때 나이트로사민의 양을 줄이기 위해 아질산이온의 사용량을 규제한다.

ANSWER ③

02 식품안전관리 방안

1 HACCP(Hazard Analysis Critical Control Point)
– 식품 및 축산물 안전관리인증기준

(1) HACCP의 발전
① HACCP 시스템은 1960년대 미국 우주계획용 식품제조에 Pillsbury사가 참가하여 이러한 시스템으로 우주비행사가 먹을 식량을 안전하게 성공적으로 개발함에 따라 도입되기 시작하였다.
② HACCP의 특징
  ㉠ 의미 : 식품·축산물의 원료 관리, 제조·가공·조리·선별·처리·포장·소분·보관·유통·판매의 모든 과정에서 위해한 물질이 식품 또는 축산물에 섞이거나 식품 또는 축산물이 오염되는 것을 방지하기 위하여 각 과정의 위해요소를 확인·평가하여 중점적으로 관리하는 기준을 말한다.
  ㉡ HACCP 기술지원센터 06 – HACCP의 특징
   • HACCP는 사전 예방적 식품안전관리체계이다.
   • HACCP는 과학적이고 체계적인 위해관리체계이다.
   • HACCP는 현장에서 자주적으로 적용하는 식품위생 관리기법이다.
   • HACCP는 원료부터 유통의 전 과정에 대한 체계적 관리이다.
   • HACCP는 식품위생 수준을 향상시킬 수 있다.
   • HACCP는 종합적인 위생관리체계이다.

(2) HACCP 용어 : 식품 및 축산물 안전관리인증기준
① 위해요소(Hazard) : 「식품위생법」 제4조(위해식품등의 판매 등 금지), 「건강기능식품에 관한 법률」 제23조(위해 건강기능식품 등의 판매 금지) 및 「축산물 위생관리법」 제33조(판매 등의 금지)의 규정에서 정하고 있는 인체의 건강을 해할 우려가 있는 생물학적, 화학적 또는 물리적 인자나 조건을 말한다.
② 위해요소분석(Hazard Analysis) : 식품·축산물 안전에 영향을 줄 수 있는 위해요소와 이를 유발할 수 있는 조건이 존재하는지 여부를 판별하기 위하여 필요한 정보를 수집하고 평가하는 일련의 과정을 말한다.

③ 중요관리점(Critical Control Point : CCP) : 안전관리인증기준을 적용하여 식품·축산물의 위해요소를 예방·제거하거나 허용 수준 이하로 감소시켜 당해 식품·축산물의 안전성을 확보할 수 있는 중요한 단계·과정 또는 공정을 말한다.

④ 한계기준(Critical Limit) : 중요관리점에서의 위해요소 관리가 허용 범위 이내로 충분히 이루어지고 있는지 여부를 판단할 수 있는 기준이나 기준치를 말한다.

⑤ 모니터링(Monitoring) : 중요관리점에 설정된 한계기준을 적절히 관리하고 있는지 여부를 확인하기 위하여 수행하는 일련의 계획된 관찰이나 측정하는 행위 등을 말한다.

⑥ 개선조치(Corrective Action) : 모니터링 결과 중요관리점의 한계기준을 이탈할 경우에 취하는 일련의 조치를 말한다.

⑦ 검증(Verification) : HACCP 관리계획의 유효성과 실행 여부를 정기적으로 평가하는 일련의 활동(적용 방법과 절차, 확인 및 기타 평가 등을 수행하는 행위를 포함한다)을 말한다.

(3) HACCP 현장적용 순서도 06 (식품 및 축산물 안전관리인증기준 별표 2)

① HACCP 팀 구성 : 팀장과 팀원을 구성하고 시설·설비지원, 실무책임 교육홍보, 조리에 관여하는 역할을 분장하여 팀 전원이 함께 참여하고 추진한다.

② 제품 설명서 작성 : 음식을 조리방법별로 대표적인 음식명을 기재하고, 조리법과 재료의 양은 표준레시피에 의해 기재한다.

③ 사용 용도 확인 : 조리된 음식(식품)의 용도를 확인한다.

④ 공정 흐름도 작성 : 식단을 조리공정에 따라 비가열 조리공정, 가열조리 후 처리공정, 가열조리 공정으로 분류하고, 조리공정별로 대표적인 음식에 대하여 작성한 공정 흐름도를 활용하여 작성한다.

⑤ 공정 흐름도 현장 확인 : 작성된 작업공정 흐름도가 실제 작업과 일치하는가를 현장 확인한다.

⑥ 모든 잠재적 위해요소분석(원칙1) : 위해요소분석(Hazard Analysis)이란 식품·축산물 안전에 영향을 줄 수 있는 위해요소와 이를 유발할 수 있는 조건이 존재하는지 여부를 판별하기 위하여 필요한 정보를 수집하고 평가하는 일련의 과정을 말한다.

⑦ 중요관리점(CCP) 결정(원칙2) : 중요관리점(Critical Control Point : CCP)이란 식품안전관리인증기준을 적용하여 식품·축산물의 위해요소를 예방·제거하거나 허용 수준 이하로 감소시켜 당해 식품의 안전성을 확보할 수 있는 중요한 단계·과정 또는 공정을 말한다.

⑧ 중요관리점의 한계기준 설정(원칙3) : 한계기준이란 중요관리점에서의 위해요소 관리가 허용 범위 이내로 충분히 이루어지고 있는지 여부를 판단할 수 있는 기준이나 기준치를 말한다. 위해요소 제어 방식과 관리 한계기준을 정하는 것으로 냉장온도, 조리온도, 열장온도, 해동조건, 소독액 적정농도, 사용방법의 한계기준을 설정한다.

⑨ 중요관리점별 모니터링 체계 확립(원칙4) : 모니터링(Monitoring)이란 중요관리점에 설정된 한계기준을 적절히 관리하고 있는지 여부를 확인하기 위하여 수행하는 일련의 계획된 관찰이나 측정하는 행위 등을 말한다. 한계기준의 준수여부를 확인하기 위한 것으로 온도확인, 시간확인, 소독액 농도검사 및 육안관찰에 의해 이루어진다.

⑩ 개선 조치방법 수립(원칙5) : 개선조치(Corrective Action)란 모니터링 결과 중요관리점의 한계기준을 이탈할 경우에 취하는 일련의 조치를 말한다. 관리기준을 벗어난 경우 원인에 따라 개선하기 위한 조치를 취하고, 그 기록을 남긴다.

⑪ 검증 절차 및 방법 수립(원칙6) : 위생관리가 HACCP 계획에 따라 수행되는지, 또는 계획의 수정이 필요한지를 판단하기 위해 행하는 방법, 절차, 시험검사 등을 설정한다.

⑫ 문서화 및 기록유지방법 설정(원칙7) : 모니터링, 개선조치, 검증 등의 실시 결과를 기록·보존하여 식품 안전성에 문제가 생긴 경우 원인 규명자료로 이용할 수 있다.

절차 1	HACCP 팀 구성
절차 2	제품 설명서 작성
절차 3	사용 용도 확인
절차 4	공정 흐름도 작성
절차 5	공정 흐름도의 현장 확인
절차 6	모든 잠재적 위해요소 분석(원칙1)
절차 7	중요관리점(CCP) 결정(원칙2)
절차 8	CCP의 한계기준 설정(원칙3)
절차 9	CCP별 모니터링 체계 확립
절차 10	개선 조치방법 수립(원칙5)
절차 11	검증절차 및 방법 수립
절차 12	문서화 및 기록유지방법 설정(원칙7)

〈HACCP의 7원칙 및 12절차〉

Q 기출 2006

수입 식품의 증가, '기생충 김치' 파동 등을 통하여 식품의 안전성이 국민적 관심사로 대두되고 있다. 식품위생법에 도입하여 시행하고 있는 HACCP의 특징을 3줄 이내로 쓰고, 이를 성공적으로 수행하기 위한 7대 원칙 중 4개만 쓰시오. [3점]

ANSWER

❷ 친환경적 식생활

(1) 식생활 단계별 실천 방안

단계	방안
구매	• 식단을 작성하여 계획적인 구매를 한다. • 식품을 구매하기 전에 집에 남은 음식 및 식품을 점검하여 필요한 양만 구입한다. • 장바구니를 이용하고 포장이 적게 되어 있는 식품을 이용한다.
사용	• 구매한 식품은 다듬기를 최소화하여 폐기되는 양을 줄인다. • 남은 식품은 잘 보관하고 구매일자와 내용물을 기입해서 보관한다. • 계량기를 사용하여 필요한 만큼만 음식을 마련한다. • 많은 양을 한 번에 차리지 말고 필요한 음식만을 덜어다 먹는다.
폐기 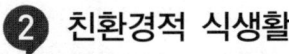	• 남은 음식을 재활용할 수 있는 새로운 메뉴를 개발한다. • 음식물 쓰레기는 물기를 제거 후 분리수거한다. • 폐식용유를 재활용하여 비누로 이용한다. (기름 묻은 식기는 종이로 닦아낸 후 씻어서 물과 세제의 낭비를 줄인다.) • 푸드뱅크 등을 통해 남은 음식을 음식이 부족한 사람들과 공유한다.

(2) 탄소줄이기

① 환경성적표지(Environmental Product Declaration) : 제품 및 서비스의 환경성 제고를 위해 제품 및 서비스의 원료채취, 생산, 수송·유통, 사용, 폐기 등 전체 과정에 대한 환경영향을 계량적으로 표시하는 제도이다.

- 환경성적표지의 표시내용(제품의 환경성에 관한 정보) : 자원발자국, 탄소발자국, 오존층 영향, 산성비, 부영양화, 광화학 스모그, 물발자국
- 탄소발자국(carbon footing) 17 : 예전에는 탄소성적표지라고 했던 것으로, 개인 또는 단체가 직접·간접적으로 발생시키는 온실 기체의 총량을 의미한다. 여기에는 이들이 일상생활에서 사용하는 연료, 전기, 용품 등이 모두 포함된다. 비슷한 개념으로 개인 및 단체의 생활을 위해 소비되는 토지의 총 면적을 계산하는 '생태발자국'이 있다.

② **저탄소제품(Low Carbon)** : 일상생활용품, 가정용 전기기기 등 모든 제품의 탄소배출량 정보를 공개하고 저탄소제품의 인증을 통해 시장주도의 저탄소 소비문화 확산에 기여하는 제도이다. 저탄소제품은 환경성적표지 인증을 받은 제품 중 '저탄소제품 기준' 고시에 적합한 제품을 의미한다. 저탄소제품 인증은 대상제품의 환경성적표지 환경성 정보 중 탄소발자국 값이 최대허용탄소배출량 이하이거나 최소탄소감축률 이상이여야 한다.

③ **푸드마일리지(food mileage) - 팀 랭(Tim Lang)** : 식품의 수송량(t)에 생산지에서 소비지까지의 수송거리(km)를 곱한 것이다. 식품수송에서 발생하는 환경부담(온실가스 등)의 정도를 나타내는 지표이다.
  ㉠ 푸드마일리지 = 식품의 수송량(t) × 생산지에서 소비지까지의 수송거리(km)
  ㉡ 푸드마일리지운동 : 푸드마일리지가 낮은 국내산 및 로컬푸드를 구매하자는 운동이다.
    • 소비자 : 신선하고 건강한 로컬푸드 섭취, 지역 경제의 활성화
    • 생산자 : 농작물 품종의 다양화, 생산자 수입 증가
    • 지역사회 및 환경 : 지역 관습과 전통을 반영한 지역 문화 보전, 에너지 절약 및 환경 보호

▎우리농식품 vs 수입농식품 푸드마일리지

	김치 5kg	충남 아산	■	0.57
		중국 Nanjing	▬▬▬	3.51
	쌀 5kg	강원 홍천	■	1.11
		중국 Jinan	▬▬▬▬	10.20

(3) 식생활과 공동체

① **푸드뱅크** : 1967년 미국에서 처음 시작되어 현재는 캐나다, 프랑스, 독일, 유럽연합, 호주 등에서 활발하게 운영되고 있으며, 아시아권에서는 한국, 필리핀에서 운영되고 있다. 푸드뱅크는 식품 제조기업 또는 개인에게서 식품을 기탁 받아 결식아동, 홀로 사는 노인, 재가 장애인, 무료 급식소, 노숙자 쉼터, 사회복지시설 등 소외계층에 대한 식품지원복지서비스를 전달하는 식품 나눔 제도이다.

② **푸드마켓** : 수혜자 스스로가 방문하여 원하는 음식을 선별하고 매우 저렴한 가격 또는 무상으로 구입할 수 있는 일종의 작은 슈퍼마켓이라고 할 수 있다. 푸드마켓의 운영 목적은 현재 운영되는 음식의 종류 및 전달 형태가 일방적인 물류 방식에서 수혜자 스스로가 방문하여 원하는 음식을 선별할 수 있는 푸드마켓을 시범적으로 운영하여 수혜자의 적극적인 행동을 유도함으로써 음식물의 수혜로 인해 발생할 수 있는 문제를 최소화함에 있다.

③ **로컬푸드** : 장거리 운송을 거치지 않은 지역농산물을 말하는데, 흔히 반경 50km 이내에서 생산된 농산물을 의미한다.

▌**로컬푸드의 의의**

건강 및 보건 등	• 식원성 질병(비만, 아토피 등) 예방을 통한 사회적 비용 절감 • 어린이 및 청소년 건강 유지
환경	• 농촌환경과 도시환경 개선 • 농업 생물 다양성의 증진 • 지구 온난화 방지에 기여
지역사회 및 경제	• 농촌 지역사회 유지 및 지역경제 활성화
교육	• 농사체험-생태교육-학교급식-먹거리교육의 연계
사회복지	• 저소득층의 먹거리 보장과 소농 생계보장의 연계
문화	• 농산물-음식-요리의 지역성 • 전통문화 • 다문화성의 극대화

④ **슬로푸드** : 대량생산·규격화·산업화·기계화를 통한 맛의 표준화와 전 지구적 미각의 동질화를 지양하고, 나라별·지역별 특성에 맞는 전통적이고 다양한 음식·식생활 문화를 계승 발전시킬 목적으로 1986년부터 이탈리아의 작은 마을에서 시작된 식생활운동을 말한다.

기출 2017

다음은 지속가능한 소비사회를 위해 소비자교육에서 강조하는 소비유형과 제도에 대한 설명이다. (가)에 해당하는 소비유형과 (나)에 해당하는 제도의 명칭을 순서대로 쓰시오. [2점]

> (가) 소비시장이 개방되어 전 지구적 거래를 하게 되면 거대한 양의 물자를 장거리 이동시키기 위해 연료가 필요하고 보존하기 위한 비용이 수반된다. 이러한 문제들을 해결하기 위하여 그 지역의 소비자들에게 그 해당지역의 생산물을 적극적으로 소비하도록 권장하는 소비유형이다.
> (나) 이 제도는 저탄소 소비문화 확산을 위한 것으로, 제품 및 서비스의 생산, 수송, 유통, 사용, 폐기 등 전 과정에서 발생한 온실가스 배출량을 이산화탄소 배출량으로 환산하여 제품에 부착하는 것이다.

ANSWER

 기출 2004

최근 음식 쓰레기의 양이 지속적으로 증가하여 심각한 환경오염 문제로 대두되고 있다. 음식 쓰레기를 바람직하게 처리하기 위한 감량화 방법 1가지와 재활용 방법 2가지를 쓰시오. [총 3점]

ANSWER

식영역 Home Economics

1. 산과 염기
2. 식관련 작용기의 구조 및 명칭
3. 식품첨가물의 용도
4. 트랜스지방과 영양

부록

1 산과 염기

① 아레니우스(Arrhenius)의 산과 염기 : H^+이온과 OH^-이온과 연관됨
  - 산(acid) : 물에 녹아 이온화하여 H^+이온을 내는 물질
  - 염기(base) : 물에 녹아 이온화하여 OH^-이온을 내는 물질

② 브뢴스테드-로우리(Brønsted–Lowry)의 산과 염기 : 양성자(proton)와 전자와 연관됨
  - 산(acid) : 수소양이온(hydrogen cation, H^+)을 방출할 수 있는 능력이 있는 것(양성자를 주는 것)
  - 염기(base) : 수소양이온(H^+)을 수용할 수 있는 것(양성자를 받는 것)

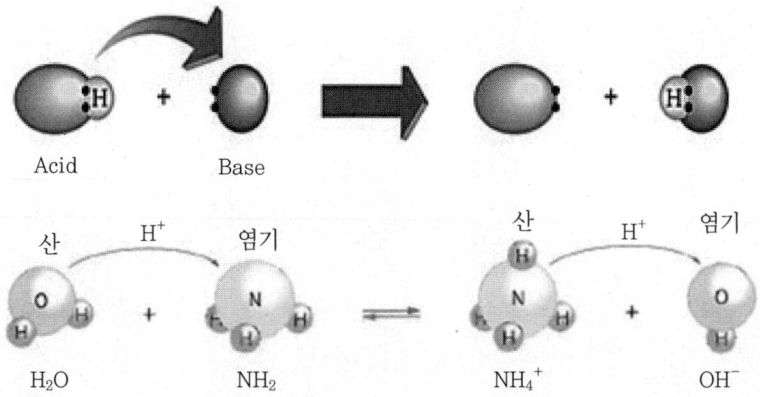

③ pH(potential of hydrogen) : 물의 산성이나 알칼리성의 정도를 나타내는 수치로서 수소이온농도의 지수이다. 수소이온농도의 역수에 상용로그를 취한 값이다.

$$\mathrm{pH} = \log\frac{1}{[H^+]} = -\log[H^+]$$

② 식관련 작용기의 구조 및 명칭

작용기	이름(group, -기)		유도체의 일반식과 이름	
-OH	hydroxyl	히드록실	R-OH	alcohol
-O-	ether	에테르	R-O-R	ether
-CHO	aldehyde	알데히드	R-CHO	aldehyde
-CO-	carbonyl	카르보닐	R-CO-R	ketone
-COOH	carboxyl	카르복실	R-COOH	carboxylic acid
-COO-	ester	에스테르	R-COO-R	ester
$-NH_2$	amino	아미노	$R-NH_2$	amine

③ 식품첨가물의 용도
(식품위생법 식품 첨가물의 기준 및 규격 中, 2023.7.1. 시행)

용도	용어의 뜻	예
감미료	식품에 단맛을 부여하는 것	아스파탐, D-소비톨
고결방지제	식품의 입자가 서로 응집되는 경향을 감소시키는 것	이산화규소
거품제거제	거품이 생성되는 것을 방지하거나 감소시키는 것	규소수지
껌기초제	껌에 적당한 점성과 탄력성을 가지게 하여 그 풍미를 유지하는 데 중요한 구실을 하는 것	에스테르검
밀가루개량제	밀가루의 제빵 적성이나 색깔을 개량시키기 위해 밀가루에 첨가하는 물질	과산화벤조일
발색제	식품의 색깔을 안정, 유지 또는 강화시키는 것	아질산나트륨
보존료	미생물에 의한 오염으로부터 식품을 보호하여 저장기간을 연장시키는 것	소브산, 안식향산
분사제	용기에서 식품을 방출시키는 가스 식품첨가물	아산화질소, 이산화탄소
산도조절제	식품의 산도 또는 알칼리도를 변경시키거나 조절하는 것	수산화나트륨, 황산나트륨
산화방지제	지방의 산패와 색깔 변화와 같은 산화에 의한 품질 저하를 방지하여 식품의 저장 기간을 연장시키는 것	부틸히드록시아니솔

용도	용어의 뜻	예
살균제	미생물을 단시간 내에 사멸시키는 작용을 하는 것	차아염소산나트륨
습윤제	습도가 낮은 공기에 의해 식품이 건조되는 것을 방지하는 것	글리세린
안정제	식품 내에 섞을 수 없는 2가지 이상의 물질을 균일한 분산상으로 유지하게 만드는 것	구마검
여과 보조제	불순물 또는 미세한 입자를 흡착하여 제거하기 위해 사용되는 식품첨가물	활성탄
영양 강화제	식품의 영양 강화를 목적으로 사용되는 것	황산동, L-아스코브산나트륨
유화제	기름과 물처럼 식품에서 혼합될 수 없는 2가지 이상의 물질을 균일한 혼합물로 만들거나 이를 유지시켜 주는 것	글리세린지방산에스테르
이형제	빵의 제조 과정에서 빵 반죽을 분할기에서 분할할 때나 구울 때 달라붙지 않게 하여 모양을 유지하는 데 사용되는 것	유동파라핀
응고제	제품 성분을 결착 또는 응고시키거나, 과일 및 채소류의 조직을 단단하거나 바삭하게 유지시키는 것	염화마그네슘, 염화칼슘
제조 용제	식품의 제조·가공 시 촉매, 침전, 분해, 청징 등의 역할을 하는 보조제 식품첨가물	올레인산
젤 형성제	젤 형성을 통하여 식품에 조직감을 부여하는 것	젤라틴
증점제	식품의 점도를 증가시키는 것	구아검
착색료	식품에 색깔을 부여하거나 원래의 색깔을 다시 재현시키는 것	식용색소녹색 제3호
청관제	식품에 직접 접촉하는 스팀을 생산하는 보일러 내부의 결석, 물 때 형성, 부식 등을 방지하기 위하여 투입하는 식품첨가물	청관제
추출 용제	유용한 성분 등을 추출하거나 용해시키는 식품첨가물	부탄
충전제	산화나 부패로부터 식품을 보호하기 위해 포장용기에 의도적으로 주입하는 가스	이산화탄소, 질소
팽창제	가스를 방출함으로서 반죽의 부피를 증가시키는 물질 또는 이들 물질의 화합물	DL-주석산수소칼륨
표백제	색소를 파괴하여 흰 식품으로 만들거나 착색료로 착색하기 전에 표백하여 그 식품이 완성되었을 때 색을 아름답게 하기 위한 것	아황산나트륨

용도	용어의 뜻	예
표면 처리제	식품의 표면을 매끄럽게 하거나 정돈하기 위해 사용되는 식품첨가물	탤크
피막제	식품의 외형에 보호막을 만들거나 광택을 부여하는 것	몰포린지방산염
향미 증진제	식품의 맛과 향을 강화시키는 것	L-글루탐산, 카페인
향료	식품에 특유한 향을 부여하거나 제조공정 중 손실된 식품 본래의 향을 보강시키는 식품첨가물	바닐린, 개미산게라닐
효소제	반응 속도를 높여 주는 생체 촉매	글루코아밀라아제

4 트랜스지방과 영양

Q1 '트랜스지방'이라는 것이 무엇인가요?

지방을 유연하게 만들어 원하는 모양으로 바꾸는 가공방법이 있습니다. 이러한 방법을 통하여 액체유지를 고체유지로 만드는데 바로 이때 일부 지방은 트랜스라는 모양을 만듭니다. 즉, 트랜스지방이란 서로 어긋난 모양을 하고 있는 불포화지방을 말합니다. 유지는 분자의 모양에 따라 불포화지방, 포화지방으로 나눌 수 있는데, 불포화지방은 구부러진 모양, 포화지방은 직선모양으로 쭉 펴져 있습니다. 트랜스지방은 불포화지방과 포화지방의 모양을 절반씩 닮았다고 생각하시면 됩니다. 아주 가까이에서 보면, 불포화지방, 좀 멀리에서 보면 포화지방과 유사합니다.

Q2 마가린과 쇼트닝은 어떤 차이가 있나요? 원료 차이인가요?

마가린과 쇼트닝은 각각 버터와 라드 대용으로 개발된 제품입니다. 가장 큰 차이는 수분의 양입니다. 마가린과 버터는 수분이 15% 들어있는 유화물(물과 지방이 섞여있는 것을 말함)인 반면에 쇼트닝은 라드(돼지기름)의 대용으로 100% 지방으로 이루어져 있습니다.

Q3 경화는 어떤 방식으로 시키나요? 경화를 시키면 왜 트랜스지방이 늘어나는가요?

원료유지에 촉매(반응을 촉진시키는 물질)와 수소를 넣고 145~225℃에서 반응을 시키면 수소가 불포화지방에 들어가 포화지방이 생성되는 데 이를 경화공정이라 합니다. 산업적으로 경화공정은 포화지방대신 트랜스지방을 생성하도록 조절하여 부분경화유, 즉 트랜스지방이 많이 함유된 유지를 만들게 되는 것입니다. 촉매와 온도 조건이 동시에 만족하게 되면 분자구조는 쉽게 움직일 수 있는 상태가 되어 시스형의 불포화지방이 트랜스형으로 전환되는 것입니다.

Q4 트랜스지방이 우리 몸에 미치는 영향을 설명해 주세요. 왜 그렇게 위험하다고 하는 것인가요?

간단히 말씀드리면 불포화지방처럼 생겼는데 몸에서는 포화지방처럼 행동한다는 것입니다. 체내의 여러 조직에서 지방은 아주 중요한 역할을 하는 영양소로 뇌세포의 경우 지방의 함량이 40%에 달하기도 합니다. 트랜스지방은 불포화지방이 있어야 할 자리를 대신 차지하고 있으면서 제 역할을 하지 못해 여러 가지의 문제를 야기하는 겁니다. 면역, 당뇨병, 알레르기 등과의 연관성도 이러한 관점에서 나오는 겁니다. 지금 현재 확실한 과학적 근거를 찾은 것은 트랜스지방과 혈중 콜레스테롤과의 관계입니다. 트랜스지방은 나쁜 콜레스테롤을 증가시킨다는 점에서는 포화지방과 비슷하나, 좋은 콜레스테롤마저 낮추므로 포화지방보다 더 안 좋다고 하는 것입니다. 실제로 많은 연구에서 보면 트랜스지방은 포화지방보다 2~4배 정도 더 안 좋다고 알려져 있습니다. 좋은 콜레스테롤과 나쁜 콜레스테롤의 비율은 심혈관질환이 발생할 위험률을 나타내는 중요한 지표입니다.

Q5 유지의 산패와 트랜스지방으로의 변화는 다른 것인가요? 많은 기사에서 튀김유를 여러 번 쓰거나 햇빛에 노출시키면 트랜스지방이 늘어난다고 한다고 하는데 맞나요?

튀김 시 생성되는 트랜스지방의 비율은 지방 기준으로 1~2% 이내입니다. 부분경화유에 비해서 상대적으로 낮은 양입니다. 실제 튀김 시에는 트랜스지방의 생성보다는 산패가 중요하며 산패는 매우 빠른 속도로 진행됩니다. 오랜 튀긴 기름에서 점도와 색이 증가한다든지, 자극적인 냄새가 난다는 것은 산패가 진행되었다는 증거입니다. 신선한 기름에서 튀김을 하는 것이 매우 중요합니다. 그리고 유지를 햇빛에 장시간 노출시키면 산패는 발생되지만 트랜스지방은 늘어나지 않습니다.

 문영은

희소고시학원 중등임용고시 가정전공 전임교수

[주요 저서]
전공가정 이론과정 식영역(미래가치, 2017~)
전공가정 이론과정 의영역(미래가치, 2017~)
전공가정 이론과정 주영역(미래가치, 2017~)
전공가정 이론과정 가족영역(미래가치, 2017~)
전공가정 이론과정 자원·소비영역(미래가치, 2017~)
전공가정 기출 구조화(미래가치, 2019~)
전공가정 교육론(미래가치, 2020~)
전공가정 입문교재(미래가치, 2021~)

문영은 전공가정
식영역

인 쇄 : 2023년 3월 2일
발 행 : 2023년 3월 6일
편저자 : 문영은
발행인 : 강명임·박종윤
발행처 : ㈜ 도서출판 미래가치
등 록 : 제2011-000049호
주 소 : 서울시 영등포구 선유로130 에이스하이테크시티3 511호
전 화 : 02-6956-1510
팩 스 : 02-6956-2265

ⓒ 문영은, 2023/ISBN 979-11-6773-270-0 13590
• 낙장이나 파본은 교환해 드립니다.
• 이 책의 무단전재 또는 복제행위는 저작권법 제136조에 의거하여 처벌을 받게 됩니다.

정가 20,000원